중국역대사화(V)
中國歷代史話

수당사화
隋唐史話

도연 진기환 著

明文堂

《수당사화隋唐史話》
○ 머리말

우리나라 사람 중에 누가 양귀비(楊貴妃)를 모르겠나? 양귀비에 애정을 쏟았던 사람이 당 현종(玄宗)인데, 우리나라에서는 당명황(唐明皇)으로도 통한다. 이태백(李太白)하면 '주태백(酒太白)'이라 응수한다. 백거이(白居易)와 백락천(白樂天)은 두 사람이 아니다. 당나라 멸망을 재촉한 황소의 난(黃巢之亂)에서 황소를 토벌하자는 격문을 지은 사람은 신라에서 보낸 도당(渡唐) 유학생 최치원(崔致遠)이 지었다. 이처럼 중국 역사는 우리 일상생활의 상식이 되었다.

역사는 현실을 비춰보는 거울이다. 역사를 읽어, 지나간 일을 거울로 삼아 다가오는 미래를 알 수 있다. 사마천(司馬遷)은 일찍이 역사를 '자신을 비춰보는 거울(自鏡)'로 인식했다. 그래서 「지금을 살면서 옛일을 기록하는 것은 자신을 비춰볼 수 있기 때문이다(居今之世, 志古志道, 所以自鏡也).」라고 했다.

또 당(唐) 태종 이세민(李世民)은 역사 저술과 역사에 대한 공부를 상당히 중시하였다.

그래서 '3개의 거울(三鏡)'을 설파하였다.

「구리 거울로는(夫以銅爲鏡) 자신의 의관(衣冠)을 바르게 할 수 있고(可以正衣冠), 옛일을 거울삼아(以古爲鑑) 흥망성쇠를 알 수 있으며(可以知興替), 사람을 거울로 삼아(以人爲鑑) 득실을 확실하게 알 수 있다(可以明得失).」 – 《구당서(舊唐書) 위징전(魏徵傳)》

역사에 기록된 선인(先人)의 사적을 통하여 생활의 지혜와 정신, 가치와 도덕을 알 수 있고, 이런 인식은 현재의 생활에 직결되며 큰 도움이 된다.

곧 역사적 사실에 대한 공부를 통하여 자신의 사회적 인식 수준을 제고할 수 있으며, 동시에 자신의 지향(志向)과 방향을 바르게 정립할 수 있다.

그리고 중국의 모든 왕조에서는 자국의 역사를 기록했고, 지나간 왕조에 대한 역사를 편찬하였다. 그러한 역사 기록은 정말 방대하다.

역사 기록은 팔만 권의 망망한 대해이니,　　(史海茫茫八萬卷)

사서(史書) 한 권을 완독하면 흰머리가 날린다. (一篇讀完頭飛雪)

이러하니 한 사람이 어찌 중국의 《이십사사(二十四史)》를 모두 읽겠다는 결심을 할 수 있겠는가? 그렇다고 역사를 읽지 않고서야 무슨 공부를 할 수 있겠는가?

역자가 그간 중국 사서(史書) 원문을 번역하고, 당시(唐詩) 감상을 위한 주석과 해설, 중국 문학과 철학을 공부한 모든 경험과 지식을 본서의 편집과 번역에 쏟아부었다.

특히 《수당사화》를 읽는 고급 독자가 의문을 가질 수 있는 내용이나 궁금한 바를 모두 알 수 있도록 상세하고도 폭 넓은 주석에 심혈을 기울였다.

우리가 중국 사화(史話)를 읽고 공부하며 중국 천년풍운의 변환(千年風雲之變幻)을 알고, 고금 세상사의 부침(古今世事之浮沈)을 이야기한다면, 이 또한 얼마나 재미있고 유익하겠나? 이것이 바로 우리 일상생활의 큰 복락(大福樂)이 아니겠는가?

2025년 7월

도연(陶硯) 진기환(陳起煥)

일러두기

● 본서는 《중국역대사화(中國歷代史話)》의 다섯 번째 책이다. 《중국역대사화》는 중국사의 주요 모습을 조망하기 위한 시리즈로, 《춘추전국사화(春秋戰國史話)》, 《진한사화(秦漢史話)》, 《삼국사화(三國史話)》, 《양진사화(兩晉史話)》, 《수당사화(隋唐史話)》, 《송대사화(宋代史話)》로 구성되었다.

이는 그간 필자의 중국 정사(正史) 번역을 바탕으로, 누구나 이해하기 쉽게, 또 흥미를 갖고 읽을 수 있도록 이야기 형식으로 고쳐 쓴, 사화(史話) 형식의 역사책이다.

이는 우리나라에서 처음 시도되는 사화 시리즈이기에, 독자의 안목으로도 미비한 내용이나 오류가 있을 수 있다. 필자는 독자 여러분의 엄한 질정(叱正)을 기다린다.

● 본서의 기본 텍스트는 없고, 다음의 여러 도서를 참고하여 필자가 역사 수업을 하듯 본서를 집필하였다.

중국 역사를 고등학생에게 교육할 때, 또 중국 역사를 공부하는 동학(同學)들과 함께 연학(硏學)할 때, 가장 중요하게 고려할 바는 무엇을 얼마만큼 가르쳐야 하고 공부하느냐? 곧 중국 역사의 내용과 깊이이다.

본 《수당사화(隋唐史話)》는 수(隋)와 당(唐) 역사의 개론을 줄거리 삼아 엮었지만, 개론서(槪論書)는 아니며 그렇다고 재미를 위한 사실의 변형이나 추가도 없었다. 다만 역사적 사실을 바탕으로 알기 쉽게 이야기하듯 설명하였다.

● 본서에서는 역사적 사실, 제왕의 재위, 개인의 생몰(生歿) 연도를 모두 서기로 환산하여 ( )안에 기록하였다. 그리고 역사적 인물의 성명이나 관직, 지명이나 연호(年號) 등 고유명사는 모두 한글에 한자(漢字)를 병기하였다. 그밖에 다른 뜻으로 해석될 수 있는 내용도 한자를 병기했다.

● 상세한 주석을 달았다. 본서의 주석은 독자의 공부를 돕는 한 방법이다.

그리고 이는 고급 독자의 지적(知的) 욕구를 충족시켜주고, 의문 사항에 대한 답변이다. 본서에는 한자가 좀 들어갔는데, 이 정도는 독자의 지적 욕구를 충족시키기 위한 방편이라 생각했다. 특히 역사 인물이나 사건에 대해서는 사실(史實)에 바탕을 둔 주석을 달았다. 인물의 생존 연대나 행적은 사실 그대로 독자에게 제공되어야 한다.

어려운 한자의 경우 우리나라에서 통용되는 음훈과 중국어에서 통용되는 의미를 같이 설명하였다. 특히 성명의 우리말 표기에서는 국내 옥편의 음(音)을 따랐다.

예 拓拔珪(탁발규)-拓은 성씨 탁. 주울 척. 洗氏(선씨)-성씨 선. 씻을 세.

●독자의 여력이 있어 주석을 상세히 읽는다면, 중국사에 관한 상당한 지식을 축적하리라 장담한다. 특히 한자만 보면 머리에 쥐가 난다는 독자도 있지만, 이는 일종의 공포심이다. 한자를 읽으며 익히기를 계속한다면 그런 공포는 저절로 사라질 것이다.

●《수당연의》의 관직이나 지명은 《수서(隋書)》와 《신당서(新唐書)》에 의거 설명하였다. 특히 지명은 당시 행정구역에 따랐으며, 현행 중국 행정구역의 명칭도 설명하였다. 곧 성(省), 지급시(地級市), 현(縣)이나 현급시(縣級市)를 병기하여 모든 독자가 현재의 중국 지도로 위치를 알 수 있게 하였다.

참고 도서

《舊唐書 與 新唐書》: 黃永年 著, 人民出版社, 1985.

《唐史解讀》(上·下): 本册主編 曾志華, 杜文玉, 白玉林 外, 雲南教育出版社, 2011.

《隋史解讀》: 本册主編 曾志華, 杜文玉, 白玉林 外, 雲南教育出版社, 2011.

《圖說天下 隋唐五代》: 龔書鐸 主編, 吉林出版集團有限公司, 2006.

《文物隋唐史》: 彩色圖文本, 中國國家博物館 編, 中華書局, 2009.

《隋唐史》: 王壽南 著, 三民書局, 民國 83(1994).

《隋唐史別裁》: 李樹桐 著, 臺灣商務印書館, 1995.

《隋唐野史》: 彭詩琅 主編, 中國全史 9권, 北京, 中書戲劇出版社, 2001.

《新唐書》第 1-8册: 分史主編 黃永年, 漢語大詞典出版社, 2004.

《中國文學史話》: 郭杰, 秋芙 主編, 吉林文史出版社, 2008.

《中國歷代史話》全 5권: 北京出版社 [編], 北京出版社, 1992.

《中國歷史圖說》全 10권: 王壽南 編纂, 新新文化出版有限公司, 民國 66년, 臺北.

《中國帝王的私生活》: 于鐵丘 著, 山東文藝出版社, 1992.

《中國通史》第 1-10册: 人民出版社, 2004.

《中國通史綱要》: 白壽彛 主編, 上海人民出版社, 1980(1983 6刷).

《中國通史圖鑒》1-15권: 莫久愚, 趙英 [共] 主編, 內蒙古大學出版社, 2000.

《中國通史圖說》1-10: 朱大渭 主編, 九洲圖書出版社, 1999.

《中華五千年史話》: 郭伯南, 劉福元 著, 臺北書林出版有限公司, 民國 81년.

《隋唐演義》(上·下): 清 褚人穫(저인확) 著, 長沙, 岳麓書社出版, 2009.

《수당연의》全 5권: 清 褚人穫(저인확) 著, 진기환 역, 서울 明文堂, 2023.

차례

- 머리말 3
- 일러두기 6
- 참고 도서 9

제1부
수대의 풍운

    1) 수나라 황제 일람 24
    2) 《수서(隋書)》 24

1. 남북조시대의 종결 26
  (1) 오호십육국 시대 26
  (2) 남북조시대 28
    1) 남조의 개국 군주 29

2. 수나라의 건국 32
  (1) 수(隋) 역사의 대략 32
  (2) 양견의 건국 33
    1) 양견의 출생 33
    2) 양견의 득세 34

3. 수 문제의 정치 36
  (1) 수 건국 주체─관농집단 36
  (2) 문제의 내정 38
    1) 문제(文帝)의 선정 40
    2) 수 문제의 폐정(弊政) 40
  (3) 통치제도 41
    1) 중앙관제 41

2) 군사제도-부병제　43

　　3) 법제(法制)　44

　　4) 균전제(均田制)　45

　　5) 학교 교육과 선거(選擧, 인재 등용)　45

4. 중국의 통일　46

　(1) 수 건국 당시의 형세　46

　(2) 진(陳)의 멸망　48

　(3) 나라 멸망의 공식　50

　　1) 망국(亡國) 군주에게 술이란?　51

　　2) 옥수후정화(玉樹後庭花)-망국지음(亡國之音)　53

　　3) 파경중원(破鏡重圓)　55

5. 문제文帝의 독고황후獨孤皇后　57

　(1) 운명의 전기　57

　(2) 질투 살인　59

　(3) 태자 폐출　63

　(4) 태자 양광(楊廣)　67

　(5) 부친 시해(弑害)　68

　(6) 문제(文帝)의 치적과 평가　70

6. 양제煬帝 정치　72

　(1) 공유할 수 없는 권력　72

　(2) 수(隋)의 토목공사　73

　　1) 화려한 궁궐　73

　　2) 대운하 개통　75

　　3) 강도(江都) 유람　77

　(3) 고구려 원정　82

　(4) 농민 봉기　84

　　1) 민중의 고초　84

    2) 와강 영웅 85
  (5) 양제의 최후 88
    1) 양제의 폭정 88
    2) 치욕적 시호(煬) 88
    3) 양제 사후 93

제2부
당(唐)의 건국과 융성

1. 당 전반기 역사 개관 96
2. 《구당서》와 《신당서》 98
  (1) 《구당서》 99
  (2) 《신당서》 101
3. 국호 당唐 102
  (1) 당과 수의 관계 103
  (2) 국도 장안 104
4. 고조 이연 105
  (1) 당의 건국 105
    1) 이연의 내력 105
    2) 이연의 황후 두씨 107
    3) 진양 기병 109
    4) 당조의 개국 113
    5) 종실 출신의 공신 115
    6) 장안 도읍 117
  (2) 현무문의 변 118
    1) 고조의 아들 118
    2) 고조의 어정쩡한 처사 121

3) 여러 가지 복합 원인 122
4) 골육상잔 123
5) 형제 살육도 생존 경쟁인가? 125
6) 이건성의 실패 원인 126

5. 정관의 치 128
  (1) 당의 전성기 128
    1) 천책상장부 128
    2) 태종 즉위 130
    3) 장손황후의 도움 131
    4) 정관지치의 바탕 134
    5) 태종의 선정 135
    6) 능연각의 공신 138
    7) 납간과 임현 141
    8) 태종의 고구려 원정 149
    9) 고선지의 실패와 죽음 152
  (2) 통치제도 154
    1) 중앙행정조직 154
    2) 지방제도 162
    3) 토지―균전제 165
    4) 부세―조·용·조 166
    5) 군역―부병제 167
    6) 사법제도 171
  (3) 태종의 문치 정책 176
    1) 이세민의 문사 애호 176
    2) 문학관 18학사 177
    3) 국자감 융성 179
    4) 공영달의 《오경정의》 180

(4) 태종의 공과　182
　　　　1) 태자 자리를 둘러 싼 암투　182
　　　　2) 이세적을 시험하다　184
　　　　3) 멧돼지 사냥　185
　　　　4) 태종의 말년　186
　　　　5) 창업과 수성(守成)　188

6. 고종의 치세　189
　　(1) 고종의 즉위　189
　　(2) 황후 왕씨(王氏) 폐위　191
　　(3) 고구려와 당의 전쟁　194
　　　　1) 고구려 정벌　194
　　　　2) 당의 영역　198
　　(4) 고종의 치적　201

7. 측천무후 시대　203
　　(1) 무미랑의 입궁　204
　　(2) 국정 전담 무(武)황후　207
　　(3) 황제 즉위(周)　209
　　(4) 과거 활성화　212
　　(5) 지식인 우대, 인재 등용　213
　　(6) 밀고 권장과 혹리 등용　216
　　(7) 측천문자　219
　　(8) 남성 편력　222
　　(9) 측천무후의 죽음　223

8. 중종과 예종　228
　　(1) 무후의 권력욕　228
　　(2) 중종의 즉위와 폐위　229
　　　　1) 중종(中宗)의 복벽(復辟)　231

    2) 위황후와 안락공주 234
    3) 상관완아 234
  (3) 예종의 즉위 236
    1) 모친 위세에 눌린 아들 236
    2) 당륭지변 237
    3) 태평공주 239

9. 현종의 치세 241
  (1) 현종 즉위 241
  (2) 개원의 치 243
    1) 요숭과 노회신 243
    2) 위지고 244
    3) 한휴 245
    4) 장구령 246
  (3) 천보 연간의 정치 249
    1) 재상 이임보 249
    2) 양국충 253
    3) 양국충의 오국 256
    4) 환관 고력사 258
  (4) 안록산 259
    1) 안록산의 대두 259
    2) 안록산의 가면 261
    3) 충직하고 멍청한척하기 263
    4) 이임보의 죽음 265
  (5) 양귀비 266
    1) 양귀비의 등장 266
    2) 내명부와 외명부 267
    3) 현종과 양귀비의 결합 268

　　　　4) 현종의 사랑　270
　　(6) 안사의 난(755-763)　275
　　　　1) 안록산의 반란　275
　　　　2) 마외파　276
　　　　3) 반군 토벌　278
　　　　4) 명필 안진경의 의기　279
　　(7) 안록산 난 이후의 혼란　280
　　　　1) 병약한 숙종　280
　　　　2) 현종 퇴위, 숙종 즉위　281
　　　　3) 현종과 숙종의 죽음　283
　　　　4) 대종, 안사의 난 종결　286
　　　　5) 환관 어조은　288
　　　　6) 안사의 난 영향　290

제3부
당(唐)의 쇠락과 멸망

1. 당 후반기 시대 개관　294
2. 정치적 혼란　297
　　(1) 내재적 모순의 표출　297
　　　　1) 국가운영 제도의 변질　297
　　　　2) 번진 세력의 대두　299
　　(2) 덕종의 정치　300
　　　　1) 경원병변　300
　　　　2) 노기-추악한 재상　302
　　　　3) 배연령-아첨의 명수　304
　　(3) 환관의 발호　305
　　　　1) 영정 혁신 좌절　305

2) 원화 중흥　307
　　3) 환관의 권력　309
　　4) 환관의 행패-오방사　311
　　5) 감로지변　313
　　6) 환관과 신책군　316
　　7) 문생천자　317
　(4) 무종-우이당쟁　321
　　1) 무종의 불교탄압　321
　　2) 무종의 환관 세력 제거　321
　　3) 우이당쟁　324

3. 당의 석양　332
　(1) 선종-석양의 명군　332
　(2) 의종-방훈의 난　337
　(3) 희종-황소의 난　340
　　1) 황소-실패와 불평　342
　　2) 황소 반란 경과　343
　　3) 황소 난의 진압　348
　　4) 황소의 난 실패 원인　350
　(4) 소종-주전충의 대두　353
　(5) 애제-사라진 제국　359
　(6) 당조의 역사적 의의　360
　(7) 당 이후 오대십국의 혼란　362
　　1) 오대 정권의 개략　362
　　2) 십국(十國)의 경제적 안정　364

제4부
당의 경제와 사회

1. 군현과 인구 370

2. 상업 발달 371

   (1) 도시와 상업의 발달 371

      1) 장안성 371

      2) 국내 상업 372

      3) 동시와 서시 373

      4) 궁시(宮市) 374

      5) 양주의 번영과 쇠퇴 375

      6) 화폐 정책 378

      7) 비전 380

      8) 술의 전매 381

   (2) 해외 무역 382

      1) 시박사 382

3. 생활과 습속 383

   (1) 출사 383

      1) 과거의 종류와 기회 384

      2) 과거시험 교과목 387

      3) 사재(四才)—석갈시(釋褐試) 388

      4) 50세 진사 389

   (2) 작위 391

   (3) 생활 모습 393

      1) 적전례(籍田禮) 393

      2) 명절 393

      3) 오락 398

      4) 차의 보급 399

      5) 다신 육우 401

제5부
당 문화의 융성

1. 당의 문화 404
  (1) 당 문화의 특성 404
  (2) 문화교류의 특징 407

2. 불교와 도교 408
  (1) 도교의 성립 409
  (2) 노자의 지위 412
  (3) 도교 수련 – 연단 414
  (4) 불교와 도교의 대립 415
    1) 불교와 도교의 논쟁 415
    2) 노자 존중 418
    3) 현장의 구법 활동 421
    4) 대자은사와 대안탑 425
    5) 회창의 법난 426

3. 과학의 발달 431
  (1) 건축 – 조주의 석교 431
  (2) 의학 434
    1) 이순풍 – 인덕력 435
  (3) 역법 438
    1) 이순풍 – 인덕력 438
    2) 장수의 대연력 441
  (4) 역사학 444
    1) 서당의 역사 교과서 – 《통감》 444
    2) 사관 설치 445
  (5) 사학 명저 446
    1) 이백약 – 《북제서》 446
    2) 요사렴 – 《양서》, 《진서》 447
    3) 안사고 – 《한서》 주석 448

　　　　4) 유지기-《사통》 449
　　　　5) 두우-《통전》 451
　　(6) 기타 명저 453
　　　　1) 이수소의 보학 453
　　　　2) 이길보-《원화군현도지》 454
　　　　3) 당 행정법전-《대당육전》 455

4. 예술의 발전 457
　(1) 서예 457
　　　1) 태종의 서예 애호 457
　　　2) 명필-우세남과 저수량 460
　　　3) 구양순 462
　　　4) 안진경 464
　　　5) 유공권 470
　(2) 회화 471
　　　1) 염입본 471
　　　2) 오도자(오도현) 475
　　　3) 이사훈 477
　(3) 음악 478
　　　1) 이원제자와 노랑신 478
　　　2) 조효손-아악 정리 480
　　　3) 악기 481
　　　4) 태공묘 482

5. 문학의 융성 483
　(1) 당대의 문풍 483
　(2) 당시의 융성 485
　　　1) 당시 융성 원인 485
　　　2) 당나라의 시-문학의 중심 488

3) 고체시와 근체시 491
　(3) 당시의 시대 구분 492
6. 시인 열전 495
　(1) 초당의 시인 495
　　1) 초당의 시풍 495
　　2) 문장사우 500
　　3) 초당사걸 503
　　4) 초당의 다른 시인 508
　(2) 성당의 시인 511
　　1) 성당의 시풍 511
　　2) 맹호연 514
　　3) 왕유－시불 515
　　4) 하지장 527
　　5) 이백 529
　　6) 고적 547
　　7) 왕창령 548
　　8) 두보 549
　　9) 잠삼 569
　　10) 최호 570
　(3) 중당의 시인 572
　　1) 중당의 시풍 572
　　2) 위응물 575
　　3) 설도 576
　　4) 유우석 578
　　5) 백거이 580
　　6) 원진 591
　　7) 이하 600

(4) 만당의 시인　604
　　　　1) 만당의 시풍　604
　　　　2) 두목　606
　　　　3) 이상은　609
　　　　4) 온정균　613
　　　　5) 피일휴와 육구몽과 두순학　617
　　　　6) 화예부인의 슬픔　618
　7. 산문散文과 고문古文운동　621
　　　　1) 한유　623
　　　　2) 유종원　629
　8. 민간 문학　634
　9. 전기소설　635

부록

수당 대사 연표(隋唐 大事 年表)　640
　　(1) 수조(隋朝)　640
　　(2) 당조(唐朝)　642
　　　　1) 당조〔唐代, 이당(李唐)〕황제 일람　642
　　　　2) 당조 대사 연표(唐朝 大事 年表)　643

제 1 부

수대의 풍운

1) 수나라 황제 일람

황제	이름	재위	연 호	설 명
문제 (文帝)	양견 (楊堅)	581–604	개황(開皇, 581–600) 인수(仁壽, 601–604)	北周 제위 찬탈. 太子 廣이 시해.
양제 (煬帝)	양광 (楊廣)	604–618	대업(大業, 605–618)	시부(弑父) 자립. 遊 揚州 不歸. 宇文化及이 살해.
공제 (恭帝)	양유 (楊侑)	617–618	의령(義寧, 617–618)	唐公 李淵이 옹립. 이연에게 선양.
공제 (恭帝)	양동 (楊侗)	618–619	황태(皇泰, 618–619)	왕세충(王世充)이 옹립. 피살.

2) 《수서(隋書)》

수(隋)나라 역사 연구의 기본 사료는 《수서(隋書)》이다.

《수서》는 수 문제 개황 원년(581)부터 수 공제(恭帝) 의령(義寧) 2년(618)까지 38년간의 역사를 기록한 정사(正史)인데, 당 태종 때 위징(魏徵)이 편찬자의 대표이다.

당 고조 무덕(武德) 4년(621)에, 영호덕분(令狐德棻)이 남조의 송(宋), 제(齊), 양(梁), 진(陳)과 북조(北朝)의 북주(北周)와 전대(前代)인 수(隋) 등 5조(朝)의 역사 찬수를 상주하였다. 다음 해, 당에서는 사신(史臣)에게 명하여 편수(編修)케 하였으나 몇 년이 지나도록 완성하지 못했다.

당 태종 정관(貞觀) 3년(629), 방현령(房玄齡)에게 명하여 수사(隋史)를 감수케 하였다. 그동안에 이뤄진 기전(紀傳) 부분은 안사고(顏師古), 공영달(孔穎達), 허경종(許敬宗) 등이 감수하였다.

《수서(隋書)》는 정관 10년(636)에 완성되었는데 본기 5권, 열전 50권이었다. 〈지(志)〉는 정관 15년(641)에 편찬을 시작하여 고종 현경(顯慶) 원년(656)에 완성되었다.

《수서》의 〈지(志)〉는 〈예의지(禮儀志)〉 7권, 〈음악지(音樂志)〉 3권, 〈율력지(律曆志)〉 3권, 〈천문지(天文志)〉 3권, 〈오행지(五行志)〉 2권, 〈식화지(食貨志)〉 1권, 〈형법지(刑法志)〉 1권, 〈백관지(百官志)〉 3권, 〈지리지(地理志)〉 3권, 〈경적지(經籍志)〉 4권 등 10개 분야 30권이다. 〈지(志)〉 30권 부분은 고증이 상세하여 상당한 가치를 인정받고 있다.

《수서 열전》 부분에는 〈성절전(誠節傳)〉, 〈효의전(孝義傳)〉, 〈순리전(循吏傳)〉, 〈혹리전(酷吏傳)〉, 〈유림전(儒林傳)〉, 〈문학전(文學傳)〉, 〈은일전(隱逸傳)〉, 〈예술전(藝術傳)〉, 〈외척전(外戚傳)〉, 〈열녀전(烈女傳)〉 등 특색 있는 열전이 많다. 우리나라에 관한 기록은 열전 81권 〈동이전(東夷傳)〉에 고려·백제·신라·말갈(靺鞨)·류쿠(琉求)·왜국(倭國)과 함께 수록되었다.

1. 남북조시대의 종결

(1) 오호십육국 시대

사마염(司馬炎)이 건국한 서진(西晉, 265)의 멸망(316) 이후 중국은 남북의 대립 시대가 시작된다. 화북지방에서는 이민족의 무상한 흥망 속에 전란이 이어지는 5호16국 시대가 열린다.

이 5호16국 시대는 그동안 사실상 독자적으로 성장한 중국의 농경문화와 북방 유목문화의 대융합이 이루어지는 시기였다. 이는 유럽에서 게르만족의 이동으로 로마제국의 고대가 붕괴하고 중세가 열리는 상황과 유사한 일면이 있었다.

서진이 멸망하기 전부터 시작되었던 북방 5호족의 중국 진출은 16국의 건국과 멸망으로 진행되다가 전진(前秦, 존속 350-394)의 부견(苻堅, 재위 357-385)에 의해 화북지역이 일시 통일되지만, 동진(東晉, 317-420년 존속)과의 싸움에서 패하며 곧 멸망한다 (394). 이어 북위(北魏, 386-534년 존속)가 화북지방을 통일 지배하게 된다.

　이들 5호16국의 흥망은 민족 간의 갈등을 첨예화시켰다. 당시 사회는 불안했고 경제는 쇠락하여 백성의 생활은 매우 곤궁하였다. 그러나 이를 통하여 북방 유목 민족과 한족의 융합은 가속화되었고 문화에도 활력이 보태지는 역동적인 시대였다고 평가할 수 있다.

　서진 멸망 이후 사족(士族)과 함께 많은 사람들이 남방으로 이동하였다. 서진의 황족인 사마예(司馬睿)는 건업(建業)에서 진(晉)을 부흥하면서 제위에 오른다(서기 317). 이 나라는 사마염이 건국한 晉나라와 구분하기 위하여 동진(東晉)이라 부르는데, 동진의 기초는 강남에 거주하는 한인 문벌귀족들이었다.

　북방 유목 민족의 침입과 전란을 피해 남으로 이동한 중국인들은 동진이라는 안전지대에서 나름대로 착실한 경제 발전을 이룩했다. 그리고 이러한 강남의 경제력을 바탕으로 귀족 문화가 발전하였다.

　동진의 정치적 역량은 부진하였지만 강남지방의 농업생산이 크게 증가하고 북방 농민들의 지속적 유입은 농업 이외에도 여러 산업을 발전시켜 중국의 경제 중심이 남방으로 이동하게 된다.

【참고】

❖ 5호(五胡) : 흉노(匈奴), 선비(鮮卑), 저(氐), 갈(羯), 강(羌) 등 5개의 호인(胡人). 호(胡)는 한족(漢族)이 아닌 중국 북방민족

을 격하한 호칭이다.
❖ 16국(國) : 북위(北魏)의 사관(史官) 최홍(崔鴻)이 쓴 《십육국춘추(十六國春秋)》에서 유래되었는데, 이 시대에 실제로 존재했던 나라는 16국보다 많았다(5호19국으로 설명하는 책도 있다).
❖ 오호족(五胡族)이 흥기한 배경 : 서진의 '팔왕지난(八王之亂, 291-306)이 계속되는 동안 서진의 국력은 크게 쇠퇴했고, 당시 팔왕이 전투를 위해 이민족을 용병(傭兵)으로 고용함으로써 이들 입지가 강화되었다.
❖ 5호16국 시대의 시작 : 흉노족 유연(劉淵)이 병주(幷州, 지금의 산서성(山西省) 일대)에서 자립해 한(漢)을 건국했고(서기 304), 같은 해 사천(四川) 지역에서도 이웅(李雄)이 자립하여 성한(成漢)을 건국하면서 오호십육국 시대가 시작되었다.
❖ 5호16국 시대의 사회 : 중국의 북방민족이 중원(中原)으로 대량 유입된 시기로, 대규모의 민족 융합을 이룩했다(호한 胡漢 체제 성립).

(2) 남북조시대

이와 같은 화북의 5호16국과 장강 이남 동진의 대립 이후, 화북에서는 선비족의 탁발규(拓跋珪, 재위 386-409)가 북위(北魏)를 건국한(386) 뒤, 화북지방을 통일하여(439) 지배하지만, 이 북위는 다시 동위(東魏, 존속 534 - 550)와 서위(西魏, 존속 535 - 556)로 분열되고, 이는 다시 북주(北周, 존속 557 - 581)와 북제(北齊, 존속 550 - 577)로 이어진다. 북위와 이후의 여러 나라를 '북쪽의 왕조'라는 뜻으로 북조(北朝)라고 한다.

한편 강남에서는 동진의 멸망(420) 이후에 송(宋, 420 - 479), 제(齊, 479 - 502), 양(梁, 502 - 557), 진(陳, 557 - 589)으로 이어지는데, 이를 남조(南朝)라 부르고, 전체적으로는 남북조시대(420 - 589)라고 한다. 이 중에서 손권의 오(吳) 이후 동진(東晉)과 남조(南朝)의 4나라를 합하여 특별히 육조(六朝)라고 한다.

다시 종합한다면, 서진 멸망(317) 이후에 북쪽에서는 5호16국 시대(304 - 439), 남쪽에서는 동진(317 - 420)이 존속했다. 화북지방에는 북위의 통일과 분열이 진행되는 동안 남조에서는 송 - 제 - 양 - 진의 남조가 흥망을 거듭하고, 이를 남북조시대라고 하는데, 서기 589년에 수(隋)나라에 의해 전 중국은 통일이 된다.

그리고 후한 멸망(220) 이후 삼국의 분립에서 수의 통일까지는 위진남북조 시대(魏晉南北朝 時代, 220 - 589)라 부른다.

1) 남조의 개국 군주

삼국시대의 동오(東吳, 손오孫吳) - 동진(東晉) - 송(宋) - 제(齊) - 양(梁) - 진(陳)은 모두 지금의 남경(南京)에 도읍하고 있었다. 그리고 통치 지역도 비슷하였으며 여섯 나라가 귀족 중심의 문화가 발달하였다는 점도 비슷하다. 이들 여섯 나라를 특히 6조(六朝)라고 한다. 이 중에서 송, 제, 양, 진의 4개국은 차례로 흥하고 망하는데, 이들 개국 황제들은 상당히 비슷한 공통점이 있다.

우선 송(宋)의 건국자 유유(劉裕), 제(齊)의 소도성(蕭道成), 양(梁)의 소연(蕭衍), 진(陳)의 진패선(陳霸先)이 모두 무장(武將)이라는 공통점이 있다. 즉 마상(馬上)에서 득국은 당시에 극히 자연스러운 일이었다.

유유는 북벌(北伐)에 공을 세웠고 동진 환현(桓玄, 369-404. 桓楚 건국)의 난을 토벌하였다. 소도성은 난릉 소씨 명문가 출신이면서 장군으로 지방 반란을 진압하는 등 여러 공을 세웠으며, 소연은 시인으로서 명성 못지않게 장군으로서 신망도 얻었었다. 진패선은 후경(侯景)의 난 진압에 공을 세웠다.

이들이 개국하고 즉위할 때의 나이는 순서대로 57세, 53세, 38세, 그리고 55세였다. 양무제 소연이 상대적으로 젊었지만 40을 바라보는 초노(初老)였다. 그리고 재위 기간도 유유는 3년, 소도성은 4년, 진패선은 3년이었다. 다만 양 무제는 48년 재위라는 대기록을 세웠다.

이들 개국 군주 4명은 모두 박학다식했었다. 그중에서도 소도성은 경사를 두루 열람하여 박학다식하였으며 문장과 서법(書法)에도 일가견이 있었다. 소연은 경릉팔우의 한 사람으로서 즉위 이전부터 시인으로 명성이 있었고, 즉위 후에도 밤이 늦도록 독서하며 불경을 번역하고 강론을 했으며, 그 아들이 유명한 《문선

(文選)》을 편찬했던 소명태자〔昭明太子, 소통(簫統), 501 – 531〕이다.

또 이들은 모두 검소한 생활을 했었다. 유유는 호박(琥珀)으로 만든 베개를 깨뜨려 병사들의 치료에 쓰라고 내주었으며, 소도성은 자신이 검소한 생활을 실천하여 금값을 흙의 값과 같게 만들겠다는 포부를 밝혔었다. 소연도 극히 검소했었기에 즉위 초부터 명군이라는 평가를 받았었다. 진패선은 식사에 반찬을 줄였고, 후궁들에게 금이나 비취 같은 패물을 패용하지 못하게 하였으며, 궁중에 여악(女樂)을 두지 않았었다. 그래서 진패선은 남조의 어느 군주 못지않은 영주(英主)라는 평가를 받고 있다.

유유는 인재 등용에 가문을 따지지 않고 능력을 중시했다. 양무제 소연은 호불(好佛)의 군주였기에 너무 자비로웠다고 한다. 그렇지만 후경을 받아들일 정도로 지인(知人)에 실패했었기에, 결국은 자신과 나라를 파멸로 몰고 간 후경의 난을 당해야만 했었다.

개국의 군주들이 모두 훌륭한 인걸임에는 거의 틀림이 없다. 그러나 그 뒤로 용열하면서도 포악한 폭군들이 줄줄이 나왔기에 남조의 왕조들은 하나같이 단명으로 끝날 수밖에 없었다.

2. 수나라의 건국

(1) 수(隋) 역사의 대략

위진남북조 분열의 시대를 종결시킨 것은 수(隋)의 통일이었다. 서기 581년 개국한 수 문제 양견(楊堅)은 589년 남조 진(陳)을 멸망시켜 통일을 완성하며 위진남북조의 오랜 분열에 종지부를 찍었다.

그러나 수의 중국 통일(589)에서 멸망(서기 618)까지는 불과 30년이었다. 그러나 그 다음에는 290년에 가까운 세월동안 당(唐)의 융성과 번영이었다. 당의 제도와 문화는 중국 중세의 완성이라고 할 수 있다.

그렇다면 중국 고대 춘추전국시대의 분열을 통일한 진(秦)이 한(漢) 융성의 토대가 된 것처럼, 수(隋)는 위진남북조의 혼란을 수습했고. 이는 당(唐)의 통일과 융성으로 똑같이 재현되었다.

말하자면, 진(秦)과 수(隋)와 통일은 한(漢)과 당(唐)의 발전과 융성의 기초가 되었다. 혼란 수습이라는 난제를 그 앞의 진(秦)과 수(隋)에서 다 해주었기 때문에 한(漢)과 당(唐)은 곧장 비약적인 발전을 이룩할 수 있었다.

수나라는 삼성육부(三省六部)를 두어 재상의 권한을 분산시키고, 지방제도를 주와 현으로 단순화시켜 지방 통제의 효율성을 제고한다. 또 개황률(開皇律, 개황은 문제文帝의 연호)을 반포하고,

구품중정제를 폐지하면서 선거제(選擧制, 과거시험)를 실행하여 문벌정치의 폐단을 개혁했다.

수 양제는 황하와 장강을 연결하는 등 총 길이 2,400km의 대운하를 착공 개통하는데, 이는 장강 이남, 곧 강남 개발 촉진과 함께 실질적 남북 경제의 통합을 이룩하는 효과를 얻었다. 그러나 문제에 이어 양제는 고구려 원정의 실패로 각지에서 무장봉기가 일어난다.

그중 이연(李淵)의 당(唐)은 618년에 건국하여, 이어 천하를 차지한다.

(2) 양견의 건국

1) 양견의 출생

양견은 서기 580년 5월, 북주(北周)의 상국(相國)이 되어 북주의 어린 황제를 대신하여 국정을 완전 장악하였다. 이어 12월에 수왕(隋王)으로 자신의 작위를 올린 뒤, 581년 2월, 북주의 정제(靜帝)를 폐위하고 즉위하며 연호를 개황(開皇)으로 정했다. 이처럼 쉽게 빨리 개국한 예는, 중국 역사상 북송(北宋)의 태조 조광윤(趙匡胤, 재위 960년-976년)을 제외하면 찾아볼 수가 없다. 그렇다면 확실히 천운을 타고났다고 볼 수 있다.

양견이 출생한 이후 이상한 일이 있었다. 양견 집 옆에 여승들의 절이 있었는데, 여승 한 사람이 양견을 안고 절에 가서 자신의 아기처럼 길렀다. 하루는 여승이 와서 어머니에게 안아주라며 아기를 돌려주었다. 그런데 어머니가 보니 아기 머리에 뿔이 나고 몸에 비늘이 돋는 것처럼 보였다. 그러자 어머니는 크게 놀라며 아기를 떨어트렸다.

여승이 놀라 돌아와 이를 보고서는 말했다.

"내 아기를 놀라게 하였으니, 천하를 차지하는 것이 몇 년 더 늦어질 것입니다."

2) 양견의 득세

양견(楊堅, 541-604)[1]은 수(隋)의 개국 황제로 581-604년까지 재위했다. 재위 24년에, 향년 64세였으니 천운을 타고 난 인물임에는 틀림없으나 작은아들(양제煬帝, 이름은 양광楊廣)에게 시해 당했다.

양견은 한족(漢族)이지만 선비족(鮮卑族)의 성씨와 이름도 갖고

---

[1] 隋 文帝 양견(楊堅, 541-604년, 堅은 굳셀 견) - 부친은 양충(楊忠, 西魏)이 선비(鮮卑)족의 성씨를 받았기에 선비족의 성명도 갖고 있었다. 弘農郡 화음(華陰 今 陝西省 남동부 華陰市) 출신. 後漢 太尉 양진(楊震 54-124)의 후손이다. 양진의 玄孫 중에 계륵(鷄肋) 사건으로 유명한 양수(楊脩, 楊修, 175-219년, 字 德祖)가 있다. 양견은 北朝 北周 정제(靜帝)의 선양을 받아 즉위, 수(隋) 開國皇帝, 시호(諡號)는 文皇帝, 묘호(廟號)는 高祖. 581年 3月-604年 8月까지 24年 재위. 年號는 開皇(581-600), 인수(仁壽, 601-605).

있었다. 그의 부친 양충(楊忠)은 서위(西魏)²의 관직을 두루 거쳤으며, 선비족화한 한인(漢人)의 대표적 인물이었다. 양충은 서위의 수국공(隋國公)³이었고, 뒤에는 북주(北周) 팔주국(八柱國, 주국대장군)의 한 사람이었다.

북주(北周, 존속 557 – 581)는 북조(北朝)의 나라로 우문씨(宇文氏)가 건립하였고(559), 도읍은 장안(長安)이었다. 북주의 무제〔武帝, 우문옹

양견(楊堅, 隋 文帝)

---

2 서위(西魏, 존속, 535 – 557) – 魏晉南北朝 시기 北朝의 地方政權. 鮮卑人 우문태(宇文泰)가 北魏 孝文帝 원굉(元宏)의 손자 원보거(元寶炬)를 옹립하여 세운 나라. 建都 長安. 고환(高歡)의 東魏와 대립했다. 557년 북주(北周)로 대체되었다. 兩代三帝에 22년 존속.

3 본래 지명으로서, 수(隨)는 湖北省 중북부의 수주시(隨州市, 2020년 인구 200만) 일대였다. 지명은 隨인데, 글자의 辵(辶) 획을 생략하여 국호로 정했다.

(宇文邕), 재위 560-578]는 권신 우문호(宇文護)를 죽이고 황제권을 장악하였으며, 불교를 크게 탄압하면서 덕정(德政)을 폈다. 이후 북제(北齊)를 멸망시켜(577) 북조를 통일하였다. 무제가 죽고 아들 선제(宣帝)가 즉위하였지만, 580년에 죽었고, 겨우 6살인 정제(靜帝)가 즉위하면서 결국 581년 양견에게 나라를 빼앗겼다.

양견은 부친의 직위를 세습했고 걸출한 용모에 무예도 뛰어났었다. 양견의 부인 독고(獨孤)씨는 당시 북주 팔주국(八柱國)의 한 사람인 독고신(獨孤信)의 딸이었다. 그리고 양견의 딸은 북주 선제[北周 宣帝, 우문윤(宇文贇), 재위 579]의 황후였었으니 북주에서 양견의 지위가 어떠했는가를 짐작할 수 있다.

3. 수 문제의 정치

(1) 수 건국 주체 – 관농집단

중국 역사학자 진인각[陳寅恪, 1890-1960, 중국 청화대학(淸華大學) 국학원 4대 도사(導師)의 한 사람]은 서위(西魏)와 북주(北周), 그리고 수(隋)와 당(唐) 정권의 특징 중 하나가 '관농집단(關隴集團)에 의한 지배체제'라는 학설을 주장했다. 그러나 진인각의 관농집단에 대한 이론에 대하여 반론 또한 만만치 않다. 이는 여러 학설의 일부라고 인식하면 된다.

여기서 관(關)은 섬서성(陝西省)을 지칭하는 지역 명칭이고, 농(隴)은 감숙성(甘肅省) 지역을 의미하는 글자이다. 곧 장안 서쪽과 감숙성(난주蘭州, 천수天水, 주천酒泉 …) 지역에 거주하던 한인 귀족과 선비 귀족이 혼인으로 맺어진 집단을 관농집단이라 지칭하였고, 이들이 서위(西魏)와 북주(北周)를 통치했다.

이러한 전통은 수 문제 양견(楊堅)이나 당 고조 이연(李淵)에 이어졌는데, 곧 한인과 선비족의 결혼으로 형성된 이들이 수와 당을 지배하였다는 주장이다.

양견은 선비 귀족인 독고(獨孤)씨와 결혼했으며, 수 건국 당시 관농집단의 적극적인 지원이 있었다. 또 당 고조 이연은 농서(隴西) 이씨인데, 이연의 조부 이호[李虎, ?-551, 선비성(鮮卑姓), 대야씨(大野氏)]는 북주 8주 국의 일원으로 당국공(唐國公)에 봉해졌으며, 부친 이병(李昞, ?-572)은 북주의 대장군이었다. 이연의 모친 독고씨는 이호와 함께 8주 국의 한 사람이었던 독고신의 딸로 양견 부인의 친언니였다.

다시 말하면, 수 문제는 당 고조 이연의 이모부였으며, 문제(文帝)의 아들 양제는 당 고조 이연과 이종사촌 사이였다.

고조 이연의 처 두씨(竇氏)는 북주의 토대를 닦은 선비족 우문태(宇文泰)의 외손녀였다. 따라서 당(唐)도 수(隋)와 마찬가지로 북주의 문벌귀족인 선비화한 한인(漢人), 곧 관농집단이 지배하였다. 이들 관농집단에게 농경민족과 유목 민족의 우수한 장점이 결합되어 나타났기에 강력한 국가를 만들고 지배할 수 있었다고 볼 수도 있다.

사실 유목 민족 국가에서는 아들이 아버지를, 숙부가 조카를 죽이거나 또는 형제간의 살육은 다반사였다. 이는 어찌보면 거친 자연환경 속에서 유목생활을 하는 그들의 생존방식일 수도 있었다. 수 양제가 아버지와 형을 죽이고 즉위했으며, 당 태종 이세민도 형제를 살육하고 즉위하였다.

(2) 문제의 내정

양견은 천성적으로 시기심도 있었고, 위정자들이 모두 그러하듯, 자신의 찬탈 행위를 다른 신하들이 배워 따라할까 늘 노심초사하였다. 그래서 자신의 지인과 공신을 시종 잘 보살펴주었지만 시정에 반대하는 신하들은 수시로 엄격하게 중죄로 다스렸다. 그러나 공신 중에서도 상주자사(相州刺史) 양사언(梁士彦)을 주살하였고, 남조 진(陳)을 평정하는데 큰 공을 세운 대장군 하약필(賀若弼), 우복야(右僕射)인 고경(高熲) 등을 제명 축출하였다.

또 백성들의 반란을 염려하여 백성들에게 대도(大刀)와 장창(長槍)의 제조나 소지를 엄금하였으며, 개황 15년에는 천하의 병기를 수집하게 하였고, 사적 주조를 금지시켰다.

문제는 자신의 아들이나 황족의 조카나 자제를 왕으로 봉하여 지방에 나가 군권을 장악하며 황실을 보위케 하였다.

문제는 그 자신이 학문에 깊은 관심이나 조예도 없었으며, 또 북제나 북주에서 뚜렷한 전공(戰功)도 없었다. 그렇지만 문제는 정사에 근면하였고 백성을 잘 보살펴 역사상 애민현주(愛民賢主)로 칭송을 받았다.

문제는 근검 절약을 숭상 실천하였으며, 민생안정을 위한 이치(吏治)에 노력하였다. 그러면서 백성을 휴식케 하면서 국고의 충실을 기하여 국고에 비축한 양곡과 비단, 화폐가 꽉 차 노지에 저장할 정도였다. 이에 따라 호구가 크게 증가하며 태평성대를 이루니, 이를 전한(前漢) 문제(文帝)와 경제(景帝) 시기 태평성세인 '문경지치(文景之治)' 처럼,[4] '개황(開皇)의 치(治)' 라 불렀다.

그러나 문제는 개황 14년(594) 큰 흉년에 많은 백성들이 굶어죽어도 국가의 곡식을 풀어 구휼하지도 않았다.

문제는 성정(性情)이 침착하여 희노의 감정을 외부에 드러내지는 않았지만 시기심이 많았고, 평소에 학문을 좋아하지 않아 대체(大體)를 몰랐으며, 술수를 좋아하고 고집이 강했다. 시기심으로 공신과 정적을 많이 제거하였으며 수시로 변하는 희노의 감정에 따라 엄격한 법 적용에 따른 폐단도 많이 드러났다.

---

4 漢 文帝(재위 前 180-157)와 그 아들 景帝(재위 前 157-141) 시기의 태평성세. 이러한 文景之治에 비축한 굴력을 모조리 소모한 사람이 바로 漢 武帝(재위 前 141-87)였다. 그리고 開皇之治에 비축한 國富와 民力을 모두 탕진하며 나라를 멸망으로 이끈 사람이 바로 문제의 아들 양제(煬帝, 재위 604-618)였다.

특히 국정에 노심초사하였다지만, 문제는 장자 양용(楊勇)을 태자에서 폐위하고, 위선적인 차남 양광(楊廣)을 태자로 책립하는 결정적 실수를 저질러 결국 자신과 나라를 멸망으로 몰았다.

1) 문제(文帝)의 선정

- 절검(節儉)을 숭상하며 사치를 배척했다.
- 이치(吏治)를 단속하여 민생 안정을 이룩했다.
- 여민휴식(與民休息) – 남조 진(陳)을 평정한 뒤로 부역 동원을 최소화하고, 전조(田租)를 경감하며 민생안정에 주력했다.
- 흉년에 대비하여 각 창고마다 양곡을 비축했다.

2) 수 문제의 폐정(弊政)

수 문제는 침착한 천성이나 희노(喜怒)의 감정이 무상(無常)하며 대체(大體)에 통달하지 못하고, 자신만이 옳다는 완강한 고집에 여러 술수를 숭상하면서 많은 실수와 실패가 있었다.

- 공신을 시기하고 배척하였다.
- 법률 남용 – 자신의 감정에 따라 법률 적용을 달리하였다.
- 태자 폐립 – 차자 양광의 위선(僞善)을 간파하지 못하여 태자로 책봉했고, 결국 자신은 시해당하고 나라도 단명으로 끝났다.

(3) 통치제도

문제는 통치기구의 정비에 힘써 유목 민족의 국가와 다른 제도를 시행하였다. 우선 인재 천거제도인 구품중정제(九品中正制)를 폐지하여 능력 본위 인재 등용의 길을 열었다.

문제는 해마다 각 주에서 인재를 3인씩 추천을 받아 이들을 국가에서 주관하는 수재(秀才) 시험에 응시케 하여(歲貢三人, 應考秀才) 관리로 선발하였는데, 이는 과거제도의 원형이라 할 수 있다. 본격적인 과거제도는 양제 때부터 시행하였다.

1) 중앙관제

수나라 중앙관제의 요점을 정리하면 다음과 같다.

○ 중앙 주요 부서

수나라 중앙관제의 핵심은 삼성육부제(三省六部制)인데, 중서성(中書省)과 문하성(門下省)은 조령(詔令)의 초안 마련과 검토를, 상서성(尚書省)은 정무(政務) 관리(管理)의 실무를 담당케 하였으며, 상서성 아래에 이(吏), 민(民, 戶), 예(禮), 병(兵), 형(刑), 공부(工部)의 6부를 두었다.

수 문제는 후한(後漢) 이래의 주군현(州郡縣)의 3급 행정체계를 주와 현의 2급으로 단순화시켰다. 양제는 주(州)를 군(郡)으로 개칭하였는데, 수나라 전성기에 약 190개의 군이 있었다. 이런 군현을 통제하기 위한 방법으로 감찰 단위인 주(州)를 설치하고 자사(刺史)를 내보냈으며, 자사의 보좌관으로 장사(長史)와 사마(司馬) 등을 두었다.

수조(隋朝)에서는 기주도(冀州道), 연주도(兗州道), 청주도(靑州道), 서주도(徐州道), 예주도(豫州道), 양주도(揚州道), 형주도(荊州道), 양주도(梁州道), 옹주도(雍州道)의 감찰주(監察州)가 있었다. 이는 당대에 15개 도(道)로 확대된다.

지방의 통치 체제를 정비하여 행정단위를 주(州)와 현(縣)의 2단계로 축소 통합하였는데, 이는 지방관의 수를 줄이며 행정 경비를 2/3 정도로 축소하는 효과를 거두었다.

구분	명칭	하는 일	관원, 기타
三師 (삼사)	太師(태사) 太傅(태부) 太保(태보)	담당 실무 없음. 관부나 소속 관원도 없음. 천자와 함께 앉아 論道.	
三公 (삼공)	太尉(태위) 司徒(사도) 司空(사공)	국정의 대사를 논의. 관부와 신료 거느림.	적임자 없으면 공석.
五省 (오성)	尙書省(상서성)	국정 전반에 관여. 吏部, 戶部, 禮部, 兵部, 刑部, 工部.	尙書令 1인. 左右 僕射(복야) 1인. 各部 尙書.侍郎.
	門下省(문하성)	국가의 중요 조령(詔令) 심사.	(隋) 納言 / (唐) 侍中.
	內史省(中書省)	왕명 출납.	內史令 2인.
	秘書省(비서성)	圖書, 저작, 기밀 문서 관리.	秘書監 1인, 승(丞) 2인.
	內侍省(내시성)	궁중 제반 업무, 물자 관리.	內侍 2인.
二臺 (삼대)	御史臺(어사대) 都水臺(도수대)	관리 규찰, 탄핵. 수리 관련 업무.	大夫 1인. 使者 1인, 승(丞) 2인.

十一寺 (시) 관청 이름 일 때, 독 음은 시.	太常寺(태상시)	능묘 관리, 祝樂 관련.	경(卿) 1인.
	光祿寺(광록시)	궁정 門戶, 선식(膳食) 담당.	경 1인, 소경(少卿) 2인.
	衛尉寺(위위시)	軍器, 의장, 장막 관리.	경 1인, 소경 2인.
	宗正寺(종정시)	황족 관련 업무.	경 1인, 소경 2인.
	太僕寺(태복시)	乘輿(승여) 호위 관련 업무.	경 1인, 소경 2인.
	鴻臚寺(홍려시)	이민족사신 접대, 길흉사 조문.	경 1인, 소경 2인.
	司農寺(사농시)	창고 및 궁중연료, 과수 관리.	경 1인, 소경 2인.
	大理寺(대리시)	刑獄 訟事 담당.	경 1인, 소경 2인.
	太府寺(태부시)	황실 재물, 창고관리.	경 1인, 소경 2인.
	國子寺(국자시)	교육 학교 관련 업무.	제주(祭酒) 1인.
	將作寺(장작시)	토목, 궁궐 건축 담당.	大將 1인.
지방관	州 - 刺史(자사)	상중하 3등급 구분.	개황 3년(583) 郡을 혁파. 州 설치.
	縣 - 縣令(현령)	上上 - 下下 9등급 구분.	

2) 군사제도 - 부병제

군사상으로 북주(北周)의 부병제(府兵制)를 계승하였다. 호적에 오른 백성은 모두 병졸이 되어야 하는데, 그중에서 신체 건장하고 힘이 좋은 자를 골라 조세와 공물을 면제하고, 농한기에 훈련을 받도록 하였다. 이러한 단위 조직을 부(府)라 하고 주장(主將)을 선임하였으며, 1백 개의 부를 주(州)의 자사가 지휘 통제하고 훈련을 담당케 하였다. 이는 평상시에는 경작과 훈련을 하다가 유사시에 동원되는 병농합일(兵農合一)의 제도로 병력 자원 확보와 함께 농업생산과 국고 충실의 목표를 함께 달성코자 하였다.

수나라의 중앙군에는 12개 위(衛)를 두었는데, 좌우, 익위(翊衛), 좌우, 효기위(驍騎衛), 좌우 무위(武衛), 좌우 둔위(屯衛), 좌우

후위(候衛)와 좌우 어위(御衛)이다.

12위는 수도 방위와 함께 특별한 전투에 동원되었다. 수도 방위 편제에서는 내위(內衛)와 외위(外衛)의 구분이 있었다. 특별한 원정에는 황제의 특명을 받은 행군원수(行軍元帥)나 행군총관(行軍總管)이 총 지휘관의 역할을 수행했다.

예를 들어, 남조 진(陳)을 원정할 때, 90명의 총관이 518,900명의 군사를 지휘하였다. 문제의 차남 양광, 그리고 양준(楊俊)과 양소(楊素)가 행군원수(行軍元帥)였는데, 양광의 지휘를 받아 작전을 수행케 했다.

양제 즉위 이후 대업(大業) 3년(607), 양제는 편제를 12위 4통제부, 곧 16위로 확대하였다.

3) 법제(法制)

문제는 공신(功臣) 고경(高熲)과 양소(楊素) 등에 명령하여 법제를 개정케 하였다. 고경 등은 위(魏)와 서진(西晉)의 형법에서 가혹한 형벌을 많이 완화하였다. 그래서 모반죄가 아니라면 일족에게 연좌하지 않았다. 그리고 더 정비하여 583년에 소성(蘇威) 등을 시켜 〈개황률(開皇律)〉을 제정 반포하여 시행케 했다.

〈개황률〉은 12권 500조(條)로 구성되었는데, 형벌은 사형(死刑), 유형(流刑, 유배), 도형(徒刑, 징역), 장형(杖刑)과 태형(笞刑) 등 5종에 20등급이었고, 편형(鞭刑, 채찍질), 효수(梟首), 열형(裂刑) 등의 혹형(酷刑)을 폐지하였다. 이 〈개황률〉은 당조(唐朝) 및 후대 법전의 기초가 되었다.

4) 균전제(均田制)

백성에게 어떻게 토지를 분배, 관리하며 조세를 어떻게 얼마나 징수하는가는 국가 재정과 민생안정의 핵심이었다.

수나라의 토지 분배는 균전제(均田制)라 하는데, 이 균전제는 북위(北魏) 효문제(孝文帝, 재위 467-499년, 강력한 한화(漢化) 정책을 추진〕 때인 태화(太和) 9년(485년)에 처음 시작되었다. 당시 15세 이상의 정남(丁男)에게 노전(露田, 종곡지種穀地) 40무(畝)와 상전(桑田) 20무를 지급하였다. 이후 북제(北齊)나 북주(北周)에 계승되었다. 수나라에서는 18세 이상의 정남에게 노전(露田) 80무와 상전 20무를 지급하였다.

이렇게 균전을 지급받은 정남은 전조(田租)로 곡식(속粟) 3석(石)을 바쳐야 했다. 그 외 면사(綿絲)나 포(布) 등을 바칠 의무가 있었다.

또 농민 호적을 정리하였는데, 문제 말기에 호적에 등록된 인구는 약 4,600만 명이었으며, 이는 국고 수입 증대와 직결되었다.

5) 학교 교육과 선거(選擧, 인재 등용)

수 문제는 인수(仁壽) 원년(601) 조서를 내려 학생 수만 많고 그 교육이 부실하다 하여 교육제도를 정비하였다. 곧 국자학(國子學)

에만 학생 70명을 존치시키면서 태학(太學)이나 사문학(四門學), 그리고 주현(州縣)의 각급 학교는 모두 폐지하였다. 그러나 뒤를 이은 수 양제는 즉위 다음 해인 대업(大業) 원년(605)에 각급 학교를 모두 회복시켰다.

문제는 즉위하면서 종전의 관리 추천 선발 제도인 구품중정제(九品中正制)를 폐지하여 관리 선발에 문벌의 자격요건을 없애버렸다. 그러면서 각각의 주(州)에서 매년 중앙에 3인을 천거케 하여, 이들을 수재(秀才)와 명경과(明經科)에 응시케 하여 그중 우수한 자를 관리로 임용하였다. 이러한 선거(選擧, 인재 선발)제도는 양제 재위 중에 더욱 정비되었고, 당나라에서 인재 등용 방법으로 완성되었다.

4. 중국의 통일

(1) 수 건국 당시의 형세

수 문제가 북주의 제위를 찬탈할 당시(581), 중국에는 수나라 외에 후량(後梁)과 남조의 진(陳)나라가 있었다. 수나라의 동북에는 말갈족(靺鞨族)과 거란족(契丹族)이 있었고, 북쪽에는 돌궐족

(突厥族), 그리고 서쪽에는 토욕혼(吐谷渾)이 자리잡았다.

수나라는 북주(北周)의 강역(疆域)을 이어받았고, 문제 개황(開皇) 3년(583)에, 도읍을 장안에서 약간 떨어진 곳에 건설한 신도시인 대흥성(大興城)으로 옮겼다. 수나라는 개황 4년에, 북제(北齊, 550-577)를 멸망시켜 황하 유역 전체를 차지하였고 남쪽으로 장강을 경계로 남조 진(陳)과 국경을 접했다.

수(隋) 건국 당시 후량(後梁)은 오대(五代)의 후량(後梁)[5]이 아닌 남조 양(梁)나라의 상동왕(湘東王)인 소역(蕭繹)이 강릉(江陵)에 자립하며 원제(元帝)를 칭했다. 이들은 지금의 호북성 남부 강릉(江陵) 일대 3백 리의 땅을 차지하여 겨우 명맥을 유지하는 수(隋)의 부용국(附庸國)이었다.

남조의 마지막 나라인 진(陳)은 557-589년까지 33년간 존속한 나라인데, 남조(南朝) 최후 왕조로 건국자는 진패선(陳霸先)이고, 건강(建康, 남경南京)에 도읍하였다. 중국 역사에서 황제의 성씨로 국명을 삼은 유일한 왕조이다. 멸망 당시 군주는 후주(後主) 진숙보(陳叔寶)인데, 589년 수에 병합되었다. 진나라는 북쪽의 수

---

5 후량(後梁, 907-923年 11月) - 당이 멸망한 뒤 이어지는 시대를 五代라 하는데, 後梁, 後唐, 後晉, 後漢, 後周의 5개국이 차례를 이어 건국 멸망하였다. 그중 첫 번째 나라 후량은 907년에 梁 太祖 주온(朱溫, 周全忠)이, 今 河南省 동부 開封市에 도읍하였다. 17년을 존속하여 923년에 南唐에게 멸망하였다. 이 나라는 南朝의 梁나라 건국자 소연(蕭衍, 502-557년 존속)과 구분하여 주량(朱梁)으로 구분한다.

나라에 밀려 영토가 크게 축소되었고 또 단명했다.

(2) 진(陳)의 멸망

수나라가 건국될 때(서기581년), 남조 진에서는 선제〔宣帝, 진욱(陳頊), 재위 568–582〕가 재위 중이었다. 그러나 곧 선제가 죽고, 아들 진숙보〔陳叔寶, 후주(後主). 망국 군주〕가 계위했다.

진 후주(後主)는 즉위하고 얼마 되지 않아 임춘각(臨春閣), 결기각(結綺閣), 망선각(望仙閣)을 지었다. 각 전각의 높이가 수십 장이고 수십 칸의 건물이 이어졌는데, 모두 침향목과 전단목으로 지었고 금과 진주와 비취로 장식했으며, 구슬로 만든 발과 보석으로 꾸민 휘장, 의복과 노리개가 모두 귀하고 화려하기로는 비길 바가 거의 없었다. 그 아래로 돌을 쌓아 산을 만들고, 물을 끌어와 연못을 만들었으며 기이한 꽃나무와 풀을 섞어 심었다.

진 후주는 임춘각에 거처하고, 귀비(貴妃) 장려화(張麗華)[6]는 결기각에, 공(襲)과 공(孔) 두 명의 귀빈은 망선각에 거처하면서 복도로 왕래케 했다.

---

6 張麗華(장려화)는 560–589년, 빈천 가문 출생. 6척의 신장에 머리카락이 7척이었으며, 하얀 피부를 가진 절세미인이었다. 거기다가 아주 영특하고 행동거지가 우아하며, 귀엽게 웃고 찡그리며, 화사한 미모로 후주의 마음을 사로잡고서도, 후주의 뜻을 아주 잘 받들었다. 陳의 궁성이 함락될 때 隋軍 長史 고경(高熲)은 장려화를 참수(斬首)했다.

수 문제는 차남인 진왕(晉王) 양광(楊廣)을 원수로 삼아 군사를 거느리고 진(陳)을 정벌케 했다(588). 양색(揚索), 한금호(韓擒虎), 하약필(賀若弼)이 길을 달리하여 출정했다.

고경(高熲)은 원수장사(元帥長史)였는데, 설도형(薛道衡)에게 "강동(江東)을 정복할 수 있겠는가?"라고 물었다.

설도형이 말했다.

"정복할 것입니다. 전에 곽박(郭璞, 276-324)이 '강동이 분왕(分王)되고 3백 년이면 중국에 합해질 것이라.' 했는데, 그 운수가 지금 돌아왔습니다."

진(陳) 후주는 수(隋)가 공격해온다는 말을 듣고 근신에게 말했다.

"왕기(王氣)가 이곳에 있는데, 저들이 무엇을 하겠는가?"

그러자 공범이 말했다.

"장강(長江)은 하늘이 만들어준 참호입니다. 어찌 날아서 건너겠습니까? 신은 늘 관직이 낮은 것을 걱정했습니다. 적이 강을 건너지 못한 (공을 세운 나를) 꼭 태위공에 임명해주기 바랍니다."

진의 후주는 옳은 말이라고 생각하면서 여악을 즐기고 술을 마시며 시를 짓고 읊기를 그치지 않았다.

수나라 하약필은 군사를 거느리고 장강을 건넜고, 한금호는 밤에 채석강을 건너갔는데, 수비 군사 모두 술에 취해 있었다. 한금호는 드디어 남경으로 직진하여 곧장 궁궐 주작문으로 들어갔다.

진(陳) 후주는 수나라 군사가 들이닥치자 후궁 두 명을 데리고 마른 우물 속에 숨었는데, 군사가 우물을 들여다보고 돌을 던지려 하자 비로소 소리를 질렀다. 진 후주를 밧줄로 끌어올리는데 후주와 장려화와 공귀빈이 함께 묶여 올라왔다.

진(陳)은 무제〔武帝, 진패선(陳覇先), 재위 557-559〕로부터 후주〔後主, 진숙보(陳叔寶), 재위 582-589〕까지 5대에 32년 만에 망했다.

(3) 나라 멸망의 공식

위진남북조 시대에, 총 30여 나라가 일어나고 망했다. 사실 너무 많은 나라에, 너무 많은 군주의 즉위와 시해와 죽음이 줄줄이 이어지기에 '과연 이런 사람, 이런 나라를 기억하며 읽어야 하는가?'라는 회의에 빠지게 된다.

사실 이 시대뿐만 아니라 어느 시대이든 나라가 멸망에 이르는 가장 큰 이유는 어리석거나 어린 군주의 즉위, 군주의 사치와 향락, 황음무도한 도덕적 타락을 주된 원인으로 꼽아야 한다. 국력의 쇠퇴에 따라 이웃나라의 침략에 의한 멸망도 결국 국력 쇠약의 원인을 제공한 군주의 책임으로 귀결된다.

조비(曹丕)의 위(魏), 유비(劉備)의 촉한(蜀漢), 손권(孫權)의 동오(東吳)는 물론 서진(西晉)과 동진에 이은 남조(南朝)의 4개국 모두 빈번한 황제 교체에, 나이 어린 황제의 즉위에, 우매한 통치자의 황음무도와 폭정은 멸망에 이르는 첩경(捷徑, 지름길)임을 확실하게 보여주었다.

1) 망국(亡國) 군주에게 술이란?

기록에 의하면, 후주(後主) 진숙보(陳叔寶)는 553년에 태어나 30세 되는 582년에 즉위하여 8년간 재위하였다. 진숙보의 심황후(沈皇后)에게서는 소생(所生)이 없었고, 귀비(貴妃) 장려화(張麗華)를 비롯하여 17명의 비빈(妃嬪)으로부터 총 22명의 아들을 두었다.

수 문제는 589년 진(陳)을 멸망시켜 천하통일을 이룩하였다. 양견은 진의 후주 진숙보를 아주 우대했다. 진숙보가 관직이 없어 궁중 출입에 불편하다 하여 삼품(三品) 관리의 신분을 부여해 주었고 그만한 우대를 했다. 또 그를 초청한 연회에서는 그가 고향생각으로 마음이 상할까 염려하여 강남의 음악은 연주하지 못하게 하였다. 그러나 진숙보에게는 망국의 슬픔은 아예 없었다고 한다.

진숙보를 감수(監守)하는 사람이 "그는 늘 술에 취해 있고 깨어 있는 시간이 거의 없습니다."라고 보고를 하였다.

문제는 "그가 술을 마시지 않는다면, 어떻게 하루하루를 지낼 수 있겠느냐?"면서 무엇을 좋아하느냐고 물었다.

그러자 감수인은 "당나귀 고기를 좋아하며 술을 한 번에 한 말 이상 마십니다."라고 보고하였다.

수 문제는 '배알도 없는 진숙보(陳叔寶全無心肝)'의 엄청난 주량에 놀랐다고 한다.

진숙보의 실패는 모두 그 사람의 음주와 관련이 있다.

시를 짓고 술을 마시는 그 시간에 국사(國事)를 돌보았다면, 어찌 저리 몰락할 수 있었겠는가? 하약필(賀若弼, 隋의 장수)이 경구

진(陳) 후주(後主)
진 후주(陳 後主) 진숙보(陳叔寶, 재위 582-589) 〈출처: 위키백과〉

(京口)를 공격할 때 진숙보의 신하가 위급한 상황을 보고하였으나 진숙보는 술을 마시면서 상관하지 않았다고 한다. 또 고경(高熲, 隋 장수)이 진(陳)의 궁궐을 수색했더니 위급상황을 보고하는 문서들이 개봉도 되지 않은 채 쌓여있었다 하니, 그가 얼마나 어리

석었는가를 알 수 있다.

그래서 "진의 멸망은 하늘의 뜻이다."라고 말했다.

진숙보는 수(隋) 인수(仁壽) 4년(604)에, 52세로 죽었다. 그가 죽자, 수 황제(楊廣)는 진숙보에게 대장군을 추증하고 장성양공(長城煬公)[7]이라는 치욕의 뜻이 있는 시호를 내렸다. 그가 죽으면서 받은 대장군 벼슬은 그나 그 후손에게 무슨 의미가 있겠는가?

2) 옥수후정화(玉樹後庭花) – 망국지음(亡國之音)

진(陳)의 후주는 주색에 빠진 황음무도한 군주였다. 군주가 주색과 사치에 빠지고 환관이나 소인의 말을 듣기 시작하면 강직한 신하들이 빠져나가게 되고, 그 자리는 더더욱 무능하거나 아첨배로 채워지게 된다.

〈옥수후정화(玉樹後庭花)〉는 陳 후주가 지은 악곡 이름인데, 곡은 전하지 않고 가사만 전한다. 《수서(隋書) 악지(樂志)》에 의하면, 매우 기려(綺麗), 풍염(豊艶)하나 경박 방탕하며 애상한 곡조라는 설명이 있다.

시는 아래와 같은 칠언율시(七言律詩)로 전한다.

---

[7] 煬은 햇볕 쬘 양. 불에 말리다. 화력이 쎄다. 시호. 去禮遠衆曰 煬. 통치자가 禮를 모르고 백성을 멀리했다는 뜻의 악시(惡諡)이다. 그러나 煬帝 자신도 그런 악시를 받을 것이라고는 생각 못했을 것이다.

장려화(張麗華)
진 후주(陳 後主)의 후궁(後宮) 장려화(張麗華, 559-589) 〈출처: 위키백과〉

麗宇芳林對高閣, 新妝豔質本傾城.
映戶凝嬌乍不進, 出帷含態笑相迎.
妖姬臉似花含露, 玉樹流光照後庭.
花開花落不長久, 落紅滿地歸寂中.

이 노래가 알려진 뒤, 진나라는 곧 멸망했기에 〈후정화〉는 '망국의 노래(亡國之音)'로 알려졌다. 소설《금병매(金甁梅)》에서 후정화는 섹스 체위(體位)의 한 가지이다.

〈옥수후정화〉가 비록 '망국지음(亡國之音)'이라 하지만 당나라 시절에도 불렸던 인기 가요였다. 당 시인 두목(杜牧)[8]의 칠언절구 〈박진회(泊秦淮)〉가 잘

---

8 杜牧(두목, 803-852, 字는 牧之)은 장안 사람이다. 역사 理論書인《通典》의 저자이면서 재상을 역임한 杜佑(두우, 735-812)의 손자이지

알려졌다.

⟨진회하에서 정박하다⟩　　　　　　⟨泊秦淮⟩

안개 낀 차가운 강물, 달빛 내린 모래밭,　(煙籠寒水月籠沙)
저녁에 술집 근처 진회하에 배를 대었다.　(夜泊秦淮近酒家)
술을 파는 여인은 망국한도 모른 채,　　 (商女不知亡國恨)
강물 건너 여전히 후정화를 부른다.　　　(隔江猶唱後庭花)

3) 파경중원(破鏡重圓)

수 양제가 태자가 될 수 있도록 힘써준 사람이 바로 양소(楊素,

만, 그가 10여 세에 부친이 죽어 어렵게 생활하였다고 한다. 두목은 佳人美酒(가인미주)와 花柳趣味(화류취미)를 마음껏 즐겼던 風流才子 로 알려졌다.

두목의 古詩는 호방하고 씩씩하며 七言절구와 율시는 정취가 호탕 하면서도 건실하다. 특히 역사적 사실을 읊은 詠史詩(영사시)는 자 신의 감개(感慨)를 유감없이 발휘한 우수작으로 널리 애송되고 있 는데, ⟨阿房宮賦(아방궁부)⟩, ⟨題烏江亭停(제오강정정)⟩, ⟨泊秦淮(박 진회)⟩ 등은 그의 詠史詩 중 대표작이라 할 수 있다.

두목은 그의 字를 써서 보통 '杜牧之'라 호칭하는데, 그가 長安의 樊川(번천) 남쪽에 별장을 짓고 살기도 했기에 '두번천(杜樊川)'이라 고도 부른다. 또 위대한 詩聖 두보(杜甫)는 두목에게 먼 종친이라서 杜甫는 老杜, 杜牧은 小杜라 불리기도 한다. 두보가 율시에 뛰어났 다면, 두목은 七言절구에 특히 뛰어났다. 이백과 두보를 '李杜'라 고 병칭하는 것처럼 이상은(李商隱)과 두목은 '小李杜'라 한다.

?-606)였다. 양소는 문제와 양제를 섬겨 벼슬이 상서령(尙書令)까지 올랐던 장군이었고 또 시인으로도 유명했다. 양소와 관련된 아름다운 이야기가 전해온다.

진 후주(陳 後主) 밑에서 벼슬하던 서덕언(徐德言)이란 사람은 후주 진숙보의 집안의 진씨(陳氏)와 결혼했다.

서덕언은 난세에 부부의 인연을 계속 유지하기가 어려울 수도 있다 하여 거울(鏡, 청동 거울)을 반으로 나누어 아내 진씨에게 주면서 말했다.

"혹 우리가 헤어지면 나중에 정월 보름날 이 거울을 파시오. 그러면 인연이 있어 다시 만날 수도 있을 것이오!"

진나라가 망하면서 많은 부녀자들이 잡혀갔고 서덕언의 아내도 수(隋)에 끌려갔다. 서덕언의 아내는 나중 정월 보름에 거울 반쪽을 행상에게 팔았다. 한편 서덕언은 큰 도시의 길거리에서 나누었던 반쪽 거울을 보았다. 자기의 것과 맞춰보니 거울은 다시 둥글게 딱 맞았다(破鏡重圓).

거기서 서덕언은 시를 읊었다.

거울과 옛사람이 함께 떠났었는데,	(鏡與人具去)
거울은 찾았지만 사람 안 돌아왔네.	(鏡歸人不歸)
내 님의 그림자도 다시 못 보는데,	(無復姮娥影)
공연히 보름달만 밝게 빛나네!	(空留明月耀)

나중에 이야기와 시를 전해 들은 진씨는 눈물만 흘리며 식음을 전폐했다. 그리고 사연을 알게 된 양소는 즉시 서덕원을 찾아냈고, 자신이 첩으로 데리고 있던 진씨를 돌려주었다.(출처;《태평광기(太平廣記) 기의(氣義)》)

5. 문제文帝의 독고황후獨孤皇后

(1) 운명의 전기

수 문제의 선정에도 불구하고, 또 전 중국을 통일한 제국이었지만, 수나라가 건국 후, 2세 38년, 통일 후 30년의 단명으로 몰락한 가장 근본적 원인은 수 양제의 폭정(暴政)이었다.

수 양제(楊廣, 재위 604－616)는 본래 문제(文帝)의 차남이었는데, 태자인 장남(楊勇)을 폐위하고 차남을 대자로 책봉토록 결정적 역할을 한 사람이 바로 문제의 독고(獨孤)황후였다.

독고황후(553－602)는 수나라 초기 정치에서 중요한 역할을 다하면서 문제의 정치를 충실히 보좌하였다. 독고황후는 여인으로서 질투심이 있었고, 자신의 호오(好惡)에 따라 국정을 요리했으며, 작은아들 양광의 위선적 행위의 진면목을 가리지 못해, 장남을 폐위하고 차남을 태자로 옹립케 했으며, 그 결과는 독고황후가 죽은 뒤에 차남 태자의 부친 시해로 이어졌고, 그 이후의 결과는 수나라의 폭망이었다.

양견의 부인 독고〔獨孤, 이름은 가라(伽羅)〕씨는 당시 북주(北周) 팔주국의 한 사람인 독고신(獨孤信)[9]의 딸이었다.

양견은 선비 귀족인 독고씨 가문에 장가들었는데, 당 고조 이연(李淵)은 농서(隴西) 이씨로, 이연의 조부 이호〔李虎, ?-551, 선비성(鮮卑姓), 대야씨(大野氏)〕는 북주(北周) 8주국의 일원으로 당국공(唐國公)에 봉해졌으며, 부친 이병(李昞, ?-572)은 북주의 대장군이었다.

이연의 모친 독고씨는, 이호와 함께 8주국의 한 사람이었던 독고신의 딸로 양견 부인의 친언니였다.

다시 말하면, 수 문제는 당 고조 이연의 이모부였으며, 문제(文帝)의 아들 양제는 당 고조 이연과 이종사촌 사이였다.

양견이 독고씨를 맞이할 때, 독고씨는 14살이었다. 그 첫날밤에 젊은 부부는 다른 사람과 아이를 낳지도, 양육하지도 않는다고 약속하였다. 이 부부의 약속은 그대로 지켜졌고, 장남 양용, 차남 양광 등 많은 자녀를 출생하고 양육하였다.

---

9 독고신(獨孤信, 503-557년) – 雲中(今 山西省 大同市) 출신. 西魏 八柱國의 한 사람. 大司馬 역임. 衛國公. 北周 明帝와 隋 文帝 楊堅의 악부(岳父, 장인). 隋 煬帝 楊廣과 唐 高祖 李淵의 外祖父.

양견이 제위에 오른 뒤에도 양견은 다른 비빈을 가까이하거나 쳐다보지도 못했다. 이를 본다면, 문제 양견은 확실한 공처가(恐妻家)였거나 아니면 한심한 애처가였고, 독고황후는 강렬한 질투의 화신(化神)이었다. 양견의 딸은 북주 선제〔宣帝, 우문윤(宇文贇) 재위 579〕의 황후였었으니 북주에서 양견의 지위가 어떠했는가를 짐작할 수 있다.

독고황후가 문제(文帝)에 과감한 정치적 조언을 하고, 잘못된 정사를 바로잡아 신하의 존경을 받으며 '두 성인(二聖)'[10]이라는 칭송을 들었지만 그런 미담은 잘 드러나지 않았다.

(2) 질투 살인

한편 독고(獨孤)황후의 성격은 천성적으로 기이하고도 투기가 매우 심하였다. 궁중의 많은 비빈과 미인이 꽃밭의 꽃무더기처럼 떼를 지었어도, 황제는 어느 누구 하나도 가까이 할 수가 없었다. 어느 날 독고황후는 미열과 감기로 고생하며 궁중에서 몸을 조리하고 있었다.

문제(文帝)는 이런 여유를 이용하여 어린 내시를 데리고 궁 안의 여러 곳을 돌아보고 다녔다. 문제는 발걸음 가는 대로 인수궁(仁壽宮)에 들어섰다. 거기서 화용월태(花容月態)에 온갖 애교와

---

[10] 二聖은 周 문왕과 무왕, 또는 周公과 孔子. 당 高宗과 武后를 지칭하는 말로도 쓰인다.

귀여움이 가득한 젊은 미인을 처음 보았다.

"너는 언제 입궁하였느냐? 어째서 여태 너를 만나지 못했는가?"

"천한 이 몸은 울지형(尉遲逈)[11]의 손녀인데, 입궁한 이후로 내내 마마의 은총을 입어 여기에 머물고 있습니다. 마음대로 출입할 수 없어 폐하를 뵈올 일이 없었습니다."

황제가 웃으면서 말했다.

"이제 일어나거라! 오늘은 황후마마가 없으니, 마음대로 출입해도 괜찮을 것이다."

황제는 인수궁에서 어여쁜 울지씨의 시중을 받으며 함께 술을 마셨고, 인수궁에서 잠자리에 들었다.

그리고서 말했다.

"나는 오늘에서야 천자의 자리가 좋은 줄을 알았다. 그런데 황후가 알까 걱정인데, 어쩌면 좋겠는가?"

한편 독고황후는 병 때문에 거동을 못하지만 그래도 마음을 놓을 수 없어 수시로 심복을 시켜 황제의 소식을 들었다. 어제 저녁의 일을 알게 된 황후는 속에서 분노가 끓어올라 참을 수가 없었다. 아침에 날이 밝자, 황후는 몸이 안 좋은데도 억지로 몇 십 명의 궁인들을 거느리고 흉악한 기세로 인수궁에 들이닥쳤다.

---

11 尉遲逈(울지형, 516–580년, 字는 薄居羅, 一作 居羅) – 尉遲(울지)는 복성. 北周 太祖 宇文泰의 外甥, 爵封 蜀國公.

독고황후는 아무 말도 하지 않고 인수궁의 마당에 서있었다. 좌우의 궁인들이 달려들어 버드나무 가지처럼 연약한 허리와 겁에 질린, 꽃 같은 얼굴을 마구 잡고 흔들었다.

검은 머리채와 비단 허리띠에 끌려 잡혀나온 울지 여인에게 황후가 말했다.

"이 요망한 년이 어찌 여우같이 교태를 부려 황제를 홀리고 궁궐을 어지럽히느냐!"

울지형의 손녀는 머리를 땅에 부딪치며 "마마! 제발 살려주십시요!"라고 외쳤다.

"폐하께서 너를 그처럼 아껴주셨으니 폐하께 살려달라고 빌어라! 엊저녁에는 왜 네 목숨 아까운 줄을 생각하지 못했느냐? 너는 오늘 죽어야 할 목숨이니 이미 늦었구나! 너를 살려두어 내 화근을 키울 수야 없지!"

그리고 측근 궁인들을 노려보았다. 궁인들이 너 나 할 것 없이 울지를 폭행했다. 가련한 울지는 울음소리도 내지 못하고 그대로 숨이 끊어졌다. 칼을 쓰지 않았는데도 그 육신은 사분 오열되었고 땅바닥에는 핏물이 흘렀다.

궁궐 총애가 어찌 아니 애달픈가?	入宮得寵亦堪哀
오늘 짓밟힌 꽃은 어제 겨우 피었다.	今日殘花昨日開
지난 하룻밤 사랑 이제 그릴 수 없고,	一夜思波留不住
아침 뜨락에 황천 가는 백골이었다.	早隨白骨到泉臺

수나라 황제는 아침조회를 마친 뒤, 어젯밤의 즐거운 기분을 떠올렸지만, 단 걸음에 인수궁으로 달려가 울지씨와 함께 즐길 수는 없었다. 황제는 일부러 천천히 인수궁으로 들어갔다. 그러나 독고황후가 이마를 찌푸리고 양미간에 쌍심지를 켠 채, 황제를 노려보며 서있었다. 그리고 그 앞에는 피범벅이 되어 사지가 찢긴 울지의 처참한 육신이 나뒹굴었다. 황제는 너무 놀라 어안이 벙벙했다.

황제는 분노로 말 한마디도 뱉지 못하고 쫓기듯 인수궁을 빠져 나왔다.(중략) 황제는 분노에 떨며, 이 세상을 그냥 버리고, 이대로 산속에 들어가 숨고 싶었다. 마침 궁 밖을 나서서 집으로 향하던 고경(高熲)이 그렇게 달려나가는 황제를 보았다.

고경이 말을 달려 황제가 탄 말을 붙잡았고, 까닭을 물었다.

황제는 어쩔 수 없이 말머리를 돌렸다. 대전의 보좌에 오른 황제는 대신을 소집하였다. 대신들이 모이자, 황제는 독고황후의 만행을 설명하였다. 이어 황후를 폐한다는 조칙을 준비케 하였다. 그러자 고경이 폐비해서는 안 된다고 상주하였다. (중략)

그러나 독고황후는 병중에 크게 분노하였고 번뇌하면서 마음이 놀라 이후 병세가 날마다 악화되다가, 결국 몇 달을 버티지 못하고 붕어하였다.[12] 황제는 부득불 천하에 조서를 반포하고 나라

---

[12] 독고황후는 서기 544년에 출생하여 14살에 양견과 결혼하였고, 581년에 황후로 책봉되었다가 602년 9월에 붕어하였다. 황후의 人品과 學識은 백성들의 칭송을 받았지만 正史의 기록으로 질투

의 의례대로 국장을 마쳤다.

후인이 시로 독고황후의 투기를 읊었다.

부군을 어린아이로 아들은 기화로 보며,	夫嬰兒兮子奇貨
편애로 적자를 폐하니 제위가 바뀌었다.	以愛易儲移帝座
극심한 투기로 근본을 망치고 죽었으니,	莫言身死妒根亡
천하를 상실할 재앙이 화로에 들끓었다.	爐已釀成天下禍

위는 소설《수당연의》제2회의 내용 일부이다.[13]

(3) 태자 폐출

독고황후는 문제가 젊은 비빈들을 가까이하지 못하게 하면서, 한편으로는 신하들이 본부인을 박대하거나 첩실을 두는 것도 몹

가 심한 황후였다. 수 문제는 독고황후의 몸에서만 5남 4녀를 두었다.

13 《수당연의(隋唐演義)》는 청대 강희(康熙) 연간에(서기 1662－1722) 지어진 장편 역사 연의소설(演義小說)이다. 《수당연의》의 작자는 청조 초기 저인확〔褚人穫, 1635년－?, 字는 稼軒(가헌), 또는 學稼, 號는 石農, 褚는 솜옷 저. 穫은 거둘 확〕이다. 《수당연의》「第二回 양광은 참소하며 태자가 될 모의를 하고, 독고황후는 질투심으로 궁비를 살해하다(楊廣施讒謀易位·獨孤逞妒殺宮妃).」 참고; 2023, 진기환 역, 明文堂 간행.

시 싫어하였다.

앞에 말한 문제의 하룻밤 총애를 받은 울지경의 손녀를 잔인하게 살해했고, 그 현장을 본 문제가 충격을 받아 무작정 궁 밖으로 나갔고, 그를 목격한 고경(高熲)[14]이 황제를 위로하였다.

또 나중에 황후의 폐위를 논할 때, 고경은 문제에게 '어찌 부녀자의 질투에 천하대사를 경시할 수 있는가?'라고 말한 사실을 알게 되었다.

이에 자신의 행위를 '아녀자의 질투'로 무시했다고 분노하며, 문제에게 지속적으로 고경을 헐뜯었다. 그러면서 고경의 본부인이 죽고 다시 맞이한 첩실에서 득남했다는 사실을 알고, 고경은 박정하고 부부의 은정을 모르는 사람이라 분노하면서 문제를 압박하였다. 결국 문제는 고경을 관직에서 퇴출하였다.

태자 양용(楊勇, 562 또는 568-604)은 수 문제 양견(楊堅)의 장자로 모친은 독고황후였다. 문제가 수를 건국하면서 태자였다가 폐

---

14 고경(高熲, ?-607년. 字는 昭玄, 一名 敏. 熲은 빛날 경)—발해군(渤海郡) 출신. 그의 부친 고빈(高賓)이 獨孤 성을 하사받았기에 독고경(獨孤熲)으로도 불린다. 20년 가까이 隋朝 재상으로 근무했고, 태자 楊勇의 딸을 며느리로 맞이했다. 그러다가 양용이 태자에서 폐위되면서 독고황후의 미움까지 받아 면직되어 서민이 되었고 齊國公의 작위도 반납했었다. 隋 煬帝 재위 중, 한때 태상경으로 등용되었지만 양제의 미움을 받아 하약필(賀若弼)과 함께 살해되었고 아들들은 변방에 유배되었다.

위당했고 서인이 되었다. 수 문제는 병이 위중하자, 양용을 다시 태자로 옹립할 뜻을 세웠다. 그러나 이러한 문제의 의도가 태자인 차남 양광(楊廣)에게 간파되자, 양광은 거짓으로 문제의 유언을 조작하여 양용을 사사(賜死)하였다. 나중에 양용에게 방릉왕(房陵王)을 추증하였다.

양용은 준수한 용모에 호학하고 사부(詞賦)에 능했으며, 관후온화(寬厚溫和)한 성품에 진솔하여 거짓을 꾸미지 못했고 당시 문인들과 넓게 교제하였는데, 이러한 성품은 양광과 여러모로 대조되었다.

태자 양용 주변에 사람들이 모여드는 것을 문제는 좋아하지 않았다. 양용에게는 정처인 원씨(元氏) 이외에 운소훈(雲昭訓)이라는 미인이 있었고 태자의 총애를 받으며 3자(子)를 출산했는데, 이런 첩실에 대한 태자의 총애를 독고황후는 크게 못마땅하게 생각하였다.

소생이 없는 원씨가 심화병으로 앓아누운 지 불과 며칠에 죽자, 태자는 즉시 운소훈에게 태자궁 내의 모든 일을 주관케 하였다.

독고황후는 태자와 운소훈이 결탁하여 원비(元妃)를 살해했을 것이라 생각하며 사람을 시켜 태자를 몰래 감시하게 하였다.

한편 차남이며 진왕(晉王)인 양광은 모친의 이런 뜻을 간파하고, 일부러 정처인 소비(蕭妃)와 화목한 척 꾸미고 희첩들을 멀리하며 독고황후의 인정을 받으려 애를 썼다.

결국 독고황후는 태자 양용과 태자의 총애를 받는 운소훈을 극도로 미워하며 태자를 폐하고 차자(次子)를 태자로 세우려 획책하였다.

양용(楊勇)도 돌아가는 상황을 크게 두려워했지만 어쩔 수가 없었다. 문제(文帝)는 태자 폐립이 불안하여 황실의 중신은 양소(楊素)[15]를 시켜 태자를 내사(內査)하고 감시하게 하였다. 이 양소는 이미 양광의 심복이 되었기에 문제에게 좋은 보고가 들어갈 수가 없었다.

태자 폐위 직전에 억울한 태자는 어찌할 방법이 없었다. 황제를 만나 억울함을 호소하려 해도 만날 기회가 없었다. 물론 여기에는 양광의 영향력도 작용하게 된다. 결국 태자 양용은 나무에 올라가 황제의 궁을 향해 자신의 억울함을 큰소리로 호소한다. 그러나 이마저 '태자가 실성(失性)했다.' 는 보고로 끝이 난다.

---

[15] 양소(楊素, 544-606년, 字는 處道) - 北周와 隋朝의 武將. 詩人. 작위 楚國公. 남조 陳 멸망에 큰 공을 세웠고, 양광의 편에 서게 된다. 양제 즉위 大業 元年(605) 尙書令이 되었고, 양제를 도와 대 토목공사를 일으키는 등 한때 위세가 당당했으나 나중에는 수 양제의 질투를 받아 결국은 나중에 죽음을 당했다. 고구려 원정 당시 양소의 아들 양현감(楊玄感)은 양제에 반기를 들었고, 양현감의 반란은 양제의 고구려 원정을 실패로 돌렸다. 양소는 군사적 재능 이외에 시문에 능했고 書法에도 조예가 깊었다.

(4) 태자 양광(楊廣)

양광(楊廣, 569-618)은 문제 양견이 수를 건국할 당시 차남으로 13세였는데, 건국 즉시 진왕(晉王)에 피봉되었다. 양광은 준수한 용모로 부모의 사랑을 듬뿍 받으며 성장하였고, 589년 남조 진(陳)을 멸망시키는 큰 공을 세웠지만, 태자 양용의 다음 자리로 만족해야만 했다. 그러나 둘째 양광의 형에 대한 질시와 태자 자리를 넘보는 야욕은 날이 갈수록 커졌다.

태자 양용은 자애, 선량, 관대 후덕하고 박학하였지만 그 못지않게 단점도 많았다. 동생에 비하여 나약한 일면이 있었고, 호사(豪奢)를 좋아했으며 문사들의 칭송을 좋아하면서 다정다감하여 미인들과 즐겨 놀았다. 이러한 양용의 호사와 문사들의 과도한 칭송과 세력화는 부친 양견의 미움과 견제를 유발하였고, 여러 후궁에 대한 애정은 독고황후의 미움을 받기에 충분하였다.

이런 상황에서 차남 양광은 절약, 검소를 좋아하는 부친과 여성편력을 싫어하는 모친의 뜻에 철저하게 영합하였다. 양광은 첩실의 여인을 모두 숨겨두고, 오직 정처인 소씨(蕭氏)만을 거느리고, 사저의 악기나 화려한 가구를 모두 숨긴 채 검소한 의복으로 왕저를 방문한 부친과 황후를 영접하였다. 이러한 위선과 위장을 눈치채지 못하고, 좋아하며 비교하여 신임한 것은 분명한 패착이었다.

결국 문제가 태자를 바꿔야 한다는 독고황후의 뜻에 기울자,

그런 상황에 따라 양광의 위선은 더욱 심해졌고, 부모에게 "형이 저를 질시하여 죽이려 합니다."라는 참소를 서슴치 않았다.

결국 문제는 개황 20년(600) 조서를 내려 장자 양용을 폐출하고 차자 진왕(晉王) 양광을 황태자로 책봉하였다.

(5) 부친 시해(弑害)

문제(文帝)가 총애하는 선화부인 진씨(宣華夫人 陳氏, 577-605)는 진 후주(陳 後主) 진숙보(陳叔寶)의 배다른(異母) 여동생이었다. 진이 멸망하며(589), 수나라의 궁녀가 되었다가 문제의 총애를 받았다.

문제가 병석에 누웠을 때, 선화부인 진씨는 문제를 지극 정성으로 간호하며 시중을 들었다. 양광은 선화부인의 미모에 흑심을 품었다.

어느 날 선화부인이 화장실에 다녀 나오다가 태자 양광에게 추행을 당했으나 완강히 거부하여 다행히 치욕은 면했다.

문제가 선화부인의 안색을 이상히 여겨 까닭을 물으니, 진씨가 눈물을 흘리며 말했다.

"태자가 무례한 짓을 했습니다."

그러자 문제가 화를 내고 탁자를 치며 말했다.

"짐승 같은 놈! 어찌 큰일을 맡기겠는가? 마누라(독고씨)가 나를 망쳤어!"

그러면서 폐출된 태자 용(勇)을 부르려 하자, 양광이 알고서는 우서자(右庶子) 장형(張衡)¹⁶을 들여보내 문제를 간병케 하면서 황제를 시해하였고, 거짓 조서를 꾸며 친형 양용을 죽였다.

수 문제 양견은 건국 즉위하는 과정에서 북주(北周) 황실 우문(宇文)씨 일족을 모조리 제거하였다. 그것은 정권의 교체에 따른 희생이고 살해의 과정이었다.

양견과 독고황후는 아들 다섯을 두었다. 양용과 양광 외에 촉왕(蜀王) 양수(楊秀) 진왕(秦王) 양준(楊俊), 그리고 한왕 양량(漢王 楊諒)이었다. 촉왕 양수는 양용이 폐위되어 서인이 될 때 함께 서인이 되었다가 나중에 피살되었다. 양준은 일찍이 불교에 심취하여 출가하여 중이 되었고, 그 과정에서 부부간의 불화와 반목으로 아내에게 독살되었다. 양량은 양광이 제위에 오른 뒤 반기를 들었다가 진압 살해되었다.

결국 문제 양견은 자신은 물론 자식까지 모조리 비명횡사를 당

---

16 장형(張衡, 6世紀 – 612, 字는 建平) – 隋文帝時 太子右庶子 겸 黃門侍郎이었는데, 楊廣의 皇位 탈취를 적극 도왔다. 장형은 양광의 지시를 받고 문제를 직접 목 졸라 살해하였다고 알려졌다. 楊廣이 卽位하자, 장형은 重用되었고 어사대부(御史大夫)를 역임하였다. 뒷날 양제에게 民力을 아껴야 한다고 간언을 올렸다가 양제의 미움을 받아 방출되었다. 그리고 양제 大業 8년(612)에, 조정을 비방한 죄목으로 집에서 사약을 받았다. 죽기 직전에 장형이 말했다. "내가 남에게 어떤 짓을 했던가! 그리고서도 오래 살기를 바라겠는가?"《隋書 56권》참고.

했고, 나라까지 멸망하였으니, 이 모두가 그 옛날 자신의 살인에 대한 업보(業報)라 아니할 수 없을 것이다.

문제(文帝)는 성격이 엄중하고 정사에 부지런했으며 엄격하게 철저하게 법령을 집행하였다. 재물을 아꼈지만 공이 있어 상을 줄 때는 인색하지 않았다. 백성들을 애육하여 농상을 권장하고 요역을 경감하고 부세를 가볍게 하고 스스로 검소한 내핍생활의 모범을 보여 백성들이 이를 본받았다. 즉위 초에 4백 만이 안 되던 민호(民戶)가 말년에는 8백 만이 넘었다. (이러한 文帝의 善政을 그 연호를 따서 '개황지치(開皇之治)'라 부른다.)

그렇지만 자신이 거짓과 무력으로 천하를 차지하였기에, 시기와 가혹한 감시를 폈고 참언을 믿고 수용하여 공신이나 옛 지인들 중에 처음부터 끝까지 보전한 자가 없었다. 재위 24년에 개원은 2번 했는데, 개황과 인수(仁壽)이다.

태자 양광이 부친을 시해하고 즉위하니, 이가 양제(煬帝)이다.

(6) 문제(文帝)의 치적과 평가

문제 양견은 581년, 북주 정제(靜帝)의 선양을 받아 제위에 올랐으니, 한족(漢族) 출신 황제로, 남조의 진(陳)을 흡수하여 전 중국을 통일하였다.

이로써 후한 멸망(220) 이후 위진남북조 시대(221 – 580) 360년간 대 분열의 종지부를 찍었다.

수 문제의 주요 치적은 아래와 같이 요약할 수 있다.

첫째, 전 중국을 통일한 이후, 오랜 전란을 매듭지어 안정을 이룩하였고, 강력한 통일 정책을 추진하여 정치와 민생 등 여러 면에서 발전의 토대를 마련하였다.

진(秦)의 통일과 진에서 마련한 여러 제도가 전, 후한 400년간 발전의 토대가 되었던 것처럼, 수(隋)의 통일과 여러 제도는 당과 이후 여러 나라의 정치, 전제(田制), 법제, 병제, 선거제(選擧制)의 모범이 되었고, 계승 발전되었다.

둘째, 수 문제는 민생 안정에 주력하며 농업을 중시하고 절약 근검의 모범을 보여 국부민은(國富民殷, 殷은 번성할 은)을 이룩하였으니, 가히 한대 문경지치(文景之治)를 재현하였다.

셋째, 문제는 주변 이민족과의 원만한 관계를 이룩하며 평화를 유지하였다. 고구려 원정에 실패한 뒤, 다시 원정을 시도하지 않았으니, 이는 그의 현명한 판단이었다. 정사에 부지런하고 근검 절약하여 현주(賢主)의 칭송을 들을 수 있었다.

그러나 문제 자신은 모순과 비극의 진한 어두운 일면을 가진 비운의 인물이었다. 그의 전반 생애가 큰 성과를 거두었다지만, 인생의 후반기는 실책이 많았다.

첫째, 실책은 집안을 잘 다스리지 못하여 태자를 방출했고, 차남의 위선(僞善)을 알지 못한 점, 둘째, 평생 돈독한 불심(佛心)으로 복을 빌었지만 그 자신이 원통한 죽음을 당했고, 셋째, 그 가문의 불행을 가내(家內)에서 마무리 못하고, 그렇게 애써 이룩한 제국(帝國)을 불과 38년 만에 종지부를 찍은 것은 결국 문제(文帝) 자신에게 귀책될 수 밖에 없었다.

6. 양제煬帝 정치

(1) 공유할 수 없는 권력

고대 군주정치 체제에서 분란이나 멸망의 원인이 될 수 있는 4가지가 있다고 하였다.

우선 황제를 둘러싼 정처(正妻)와 후처의 분쟁, 절대 권력을 행사하려는 주군과 행정, 군사의 실권을 장악하고 있는 신하와 충돌, 적자(嫡子)와 서자(庶子)의 갈등, 그리고 중앙권력과 지방권력의 대립이 그것이다.

수 문제 양견은 황후 독고씨한테 5명의 아들을 얻었다. 장남 양용(楊勇), 차남 양광(楊廣) 등 5형제가 모두 독고 황후 소생이었다. 양견은 자신의 아들이 모두 같은 어머니 소생이니 적자와 서자의 싸움은 없을 것이라 단언했고 그렇게 믿었다.

장남 양용이 태자로 책봉되었지만 부친과 모친의 미움을 받기 시작하자, 양광은 계획적이고 치밀하게 형을 태자에서 몰아내기 위한 계획을 추진했고, 결국 태자의 자리를 차지한다. 이어 병석의 부친을 시해하고 형을 죽였다. 그러자 막내아우 양량(楊諒)이 반기를 든다. 물론 양량도 그만한 군사력을 가진 번왕(藩王)이었기에 반기를 들었지만, 간단히 진압된 뒤에 서인이 되었다가 끝내 죽음을 당한다.

말하자면, 같은 배에서 나온 형제들이기에 싸움이 없을 것으로 예상했지만 비극적인 시부(弑父)라는 패륜행위와 형제 살해는 어김없이 발생하였다.

그 재물이 보통 사람이 생각하는 이상일 때, 또는 그 권력이 절대적일수록 형제간의 싸움은 더욱 치열하였다. 또 황제 자리를 둘러싼 최고 권력의 정점(頂点)에서 이루어지는 갈등이기에 더 비극적이고 잔인하였다.

(2) 수(隋)의 토목공사

1) 화려한 궁궐

문제는 개황 2년(582), 고경 등에게 신도(新都)를 건설토록 명령했다. 새로운 궁성은 대흥성(大興城)이라 명명했고, 개황 3년 3월에 천도했다. 당조(唐朝) 건립 뒤에는 장안성(長安城)으로 개명했다. 수대의 대흥성(大興城) 인구는 수 문제 개황 연간에 약 25만명(일설 60만)이었다. 당나라 측천무후 시절에는 100만 정도로 알려졌다.

양광은 개황(開皇) 말에 태자로 책봉되었는데(600), 그날 천하에 지진이 있었다.

❖ 양제는 황제로 즉위하고(604), 맨 먼저 동경(東京) 낙양(洛陽, 지금의 하남성 낙양시)에 현인궁(顯仁宮)을 지으면서 장강(長江)과 오령(五嶺) 산맥[17] 일대의 진기한 목재와 돌을 징발하고, 사방의 아름다운 나무와 특이한 풀, 진기한 새와 기이한 짐승을 구해다가 궁내 동산을 채웠다. 그러면서 전국의 부호 수만 가구를 강제로 동경에 아주시켰다.

❖ 양제 대업(大業) 원년(605), 장안에서 동경, 그리고 동경에서 강도(江都)까지 곳곳에 장대 화려한 이궁 40개 소를 신축하였다.

❖ 양제 대업 원년(605) 5월에, 동경에 주위가 2백 리에 달하는 서원(西苑)을 지었는데, 그 안에 있는 호수의 둘레가 40리였고, 호수 안에 높이가 2백여 척이나 되는 삼신산(三神山)을 만들었다. 서

---

17 五嶺(또는 南嶺) 산맥은 廣東, 廣西, 湖南, 江西의 4개 省의 경계를 이루는 중국 최대의 東西 주행 산맥이다. 이 산맥은 양자강 水系와 남쪽의 주강(珠江) 水系의 분수령이다. 이 산맥 남쪽을 嶺南지방이라 하는데, 아열대성 기후로 산맥 이북과 판연히 다르다. 여기에는 越城嶺(월성령), 都龐嶺(도방령), 萌渚嶺(맹저령), 騎田嶺(기전령), 大庾嶺(대유령)이 있는데, 이 중 대유령은 江西省에서 廣東省으로 들어가는 교통요지이다.

원 안에 배로 연결할 수 있는 수로를 파고 곳곳에 비빈들이 거처하는 별궁과 누각, 누대, 정자를 지었다. 겨울에 낙엽이 지면 비단으로 꽃과 잎을 만들어 붙였다.

❈ 태원에 진양궁(晉陽宮)을, 또 분수(汾水) 북쪽에 분양궁(汾陽宮)을 지었다.

양제는 각지를 유람하였는데, 《수서(隋書) 양제본기》에 기록된 바가 너무 많아 열거할 수가 없다. 예를 들어, 대업 3년(607) 6월에서 9월 사이에 총 10회의 유람이 기록되었다.

2) 대운하 개통

중국의 남북을 연결하는 대운하는 전혀 새로운 물길을 뚫은 것이 아니고 기존의 자연하천과 호수를 준설하고 연결하여 운하를 만들어 활용한 대 토목공사였다.

사실, 한대(漢代)에 이미 황하와 회수(淮水), 그리고 회수와 장강(長江, 양자강)이 이어져 있었고 장안(長安)에서 위수(渭水)를 잇는 수로가 있었지만, 남북조시대에 이들 운하나 수로는 거의 막혀 있어 운하로서의 기능을 완전히 상실한 상태였다.

비록 자연하천을 최대한 이용했고 기존의 자취가 남아 있었다지만, 1400년 전, 중장비가 없던 시절에 삽과 괭이와 인력만으로 폭 30-40m로 총 길이 2400km의 대운하를 팠다는 점에서 경이로운 공사가 아닐 수 없다.

황하와 장강을 물길로 연결시켜야 한다는 발상은 통치권의 강화와 황제의 유람, 그리고 고구려 원정을 위한 물자 수송이라는 복합적인 필요에서 시작되었다.

전, 후한 대에는 모든 정치와 군사, 경제의 중심은 낙양과 장안의 중원(中原)이었다. 그러나 오(吳)의 건국 이후 4세기에 들어와 강남 개발이 시작되었다. 그리하여 북에서 전란을 피해 남으로의 인구이동과 더불어 동진과 남조(南朝)를 거치면서 강남은 점차 중국 경제의 중심으로 발전하였다.

그리하여 수(隋) 이후 당대(唐代)에는 '중국 부세(賦稅)의 9할이 강남에서 걷히는 상황(賦出天下 而江南居十九)'으로 바뀌었다. 따라서 수나라에서 강남 물자의 화북 운송은 경제적 효과 이외에도 정치적 군사적으로도 꼭 필요했었다.

다만 이처럼 중차대한 큰일은 기이한 발상을 하고 그를 실천할 만한, 무모하면서도 엉뚱한 통치자가 아니라면 할 수 없었다는 점을 인정해야 한다.

수 문제는 수도 대흥(大興)과 황하를 연결하는 광통거(廣通渠, 渠는 물도랑 거)를 대대적으로 보수하여, 문제 개황 4년(584)에 개통한 바 있었다.

양제는 즉위하면서 곧 대업 원년(605)에, 하남(河南)과 회북(淮北)의 100만 명을 동원해서 통제거(通濟渠)를 개통하여 낙양에서 회수(淮水)까지 수로를 연결했다. 그리고 회남의 20만 인력을 동원하여 회수와 장강을 연결했다. 그 연결의 중심에 있는 양주(揚州)는 이후 중국 경제의 중심지로 자리잡았다.

대업 4년(608)에는, 하북(河北)의 1백 만을 동원하여 황하에서 탁군(涿郡, 지금의 북경시 일대)에 이르는 영제거(永濟渠)를 개통하고, 대업 6년(610)에는, 강남하(江南河)를 개통하여 항주(杭州)에 이르게 된다.

이러한 대운하 굴착은 605년에서 610년에 이르는 단기간에 완성되었는데, 이로 인해 수(隋)의 국력은 거의 다 소모되었다.

물론 양제가 이룩한 이런 대 토목공사의 효과를 가장 잘 본 사람은 다름 아닌 당나라의 황제들이었다. 그리고 대운하는 송과 북송, 명·청대에 이르기까지 계속 확장, 보수, 활용되면서 중국 경제의 생명선으로 확실하게 자리를 잡았다.

처음에는 정부의 물자를 운송하는 관용 수로였던 운하가 당대 중기 이후부터는 민간인도 사용할 수 있게 되었다. 특히 송대의 경제발전은 이 운하에 전적으로 의지했다고도 말한다.

3) 강도(江都) 유람

양제(煬帝)는 대운하 개통 이후, 양주(揚州)를 강도(江都)라 개칭하면서 그곳에 지형을 이용한 10개의 궁궐을 지었고, 강도에 유람왔다가 다시는 도읍으로 돌아가지 못하고 강도에서 비극적인 종말을 맞이했다(618).

국가 운영의 견지에서, 나라 안 교통망의 확충은 절대적으로 필요하다. 지금도 철도와 고속도로 항만과 공항의 건설은 국가 경제발전을 위한 기반 시설이다.

수 양제는 부친 재위 중에 비축된 국부를 바닥내면서 운하 건설을 독촉했는데, 완공 후 황제의 순수(巡狩)는 당연한 과정이었다. 그런데 그 순수는 유람의 성격이 보태어졌기에 보통 순유(巡遊)라고 한다.

황제의 유람을 위하여 우선 배를 건조해야 했다. 수 양제의 용주(龍舟)는 4층 구조에 높이가 45척, 길이 200척 규모였다. 그리고 황제의 용주에 걸맞게 수백 척의 대소 선박을 건조케 하였다.

황제의 수행원은 비빈뿐이 아니었다. 대소 신료(臣僚)와 왕공귀족, 문무백관, 황제의 호위 군사와 시종, 하인 등 약 10여만 명이었다는 기록이 있다. 그래서 황제의 강도 순유 행렬은 200여 리에 걸쳤다고 한다.

그만한 규모의 용주를 움직이는 동력으로 바람과 돛과 노는 어불성설이었다. 소와 말을 이용하자면, 또 그만한 시설과 관리 시설이나 인부가 필요했다. 결국 민간의 젊은 처녀들을 전각녀(殿脚女)로 징발하여 배에 비단 줄을 매어 끌게 하였다.

양제 일행의 돛배가 지나는 부근에는 향기가 십 리까지 풍겼다고 한다. 전국에서 바친 궁중의 비단 절반은 재단해서 말의 진흙막이(障泥, 장니)에 쓰고, 절반은 재단해서 비단 돛을 만들었다고 한다. 비단으로 돛을 만들면 배가 더 빨리 가는가? 인간의 어리석음은 끝이 없었다.

운하의 양편 제방에 버드나무를 심게 하여 그늘을 만들어 시원하게 했다지만, 배를 끄는 인부가 8만이었다는 기록도 있다.

이런 대규모의 인력의 이동에 따른 동원과 귀향과 통제, 지휘와 통솔, 선박의 유지 보수, 관련 인원의 식량과 음식과 숙소, 대소변 처리 등 어떻게 이런 일이 가능했겠는가?

지금 중국에서 야심차게 추진되고 있는 남수북조 공정(南水北調 工程)은 장강(長江)의 물을 멀리 북경(北京, 베이징)과 천진(天津, 텐진), 그리고 산동(山東) 반도의 끝까지 보내겠다는 야심찬 토목공사이다. 비록 운하는 아니지만 가히 제2의 대운하에 해당하는 대 토목공사라 할만하다.

❖ 이후 당나라에서도 양주(楊州)는 남북 경제 교역의 중심지로 여전히 번영하였다. 특히 안사(安史)의 난(안록산과 사사명史思明의 난, 755－763) 이후 강남의 물자가 양주를 거점으로 삼아 화북(華北)으로 운송되면서 전국의 대상(大商), 부상(富商)이 모여들어 양주는 더욱 번영하였다.

당나라의 많은 시인들도 양주에서의 즐거운 추억을 간직하고 있었다. 특히 시인 두목(杜牧)은 양주에서의 놀이를 '십년일각양주몽(十年一覺揚州夢)'이라 표현하였다. 시인 장호(張祜)[18]는 '인

---

18 장호(張祜, 792?－854?, 字는 承吉. 복 호)－淸河 張氏 명문인데다가 협객 기질도 있어 그때 사람들이 張公子라 불렀다고 한다. 〈宮詞〉로

생지합양주사(人生只合揚州死)라' 읊었고, 서응(徐凝)[19]은 '천하삼분명월야(天下三分明月夜)하면, 이분명월재양주(二分明月在揚州)라' 하여 양주의 명월야가 아름답다 하였으니, 여기에는 양주의 밤을 밝히는 수천 개의 등불이 켜진 야시(夜市)도 한몫을 했을 것이다. 아래에는 당나라 시인 왕건(王建, 767-830?)[20]의 시를 소개

　　명성을 얻었으나 元稹(원진)은 장호에 대하여 '잔재주나 부리려 하니 壯夫가 할 짓은 아니다' 라고 평했다고 한다. 《全唐詩》에 그의 시 340여 首가 수록되어 있다. 잘 알려진 시로는, 〈하만자(何滿子)〉가 있다. 〈하만자〉는 歌妓의 이름이며, 그녀가 부른 노래 曲調이다. 開元 연간에, 宮에 들어온 歌妓 何滿子가 죄를 짓고 사형이 확정되었는데 하만자가 애달픈 이 곡조의 노래를 불러 면해보려 하였으나(臨刑進此曲以贖死), 현종이 허락하지 않았다고 한다. 제목이 〈宮詞〉로 된 책도 있다. 후세에 〈하만자〉는 궁녀들의 원한을 읊은 樂府詩로 자리잡았다.

19 徐凝(서응, 생졸년 미상)－睦州(목주, 지금의 浙江省 杭州市 관할의 桐廬縣) 사람으로, 어렸을 때 施肩吾(시견오)와 함께 龍門寺란 절에서 공부했다. 서응은 憲宗 元和 15년(820), 시견오와 함께 進士가 되었고, 관등은 시랑(侍郎)이었다.

20 王建(왕건, 767-830?, 字는 仲初)－어린 시절 張籍(장적)과 함께 공부하였고, 진사가 되었으며, 장안에서 지내며 張籍, 韓愈, 白居易, 유우석(劉禹錫) 등과 교유했다. 나중에 太常寺丞, 陝州 司馬를 지낸 뒤 文宗 大和 5년(831) 光州刺史가 되어 賈島(가도)와 왕래하였으나 이후 행적은 불분명하다. 왕건의 유명한 詩作으로는 《宮詞一百首》가 있는데, 이는 자신이 직접 들은 이야기도 있지만 지나는 이야기로 얻어 들은 것을 망라하여 '宮詞' 하나의 제목으로 일백 수(정확히는 107수)나 시로 읊었다는 것은 대단한 일이라 할 수 있다.

한다.

⟨밤에 양주의 시장을 보다⟩　　　　　　⟨夜看揚州市⟩

야시의 많은 등불이 하늘 구름 비추고,　夜市千燈照碧雲
큰 누각 붉은 소매는 손님맞이 바쁘다.　高樓紅袖客紛紛
지금은 보통 때와 같지 않다고 하지만,　如今不似時平日
그래도 생황 노래는 새벽까지 들린다.　猶自笙歌徹曉聞

❖ 참고로, 당시 한 수를 더 감상해야 한다. 당나라 말기 시인 이상은〔李商隱, 813-858, 자(字)는 의산(義山), 호(號)는 옥계생(玉谿生), 또는 번남생(樊南生)〕은 만당(晩唐)의 시인을 대표한다. 그 시문(詩文)의 가치를 평가하여 두목(杜牧)과 함께 '소이두(小李杜)라 칭한다' (대이두大李杜는 이백과 두보)

⟨수나라 별궁⟩　李商隱　　　　　　⟨隋宮⟩

자천의 궁궐은 구름과 노을에 잠겼는데,　紫泉宮殿鎖煙霞
무성에 황제의 궁궐을 지으려 했었다.　　欲取蕪城作帝家
옥새가 인연대로 고조에 가지 않았으면,　玉璽不緣歸日角
비단 돛배는 분명 땅끝까지 갔으리라.　　錦帆應是到天涯
지금 풀더미엔 반딧불조차 없고,　　　　於今腐草無螢火
옛날 수양버들에는 저녁 까마귀가 앉았다. 終古垂楊有暮鴉

만약 황천에서 진후주를 만난다 하여도,　地下若逢陳後主
어찌 후정화로 놀았느냐 따질 수 있겠나?　豈宜重問後庭花

양제는 남조 진(陳)의 망국 군주 진숙보의 행태나 그들의 망국 지음(亡國之音)인 〈옥수후정화(玉樹後庭花)〉를 책망할 자격이 없다는 신랄한 질책이다.

(3) 고구려 원정

고구려(高句麗)는 중국이 분열하였던 남북조시대에 크게 세력을 확장하여 요하(遼河)를 경계로 북제(北齊), 그리고 이후의 수나와 국경을 마주했다. 수 건국 후에는 고구려와 잠시 우호적 관계가 형성되는 듯했으나 수가 중국을 통일하자 관계가 결정적으로 악화되었다.

그 이전부터 고구려는 수의 변경을 여러 번 침범했고 수와 적대관계에 있는 돌궐과 고구려는 우호관계를 유지하였는데, 이것이 수를 자극하였다. 그리하여 수 문제는 598년, 고경 등에게 30만 대군을 동원하여 수륙으로 고구려(당시 영양왕嬰陽王 재위) 원정을 시도했으나 질병과 기후 불순으로 실패하였다.

이 참패로 병력의 90%를 상실하였다고 하니 그 참패의 정도를 짐작할 수 있다. 그리고 문제(文帝)는 두 번 다시 고구려 원정을 시도하지 않았다.

때문에 수나라는 국력을 완전 회복하였다. 그러나 이렇게 회복된 국력이 있었기에 양제의 대 토목공사가 가능했었다고 볼 수 있으며 또 그 때문에 양제는 고구려 원정을 시도할 수 있었다.

양제는 대운하가 완공되어 남방의 군량이나 물자를 쉽게 공급받을 수 있는 자신감을 갖고 있었다. 당시 고구려의 압박에 시달리던 백제가 출병을 요청한 것은 양제의 허영심을 부채질한 셈이고, 돌궐과 고구려가 여전히 군사적 우호관계를 갖고 있다는 사실을 확인한 양제는 분노하였기에 고구려 원정을 결정했을 것이다. 그러나 원정의 결과는 참패였고 나라의 멸망이었다.

612년 수 양제 1차 침입 때 평양성 근처에 도달한 수군은 고구려 군에게 궤멸을 당했고 우중문(于仲文, 545-613, 선비족 출신), 우문술(宇文述, 546-616)[21]의 별동대 30만 명이 평양성을 직접 공격했으나 성과도 없이 퇴각하다가 을지문덕(乙支文德, 생졸년 미상)에게 살수(薩水, 청천강)에서 수공을 당해 대패하고, 압록강을 건너 요동에 도착한 수군은 겨우 2,700명에 불과했다.

613년, 양제의 2차 침입은 성과도 거두지 못하고 양현감(楊玄

---

21 우문술(宇文述, 546-616년, 字는 伯通, 宇文은 복성) - 北周와 隋朝의 官員. 《隋書》에서는 그가 윗사람의 뜻에 잘 영합하고, 되는 것도 없고 안 되는 것도 없는 인물로 평가하였다. 양제 때, 우문술, 蘇威(소위), 裴矩(배구), 裴蘊(배온), 虞世基(우세기) 등이 국정 장악했고, 이들을 '五貴'라 합칭했다.

感)의 모반 소식에 놀라 회군할 수밖에 없었다. 양현감의 반란이 쉽게 평정되자, 614년에 또 고구려를 침공하여 고구려의 일차 방어선은 돌파했지만, 고구려의 끈질긴 저항과 수군의 공급부족으로 요하를 지킬 수 없었고, 고구려는 장기전에 지쳐 영양왕이 거짓 투항을 요청하자, 체면은 건졌다 생각하여 양제는 철군한다.

그러나 3차례 고구려 침공 실패 후 무력해진 군대는 수말의 농민 봉기를 진압할만한 여력도 없었다. 양제는 완전히 민심을 잃었고 수나라 장수들의 반역과 봉기가 계속 일어난다. 이러한 반대 봉기 속에 617년에 수도 대흥(大興)이 이연(李淵)에게 점령되고, 618년에 당의 건국과 수의 멸망으로 이어진다.

(4) 농민 봉기

1) 민중의 고초

수 양제 대업 7년(611), 왕박(王薄)이란 사람이 지금의 산동성 지역에서 자칭 '지세랑(知世郞)' 이라면서 〈막향요동낭사(莫向遼東浪死, 객사하러 요동에 가지 말라!)〉는 노래를 지어 부르면서 고구려 원정을 반대하였다.

그 노래에는 원정에 동원되는 민중의 고초와 함께 고구려 군사들에 대한 두려움이 나타나 있다.

노래 중 일부를 옮겨보면 아래와 같다.

요동으로 가지 말라.	莫向遼東去
東夷 군사는 호랑이 같단다.	夷兵似虎豹
긴 칼이 내 몸을 쑤셔대고,	長劍碎我身
화살촉이 내 뺨을 꿰뚫는다.	利鏃穿我腮
내 목숨은 오직 한순간이고,	性命只須臾
내가 용감하면 누가 슬퍼우냐?	節俠誰悲哀
공을 세운 대장이 상을 받지만,	功成大將受上賞
나홀로 왜 들판서 죽어야 하나?	我獨何爲死蒿萊

왕박이 기의한 뒤로 농민들의 호응은 불이 붙었다. 불과 몇 달에 수만의 농민이 모여 관군과 맞섰지만 곧 패퇴한다. 왕박은 그 뒤에 우문화급(宇文化及)에 투항했다가 우문화급이 두건덕(竇建德)에게 패하자, 두건덕의 부하가 되었다가 나중에 이연(李淵)에게 투항한다.

2) 와강 영웅

각지에서 일어나는 농민의 봉기는 수 왕조의 해체를 가속화시켰다. 전국에 봉기하지 않은 곳이 없었는데, 그중에서도 명성이 자자하고 세력이 강한 봉기군은 와강군(瓦崗軍)이었다. 와강군이 한창 전성할 때 그 군사가 30만이라 했다. 이 와강군이 수나라에 반기를 든 기의군(起義軍)의 맹주(盟主) 격이었다.

와강군의 처음 영도자는 위성현〔韋城縣, 지금의 하남성(河南省) 북단 안양시(安陽市) 관할 활현(滑縣)〕 출신의 책양(翟讓, ?-617년, 翟은 꿩 적, 성씨 책)이었다. 책양은 동군(東郡)의 사법 실무를 담당하는 서리였는데, 법에 걸려 처형당할 위기에서 다른 서리의 도움으로 도망한 뒤에 대업(大業) 7년(611)에 같은 출신의 서세적(徐世勣, 당의 개국공신, 곧 이적)과 선웅신(單雄信, 581-621년. 單은 성씨 선)[22]과 함께 와강〔瓦崗, 산명(山名). 지금의 하남성 활현〕에서 봉기하며 수나라에 항거하였다. 그러나 나중에 이밀(李密)[23]과 세력 다툼에서

---

22 선웅신(單雄信, 581-621, 單은 성씨 선) - 曹州 濟陰縣(今 山東省 菏澤市 曹縣) 출신. 희곡이나 소설《수당연의》의 주요 인물. 隋唐十八好漢의 한 사람. 당나라 개국공신이며 소설《수당연의》의 주인공인 진숙보〔秦叔寶, 진경(秦瓊), 571-638年〕를 알아주고 지켜준 의리의 사나이였다. 진숙보와 밀접한 관련이 있고, 처형된 뒤 선웅신의 딸은 진숙보의 며느리가 된다.

23 이밀(李密, 582-619년, 字는 玄邃, 또는 法主) - 隋朝 上柱國으로, 포산군공(蒲山郡公)인 이관(李寬)의 아들. 隋末 반란군의 영수였다. 위인이 好學하여 일찍이 소뿔에《漢書》책을 걸쳐 놓고 읽었다 하여 우각괘서(牛角掛書)라는 말이 있다. 양소(楊素)의 아들인 양현감(楊玄感)의 막료였는데, 양현감이 반기 후에 패사하자, 와강군(瓦崗軍)에 가담하여 봉기하였다. 唐王 이연(李淵)과 결의하였고, 나중에 왕세충(王世充)의 습격을 받자 이연에게 귀부하였다. 그러다가 이연이 자신을 해칠 것이라 의심하여 피신하여 숨었다가 당의 장수 성언사(盛彦師)에게 살해되었다. 전설에 의하면, 이밀은 죽은 뒤에 목련존자(目連尊者)를 따르는 신이 되었다고 한다. 중국인들에게 '李判官'으로 불린다.《全唐文》에 위징(魏徵)이 찬(撰)한〈이밀묘지명(李密墓志銘)〉이 전한다.

밀렸다. 주로 지금의 하남성(河南省) 정주시(鄭州市)와 상구(商丘) 일대가 그들의 세력범위였다.

대업 13년(617), 이밀은 잔치에 책양을 초대했고, 책양은 이밀이 보낸 자객에게 살해당했다. 이후 와강군은 수나라에 반기를 든 수많은 기의군의 맹주가 되었다. 와강군이 한창 세력을 떨칠 때, 이연과 이세민(李世民) 부자도 그 예봉을 피해야 할 정도였다. 나중에 이밀은 이연과 결합했다가 결국 제거된다.

수나라 말기 전국에서 일어난 봉기 세력의 우두머리는 대략 120여 명이 넘었다. 이들은 대개 수나라의 지방관으로서 자기의 거점에서 반기를 들었다. 이 수많은 봉기가 일어날 수 있었던 것은 그만큼 민심이 수나라에서 떠나버렸다는 증거였다. 이들은 각자 나름대로의 병력을 보유하고 상호 대립항쟁을 계속했는데 천하는 다시 분열로 치닫는 것 같았다.

이런 혼란과 항쟁이 와중에서 가장 유리했던 세력은 태원(太原)에서 기병하여 장안과 대흥성을 점령한 이연(李淵)이었다. 수나라 말기의 항거 세력들은 당이 건국(618)된 뒤에도 계속 저항하다가 624년에야 완전히 평정된다.

(5) 양제의 최후

1) 양제의 폭정

양제(煬帝)의 폭정은 크게 3가지로 나눌 수 있다.

우선 대흥성(大興城)과 동도 낙양성을 건설하고 대운하를 굴착하는 등 엄청난 대규모의 토목공사를 벌려 국력을 탕진했고 백성들을 고통으로 내몰았다.

두 번째는 잦은 순행(巡幸)과 허영심, 그리고 사치와 향락에 따른 국고의 고갈이다. 외국 사절이 내조하러 왔을 때 한 달여씩 놀이판을 벌였다. 겨울에 가로수를 비단으로 싸주는 낭비는 도대체 누구를 위한 것이었나?

세 번째 폭정은 무모한 고구려 원정이다. 동원 병력 113만에 군량 및 물자 수송 인원이 그것의 2배였다면 약 300만 명 이상이 동원되었다. 문제 때 약 4,600만 인구에 남자를 절반으로 잡는다면 2,300만, 그중에서 300만이라면 청장년 남자의 절반은 모두 동원되었다고 볼 수 있다.

2) 치욕적 시호(煬)

○ 마지막 남행 용주

양제는 재위 14년 중, 대흥성(大興城)에 있었던 날이 1년, 부도(副都)인 낙양에 3년이었고, 나머지 기간은 전국 곳곳을 순유하며 보냈다고 한다. 양제 대업(大業) 6년(610), 양제는 2차 강도(江都) 순유(巡遊)에 나섰다.

그리고 612년 고구려 원정에 실패하고서도, 연이어 고구려를 침공했으나 실패했다. 대업 12년(616), 전후 각지에서 반란이 일어나자, 양제는 피난 삼아 3차로 강도에 순유했다. 이는 원정 실패와 지방 반란에 대한 적극 대처가 아닌 일시적 회피를 위한 외면이었다. 눈을 가리고 바라보지 않는다 하여 현실의 위기를 피할 수 없다는 사실을 양제 자신도 잘 알고 있었다.

양제는 강도의 경제적 번영과 풍류, 험고한 강산과 온화한 기후에 취해, 굳이 낙양이나 장안에 돌아가려는 의지도 없었다. 양제는 이미 강도에 100여 개의 크고 작은 궁궐이 있었다. 그러면서 장강의 북쪽인 강도(江都)가 아닌, 장강의 남안인 건강(建康, 지금의 강소성 남부 남경시)에 단양궁(丹陽宮)을 크게 신축하라고 명령했었다. 그러면서 더 동남쪽 비릉(毗陵, 지금의 강소성 장강 남쪽 상주시 常州市)에 이궁(離宮) 16개소를 신축할 계획이었다.

결국 양제의 이런 계획은 그 자신이 정복하고 모욕를 주었던, 진 후주(陳 後主), 진숙보(秦叔寶, 장성공(長城公))의 행적을 그대로 답습하려는 뜻이었다.

수 양제와 황후와 여러 비빈들과 대신(大臣) 모두가 술에 취하지 않은 날이 없었고, 술잔을 입술에 매달고 살았다.

그러니 장안과 낙양이 반항 세력에게 이미 매몰되었어도, 그런 소식을 굳이 들으려 하지도 않았다. 그렇다면 양제의 종말이 얼마나 남았겠는가?

　마지막 순행으로, 대업 12년(616), 강도〔江都, 지금의 강소성 남부 양주시(揚州市)〕에 도착한 양제는 매일 술로 세월을 보냈다. 이미 전국에서 봉기가 일어난 줄을 알고 있는 양제였기에 하루하루의 술자리는 가시방석이었다.
　어느 날 그가 거울을 보고 피식 웃으면서 말했다.
　"이렇게 잘생긴 머리를(這么好的頭顱) 누가 감히 자를 수 있겠는가(誰能斬了它)!"

　양제는 독주(毒酒)를 한 항아리 준비해 놓고서 후궁들을 불러 놓고 말했다고 한다.
　"적병이 여기까지 들어온다면 그대들이 우선 마셔라! 나는 나중에 마시겠노라!"
　말은 이렇게 하면서도 양제는 자신의 제국은 결코 망하지 않을 것이라는 일말의 희망, 그리고 구차하더라도 목숨을 건지리라고 스스로 위안을 하고 있었다.
　그는 소황후(蕭皇后)에게 술을 권하면서 말했다.
　"통쾌하게 한잔하시오! 나는 결코 장성공(長城公)이 되지는 않을 것이며, 그대 또한 심황후(沈皇后)가 되지는 않을 것이요!"
　장성공은 589년에 멸망한 남조 진(陳)의 후주(後主, 이름은 진숙보)이며 심황후는 그의 부인이었다.

604년, 양제가 즉위하는 해에 진(陳) 후주는 52세를 일기로 죽었다. 막 즉위한 양제는 그에게 장성양공(長城煬公)이라는 치욕적인 시호를 내려주었다.

글자 '煬(쬘 양)'에는 그 일생이 주색만을 탐하고, 정사에 게으르며, 예(禮)를 멀리하여 인심을 잃었다는 뜻을 포함하고 있다. 그러나 그런 시호를 자신이 받게 될 줄은 꿈에도 생각하지 못한 양제였다.

양제의 총애를 받던 후궁들이나 미인들은 아무도 독주 항아리를 찾지 않았다. 양제 자신도 독주를 마시지 않았다. 망국의 군주였지만 그래도 천수를 누린 장성공처럼 목숨을 구걸할 형편도 되지 않았다.

양제는 강도에 머물면서 그 음학(淫虐)은 날로 심해지면서 술잔이 입에서 떠나질 않았다. 중원이 이미 혼란해졌기에 북으로 돌아갈 마음도 없었다. 어가를 시종했던 사람들(禁軍)은 관중(關中) 출신이 많아 돌아가고픈 마음에서 마침내 모반하였다.

금군의 지휘관이던 사마덕감(司馬德戡)은 무리를 이끌고, 우문화급(宇文化及)[24]을 내세우며 모반을 실행에 옮겼다. 3월 그믐날

---

24 우문화급(宇文化及, 569-619) - 장군 우문술(宇文述)의 장남. 수 양제를 섬겼다. 618년에 정변을 일으켜 양제(煬帝)를 죽이고, 양제의 조카인 秦王 양호(楊浩)를 수 황제로 내세웠다. 정예군을 거느리고 북

우문화급(宇文化及) 〈출처: 위키백과〉
수 말기 무장. 양제를 죽인 뒤, 양제의 조카 양호(楊浩)를 옹립했다가 살해하고, 허(許)의 황제를 칭했는데(150일), 당(唐)의 무장 두건덕(竇建德)에게 잡혀죽었다(619년 3월).

밤, 허공(許公) 우문화급이 우두머리가 되어 밤에 병력을 이끌고 양제의 침궁에 들이닥쳤다.

군사들이 칼을 들고 다가와서 양제를 칼로 찌르려고 했다.

그러자 양제가 고함쳤다.

"잠깐! 천자는 죽어도 죽는 법이 따로 있다. 어서 짐독의 술(짐주鴆酒)[25]를 가져와라"

그러나 우문화급은 "그것을 어디서

벌에 나섰으나 이밀(李密)과 두건덕(竇建德)에게 패전했다. 양호를 독살하고, 許國 황제를 칭했으나 619년에 두건덕에게 잡혀 죽었다.

25 鴆毒(짐독) - 鴆은 짐새 짐. 중국 남방에 사는 올빼미 비슷한 독조(毒鳥)로 살무사(蝮, 복)를 잡아먹는다. 짐새의 깃털을 술에 넣고 저으면 사람을 죽이는 독주(毒酒)가 된다.

구할 수 있겠느냐?"며 거부하였다.

양제는 자신의 비단 허리띠를 풀러 금위군 장수에게 내주었다. 칼로 목은 자르지 말라는 구걸의 표시였다. 618년 4월 11일, 반기를 든 사마덕감이 당시 50세 양제의 목을 졸랐다.

우문화급은 종실 사람들을 어른, 아이 구분없이 모두 죽였고, 오직 진왕 양호(楊浩, 양제의 손자)만을 살려 즉위시키고, 자신은 대승상이 되어 무리를 이끌고 서쪽으로 향했다.

장안에 있는 수 황제(恭帝) 양유는 5월에 양제의 죽음을 전해 들었다. 공제 양유는 바로 당왕 이연에게 선양(禪讓)하였다.

수(隋)는 문제 – 양제 – 공제의 3세 38년 만에 멸망했다.

3) 양제 사후

양제가 강도(江都)에 나가 있을 때, 양제의 장자(長子)인 양소(楊昭, 606년 사망)[26]의 아들(3子) 양유(楊侑, 605–619)는 도읍 대흥성(大興城, 장안)에 남아 있었다. 양유는 13세에 태원유수(太原留守)인 당공(唐公) 이연(李淵)에게 옹립되어 장안에서 즉위했다(617). 그리고 대업 13년(617)을 의령(義寧) 원년이라 개원했다. 그러면서 당공(唐公) 이연을 대승상에 임명하고, 이어 당왕(唐王)에 봉(封)했다. 그런데 이런 사실은 양제에게 전달되지도 않았다.

---

26 원덕태자(元德太子) 양소(楊昭, 母는 蕭皇后) – 아들(양제의 손자)을 셋 두었다. 燕王 양담(楊倓), 월왕 양동(越王 楊侗), 隋 恭帝 양유(楊侑).

양유는 618년 4월, 양제 피살 소식을 5월에 듣고 바로 이연에게 제위를 선양(禪讓)했다. 무덕(武德) 2년(619년, 8월)에 죽자(15세), 당(唐)에서는 공제(恭帝)라는 시호를 올렸다.

영제가 반장(叛將) 우문화급(宇文化及)에게 강도(江都)에서 시해당하자, 동경(東京, 낙양)에 남아있던 수 조정 관원들은 양제의 원덕태자(元德太子)인 양소(楊昭)의 차자인 양동〔楊侗, 양유와는 이복형제〕을 황제로 옹립하였다. 양동은 618년 6월부터 619년 5월까지 재위했고, 연호는 황태(皇泰)였다.

그런데 양동은 곧바로 신하인 왕세충(王世充)[27]에게 실권을 빼앗겼고, 왕세충에게 피살되었다. 시호는 공제(恭帝)이다.

그러나 당조(唐朝)에서 편찬된 《수서(隋書)》에서는 양유(楊侑)를 공제로 인정하고, 양동은 인정하지 않았으며, 양동을 이전의 작위인 월왕(越王), 또는 연호를 따라 황태주(皇泰主)라 호칭한다.

---

27 왕세충(王世充, ?-621년, 字는 行滿) - 수나라 말기 群雄의 한 사람. 太尉, 相國 역임. 隋 皇泰 2년(619)에 낙양에서 양동(楊侗)의 제위를 찬탈, 시해. 자칭 대정황제(大鄭皇帝, 연호는 開明)는 당 고조 무덕 4년(621)에 李世民에 패전. 파촉(巴蜀)에 유배가던 도중에 원수에게 피살되었다.

제2부

당(唐)의 건국과 융성

1. 당 전반기 역사 개관

통일 제국 당나라는 고조(高祖) 이연(李淵)의 개국(618)에 이어 수말(隋末)에 전국적으로 일어난 봉기 세력들을 진압하고 통일을 완성했다. 이어 태종 이세민(李世民)의 정관(貞觀, 627-649)의 치(治)를 통해 군주정치의 모범을 보이면서 안정과 번영을 이룩한다.

당 고조 이연과 태종 이세민의 정책들은 성공을 거두어 정관(貞觀)에서 현종(玄宗)의 개원(開元, 713-742)에 이르는 100여 년은 경제의 발전과 민생 안정, 영토 확장과 함께 번영을 누렸다. 이 기간 중에는 측천무후(則天武后)의 정변 이외에는 대외적으로 큰 병란(兵亂)도 없었다. 역사에서는 이 시대를 평화 속에 번영했고 모범적 군주정치가 이루어졌던 시기로 평가한다.

그러나 무후(武后)의 집권 기간 이후 토지매매가 허용되며 균전제는 서서히 붕괴되면서 균전제를 바탕으로 한 부병제도 붕괴되어 병농(兵農) 분리의 모병제로 바뀌었다. 이 모병제의 큰 병폐 중 하나가 절도사(節度使)의 군사력을 중앙정부에서 통제할 수 없다는 점이었다.

당은 건국 초부터 내부 정세를 안정시키면서 대외적으로도 세력을 확장했고, 경제적 번영을 이룩하며 제국 융성의 기초를 닦아 300년 가까운, 그래도 다른 시대에 비해 상대적으로 정치적 안정을 유지했다.

당은 수나라의 통일과 제도 정비, 그리고 대운하 개통 등 앞 시대의 열매를 수확하면서 나라의 기반을 확실히 다졌다.

또 남북조시대의 문벌 귀족과 관료층을 두루 흡수하여 지배층의 인적 자원을 확보하였고, 과거제도의 발전적 시행으로 새로운 관료층을 충원하면서 문벌 귀족의 출현을 미연에 방지하였다.

또한 균전제(均田制)의 토지제도와 조용조(租庸調)의 조세제도, 그리고 병농일치의 부병제(府兵制)로 국력을 키우면서 이민족에 대한 견제정책도 성공을 거두었다. 이처럼 이민족을 견제하거나 균형을 유지하며 군사적으로, 또 사회적으로 안정되었기에 활발한 문화 교류 속에 문화는 어느 시대보다 찬란하였다.

당 문화는 한대(漢代) 이후 계속 발전해 온 전통적 고전문화의 바탕에 위진남북조 시대의 귀족 문화, 주변 이민족의 여러 문화적 특성을 포용하고 흡수하면서 개방적이고 국제적인 문화 특색을 보여주었다.

특히 문학에서 당시(唐詩)의 융성은 지금까지도 중국 문화의

가장 두드러진 특색으로 나타나고 있다.[28]

당(唐)은 중국 역사에서 여러 가지로 공헌한 바가 크다.

당은 중국 본토를 실질적으로 가장 오랫동안 지배한 국가였다.[29] 당은 강대한 국력과 국부를 바탕으로 하는 국제적 문화를 이룩하였으며 세계에서 최고 수준의 문화를 자랑하였다.

2. 《구당서》와 《신당서》

당대(唐代) 역사 연구의 기본서는 《구당서(舊唐書)》와 《신당서(新唐書)》이다. 두 책 모두 중국 정사 이십사사(二十四史)에 들어간다. 그러나 두 책 모두 장단점이 있어 여기에 비교 설명한다.

---

[28] 지금 중국의 중등학교 학생들 중 어지간하면 唐詩 三百首를 외운다는 사실을 어떻게 받아들여야 하는가? 중국 청소년들에게 약 1500년 전 시인들의 작품 암송을 권장하는 그 문화의 깊이를 우리는 한 번쯤 생각해 보아야 한다.

[29] 淸朝의 국가 존속 기간(後金 건국, 1616 – 청 건국 1636 – 멸망 1912)이 唐(618 – 907)보다는 길지만, 明 멸망 이후의 지배 기간(1644 – 1912)은 唐보다 짧다.

(1) 《구당서》

《구당서(舊唐書)》는 당의 멸망(907) 이후 오대(五代) 후진(後晉, 936-947년 존속)의 장소(張昭)와 가위(賈緯) 등이 편찬한 당나라의 정사(正史)이다. 후진(後晉) 천복(天福) 6년(941), 후진 고조(高祖) 석경당(石敬瑭)이 장소(張昭), 가위(賈緯), 조희(趙熙), 이위선(李爲先) 등에게 당대 정사 편찬을 명령하고, 재상 조영(趙瑩)이 감수(監修)케 하였는데, 조영이 재상직에서 물러나자, 유후(劉昫, 昫는 따뜻한 후)가 감수하여 후진(後晉) 출제(出帝) 개운(開運) 2년(945)에 완성하였다. 처음에는 석경당의 당(瑭) 글자를 피휘하여 《이씨서(李氏書)》라고 하였지만, 뒷날 남송에서 간행할 때 《당서(唐書)》로 개재(改題)하였다. 뒷날 북송의 구양수(歐陽修) 등이 편찬한 《신당서(新唐書)》와 구분하기 위하여 다시 《구당서(舊唐書)》라 개명하였다. 《구당서》는 총 200권인데, 본기 20권, 지 30권, 열전 150권이다. 당 고조 무덕(武德) 원년(61)부터 당 애제 천우(天祐) 4년(907)까지 역사적 사실을 기록하였다.

《구당서》는 그 편찬 기간이 촉박하여 여러 단점이 노출되었다. 북송 사람 엄려(嚴厲)의 《구당서》에 대한 비평에 의하면, 「본기의 차서(次序)에 일정한 기준이 없고, 상략(詳略)이 일정하지 않으며 문채(文采)도 불명(不明)하고 사실 누락이 많다.」고 하였다. 열전에는 인물이 몇 곳에 중복 서술되었다.

《구당서》 서술에는 당의 《국사(國史)》와 《실록(實錄)》 또는 당말(唐末)의 문서(文書)를 참고로 전사(轉寫)와 서술에 의존하였기에 호칭도 통일이 없다는 지적이 있다. 또 무종(武宗) 이후의 선종(宣宗), 의종(懿宗), 희종(僖宗), 소종(昭宗)과 애제(哀帝), 그리고 5대의 서술에는 《실록(實錄)》이 없어 여러 사람의 전문(傳聞)이나 《당년보록(唐年補錄)》과 《당말삼조문견록(唐末三朝聞見錄)》 등의 여러 책을 참고로 기술하였다.

《구당서》가 여러 결함이나 단점이 많다지만, 그래도 사료 보존이라는 일정한 가치가 있다. 예를 들어, 수말과 당초 지방 할거세력의 하나였던 이밀(李密)의 〈토수양제격문(討隋煬帝檄文)〉은 《수서(隋書)》나 《신당서(新唐書)》의 〈이밀전(李密傳)〉에 모두 실려 있지 않고 오직 《구당서》에만 수록되었다. 이는 《구당서》의 편찬 시기에 전기 문헌 자료가 많고, 또 상세한 자료와 서술 때문이다.
청대의 고증학자인 고염무(顧炎武)는 「《구당서》 서술이 번잡하다지만 사적이 명백하고 수미(首尾)가 상세하여 읽을만 하다.」고 하였다. 북송의 사마광〔司馬光, 1019 – 1086, 자(字)는 군실(君實). 호(號)는 우수(迂叟)〕이 《자치통감(資治通鑑)》을 편찬할 때, 많은 부분을 《구당서》에 의존하였으니 사료(史料)의 완전성에서는 《신당서》보다 우수하다고 말할 수 있다.

(2) 《신당서》

《신당서》는 북송의 구양수〔歐陽修, 1007-1072, 字는 영숙(永叔), 號는 취옹(醉翁), 육일거사(六一居士)〕와 송기(宋祁), 범진(范鎭), 여하경(呂夏卿)과 시인으로도 유명한 매요신〔梅堯臣, 1002-1060, 字는 성유(聖兪), 세칭 완릉선생(宛陵先生)〕 등이 합동으로 편찬한 당나라에 대한 기전체(紀傳體) 사서로 총 225권인데, 본기 10권, 지(志) 50권, 표(表) 15권 및 열전(列傳) 150권이다.

5대의 후진(後晉)에서 《당서(唐書)》를 편찬하였다. 그러나 《구당서》는 당 선종(宣宗, 재위 847-859) 이후의 기록에서 본기에도 착오가 많고 열전의 기록에도 분식(粉飾)이 많다는 약점이 있었다. 이에 북송 인종(仁宗, 재위 1022-1063) 경력(慶曆) 4년(1044), 이를 중수(重修)하게 하였다. 그리고 지화(至和) 원년(1054)에 다시 《당서》 편찬을 재촉하였다. 이에 본기의 차서를 바로잡고 내용을 재편집하였고, 특히 〈표〉와 〈지〉를 대대적으로 추가 및 보완하여 인종 가우(嘉祐) 5년(1060)에 완성하였다.

뒷날 사마광이 《자치통감(資治通鑑)》을 편찬하면서는 《구당서》를 많이 채택하였지만, 주희〔朱熹, 주자(朱子), 1130-1200, 자(字)는 원회(元晦), 제호(齊號)는 회암(晦庵)〕가 《통감강목(通鑑綱目)》을 편찬할 때는 《신당서》의 사료를 많이 채택하였다.

3. 국호 당唐

중국 고대 오제(五帝)의 한 사람인 요(堯)의 성은 기(祁)이고, 명(名)은 방훈(放勳)이고, 그 나라 이름을 도당(陶唐)이라 하였는데, 평양(平陽, 지금의 산서성(山西省), 중남부 임분시(臨汾市))에 정도(定都)하였다. 하(夏)와 은(殷)의 뒤를 이어 천하를 차지한 주(周)의 건국자 무왕은 요제의 23세 후손(名 京)을 평양에 옮겨 살게 하였으니, 지금 산서성 중남부 일대는 주(周)의 제후국인 당(唐)이었다.

당의 건국자 이연(李淵)의 조부인 이호(李虎)는 북위(北魏) 이래 무장의 가문이었지만, 그 지위는 높지 않았다. 이호는 우문태(宇文泰, 507-556)를 따라 관중(關中)에 진출하여 전공을 세웠다. 우문태는 선비족(鮮卑族) 우문부(宇文部)의 후예인데, 서위(西魏)[30]의 권신(權臣)으로 북주(北周) 정권의 기초를 다진 사람이었다.

이호는(선비족의 성씨로는 대야씨大野氏) 그 전공이 뚜렷하여 서위의 태위(太尉)를 역임하였고 팔주국대장군(八柱國大將軍)의

---

[30] 서위(西魏) - 北魏에서 534년에 西魏가 분리하였고, 북위에서는 새 황제가 즉위하며 東魏라 칭했다. 곧 동위와 서위로 분열되었다. 서위의 건국자는 北魏 孝文帝 원굉(元宏)의 손자인 원보거(元寶炬)인데 宇文泰가 옹립하였다. 建都는 長安.
西魏 ; 534-556년. 3대 23년 존속. → 北周(557-581)로 교체.
東魏 ; 534-550년. 1대 17년 존속. → 北齊(550-577)로 교체.

한 사람이었다. 그리고 이호는 서위가 북주(北周)로 대체될 때, 좌명공신(佐命功臣)으로 당국공(唐國公)의 작위를 받았다.

이호의 지위는 아들 이병[李昞, 세조(世祖) 원황제(元皇帝)]에게 이어졌고, 이연(李淵)이 7살에 부친이 죽자, 당국공의 지위를 세습했고, 618년 제위에 오르면서 국호를 당(唐)으로 정했다.

(1) 당과 수의 관계

관농집단(關隴集團)의 양대 축이라 할 수 있는 이씨(李氏)와 수조(隋朝) 양씨(楊氏)는 아주 밀접한 관계를 맺고 있었다.

이연(李淵)의 조부인 이호(李虎)와 수 문제 양견(楊堅)의 부친 양충(楊忠)은 모두 서위(西魏)의 주국대장군(柱國大將軍)이었다.

이연의 부친 이병(李昞, 昞은 밝을 병)은 주국대장군의 한 사람인 독고신(獨孤信)[31]의 넷째 딸과 결혼하였고(당唐의 문정황후元貞皇后), 양충의 아들 양견은 독고신의 일곱째 딸(독고가라獨孤伽羅, 수 문제의 분헌황후)과 결혼하였다. 따라서 이병과 양견은 모두 독고신의 사위였으니, 형님 아우하면서 술을 마실 수 있는 관계였다. 따라서 이병의 아들 이연은 수 문제 양견을 이모부라고 불렀고, 양견의 아들 수 양제 양광과 당 고조 이연은 이종사촌 간

---

31 독고신(獨孤信, 503-557, 鮮卑名은 期彌頭)-雲中(今 山西省 북부 大同市) 출신. 그 선조는 흉노인(匈奴人). 西魏 八柱國의 한 사람. 北周 明帝와 隋 文帝 楊堅의 장인. 隋 煬帝 楊廣과 唐 高祖 李淵의 外祖父.

(表兄弟)이었다.

(2) 국도 장안

장안현〔長安縣, 지금의 섬서성 서안시(西安市)〕은 한대(漢代)에 설치되었는데 경조윤(京兆尹)이 관할하였다. 서한(西漢, 전한), 신(新), 동한(東漢), 서진(西晉)과 오호십육국(五胡十六國)의 전조(前趙), 전진(前秦), 후진(後秦)과 북조(北朝)의 서위(西魏)와 북주(北周), 그리고 통일 제국 수(隋)와 당(唐)이 여기에 도읍하였다.

양견(楊堅, 문제)이 수조(隋朝)를 건국하고 여기에 도읍하였지만, 한대(漢代) 이후의 장안 시가지는 협소하였다. 이에 원 시가의 동남방에 새로운 궁성과 황성을 건설하고, 개황(開皇) 3년(583)에 옮겨오며 대흥성(大興城)이라 명명했다. 양제 대업 9년(613)에, 황성과 궁성 외에 외곽성을 축조하고 백성 거주 시가지 108방(坊)을 확보하고 백성을 채웠다.

이후 당은 대흥성을 이어받으면서 새 수도 건설 비용과 민력(民力)을 절약하였다. 당 고종(唐 高宗)은 대명궁(大明宮)을, 현종(玄宗) 연간에는 흥경궁(興慶宮)을 보완하였다.

당대 장안성(長安城)은 경기도 경조부(京兆府)의 관할이었다. 주작대가(朱雀大街)를 경계로 서쪽은 장안현(長安縣), 동쪽은 만년현(萬年縣)이 관할하였다. 당 건국 후 1백여 년이 지나면서 국세(國勢)가 성하고 국위를 멀리 떨치면서 장안은 날로 번창하여 세계

제일의 대도시가 되었다.

그러나 안사(安史)의 난(755–763) 중에 반군이 장안성을 점거하였고, 763년에 장안성은 토번(吐蕃)에게 일시 점거되며 많이 쇠락하였으나, 그 뒤로 점차 회복되었다.

만당(晩唐) 시기에 황소(黃巢)의 반란 중(875–884)에 반군은 장안을 점거하였고(881), 살육과 파괴로 장안은 크게 훼손되었으며, 당이 멸망하고(907), 주전충(朱全忠, 후량 건국)이 도읍을 개봉부(開封)로 옮겨가면서 이후 장안성은 쇠퇴하였다.

대체로, 만당 황소의 난 이전에 장안성은 인구 150만 정도로 추정하고 있다.

4. 고조 이연

(1) 당의 건국

1) 이연의 내력

당 고조의 성은 이씨(李氏), 이름은 연(淵, 생몰 566–635, 재위 618–626)이다.[32] 이연은 농서군(隴西郡) 성기현(成紀縣)[33] 출신으

---

[32] 唐은 國君이 李씨이기에 李唐이라고도 부르며, 높이는 뜻에서 大

로, 이연의 조부 이호(李虎)는 서위(西魏, 존속 535-556)에 출사하며 공을 세워 농서공(隴西公)에 봉해졌고, 나중에 북주(北周, 존속 557-581)에서 당국공(唐國公)에 봉해졌다. 당국공의 지위는 아들 이병(李昞)에게, 이병의 아들 이연은 7세에 부친이 작고하자, 부친의 작위를 세습했다.[34]

수나라 양제(煬帝, 재위 604-618)는 이연을 홍화(弘化) 유수(留守)에 임명했고 농서 일대의 군사를 지휘 통솔케 하였다. 이연은

    唐이라 호칭한다. 隋의 정치, 제도를 거의 그대로 수용했고 수 왕실과의 관계에서 보통 隋唐이라 합칭한다. 老子가 李氏이기에 唐에서는 老子에게 '太上玄皇帝'라는 존호를 올렸고 道敎를 장려하였다. 淵은 못 연. 水出地而不流者. 지(池), 담(潭)과 같다. 唐은 淵字를 避諱(피휘)하여 고구려의 연개소문(淵蓋蘇文)을 천개소문(泉蓋蘇文)으로 표기했다. 高祖는 묘호(廟號)이며, 시호는 신요황제(神堯皇帝)이다.

33 成紀縣 — 今 甘肅省(감숙성) 동남부 天水市 관할 秦安縣 일대. 李姓의 근거지. 보통 농서(隴西) 李氏라 통칭한다. 前漢의 飛將軍인 李廣(이광), 大詩人 李白도 농서 이씨이다.

34 唐國公 — 唐은 본래 陶唐氏(도당씨) 堯(요)의 후손을 封한 나라이다. 周朝에서 周 成王이 古 唐國을 멸망시킨 뒤, 成王의 아우인 叔虞(숙우)를 古 唐國의 옛 땅에 봉하여 唐國이라 했고 侯爵(후작)의 작위였으며, 도성은 今 山西省 중남부 臨汾市(임분시) 동남의 翼城縣(익성현) 일대였다. 숙우의 아들이 뒷날 나라 이름을 晉(진)으로 고쳤고, 이 晉이 바로 춘추시대의 강력한 제후국이었으며(춘추5패의 하나), 근거지는 지금 山西省의 省會인 太原市 일대였다. 뒷날 晉이 韓, 魏, 趙로 갈라지면서 戰國時代가 시작된다.

수조(隋朝)의 종실과 관계가 밀접했고, 조정의 여러 일에 관여했으며, 사람을 거느리면서 너그럽고 단순하였기에 많은 사람이 그를 따랐다.

이연은 양제에 미움받고 배척당했지만,[35] 변경을 침략한 돌궐족을 격퇴하며 공을 세웠다.

2) 이연의 황후 두씨

고조 이연의 본처 두씨(竇氏, 569-613)는 북주(北周) 신무군공(神武郡公) 두의(竇毅)의 딸이었다. 두씨는 장남 건성(建成), 차남 태종 이세민(李世民), 3남 위 회왕(衛 懷王) 이현패(李玄霸, 조사부死), 4남 이원길(李元吉)과 평양소공주(平陽昭公主)의 생모이나, 이연(李淵)의 칭제(稱帝, 즉위) 이전에 죽었다.

말하자면, 똑똑한 아들을 낳아 잘 키웠지만 황제가 되기 전에 죽었기에 황후로서의 혜택은 엉뚱한 사람이 누린 셈이다. 거기에 이연 또한 고령이라서 비빈들의 말에 휘둘리게 되어 있었다.

두씨는 어려서부터 매우 총명했고 그 성정(性情)은 현숙했으며, 대의(大義)에 밝았고 원견탁식(遠見卓識)을 지닌 현처양모(賢妻良母)였으니, 여중호걸(女中豪傑)이었다.

---

35 그때에 '심수(深水)에 黃楊이 잠긴다'는 참설이 떠돌았는데, 深水는 곧 淵(연못)이고 黃楊(황양)은 버드나무, 곧 隋나라의 楊氏를 지칭한다고 보았다.

두씨는 북주 무제의 생질녀(甥姪女)로 무제의 총애를 받으며 궁중에서 생활하며 공주처럼 대우를 받았다. 두씨는 총명호학한데다가 좋은 교육을 받아 고금의 전적(典籍)에 통달하였다.

두씨의 결혼에 관하여 두의(竇毅)는 걸출한 인물을 사위로 고르려 했다. 부부는 집안에 공작(孔雀) 두 마리를 그린 병풍을 세워 놓고 화살로 공작의 눈을 명중한 사람을 사위로 맞이하려 했다. 이에 많은 구혼자가 나섰지만, 두발을 모두 명중하는 사람이 없었으나, 오직 이연(李淵)만이 공작의 눈에 명중했다.

이연과 두씨는 결혼 이후, 상경상애(相敬相愛)하는 원만한 부부였으며, 특히 두 사람의 필체가 아주 닮아서 누구의 글씨인지 구별이 어려웠다고 한다.

서기 578년 북주의 무제〔武帝, 우문옹(宇文邕), 재위 560-578〕가 죽자, 두씨는 매우 비통해 했다. 이어 북주의 선제(宣帝) 우문윤(宇文贇, 재위 559-580)이 재위 1년 만에 죽고, 이에 정제(靜帝)가 즉위했으나 581년 수 양제에게 제위를 선양했다.

이런 수 문제에게 두씨는 불만이 많았고, 자신이 여자이기에 북주를 위해 아무런 도움이 못되는 현실을 탄식하였다.

양제가 즉위한 이후, 양제는 호색(好色)하고, 사냥개나 명마(名馬)를 좋아하였다. 마침 우부풍(右扶風) 태수인 이연은 몇 필의 준마를 갖고 있었는데, 두씨는 이연에게 명마를 모두 양제에게 선물하여 쓸데없는 오해와 시기를 받지 말라고 충고하였다. 이연은 아내의 말에 따랐고, 수 양제는 매우 기뻐하며, 이씨가 득세하리라는 당시의 참언 속에서도 이연을 의심하지 않았다고 한다.

이렇듯 현숙하고 지혜로운 두씨는 45세에 죽었다. 두씨는 나중에 고조 이연의 헌릉(獻陵)에 합장되었다. 그리고 고종은 상원(上元) 원년(674)에, 할머니인 두씨에게 태목순성황후(太穆順聖皇后)라는 존호를 올렸다.

3) 진양 기병

수 양제 대업(大業) 11년(615), 이연은 산서하동무위대사(山西河東撫慰大使)에 임명되어, 수(隋) 대업(大業) 11년(615)에, 용문(龍門)에서 반역한 농민 무단아(毋端兒) 일당을 진압했다. 대업 13년(617) 초, 태원유수(太原留守)에 임명되었다. 당시 태원은 군사상 요지로 병력과 군량이 10년을 버틸 수 있을 정도로 충분하였기에, 이연은 태원유수 임명을 크게 기뻐하였다.

이연은 장자 이건성(李建成)[36]에게 지역 호걸과 세력을 공고히 하라 하였고, 차남 이세민(李世民)[37]에게는 재물을 기울여 어느 누

---

36 李建成(이건성, 589-626년) - 唐朝 高祖 李淵(이연)의 嫡長子(적장자). 唐高祖의 太子였다가 동생 李世民이 일으킨 玄武門之變(현무문의 변)에 화살에 맞아 죽었다. 건성의 다른 동생도 세민에게 모두 제거되었다. 나중에 당 태종에 의거 息隱王(식은왕)에 追封(추봉), 改葬(개장)되었다.

37 李世民(598-649, 재위 626-649) - 李淵의 次子, 母親 太穆皇后 두씨(竇氏). 세민이 어렸을 적에 어떤 書生이 세민을 보고서 말했다.

구와도 널리 사귀며 인재와 널리 교제하라고 말했었다.

이연의 차남 이세민(李世民, 598-649)은 총명하고 용기와 결단력이 있으며, 식견과 도량이 남달랐다. 수나라 황실이 어지러운 것을 보고 천하를 안정시켜야 한다는 마음을 혼자 품고서 진양(晉陽, 지금의 산서성 태원시)의 (수 양제) 별궁 감독인 배적(裴寂)[38]

"용봉(龍鳳)의 자태에 천일(天日)의 모습이로다(龍鳳之姿, 天日之表). 관례를 치를 때쯤에는(年至弱冠), 틀림없이 제세안민을 할 수 있으리라(必能濟世安民)."
서생은 가버렸고 이야기를 들은 이연은 사람을 보내 찾았지만 만나지 못했고, 그 말에 따라 이름을 世民이라 했다. 李世民은 젊어서 힘으로도 한 명성을 누렸다. 이세민이 지니고 다닌 무기 중 가장 유명한 것은 2m가 넘는 巨闕天弓(거궐천궁)이라는 활이었고 거의 백발백중이었다는 기록이 있다. 태종 이세민의 모친이 선비족이었기 때문에 그의 몸에는 유목 민족의 기질이 있었고, 그래서 그런지 사냥을 무척이나 좋아했었다.

38 裴寂(배적, 573-632) - 唐 高祖 재위 중에 재상을 역임하며 이연의 신임을 받았던 인물이다. 여러 벼슬을 거쳐 수 말기에 진양(晉陽, 太原)의 궁감(宮監)으로 있었고 태원 유수 이연과 잘 어울렸다. 이연은 배적을 따라 양제의 별궁에 가서 술을 마시곤 했다. 그 이전에 젊은 이세민은 큰 재물을 가지고 가서 배적과 도박을 했는데 이틀 연속 크게 잃었다. 돈을 많이 따고 싱글벙글하는 배적에게 이세민이 말했다. "숙부님! 隋의 천하를 놓고 도박을 해서 이긴다면 그 재물은 자자손손을 내려가도 다 쓰지 못할 것입니다." 이에 배적은 천하를 건 도박을 결심한다. 이세민은 晉陽 현령 劉文靜(유문정, 568-619)과 거사를 준비했고 배적에게 이연을 설득해 달라고 부탁했다.

과 진양(晉陽) 현령 유문정(劉文靜)[39] 등과 밀접한 관계를 유지하고 있었다.

이세민은 부친에게 기병할 것을 건의하였고, 이연은 작은아들의 뜻에 따라 617년에 거병하였다.[40]

이연은 배후의 돌궐족을 늘 걱정하고 있었다. 그러면서 유문

---

[39] 유문정(劉文靜, 568-619년) - 唐朝 개국 공신. 唐 高祖 武德 원년(618)에 시중을 역임했다. 隋朝 말년에, 진양(晉陽, 太原) 현령이었다. 당시 晉陽 宮監이던 배적(裴寂)과도 친구였다. 유문정은 대범, 대담하면서도 웅략(雄略)을 가진 사람이었다. 유문정은 李世民을 만나본 뒤, 이세민이 걸출한 인물임을 단번에 알아보았다. 소의 뿔에 《漢書》를 걸어놓고 읽던 이밀(李密)이 양현감을 따라 반기를 들었을 때, 이밀과 사돈관계이던 유문정은 잡혀 감옥에 있었다. 유문정은 이세민에게 봉기를 건의하였다. 유문정은 이연이 태원에서 봉기할 수 있도록 모든 일을 꾸몄지만, 唐 건국 후에는 이연과 배적이 君臣 관계 이전의 벗처럼 가까웠지만 유문정과는 소원해졌다. 지위도 배적보다 아래인 유문정은 "기필코 배적을 죽여버리겠다." 며 불평불만을 토로했고, 이를 밀고한 첩이 있어 결국 모반을 꾀했다는 죄목으로 유문정 형제는 사형을 당했다. 유문정은 형장에 가면서 가슴을 치며 "날아다니는 새를 잡고 나면 좋은 활도 처박혀진다(飛鳥盡良弓藏) 하더니 사실이구나!"라고 탄식했다.

[40] 《舊唐書》와 《新唐書》에는 高祖 李淵은 처음부터 隋(수)에 반기를 들 생각이 없었다고 기록하였다. 이연은 정치권력에 매력을 느끼지 못하고 산수에 노닐면서 주색을 즐기는 전형적인 귀족 스타일의 취향을 갖고 있었다. 이연에게 수 文帝는 이모부였고, 양제는 이종사촌 형이었다. 말하자면, 수나라 정치의 이너써클 안에 든

정을 돌궐에 사신으로 보내 비단을 선물하며 동맹을 맺자고 제의하였다. 그래서 합동으로 장안을 공격, 점령하게 되면 당은 장안 일대를 점거하나 점거 지역의 재물이나 여인은 돌궐이 징발해도 좋다고 약조하였다. 이에 돌궐족은 크게 좋아하며 이연에게 전마(戰馬) 1천 필(匹)을 보내주었다.

배후의 걱정을 해소한 이연은 대업 13년(617) 7월에 크게 거병하면서 대장군을 자칭하였고 관부와 관원을 임명하여 독립 정권을 수립하였다.

이연은 배적을 장사(長史)로 임명했고, 이건성을 농서공(隴西公) 겸 좌령군대도독(左領軍大都督), 이세민을 농서공 겸 우령군대도독에 임명했다. 또 유문정, 무사확(武士彠)[41] 당검(唐儉), 장손순

사람이었기에 굳이 수나라에 반기를 들 이유가 없었다고 볼 수도 있다. 그러나 차남 李世民은 隋의 정치가 문란해지는 것을 보고 隋에 대한 반기를 계획했었다는 것이다. 그렇지만 이연의 거병은 이연 본인의 뜻이라고 보아야 한다. 거병은 617년에, 이연은 52세, 이세민은 20세였고, 장남 이건성은 당시 29세였다. 정말로 이연이 아들과 이런 중차대한 문제를 상의하려 했다면 먼저 장남과 상의했을 것이다. 이러한 기록은 뒷날 태종 李世民의 영명함과 과단성을 강조하고, 아버지에게는 효자이며 모범적인 군주라는 모습을 형상화하다 보니 이러한 이야기를 만들어 기록했을 가능성은 충분하다고 볼 수 있다.

41 무사확(武士彠, 577-635년, 彠은 자 확, 尺也. 법 확) - 李淵이 晉陽에서 기병할 때 고조를 도와주었다. 太宗 시 工部尙書, 荊州都督 역임. 女

덕(長孫順德)⁴² 등을 대장군부에서 근무토록 배치하였다.

이연 부자는 3만 대군을 거느리고 진양을 출발하면서 아들 이원길(李元吉)⁴³을 남겨 진양을 수비케 하였다.

배적은 이연의 기병(起兵)에 큰 역할을 하고, 여러 가지 모사(謀事)에 뛰어났지만, 군사를 거느리고 싸우는 장군으로서의 자질은 없었다. 이세민이 즉위한 이후에 배적은 무당과 왕래하며 소소한 죄를 지어, 정주〔靜州, 지금의 광서성(廣西省)〕에 유배되었다가 정관 6년에 죽었다.

4) 당조의 개국

양제의 손자인 대왕(代王) 양유(楊侑)는 장안을 수비하다가 이연에 대적할 수 없어 투항하였다. 이연은 양유를 수나라의 황제로 옹립하였다(공제恭帝, 연호는 의녕義寧). 양유는 이연을 당왕(唐王)으로 봉했다. 의녕 2년(618) 3월(陰), 양제가 강도에서 우문

皇帝 武則天의 父親. 사후에 시호(諡號)는 위충효왕(魏忠孝王)이다.

42 장손순덕(長孫順德, 長孫은 복성) – 선비족, 初唐 시기 武將, 태종 이세민의 長孫 황후와 황후의 친정 오빠 장손무기(長孫無忌)의 숙부. 능연각(凌煙閣) 24공신의 한 명.《舊唐書》58권, 列傳 第8,《新唐書》118권, 列傳 32권에 입전되었다.

43 이원길(李元吉, 603–626년 7월) – 唐 高祖의 第 四子 玄武門之變 때 죽었다.

화급(宇文化及)에게 시해되었다는 소식을 접한 양유는 의녕 2년 5월 24일(陰), 이연에게 선양(禪讓)⁴⁴하였다.

　수(隋) 공제(恭帝)의 선양을 받은 이연(李淵)은 태원에서 즉위하고 칭제(稱帝)하며 당조(唐朝)를 건국하였고, 연호(年號)⁴⁵는 무덕(武德)으로 정했다. 그리고 수조(隋朝)는 이제 역사의 그늘에 묻혔다.

---

44 선양(禪讓, 禪은 선위할 선) – 재위 君主가 살아있으면서 통치권을 유능하고 덕망 있는 다른 성씨의 사람에게 양보하는 일. 형식적으로 재위 중인 군주의 자발적 의사로 진행된다. 이러한 선양은 곧 왕조교체이기에, 이를 외선(外禪)이라 하고, 자신의 동성 혈친에게 양위하는 것은 내선(內禪)이라 한다. 내선 한 뒤에는 통상 太上皇이라 호칭한다.

45 이전에는 해(年)를 기록하는 방법으로, 제왕의 재위 연도를 표기했고 年號가 없었다. 中國에서 연호를 최초로 사용한 사람은 진한 武帝로 建元(기원전 140 – 135)이 최초의 연호이다. 이후 이 전통은 20세기까지 계속되었다. 황제가 즉위하면 改元을 하였지만 재위 중에도 수시로 연호를 바꾸었다. 천재지변이 일어나거나 天文현상 또는 도참설이나 정치적 필요에서 연호를 바꾸었다. 당 태종은 재위 기간 중 내내 貞觀이라는 연호를 사용했지만, 고종이 즉위하던 해는 정관의 연호를 쓰고 다음 해부터 새 연호를 사용하여 35년 중 14번 개원하였다. 측천무후는 稱帝하는 15년 간에 16번 개원을 하여 중국 역사상 가장 많은 연호를 사용한 황제가 되었다. 一帝一元의 제도가 확립된 것은 明代부터이다. 明과 淸代에는 연호가 곧 황제의 호칭으로도 통했다. 예를 들어, 洪武帝는 洪武를 연호로 사용한 明 太祖 朱元璋이고, 乾隆帝(건륭제)는 청나라 高宗을 지칭한다. 明淸 이전의 시대는 연호 조견표(早見表)를 보아야만 알 수 있다.

이연은 618년 즉위, 개국하면서 장남 건성(建成)을 태자로, 차남 세민(世民)을 진왕(秦王)에, 3남 원길(元吉)을 제왕(齊王)에 봉하였다.

이후 이연은 수나라 말기에 봉기한 지방 세력, 제후, 군벌(軍閥)을 토벌하는 전쟁을 진행했다. 당조(唐朝)에 저항했던 설인과(薛仁果), 이궤(李軌), 송금강(宋金剛), 유무주(劉武周), 왕세충(王世充, 위의 주석 27 참고), 두건덕(竇建德),[46] 소선(蕭銑), 양사도(梁師都)[47] 등에 대한 평정은 전후 7년간 계속되었다. 이들 중 양사도는 태종 정관(貞觀) 2년(628)에야 가장 늦게 평정되었다.

5) 종실 출신의 공신

사실 치세(治世)에, 종실(宗室)은 유복하고 권세를 누리는 귀족의 일원이지만, 난세(亂世)를 당하여 화가위국(化家爲國)은 정말 어려운 일이다.

---

46 竇建德(두건덕, 573–621) – 수(隋)나라 말기, 지방 반란 세력의 우두머리. 한때 하왕(夏王)이라 칭왕(稱王)하며 建元했었다(丁丑, 617–618年. 五鳳 618–621年). 나중에 이세민에게 패전한 뒤, 장안에서 처형되었다.

47 양사도(梁師都, 570–628) – 隋末唐初 지방 할거 정권인 梁國의 군주. 본래 호족 출신. 618년 칭제, 돌궐에 칭신하면서 당조에 저항을 계속했었다.

이연이 무신의 후예로 활을 잘 쏘았다지만, 천하를 차지하는 대업을 꿈꾸고 실행하는 일은 한 사람만의 능력으로는 어려운 일이다. 이연은 서위와 북주를 거쳐 세력을 키워온 가문이었는데, 당의 건국 과정에서 그의 종실로 개국에 기여한 사람들의 면목을 훑어볼 필요가 있다.

종실로서 첫째가는 공신인 이신통〔李神通, 577-630, 이름은 수(壽)자로 통한다(以字行).〕은 고조 이연의 사촌 형제였다. 이연이 기병하고 장안으로 진격하자, 이신통은 우문화급(宇文化及)과 두건덕, 그리고 유흑달(劉黑達) 등을 공격하는데 앞장섰다. 혁혁한 전공을 세웠지만 패전도 했으며, 오만하였지만 그래도 종실로 개국공신의 반열을 지켜냈다.

다음으로 장평왕(長平王) 이숙량〔李叔良, ?-621. 이연 재종(再從, 6촌 형제의 아들)〕인데, 수말의 지방 할거 세력 중 하나인 설거(薛擧)와의 싸움에서 사재를 털어 군사를 모아 경주(涇州)를 지켜냈다. 나중에 이숙량은 돌궐 원정에 참여했다가 전사하였다.

세 번째로, 하간왕 이효공(李孝恭, 591-640)은 고조 이연의 종질(從姪, 사촌 형제의 아들)인데, 당 건립 시기에 파촉(巴蜀) 일대 30여 주를 평정하는 대공을 세웠다. 이어 영남(嶺南) 지역 40여 주를 평정하여 당을 안정시키는 데 큰 공을 세웠다.

그밖에 이도현(李道玄)과 이도종(李道宗)도 종실로 개국공신의 반열에 올랐다.

6) 장안 도읍

 당(唐)의 수도는 장안이고, 부도(副都)는 낙양(洛陽, 동도)이었다. 본거지였던 태원(太原)은 북도(北都)라 하여 칭했다. 황제는 평소에 장안(長安)에 머물지만 흉년이 들거나 국가의 큰 우환이 있으면 부도인 낙양에 자주 행차하거나 머물렀다.

 장안이 자리한 관중(關中) 땅이 비록 옥야(沃野) 8백 리라 하지만,[48] 인구가 조밀하고, 또 관리와 군사가 많아 평소에 식량 공급이 용이하지 않았다. 그래서 하수(河水)와 장안을 연결할 수 있는 운하를 개통하고 원활한 조운(漕運)을 꾀했지만 낙양과는 사정이 많이 달랐다.

 또 관중은 국방의 요지이기에 절충부가 많고, 유사시에는 농민이 동원되어 식량 생산에 어려움이 많았다. 거기에 기후 변화에 따라 흉년이나 수해에 따라 농업 생산의 기복이 많았다. 이에 비하여 낙양은 수나라 때 개통된 대운하를 이용하여 강남의 식량을 장안보다 훨씬 용이하게 공급받는 이점이 있었다. 이는 운송비의 절약이고, 곧 곡물가격의 안정과 직결되었다. 그래서 관중 땅에 흉년이 들면, 황제는 많은 군사와 관리들과 함께 낙양에 행차하

---

48 관중(關中)은 東에 함곡관(函谷關), 西에 대산관(大散關), 南에 武關, 북쪽에는 소관(蕭關)이 있어 4개 關 안의 땅이라 뜻이다. 관중은 토지가 비옥하고 강과 하천이 많으며, 기후가 온난하여 《史記》에서는 관중을 「金城千里」, 「天府之國」 또는 「사색지국(四塞之國)」으로 불렀다.

여 오래도록 머물렀다.

현종 개원 시기 이후로 관중 지역의 농업 발전과 함께 정책적으로 곡물가격 안정을 위한 대책이라 할 수 있는 화적(和糴, 糴은 쌀 사들일 적)[49]이 시행되면서 관중 땅의 식량공급은 상당히 나아졌다.

(2) 현무문의 변

1) 고조의 아들

고조는 적장자(嫡長子)인 이건성(李建成)을 태자로, 차자(次子) 이세민을 진왕(秦王)에, 4자인 이원길(李元吉)을 제왕(齊王)에 봉했다. 당조 건립 이후, 신 왕조에 저항하는 할거 세력을 공격, 파괴하여 당조의 안정에 가장 큰 공을 세운 사람은 진왕 이세민이었다.

고조는 이세민의 공적에 따라 권한을 늘려주었다. 진왕부(秦王府)의 참모와 군사력은 이건성과 이원길의 세력을 압도했는데, 이에 따라 건성과 원길 두 사람은 가까워졌다. 결국 장남과 차남의 불화와 갈등은 자연스러운 결과였다.

---

49 화적법(和糴法) – 곡물의 원활한 공급을 위한 정부 시책. 풍년된 해에 풍년 지역의 저렴한 곡물을 사들여 보관했다가 흉년이 든 해에 방출하여 곡물가격을 안정시키려는 정책. 한 무제 때 처음 시행되었고, 이후 각 시대에 따라 적절하게 운영되었다.

617년, 이연의 기병(起兵)과 수 양제의 손자를 찾아 허수아비 황제(공제恭帝)로 즉위케 한 것이 모두 이세민의 지모였다.

이때 아버지 이연은 '화가위국(化家爲國)'의 큰 꿈을 그리면서 이세민에게 말했다.

"만약 일이 제대로 이루어지면, 그것은 네가 천하를 움켜쥔 것이니 너를 황태자로 삼을 것이다."

그리고 이연이 당왕(唐王)이 되었으니 세자(世子)를 세워야 했고, 이세민은 사양하는 제스츄어를 넘어 굳이 사양하기에 장남 건성을 세자로 세웠다. 618년, 황제가 되어 무덕(武德)으로 개원하니, 건국에 특별한 공적이 없는 장자 이건성은 저절로 황태자가 되었다.

《자치통감(資治通鑑)》의 기록에 의하면, 태자 건성(建成)은 성정이 게으르고 술을 즐기며, 여색을 탐하고 사냥을 좋아하였다. 때문에 고조의 총애(寵愛)를 잃어가는데 비하여, 세민의 공적과 명망은 날로 높아졌다. 건성은 불안 속에 동생 원길을 '즉위 이후에 황태제(皇太弟)로 삼겠다.' 면서 자기편으로 끌어들였다.

그러나 이런 역사 기록은 언제나 승자의 입장에서 기록한다는 것을 염두에 두어야 한다.

돌궐의 침입에 대해 고조 이연은 수도 장안을 버리고 천도하려는 계획을 갖고 있었는데, 이에 대하여 태자는 찬동하는 입장이었지만 이에 이세민은 적극적으로 대처했고 또 공을 세웠다.

이세민이 돌궐과의 전투, 국내 반항 세력의 격파에서 확실한 전공을 거듭 세우게 되자, 이연은 이세민의 벼슬을 높여 사도(司徒, 3公의 1) 위의 천책상장(天策上將)에 임명하였다. 이세민이 천책부를 설치 운영하게 되자 이세민의 권력은 그 어느 누구보다도 막강해진다.

그러면서 이세민을 둘러싼 인재그룹은 건성의 태자당 못지않게 적극적이고 능력이 있는 인물로 채워진다. 거기에다가 이연의 우유부단한 성격도 일조를 하면서 처음에는 정치적인 의견 충돌이 정치적 대결로 확대되고 결국 무력에 의한 해결 방법만이 남게 된다.

황궁 내에서 건성은 황제의 신임을 회복하기 위하여 황제의 비빈이나 후궁들에게 잘 보이려 애를 썼고, 그들이 건성을 칭찬하고 세민을 헐뜯었다는 여러 가지 기록이 있는데, 이에 관한 내용은 여기서 생략한다.

여기에 동생 원길이 건성을 위해 세민을 죽여버리겠다는 뜻을 표시했지만 건성이 만류하였다는 이야기도 있었다. 또 태자당에 속하는 태자중윤(太子中允)인 왕규(王珪)[50]나 태자세마(太子洗馬)인

---

50 왕규〔王珪, 571-639, 字는 숙개(叔玠)〕- 왕규는 어려서 부친을 여의고 숙부의 손에 양육되었다. 숙부가 죄를 짓자, 장안 근처 종남산(終南山)에 숨었다. 수나라 멸망 후 唐朝에 출사하여 世子府 太子舍人 등 역임하며, 李建成의 심복이 되었다. 현무문의 변란 이후,

위징(魏徵)도 건성을 위해 여러 책모를 건의하기도 하였다.

태자 건성은 건장한 장병 2천여 명을 모아 동궁(東宮) 위사(衛士)로 삼아 동궁 주변 장림문(長林門) 밖에 주둔하고 있었는데, 이를 '장림군(長林軍)' 이라 불렀다.

그렇다면 태자 자리를 둘러싼 형제간의 감정적 갈등, 정책적 충돌, 거기에 각자 한번 겨뤄볼만한 무력을 소유하고 있었으니 충돌이 언제 터지느냐는 단순한 시간표상의 문제였고 충돌은 일어날 수밖에 없었다.

2) 고조의 어정쩡한 처사

태자 건성과 진왕 세민과의 갈등과 불화는 아버지 이연도 알고 있었다. 언젠가 한번은 건성이 세민을 불러 동궁부에서 밤에 술을 마셨는데, 술 속에 독약이 들어 세민이 피를 토하고 쓰러졌던 일도 있었다.

아버지 이연은 작은아들의 병세를 직접 확인하고 세민에게 '다같이 장안에 머물면 사고가 일어날 수 있으니, 너는 낙양에 가서 머물면서 낙양 동쪽에서 일어나는 일을 다스리라.' 고 말했다.

세민은 부친 곁을 떠날 수가 없어 아니 가겠다고 말했다. 이를

태종에 등용되어 諫議大夫, 黃門侍郎, 太子右庶子를 역임하였다. 貞觀 2년(628)에 시중(侍中)이 되었다. 《舊唐書》 70권, 〈王珪傳〉에 입전.

알게 된 건성은 세민이 낙양으로 가면 그곳 병력을 장악하여 나중에 눌러잡을 수 없다 생각하여 세민이 낙양으로 옮겨가는 일을 반대하였고 이 일은 그냥 중지되었다.

언젠가 태백성(太白星)이 대낮에 나타났다며 여론이 분분하며 뒤숭숭할 때, 태자당 쪽에서 '이는 세민이 병력을 동원해 큰일을 저지르려는 뜻' 이라는 상주문을 올렸다.

이연은 이를 세민을 불러 보여주며 힐책하였다.

이에 이세민은 결백을 주장하며 '이는 역적 왕세충과 두건덕을 대신하여 그들의 원수를 갚아주려는 것과 같다' 는 말을 하면서 설령 죽더라도 영혼이라도 부친을 지켜드리겠다고 말한다.

그러자 이연은 내일 건성을 불러 확인하겠다는 말을 한다. 그런데 이러한 부자간의 대화를 후궁 중 한 사람이 건성에게 알린다.

이에 건성과 원길은 논쟁 끝에 정말 아버지의 뜻이 그러한지 사전에 궁에 들어가 확인하기로 한다. 그리고 이들이 다음 날 황궁의 현무문을 들어올 때 사건은 간단하게 종결이 된다.

3) 여러 가지 복합 원인

'현무문의 변' 의 원인은 아버지 이연에서 찾아야 한다는 견해도 있다. 당의 건국에 결정적인 공로를 세운 이세민을 당연히 태자로 삼았어야 했는데, 이연이 당왕(唐王)으로서 세자를 세울 때, 이세민이 사양한다 하여 건성을 책봉한 것이 과연 순리이며 현명했느냐를 따져볼 필요가 있다. 고조 이연이 황제가 된 이후에도 분쟁을 예견하고 교통정리를 했어야 했는데, 그러지를 못한 것은 결국 이연의 무능이라 할 수 있다.

그리고 장남 건성(建成)도 자신의 능력이나 공적이 아우만 못하다는 것을 알았다면, 고대 주(周)의 장자였지만 동생에게 자리가 돌아가도록 왕실을 떠나 피신한 오나라의 태백(泰伯)처럼 아버지 곁을 스스로 떠났어야 했었다.

진왕 이세민의 현무문의 변은 결과적으로 이세민의 즉위와 '정관(貞觀)의 치(治)'라는 태평성대를 이룩하였지만 '형제 살육'이라는 나쁜 전례로 길이 남았다.

전체적으로 우유부단한 고조 이연을 가운데에 두고 건성 + 원길의 태자당과 세민을 중심으로 한 진왕당(秦王黨)의 충돌에서 결단성이 부족한 태자가 결국 동생한테 당했다고 볼 수 있다.

4) 골육상잔

당나라 황자(皇子)들의 변란인 '현무문(玄武門)의 변(變)'은 정확하게 무덕(武德) 9년(서기 626) 6월 초나흘 경신일(庚申日, 7월 2일)에 일어났다. 수도 장안성 안에 황궁의 성이 있고, 황궁의 북쪽 정문이 현무문이었다.

진왕(秦王) 이세민은 그의 참모인 방현령(房玄齡, 579–648), 두여회(杜如晦), 그리고 자신의 처남인 장손무기(長孫無忌)와 함께 비밀리에 거사 계획을 확정하고 현무문에서 이건성의 입궁을 기다렸다.

이곳에서 이세민은 친형인 황태자 건성을 직접 활로 쏘아 죽였고, 동생인 제왕(齊王) 이원길(李元吉)은 장군 울지경덕(尉遲敬德)[51]이 쏘았다.

당시 이세민 진왕부의 군사는 태자궁의 군사와 제왕 이원길의 군사에 비하여 열세였다. 때문에 이세민은 사전 준비에 기습공격을 준비했지만, 태자 건성은 참모의 건의를 깊이 받아들이지 않아 준비가 소홀했다. 태자와 이원길의 군사는 태자가 쓰러지자 곧 와해되었다.

---

[51] 울지공(尉遲恭, 585-658년, 尉는 벼슬 위, 다리미 울, 성씨 울. 字는 敬德) - 隋末 唐初의 명장, 울지경덕으로 통한다. 삭주(朔州, 今 山西省 북부 朔州市)人, 唐朝 大將, 능연각(凌煙閣) 24공신 중 한 사람. 시호는 忠武. 전설에서 울지경덕은 숯처럼 검은 얼굴에 쇠 채찍을 휘두르고 오추마(烏騅馬)를 타고 다닌다. 울지경덕과 신경(秦瓊, 秦叔寶)은 당 태종 이세민을 잡귀나 귀신으로부터 보호하는 임무를 수행했다. 李世民은 천하를 차지하는 과정에서 많은 사람들을 죽였다. 그리고 즉위 후 건강이 나빠졌고, 밤에는 악귀들이 온 궁궐 지붕의 기와를 집어던지는 등 소란을 피우는 꿈을 꾸기도 했다.
당 태종은 걱정이 되어 여러 신하들에게 이야기하자, 대장인 진경(秦瓊, 진숙보)과 울지공(울지경덕)이 밤에 황궁 정문을 수위하겠다고 하였다. 그날 밤 이후 아무 일도 없었고 태종도 숙면을 취할 수 있었다. 태종은 크게 기뻐하면서 화공에게 명하여 갑옷에 무장을 갖추고 성난 눈을 크게 뜨고서 당당히 궁문 양쪽을 지키는 두 장수의 모습을 그려 궁문 곳곳에 붙여두게 했다. 이후 모든 잡귀들의 소란이 그쳤으니, 후세에도 이 두 장수는 가정을 지켜주는 문신(門神)으로 자리잡았다고 한다. 또한 울지공은 본래 그 직업이 대장장이(冶鐵匠)였기에 민간신앙에서 대장장이의 수호신이다.

이세민은 형과 동생을 죽인 뒤 이건성과 이원길의 자식까지 모조리 죽였다. 그리고 이원길의 아내를 데려다가 후궁으로 삼았다. 이는 참초제근(斬草除根, 斬은 벨 참)의 뜻이면서, 자신의 지위를 위협할 수 있는 어떠한 후환도 남기지 않겠다는 뜻이었다.

다만 동생의 아내를 데려다가 후궁으로 삼은 처사는 당 황실에 흐르는 유목 민족의 혈통에 따른 풍습을 고려할 때 비난받을만한 일은 아니었다.[52]

이 유혈 사태로 이세민은 황태자가 되었다가 동년 8월 초9 갑자일(9월 4일)에 황제로 즉위하니, 곧 당 태종이다.

5) 형제 살육도 생존 경쟁인가?

도덕군자만이 훌륭한 통치자인가? 정치인은 도덕적으로 완벽한 사람이어야 하는가? 지난 역사에서 훌륭한 군주는 정치적 재

---

52 漢 왕소군(王昭君)의 예 − 흉노 호한야선우(呼韓邪單于, 재위 前 58− 前 31)는 前 51년에 장안에 와서 선우로서는 최초로 전한 선제(宣帝)를 알현한다. 이어 元帝 마지막 해인 경녕(竟寧, 前 33)에도 호한야선우는 장안에 와서 和親하고 王昭君(왕소군)을 아내로 맞이한다. 호한야선우가 죽자, 왕소군은 그들 흉노의 관습에 따라 아들 복주루선우의 아내가 되어 딸 須卜居次(수복거차, 수복은 남편 성씨. 居次는 公主)와 當于居次(당우거차)를 낳았다. 유목 민족이 아버지의 후처를 아들이 데려다가 아내로 삼는 것은 그들의 풍습이었다. 〈匈奴傳〉 참고.

능을 발휘했다고 보아야지 그들이 도덕군자였다고 단정할 수는 없을 것이다.

    태종은 형과 아우를 죽였기에 즉위할 수 있었다. 같은 어머니 뱃속에서 나온 친형제였다. 그렇게 형제를 죽이고 아버지에게 유언무언의 압력을 넣어 황제 자리를 물려받았다. 보통 서민의 통념으로는 도저히 할 수 없는 일을 태종은 해냈다.

    이세민이 동생 원길(元吉)을 죽인 것은 권력을 둘러싼 투쟁이기에 그렇다 치지만, 필자가 정말로 이해를 못하는 것은 동생 원길의 처 양씨(楊氏)를 후궁으로 데리고 살았다는 사실이다. 원길의 처는 궁중에서 '소날왕비(巢剌王妃)'로 불리면서 이세민의 사랑을 받았고, 태종의 황후 문덕황후가 죽은 이후에 유일하게 皇子를 낳은 후궁이었다.

    이는 유가의 도덕관념으로서는 도저히 받아들일 수 없는 패륜이지만, 유목 민족의 관습으로 동생의 아내를 데려다가 같이 살면서 보살펴주는 것은 당연했는지도 모를 일이다.

6) 이건성의 실패 원인

    이연이 기병한 이후 장남 이건성과 차남 이세민은 모두 군공을 세웠다. 당이 건국되고, 이건성은 태자로 책봉되었다. 태자로 책봉된 이후 군사를 거느리고 지방 세력을 공략하는 기회는 적어졌지만, 문재(文才)와 무략(武略) 면에서 이건성은 동생 이세민에 비하여 부족한 점이 많았다. 이세민은 지방의 할거 세력을 평정하면서 나날이 그 위망(威望)이 높아졌고 군권 장악과 함께 자신의 세력을 키워나갔다.

이세민의 이러한 성장은 이건성에게 '동생이 태자 자리를 넘볼 수도 있다'는 강한 의구심을 품게 하였다. 결국 이건성은 넷째인 이원길과 연합을 생각했다.

물론 이세민에 비하여 경박하고 능력도 떨어진 이원길은 이세민을 질투하면서 이건성에 의존하게 된다. 이건성과 이원길은 서로의 필요에서 결탁하였는데, 여기에는 질시와 질투의 감정이 공통분모가 되었다. 결국 합심했지만 2인의 재력(才力)은 이세민보다 못했다.

현무문의 변이 일어나기 전 장안에 뿌리를 둔 천책부(天策府) 이세민의 군사력은 태자가 동원할 수 있고, 또 거기에 합세한 이원길의 군사력만 못했다.

실제로 현무문에서 이건성이 쓰러진 이후에 진행된 전투에서 이세민의 군사들은 이건성의 군사에게 곳곳에서 패되하였다. 그러나 이건성의 전사가 알려진 뒤에 태자부의 군사는 급속히 저절로 와해되었다. 마치 짐승의 무리가 달아나고, 새떼가 날아 흩어지듯 장수를 잃은 무리들은 아무런 힘을 쓸 수 없었다.

그리고 또 하나의 중대한 원인은 이건성이 아랫사람들의 건의를 받아들이지 않았고, 또 부정확한 정보를 믿고 있었다는 점이다.

사후에 위징(魏徵)은 이세민 앞에 끌려나와 말했다.

"태자가 나의 건의를 받아들였으면 오늘의 이런 일은 없었을 것입니다."

현무문의 변이 일어나기 전날 밤, 궁중의 장첩여(張婕妤)라는 후궁이 이건성과 이원길에게 이세민의 거사 계획을 알고 귀뜸하였지만 이건성은 아무런 조치를 취하지 않았다.

그리고 또 한 가지 이원길은 현무문의 변이 일어나는 당일 약속된 시간에 군사 출동이 늦었는데, 이는 이원길의 눈치보기였다는 주장이 있다. 또 현무문을 관할하는 장수가 이원길 측 장수였는데, 그가 이원길에게 보고하는 내용을 이원길이 신뢰하지 않았다는 점도 패인의 하나였다. 결국 이원길은 인품과 능력 모두 소인이라서 대인과의 대결에서 패퇴한 것이다.

5. 정관의 치

(1) 당의 전성기

1) 천책상장부

진왕(秦王) 이세민은 개국과 개국 이후 지방 세력의 평정 등 그 공적이 너무 크기에 고조는 그에 걸맞는 직위로 그 공적을 표창해야만 했다. 이에 다른 어느 왕공보다도 더 윗자리라 할 수 있는 전책상장(天策上將)이라는 직함을 제정 수여하였다. 그리고 이 천책상장은 명예직이거나 허함(虛銜)이 아닌 실질적인 권력자의 명칭이었다.

진왕 이세민은 천책상장으로 나라에서 주관해야 하는 모든 정벌(國之征伐)을 지휘하였고, 그 업무 집행부서를 천책상장부라 호칭하며, 나라의 어느 행정조직보다도 강력한 조직체에, 많은 속관을 거느렸다. 사실상 고조 이연의 국가 권력에 결코 뒤지지 않는 권력조직을 운영했다.

천책상장의 주된 임무는 전국에서 진행되는 각종 정벌(征伐)의 효과적인 추진이었다. 이를 위하여, 장사(長史), 사마(司馬), 종사중랑(從事中郞), 군자제주(軍諮祭酒), 전첨(典簽), 주부(主簿), 제조참군(諸曹參軍) 등의 속관을 거느렸다.

장사, 사마, 종사중랑 등은 천책상장부 운영을 총괄하는 부서로 참모진의 수뇌라 할 수 있고, 각 방면의 정벌을 기획하고 업무를 조율하였다. 군자제주는 작전참모라 할 수 있고, 전첨(典簽)은 인재 발탁, 주부(主簿)는 문서관리, 제조참군 중 공조참군은 상벌과 인사관리, 창조참군은 군량과 급식, 병조참군은 병력관리와 동원, 사조(士曹)참군은 공병(工兵)참모이고 군영 내 형옥(刑獄)을 담당하였다.

이런 천책상장부는 진왕이 현무문의 변 이후에 이연의 내선(內禪)을 받아 제위에 오르는 정관 원년(627)에 폐지되었다.

2) 태종 즉위

626년 현무문의 변이 진정되자, 고조는 이세민을 세워 태자로 삼았고, 군국기무(軍國機務)에 관한 일을 태자에게 모두 위임하며, 정사를 처리한 뒤에 아뢰도록 하였다.

고조는 이세민이 매사에 어진 정치를 베풀고 행동거지가 도리에 딱 맞으며, 또 여러 신료들이 저마다 충성으로 섬기기에 곧 태자에게 선양(禪讓, 內禪)하였다. 무덕(武德) 9년 8월에, 진왕 이세민은 동궁 현덕전(顯德殿)에서 즉위하였다(당 태종, 재위 626-649).

태종은 부황(父皇)을 태상황(太上皇)으로 받들었고, 다음 해를 정관(貞觀) 원년(元年, 627)으로 개원하겠다고 공포하였다(정관 원년-23년, 627-649). 그리고 왕비 장손(長孫)씨를 황후[53]로 책봉하였다. 그리고 아들 승건(承乾)[54]을 황태자로 책봉하며 정령(政令)을 일신(一新)하였다.

---

53 장손황후(長孫皇后, 601-636년 7월, 長孫은 복성) - 河南郡 洛陽縣 출신. 太宗 李世民 皇后. 병사 후에 시호는 文德皇后. 태종의 모친은 태목황후(太穆皇后) 두씨(竇氏)이다.

54 황태자 이승건(李承乾, 619-645년 1月. 향년 27세) - 정관 17년(643)에 태자를 폐하고 이치(李治)를 皇太子에 봉했다. 이는 태종의 실책으로 평가된다.
魏王 이태(李泰, 620-652년)는 향년 33세.
高宗 이치(李治, 처음에는 晉王, 628-683年)는 향년 56세. 재위 649-683년.

죽은 태자 이건성을 식은왕(息隱王)으로, 제왕(齊王) 원길을 해릉날왕(海陵剌王)으로 추봉했다. 그러나 이건성의 아들은 모두 현무문 변란에 피살되어 절손(絶孫)되었다.

3) 장손황후의 도움

장손황후(長孫皇后, 601-636)는 하남 낙양 출신인데, 북위(北魏) 탁발씨(拓跋氏)의 후예이다. 그 부친 장손성(長孫晟)은 수나라 우효위장군(右驍衛將軍)이었으나 일찍 죽었다.

때문에 장손황후와 그 오빠인 장손무기(長孫無忌)는 외삼촌인 고사렴(高士廉)[55]의 보살핌을 받으며 성장하였다. 장손씨는 어려서부터 호학했고, 고전을 읽어 사리에 통달했으며, 대의(大義)에 밝았고, 멀리 내다보는 식견이 탁월했다. 13살에 이세민과 결혼하였다.

장손씨는 현무문의 변이 일어나기 전에 고조의 여러 비빈을 상대로 우호관계를 유지하면서 태종에 대한 좋은 말이 나올 수 있도록 적극적으로 활동했다.

그러면서도 태종과 함께 사전 계획을 논의했는데, 장손무기와 울지경덕(尉遲敬德)이 태종에게 적극 협조토록 유도했다. 태종도 현무문의 변 이후에 장손황후를 '훌륭한 내조자(내량좌內良佐)'

---

[55] 고사렴(高士廉, 575-647, 名은 검(儉), 字는 士廉, 以字 行)－唐代 開國 功臣, 北齊 淸河王 고악(高岳)의 손자.

라고 칭찬하였다. 태종은 장손황후의 의견을 잘 따라주었는데, 장손황후는 태종에게 충언을 올리면서도 깍듯한 예를 지켰기에 태종이 거절할 수가 없었다고 한다.

한번은 태종과 장손황후의 소생인 장락공주(長樂公主)의 혼사에 예물을 충분히 보내는 것을 두고 조회에서 논의가 있었다. 태종은 조회를 마친 뒤 얼굴이 벌겋게 상기되어 내전으로 돌아오며 중얼거렸다.

"나의 딸의 출가는 선제의 딸 출가와 같지 않아. 그 당시보다 지금은 나라의 형편이 좋아! 내가 다음에는 그 늙은이를 꼭 죽여 버리겠다."

이를 본 장손황후가 물었다.

"누가 폐하의 심기를 건드리셨습니까?"

"위징이 조회 때마다 나를 모욕합니다."

황후는 잠시 뒤, 황후의 정복을 입고 나와 태종에게 절을 올렸다. 태종이 깜짝 놀라 까닭을 물었다.

황후가 말했다.

"제가 듣기로는, 주군이 명철하면 신하가 곧바르다고(直) 하였습니다. 충언은 귀에 거슬리나 행실에는 이롭다(忠言逆耳利於行)고 하였습니다. 지금 위징이 바른말을 한다는 것은 폐하께서 영명하시기 때문입니다. 제가 어찌 경축하지 않을 수 있겠습니까?"

이는 정관 6년(632)의 일이었다.

한번은 개국 원로인 방현령에게 작은 과오가 있어 태종은 사직(辭職)하고 귀가하라고 명령했다.

이에 장손황후가 태종에게 말했다.

"방현령은 오랫동안 폐하를 섬기면서 여러 번 기계밀모(奇計密謀)로 사직을 위해 큰 공을 세웠습니다. 그분이 큰 과오를 저지른 것도 아닌데, 어찌 가벼히 방축하실 수 있습니까?"

태종은 자신의 충동적인 행동을 후회하며 바로 방현령을 입조케 하였다.

장손황후는 태종에게 선언규간(善言規諫)을 올릴 뿐 정사에는 전혀 관여하지 않았으며, 다른 친족의 궁궐 출입을 적극 차단하였다.

장손황후는 후궁이나 비빈, 궁인들의 행실을 바로잡기 위한 《여칙(女則)》 10편(篇)을 저술했다지만, 전해오지 않는다.

장손황후는 중국 역사상 훌륭한 황후의 한 사람이었지만 불행히도 37세라는 아까운 나이에 별세했는데, 유언으로 태종에게 말했다.

"친군자(親君子)하시고, 원소인(遠小人)하십시오. 납충간(納忠諫)에 거참언(去讒言)하셔야 하며, 백성의 노역을 경감하고 순수(巡狩)를 줄여야 합니다."

사후 시호는 문덕황후(文德皇后)이다.

4) 정관지치의 바탕

당 태종의 선정과 그에 따른 태평성세를 연호에 따라 정관(貞觀)의 치(治)라 부른다.

사서(史書)의 기록에 의하면, 정관지치(貞觀之治) 기간에,「해내(海內)는 승평(升平)하고, 길에 떨어진 물건도 주워갖지 않으며(路不拾遺), 대문을 닫지 않았고(外戶不閉), 장사꾼은 들판에서 잠을 자도 괜찮았다(商旅野宿).」고 기록하였다. 그리고 정치는 청명했고, 경제는 발전했으며, 나라 안이 두루 평온하고 발전하였다.

태종의 이러한 정치가 성공한 이유로는

첫째, 수 양제가 간언을 받아들이지 않고 거짓을 꾸며대고, 자신의 고집대로 정치를 한 결과를 태종은 직접 목도하였다.

때문에 태종은 위징(魏徵)에게 "양쪽의 말을 들어보면 명철하지만〔兼聽則明(겸청즉명)〕, 한쪽 말만 믿으면 우매해진다〔偏信則暗(편신즉암)〕."라고 말했다.

둘째, 태종은 '정사의 요체는 오직 인재 얻기에 달렸다(爲政之要, 惟在得人).'라는 사실을 태종은 잘 알고 있었다.

셋째, 고조 때 시행한〈무덕률(武德律) / 律은 형법〉의 기초 위에〈정관률(貞觀律)〉을 제정했고, 그 외에〈령(令)〉과〈격(格)〉, 그리고 시행령인〈식(式)〉을 정비하여 법치주의의 원칙을 지켜나갔다.

넷째, 백성의 부역을 가벼이 징수하고, 농시(農時)를 빼앗지 않았으며, 수리사업을 일으키고, 호구(戶口)를 증식(增息)하며 생산을 늘려 경제발전을 이룩하였다.

태종은 이런 바탕을 기본으로 정관의 치를 이룩하였다.

5) 태종의 선정

태종은 즉위 이후 무치(武治)에서 문치(文治)로 재빨리 또 성공적으로 전환한다. 태종은 "난세(亂世)에는 무력으로, 치세(治世)에는 문치(文治)를 해야 하니, 이는 상황에 따라 달라야 한다."고 말했다. 18학사(學士)의 등용이나 홍문관(弘文館)의 설치와 20만 권의 전적(典籍) 수집 등은 태종 문치정책의 상징이라고 볼 수 있다.

그 문치정책의 첫 번째 과제는 모든 신하와 백성에게 언로(言路)를 넓게 열어주는 일이었다(廣開言路). 이는 누구나 할 말을 할 수 있는 분위기의 조성이다. 사실 언로가 열리거나 닫히기는 황제가 하기 나름이었다. 언로가 열려 있지만 그렇게 들어오는 직간(直諫)을 황제가 받아들이지 않는다면 언로는 저절로 닫히게 된다. 바른말을 들을 줄 알았기에 언로가 열렸고, 열린 언로가 있어 황제는 시행착오를 겪지 않고 중국 역사상 가장 훌륭했다는 '정관의 치'를 이룰 수 있었다.

태종은 즉위한 뒤에 균전제(均田制)를 강력히 추진하여 농업생산을 크게 증가시켰다. 아울러 조세 제도로 조용조(租,庸,調) 세법을 시행하여 백성의 부담을 경감하여 민생의 안정을 이룩하였다.

정치적으로 3성 6부제를 시행하면서 중서성(中書省)과 문하성(門下省) 및 상서성(尙書省)의 직능과 업무를 명확히 구분하였고,

삼성의 수장을 모두 재상(宰相)으로 인정하였다.

태종은 과거제의 정기적 시행으로 우수 인재 등용의 길을 넓혔다.

군사와 외교적 치적으로 돌궐과 강화(講和)하면서 그 세력을 꺾어 당나라 서북 변방을 안정시키면서 당나라의 국위를 사방에 떨쳤다. 그리하여 서북 이민족의 총 지배자라는 뜻의 천가한(天可汗)의 칭호로 불렸다. 그리고 문성공주(文成公主)를 토번(吐蕃)에 출가시켜 중국문화를 티베트 지역에 전파하면서 변방의 안정을 꾀했다.[56]

태종은 이치(吏治)에도 주력하여 불필요한 관원을 크게 정리하였다. 또한 인재를 중시하여 이전의 경력을 불문하고 유능 인재를 발탁 중용하였다. 그래서 방현령(房玄齡)이나 위징(魏徵), 장손무기(長孫無忌) 등 현신(賢臣)을 등용하여 정무를 주관케 하였으며 여러 신하의 직간(直諫)을 권장하였다.

이에 따라 정관 연간(627-649)에 국력이 크게 신장 발전되니, 이를 태종의 연호를 따라 정관지치(貞觀之治)라 부른다. 이는 뒷

---

56 吐蕃(토번)은 청장고원(青藏高原, Tibet)의 왕국으로 Lhasa(랏사)를 중심으로 그 일대를 지배하였다. 당과 우호관계가 성립되며 그 왕인 송찬간포(松贊干布)가 정관 8年(634年) 唐과 修好하고 12년(638)에 당나라에 청혼하자, 정관 15년에 태종은 조카 딸 文成公主를 출가시켰다. 文成公主는 농작물의 씨앗과 과일, 약재, 누에 종자를 가져갔으며 여러 기술자를 데리고 가서 티베트 문화발전에 크게 기여했다.

날 고종(高宗)의 영휘지치(永徽之治)와 무측천(武則天)의 정관유풍(貞觀遺風)과 당 현종의 개원성제(開元盛世, 開元之治)의 본보기가 되었다.

수나라 양제의 폐정(弊政)과 민생 도탄(塗炭)이 이어졌고, 당이 건국된 뒤에도 농민 봉기세력의 진압 등 여러 가지 영향으로 태종 즉위 초, 곧 정관(貞觀) 2년(628)에 백성은 290만 호 정도였다. 그러나 태종 재위 23년간의 선정과 여민휴식(與民休息)으로 경

방현령(房玄齡, 570 648) 〈출처: 위키백과〉

제 회복과 사회 안정을 이룩하여 고종(高宗, 재위 649-683) 즉위 초 영휘(永徽, 650-655, 고종의 첫 연호) 3년(652)에, 민호는 380만 호로 크게 증가하였다.

제2부 당(唐)의 건국과 융성 *137*

6) 능연각의 공신

정관 17년에, 정공(鄭公) 위징(魏徵)이 죽었다.

태종은 "사람은 구리로 거울을 만들어(以銅爲鏡) 의관을 바로 한다(可正衣冠). 옛일을 거울로 삼아(以古爲鏡) 흥망을 알 수 있으며〔可見興替(가견흥체)〕, 사람을 거울로 삼아(以人爲鏡) 잘잘못을 알 수 있다(可知得失). 지금 위징이 죽었으니, 나는 거울을 잃었도다〔徵沒朕亡一鏡矣(징몰짐망일경의)〕!"

위징의 장례에 태종은 몸소 비문을 지었다.

태종은 자신과 함께 당조(唐朝)를 창업(創業)하고, 수성(守成)을 같이 했던 공신 24명의 초상화를 그려 능연각(凌煙閣)에 보관하게 하였다.

능연은 능운(凌雲, 凌은 능가할 능)과 같다. 곧 구름 위로 높이 솟아오른, 공적이 크고 명성이 높다는 뜻이다. 능연각은 장안성 태극궁 서남 삼청전 곁에 있는 3층의 작은 누각이었다.

태종은 공신들이 늙어 죽는 것을 슬퍼하며, 그들의 모습과 공적을 기억하고자 정관 17년(643)에 당시 화가 염입본(閻立本, 601-673)을 시켜 초상화를 그리게 했다. 염입본은 태종을 보필했던 〈진부십팔학사(秦府十八學士)〉와 〈고제왕도(古帝王圖)〉 등을 남겼다.

능운각 공신 24명의 생애와 치적은, 곧 당조의 창업과 수성의 모습이다.

이들의 생애를 도표로 만들면 다음과 같다.

功臣 姓名	생몰년	사 망	당시 직책. 기타
장손무기 (長孫無忌)	594-659	고종(655), 모반 혐의 유배. 자결. 66세.	司徒, 趙國公, 太宗 장손황후 친정오빠.
이효공 (李孝恭)	591-640	정관 14(640), 병사, 50세.	司空, 揚州都督, 河間元王.
두여회 (杜如晦)	585-630	정관 4(630), 병사, 46세.	故司空, 萊國成公.
위징(魏徵)	580-643	정관 17(643), 병사, 64세.	故司空, 相州都督, 太子太師, 鄭國文貞公.
방현령 (房玄齡)	579-648	정관 14(640), 병사, 50세.	司空, 梁國公.
고사렴 (高士廉)	575-647	정관 21(647), 병사, 73세.	장손무기의 외삼촌, 開府儀同三司, 尙書右僕射, 申國公.
울지공 (尉遲恭)	585-658	고종 현경(顯慶 3, 658), 병사, 74세.	開府儀同三司, 鄂國公.
이정(李靖)	571-649	정관 23(649), 병사, 79세.	特進, 衛國公.
소우(蕭瑀)	575-648	정관 22(648), 병사, 74세.	特進, 宋國公.
단지현 (段志玄)	598-642	정관 16(642), 병사, 45세.	故輔國大將軍, 揚州都督, 褒 忠壯公.
유홍기 (劉弘基)	582-650	고종 영휘(永徽) 원년(650), 병사, 69세.	輔國大將軍, 기국공(夔國公).
굴돌통 (屈突通)[57]	557-628	정관 2(628), 병사, 72세.	故尙書左僕射, 蔣忠公.
은개산 (殷開山)	570-622	高祖武德 6(622), 병사, 53세.	故陝東道行台右僕射, 鄖節公.
시소 (柴紹)[58]	588-638	정관 12(638), 병사, 51세.	故荊州都督, 譙襄公, 고조의 사위.

---

57 굴돌통(屈突通, 557-628) - 屈突은 복성. 鮮卑族 출신. 수나라 장군으로 맹활약. 당에 귀순한 뒤 혁혁한 武功.

58 시소(柴紹, ?-638) - 李淵의 딸 平陽公主(李世民의 누나)와 결혼. 혁혁한 武功 세움.

장손순덕 (長孫順德)	565-631	정관 5년(631), 병사.	叛臣 李孝常 交通, 免官, 長孫 황후의 族叔.
장량(張亮)	569-646	정관 22 (646), 長安 西市 참수.	洛州都督, 鄖國公.
후군집 (侯君集)	573-643	정관 17(643), 太子承 乾 謀反 연관, 참수.	光祿大夫, 吏部尙書, 陳國公.
장공근 (張公謹)	594-632	정관 6(632), 병사, 39세.	故左驍衛大將軍, 郯襄公.
정지절 (程知節)59	589-665	麟德 2년(665),병사, 77세.	左領軍大將軍, 盧國公.
우세남 (虞世南)	558-638	정관 12(638),병사, 81세.	故禮部尙書, 永興文懿公.
유정회 (劉政會)	569-635	정관 9(635), 병사, 76세.	故戶部尙書, 渝襄公(투양공).
당검(唐儉)	579-656	顯慶元 (656), 병사, 78세.	光祿大夫, 戶部尙書, 莒國公.
이적(李勣)	594-669	總章 2(669), 병사, 76세.	孫徐敬業反, 發動起事, 被 族誅, 李勣也被剖棺戮屍.
진경 (秦瓊)60	571-638	정관 12(638), 병사, 67세.	故徐州都督, 胡壯.

59 정지절(程知節, 589-665, 字는 義貞) - 태종을 섬긴 개국공신, 능연각(凌煙閣) 24공신의 한 사람. 대부분 백성이 정교금(程咬金)으로 호칭했다. 민간신앙에서는 福將으로 알려졌다. 淸 저인확(褚人穫)이 지은 소설 《隋唐演義》에서는 단순 무식에 성질도 급하며 큰 도끼를 휘두르는 장수로 그려졌다.

60 진경(秦瓊, 571-638년, 字는 叔寶) - 齊州 歷城(今 山東省 중북부 濟南市, 歷城區) 사람. 唐朝 開國 공신. 무장. 현무문의 변에도 참여. 凌煙閣(능연각) 24공신의 한 사람. 尉遲敬德(울지경덕)과 함께 중국 민간신앙에서 門神으로 숭배된다. 淸 저인확(褚人穫)이 지은 소설 《수당연의》의 주인공. 초반에 역경을 겪지만 효자이며 충신이었다. 어려서 부친을 일찍 여의었으나 모친은 백수(百壽)를 넘겼고,

7) 납간과 임현

○ 위징(魏徵)의 간언

태종에게 직간을 서슴지 않았던 인물로, 위징(魏徵, 580–643)[61]을 꼽을 수 있다. 위징은 동궁부(東宮府)의 관속으로 태자 건성(建成)을 섬겼는데, 이건성에게 이세민을 제거하라고 자주 건의했었다. 현무문 사건 이후 이세민이 위징을 불러 형제간을 이간하였다고 꾸짖자, 위징은 행동거지는 태연하였고, 대답을 하면서도

자손 모두 효자였으며, 진숙보의 현손(玄孫, 손자의 손자)까지 소설에 등장하여 현종과 숙종(재위 756–763)까지 섬기는 重臣이다.

61 위징(魏徵, 580–643년, 字는 玄成) – 조적(祖籍)에 관해서는 여러 주장이 있다. 위징은 소년시절에 부친을 일찍 여의고 빈곤하였으나, 실의 속에서도 생업에 종사하지는 않고 많은 책을 읽었다. 한때 道士가 되어 大志를 숨기고 은거했었다. 천하가 혼란한 수나라 말기 와강군(瓦崗軍)에 들어가 작은 우두머리인 원보장(元寶藏)의 서기가 되었다. 와강군의 우두머리인 이밀(李密)은 위징의 능력을 인정했다. 나중에 와강군이 무너지면서 위징은 唐에 귀부하였다. 처음에는 태자 이건성(李建成)을 섬겼다. 현무문의 정변(玄武門之變) 후에 제위에 오른 이세민(李世民, 太宗)은 강직한 위징을 간의대부로 발탁하였다. 위징은 이후, 좌광록대부(左光祿大夫), 비서감(秘書監), 시중(侍中) 등을 역임하였고, 정국공(鄭國公)에 봉해졌다. 시호는 문정(文貞)이다. 당 태종에 대한 직간(直諫)으로 유명했다. 《수서(隋書)》의 서론(序論), 《양서(梁書)》, 《진서(陳書)》, 《제서(齊書)》의 총론 등을 저술했다. 그의 언론은 《정관정요(貞觀政要)》에 많이 보인다. 그중에서도 〈간태종십사소(諫太宗十思疏)〉가 잘 알려졌다.

굽히지 않았기에 세민은 그를 예우하였다.

건성이 현무문에서 죽은 뒤, 태종은 위징의 강직한 성품을 알고서 바른말을 하라는 뜻으로 간의대부(諫議大夫)로 임명했다. 왕규(王珪) 또한 이건성을 위해 일을 했었는데, 태종은 두 사람을 간의대부(諫議大夫)로 삼았다.

언젠가 태종이 정말 좋은 사냥매를 얻었다. 태종은 수시로 이 사냥매를 데리고 놀았다. 그런데 갑자기 위징이 나타나자, 태종은 위징의 바른말을 듣기 싫어 사냥매를 얼른 품속에 집어넣었다. 위징은 태종에게 성현들의 이런 저런 이야기로 시간을 끌었다. 태종은 품속의 매가 숨이 막혀 죽을까 걱정이 되었지만 어쩔 수가 없었다. 한참 뒤 위징이 떠나고 품에서 사냥매를 꺼내보니 이미 죽은 뒤였다.

위징은 이후 비서성 책임자인 비서감(秘書監)과 문하시중(門下侍中)을 역임했는데, 죽을 때까지 태종의 심기를 건드리는 직간이 2백여 회였다고 전한다. 위징이 올리는 간언을 받아들일 수 있는, 곧 납간(納諫)할 수 있는 태종이었기에 위징의 간언이 가능했을 것이다.

본래 주군은 신하를 예(禮)로 상대해야 하고(君使臣以禮), 신하는 주군을 충성으로 받들어야 한다(臣事君以忠). 그래서 위징은 자신의 충간을 받아들이는 태종을 명주(明主)로 생각했고, 태종은 자신에게 충언을 아끼지 않는 위징을 명신(名臣)으로 우대하였다.

정관 17년(서기 643) 정월에, 위징이 죽었다. 태종은 심하게 서러워했고 그 비문을 직접 썼다고 한다. 중국 역사상 최고의 치세라고 하는 정관(貞觀)의 치(治)는 이처럼 바른말을 직간할 수 있는 신하와 그러한 바른말을 수용할 수 있는 황제가 있었기에 가능했었다.

○ 인재 등용 – 장점만을 취하는 것

태종의 정관의 치가 모범적이었다는 근거는 언로(言路)를 열어놓기에 이어 인재 등용에서 찾아야 한다.

태종의 인재 등용은 성공적이었다. 예를 들어 본다면, 어느 시대이든 천재는 있었다. 다만 그 천재가 천재성을 살릴 수 있는 기회가 주어졌느냐? 아니냐에 따라 천재가 존재했거나 죽었을 뿐이다. 어째서 당 태종 그 시절에만 훌륭한 재상감이나 인재들이 많았겠는가?

어느 시대인들 글씨 잘 쓰는 사람은 있었다. 그러나 태종이 서도(書道)에 관심을 갖고 인재를 찾고 키웠기에 그 시절에 뛰어난 명필이 줄줄이 나왔나.

위징은 태자 이건성의 막료(幕僚)로 '진왕 세민(世民)을 제거하라'고 여러 번 건의했었다.

건성이 죽은 뒤, 이세민 앞에 잡혀온 위징은 당당했다.

"그때 태자가 내 말을 받아들였으면 오늘의 이런 일은 없었을 것입니다!"

이 얼마나 당당한 사나이인가? 보통 사람이라면 위징을 당장 죽였을 것이다. 그러나 이세민은 위징을 살려주었을 뿐만 아니라 오히려 신임했다.

태종의 중신(重臣) 중에는 양제(煬帝)를 섬긴 사람, 태자 건성을 섬긴 관료는 물론 반란의 수괴인 왕세충(王世充) 장군도 있었고, 당나라에 저항하는 봉기를 일으킨 장군도 있었다. 태종이 그들을 모두 받아들인 것은 인재란 각각 뛰어나고 잘하는 영역이 있기 때문이었다. 마치 칼은 날카롭기에 무기로 쓰고, 바퀴는 둥글기에 수레에 쓰이는 것과 마찬가지였다.

연못 물을 다 퍼내면 당장은 많은 물고기를 잡을 수 있지만 후년에는 물고기가 없으며, 숲을 불질러 사냥을 한다면 이번에 짐승을 많이 사냥하겠지만 다음 해에는 짐승의 씨가 없을 것이다.

내 편이 아니라서 모두를 제거하거나 죽인다면 이후 내 편이 될 인재가 없을 것이다.

나라의 흥망(興亡)은 축적(蓄積)의 다소에 있지 않고 오직 인재 등용에 달렸으며, 등용한 사람은 의심하지 않고(用人不疑), 미덥지 않은 사람은 등용하지 않는다〔疑人不用(의인불용)〕는 분명한 진리를 태종은 누구보다도 잘 알고 있었다.

  ㅇ 과거제 – 공정한 인재 등용

태종은 수(隋)에서 시작한 과거제도를 보다 확충하는 정책을 폈다. 과거제도는 문벌에 의한 인재 등용이 아니라 학식과 능력에 의한 인재 등용이며, 인재의 폭을 그만큼 넓히는 효과가 있었다. 곧 중소 지주 계층에게 정치 참여의 기회를 확대해 준 것이었다.

당 왕조에 369명의 재상이 있었는데, 그중 절대다수가 과거를 통해 등용된 사람이었다고 한다. 그렇다면 중, 고급 관료나 지방관을 포함한다면 과거 합격자가 당의 정치를 이끌었다고 말할 수 있다. 당 태종의 인재 등용은 우선 그 문호를 넓혔다는 점과 지난날을 따지지도 묻지도 않았으며, 오늘의 그가 무엇을 할 수 있는가를 고려하여 채용하는 인재 등용이었다. 같은 물건이라도 누가 쓰느냐에 따라 활용도는 엄청난 차이가 있다. 컴퓨터를 가지고 게임만을 하느냐, 아니면 유익한 정보를 얻을 수 있는 도구로 활용하느냐는 사용하는 사람에게 달렸다. 인재의 특성에 맞게 인재를 활용하는 것은 당 태종 시절이나 현대의 경영에서나 똑같이 중요하다.

○ 《정관정요》

이상 몇 가지 사례는 태종의 신하 사랑, 곧 인재를 소중히 대우하는 태종의 일면을 보여준다. 태종의 모범적 군주정(郡主政)을 기록한 책이 《정관정요(貞觀政要)》이다.

《정관정요》는 정론(政論)을 모은 역사문헌으로, 역사학자인 오긍(吳兢, 670-749)이 편찬하였는데, 총 10권 40편이다. 사고전서

(四庫全書)에는 사부(史部) 잡사류(雜史類)로 분류되었다.

《정관정요》는 군신의 대담(對談) 형식으로 이뤄졌는데, 태종 측근인 위징(魏徵), 왕규(王珪), 방현령(房玄齡), 두여회(杜如晦), 우세남(虞世南), 저수량(褚遂良), 온언박(溫彦博), 마주(馬周), 대주(戴冑), 공영달(孔穎達), 잠문본(岑文本), 요사렴(姚思廉) 등 45인의 정론을 수록하였고 경험을 기록하였다. 이 책에서는 태종에게 간언을 잘했던 위징이 중요한 인물이다.

○ 방현령의 능력

방현령(房玄齡)[62]은 당나라 초기의 명재상이었다. 경사(經史)를 박람(博覽)하였고, 서법(書法)의 대가였으며 문장도 뛰어났다. 지금의 산동성 제남(濟南) 출신으로, 18세에 관직에 나가 진왕 이세민을 섬기기 시작한 이래 진왕의 참모로 역할을 다했다.

626년, 현무문의 변 때 방현령과 두여회(杜如晦), 장손무기(長孫無忌), 울지경덕(尉遲敬德. 尉 성씨 울), 후군집(侯君集) 5인의 공적이 제일이었다. 태종 즉위 후에 재상급인 중서령이 되었다가 636년에 양국공(梁國公)에 봉해졌고, 정관 16년(642년)에 사공(司空)이

---

[62] 방현령(房玄齡, 579-648. 名은 喬) - 玄齡은 그의 字. 지금의 산동성 濟南(제남) 출신으로, 18세에 관직에 나가 秦王 李世民을 섬기기 시작한 이래 진왕의 참모로 역할을 다했다. 방현령(房玄齡), 위징(魏徵), 두여회(杜如晦), 왕규(王珪, 570-639)를 唐初 四大名相이라 꼽는다.

되었다.

　방현령은 기획과 일의 구상에는 뛰어났으나 약간 우유부단하여 쉽게 결단을 내리지 못하고, 꼭 두여회를 불러 같이 논의하고 결정을 보았다. 그래서 당시 사람들이 '방모두단(房謀杜斷)'이라 하였다. 그 자신이 부지런했고 모든 사람들에게 똑같이 잘 대해주었으며, 특히 행정업무에 밝았다고 한다.

　정관 22년(648), 사공(司空)인 양공(梁公) 방현령이 죽었다. 태종은 슬픔을 이기지 못했다. 방현령은 태종을 도와 천하를 평정케 했고, 죽을 때까지 재상의 자리를 포함하여 32년을 근무하여 현명한 재상이라 불렸으나 특별히 볼만한 업적은 없었다.

　태종이 각종 화란(禍亂)을 평정할 때 방현령과 두여회(杜如晦)[63]는 자신의 공을 말하지 않았으며, 왕규(王珪, 570–639)와 위징이 간쟁을 잘할 때 방현령과 두여회는 그들에게 현명하다는 칭송을 양보하였으며, 이세적(李世勣)[64]과 이정(李靖)[65]이 용병(用兵)을 잘

63　두여회(杜如晦, 585–630년, 字는 克明) – 京兆郡 杜陵縣人(今 陝西省 西安市 長安區 / 두릉은 前漢 宣帝의 능). 唐朝 초기 대신. 李世民의 정권 쟁탈과 貞觀之治를 이룩한 주요 모신(謀臣). 당 태종의 절대적인 신임을 받았다. 방현령(房玄齡)과 함께 '방현령이 책모를 만들면 두여회가 결단한다〔房謀杜斷(방모두단)〕'의 주인공.

64　이세적〔李世勣, 原名은 徐世勣, 594–669년, 字는 懋功(무공)〕 – 당 고조, 태종, 고종을 섬긴 武將. 高祖 李淵이 李氏 姓을 하사. 李世民을 휘(諱)하여 이적(李勣)으로 개명했다. 唐初 名將으로 동돌궐, 토번을 격파하여 이정(李靖)과 함께 명성을 날렸다. 그 손자 대에 이르러

할 때 방현령과 두여회는 자신의 일을 다하였다. 정치가 태평성대를 이루었지만 칭송은 황제에게 돌렸기에 당의 종신(宗臣)이 되었다.

○ 질투-식초를 마시다

방현령이 행정과 처세에는 달인(達人)이었지만 대단한 애처가(?＝공처가)였었다. 방현령이 나이가 많기에 집에서 편히 시중을 받으라고 태종이 2명의 미녀를 특별히 하사하였다.

그런데 방현령의 부인이 한사코 젊은 미녀를 집에 들이는 것을 반대하였다.

그 소식을 들은 태종은 불같이 화를 내며 황후를 시켜 방현령의 부인을 황궁으로 불러 말했다.

"부인이 어찌 감히 내 뜻을 거역하는가? 질투를 그치고 두 미인을 받아들이거나, 아니면 여기 독주를 마시고 내 앞에서 죽든지 선택하시오."

徐氏 성으로 환원했다.

65 李靖(이정, 571-649년, 字는 藥師) - 雍州(옹주) 삼원현(今 陝西省 咸陽市 三原縣 동북) 출신. 祖籍(조적)은 隴西郡 적도현(狄道縣, 今 甘肅省 定西市 臨洮縣) 출신의 隴西 이씨. 隋末 唐初의 명장, 唐朝의 文武를 겸비한 군사전략가. 뒷날 衛國公에 봉해졌기에 李衛公(이위공)이라 불린다. 남조 陳을 멸망시킨 韓擒虎(한금호)는 그의 외삼촌인데 일찍부터 이정의 능력을 알아주었다. 《舊唐書》 67권, 《新唐書》 93권 〈李靖傳〉에 立傳.

그러자 방현령의 부인은 두말도 하지 않고 독주를 단숨에 마셔 버렸다. 그러나 사실은 독주가 아니라 식초(醋, 식초 초)였다.

이를 본 태종(太宗)은 탄식하며 말했다.

"부인을 이리 핍박한 것을 원망하지 마시오. 차라리 죽을지언정 남편만을 위하겠다는 부인의 마음을 잘 알았으니 내 명을 거두겠소!"

이후로 '식초를 마시다(吃醋, chīcù)'는 '여인의 질투'라는 뜻으로 쓰인다.

8) 태종의 고구려 원정

○ 원정 결과

정관 18년(644), 태종은 친히 고구려를 원정하였다. 이보다 앞서 고구려 대막리지(大莫離支) 연개소문(淵蓋蘇文, 603~666년 / 천개소문泉蓋蘇文)은 군왕(君王, 榮留王)을 폐하고 보장왕(寶藏王)을 옹립하였다(642).

신라(新羅)에서는 사신을 보내 '백제와 고구려가 연합하여 신라가 당나라에 들어갈 수 있는 통로를 끊으려 한다(謀絶入貢之路).'면서 군사를 보내 구원해줄 것을 요청했었다. 태종은 드디어 고구려를 토벌하기 위한 준비를 지휘하고자 낙양으로 출발했다.

정관 18년(644), 말 태종은 장량(張亮)과 이적(李勣)에 명령하여 수륙 15만 대군으로 고구려 원정을 명령했다.

정관 19년(645), 태종은 낙양을 출발하여 정주(鄭州)에 이른 뒤 대군을 진격케 하였다. 태종은 요하(遼河)를 건너 요동성〔遼東城, 지금의 요녕성(遼寧省) 중서부 조양시(朝陽市)〕을 함락시키고 백암성(白巖城)의 항복을 받았으며, 안시성(安市城)을 3개월간 공격하면서, 도착하는 고구려의 구원병을 격파하였다. 그러나 안시성은 지세가 험하며 병사들은 훈련이 잘 되어있고 수비가 견고하여 함락시키지 못했다.

논자에 따라, 오골성(烏骨城)을 점령하고 압록강(鴨綠江)을 건너 평양성을 곧 바로 함락시켜 본 뿌리를 뽑아버리면 다른 곳은 싸우지 않아도 항복받을 수 있다고 하였다. 또 황제의 친정(親征)은 보통 장수와 달라 위험을 무릅써서는 안 된다고 말하는 이도 있었다.

태종은 요하 동쪽이 일찍 추워져 풀이 마르고 물이 얼며 병사와 군마가 오래 머물 수도 없고, 또 군량이 부족하여 칙명으로 회군하였다.

이번 원정에서 10개 성을 함락시키고 7만여 호를 이사시켰고, 3차례 전투에서 적 4만여 급을 참수했다. 그러나 전사자가 3천 명에 가까웠고 군마 7, 8할이 죽었기에 성공하지 못했다.

태종은 이 원정을 뼈저리게 후회하며 탄식했다.

"만약 위징이 살았었더라면, 내가 이 원정을 못하게 했을 것이다."

태종은 역마(驛馬)를 보내 위징의 묘에 양(羊)을 바쳐 제사토록

하고 만들었다가 넘어뜨린 비석을 다시 세우게 하였다.

○ 태종의 고구려 친정(親征) 이유

645년 봄, 태종은 친정에 나섰지만, 결국 태종이 바라던 목표를 이루지 못했다. 태종은 정관 22년(648)에도 우무위대장(右武衛大將) 설만철(薛萬徹)을 보내 고구려를 다시 공격케 했는데, 박작성〔泊灼城, 지금의 요녕성(遼寧省) 단동시(丹東市), 요녕성 동남부 압록강과 황해가 만나는 곳〕을 공격 파괴한 뒤에 회군하였다. 그리고서도 전선을 건조케 하는 등 새로운 원정을 준비케 했지만, 결국 뜻을 이루지 못하고 정관 23년에 태종은 타계했다.

이처럼 태종이 직접 고구려 원정에 나서고 실패한 뒤에도 다시 시도할 정도로 뜻을 꺾지 않은 이유는 무엇인가?

첫째는 고구려가 차지한 지역이 위진남북조 시기 4세기 초까지도 중국의 군현 지역(樂浪郡), 곧 중국 왕조의 옛 땅이니 수복해야 한다는 명분을 들 수 있다. 이 명분 때문에 수나라도 원정에 나섰고, 결국은 나라 멸망에 이어졌다. 그러니 태종으로서는 고구려 원정으로 자신의 위세를 높이고 싶은 마음이 간절했을 것이다.

또 당나라 주변 여러 나라가 당(唐)에 고분고분하며 귀속했지만, 고구려만은 당에 복속하지 않고 도전적인 태도를 견지했던 것도 태종의 자존심을 건드렸을 것이다.

그리고 내부적 원인을 꼽는다면, 만년의 태종은 그간 자신의 치적에 도취되어 신하의 간언을 받아들이지 않았다는 점도 고구려 원정 실패에 중요한 부분일 것이다.

그러나 더 중요한 근본 원인은 다음에 뒤를 이을 태자 이치(李治)가 나약하고 무능하기에, 자신이 죽기 전에, 뒷날의 우환을 미리 제거해야 한다는 긴박감이었다.

아들에 대하여 가장 잘 아는 사람은 아버지이다. 천하를 장악하고 반석 위에 세운 태종이지만 아들에 대한 염려와 걱정을 죽기 전까지 떨쳐버릴 수 없었던 어찌보면 평범한 아버지였다.

9) 고선지의 실패와 죽음

고선지(高仙芝, ?-756년)는 고구려 사람으로, 당조(唐朝) 현종 때 장군이었고 작위는 밀운군공(密雲郡公)이었다. 고선지의 가장 저명한 역사적 사실은 당의 군사와 중앙아시아 및 아랍(阿拉伯) 제국(帝國) 간에 있었던 탈라스(怛羅斯, dáluósī, 강 이름) 전투이다.

고구려는 고종 총장(總章) 원년(668)에 멸망했는데, 고선지 부친 고사계(高舍雞)는 중원으로 이주했고, 하서사진[河西四鎭, 구자(龜茲), 언기(焉耆), 우전(于闐), 소륵(疏勒)]에서 종군하였으며, 장군이 되었다. 고선지는 부친을 따라 종군했고, 개원 말기에 안서도호부(安西都護府)의 부도호와 안서사진(安西四鎭)을 관할하는 병마사(兵馬使)가 되었는데, 그의 관할 지역은, 대략 지금의 파키스탄(巴基斯坦)의 북부지역 및 아프카니스탄(阿富汗)의 카불(喀布爾) 일대였다.

천보(天寶) 구재(九載, 9년, 750), 고선지는 석국[石國, 塔什干(탑십간), 타스칸]을 정복하고 그 왕을 포로로 잡아 장안에 압송하여 참수케 하였다. 새로 흥기한 아랍의 압바스(Abbas) 왕조에서는 동쪽 원정군을 보냈고, 고선지의 군사와 충돌했다.

751년, 고선지가 거느린 안서도호부 2만 5천 군사는 압바스 왕조의 군사와 탈라스강(Talas / 키르기스스탄과 카자흐스탄을 흐르는 강)에서 싸웠지만 패배 후퇴했다. 당나라는 영토를 상실하지는 않았지만 당나라의 서진(西進)은 여기서 막혔다.

그런데 중요한 것은, 이 전투 중 당나라 포로 중에 제지술 기술자가 있어, 종이 제조 기술이 아랍과 유럽에 전파되는 계기가 되었다.

탈라스 전투에서 패한 뒤 고선지는 하서절도사(河西節度使)로 전임되었으며, 장안(長安, 서안)으로 입경(入京)한 뒤에는 우우림군대장군(右羽林軍大將軍)으로 임명되었다.

755년(天寶 14), 안녹산(安祿山)이 반란을 일으키자, 고선지는 토벌군의 부원수(副元帥)로 임명되었다. 고선지는 낙양을 방어하지 못했고 원주 둔지를 떠나 동관(潼關)으로 이동해 피해를 입혔으며 군량을 착복했다는 모함을 받아 처형되었다.

(2) 통치제도

당의 지배체제는 고조 무덕(武德) 연간(616-626)부터 율령(律令)을 정비하고, 수나라의 제도를 개선하면서 중앙집권적 관료제도를 정비하여 태종 때 완성되었다.

1) 중앙행정조직

당나라의 중앙정치조직은 이후 중국의 왕조뿐만 아니라 고려와 조선의 정치제도에도 영향을 주었다. 그런 의미에서 당나라의 중앙정치조직의 골격을 이해할 필요가 있다.

고조 이연은 재위 중 3성 6부[66]와 어사대(御史臺)와 비서성(秘書省), 오감(五監), 9시(九寺) 등 중앙 통치조직을 정비하였다.

3성의 중서성(中書省, 최고 책임자는 중서령)은 정책을 입안하고, 황제의 뜻에 따라 정책이나 명령인 조서(詔書)를 작성한다. 문하성(門下省)에서는(門下侍中) 조서의 초안이나 정책의 입안(立案) 내용을 심의하고 수정하며, 황제의 최종 결재를 받는다. 따라서

---

[66] 三省六部 – 중국 역사에서 어느 왕조에서든 황제의 전제 권력은 거의 절대적이었다는 점에는 거의 마찬가지였다. 다만 황제 아래 어떤 권력구조가 운영되었는가가 약간씩 차이가 있을 뿐이었다. 황제의 명령을 어떻게 立案하고, 누가 그 내용을 검토하여 황제의 결심을 받아내고, 그것을 어느 부서에서 실행하는가는 바로 권력의 가장 핵심적인 내용이다. 이러한 황제 중심 권력은 3성 6부로 집약된다.

문하성의 우두머리인 문하시중은 실질적 최고 재상이라 할 수 있으며,[67] 이러한 제도는 곧 당나라가 황제와 귀족의 합의체제로 운영되었다고 볼 수 있다.[68]

이러한 공식 직제 외에도 필요에 따라 삼사(三師; 태사(太師), 태

---

[67] 3성 6부 제도의 우수한 점으로는 재상이 정권을 오로지 할 수 있는 길을 막을 수 있고, 君主와 신하 간 권력의 균형을 유지할 수 있으며 국정이 재상들의 합의체로 운영되었다는 점, 또 分明한 업무 구분과 적정 규모의 인원을 갖춰 운영되었다는 점을 들 수 있다. 3성 6부 제도의 단점으로는 정책의 구상과 심의와 실천의 구분은 상호 견제와 책임소재를 분명히 할 수 있다는 측면도 있지만 실제로는 시비에 대한 논쟁이 끊임없이 일어나 비효율과 함께 정책결정이 불가능할 경우도 있었다. 그리고 재상에 해당하는 명칭과 자리가 너무 많았는데, 태종과 같은 영명한 황제가 있을 때는 문제가 표면화되지 않았지만, 이는 비효율적 분산이라는 평가를 받을 수밖에 없었다.

[68] 唐의 宰相(재상) - 唐 太宗은 中書省, 門下省, 尙書省의 三省에서 政務를 종합적으로 처리하는 일종의 재상합의체를 유지하였다. 당에서 재상이라 부를 수 있는 직책이 매우 많았다. 中書令, 門下侍中, 尙書令은 모두 宰相級이었다. 이 중에서 상서령은 正二品이었고 상서령 밑의 좌, 우복야는 從二品이었으나 중서령과 시중은 正三品이었다. 그밖에도 정무에 참여하지만 정삼품이 아닌 '同中書門下平章事'와 '同中書門下三品'도 사실상의 재상급이었다. 어떤 통계 자료에 의하면, 唐代에 총 369명의 재상이 있었는데, 98개 성씨에서 배출되었다고 한다. 재상 자리에 두 번 임용된 사람이 57인이었고, 3번 등용된 사람이 12명, 4차, 5차로 임용된 재상은 각각 3인이었다.

부(太傅), 태보(太保)]와 삼공〔三公; 태위(太尉), 사공(司空), 사도(司徒)〕을 두었다.

이들 삼사(三師)와 삼공(三公)은 명예직이었다.

결정된 정책은 상서성(尙書省, 책임자 상서령)의 이(吏), 호(戶), 예(禮), 병(兵), 형(刑), 공부(工部)의 6부에서 집행된다.

6부 아래에는 업무를 분장하는 24사(司)가 있었다.(아래의 도표 참고)

그리고 어사대(御史臺)는 관리의 비행을 감찰하는 기구였고, 일반 서무를 분장하는 구시(九寺, 寺는 관청 시)와 오감(五監)으로 국자감(國子監, 교육, 국립대학), 소부감(少府監, 궁중 기물 제작, 관리), 장작감(將作監, 궁전, 성벽 건축과 관리), 군기감(軍器監, 무기 제조 수리), 도수감(都水監, 하천 관리)이 있었다.

그리고 황제를 위한 기구로서는 비서감(秘書省, 황실 및 국가의 도서, 문서의 보관 관리), 전중감(殿中省, 황실 의복, 車馬 관련), 내시성(內侍省, 궁내 제반 서무 담당)이 있었다.

9시(九寺)는 태상시(太常寺, 의례, 종묘나 산천에 대한 제사, 음악 담당), 광록시(光祿寺, 황실의 음식 관련 업무), 위위시(衛尉寺, 병기, 의장 담당 업무), 종정시(宗正寺, 황실 족보 기록 및 관리), 태복시(太僕寺, 황실용 거마 관리), 대리시(大理寺, 형법 장악), 홍려시(鴻臚寺, 주변국 외교 사신 접대), 사농시(司農寺, 비축 군량, 창고 관리), 태부시(太府寺, 재정 지출)가 있었다. 또 율령을 반포 시행하였다(武德律令).

○ 상서도성(尙書都省)

　상서도성은 당의 중앙관제 중 가장 중요하고 가장 방대한 조직인 상서성의 모든 부서 전체를 지칭하는 말이다. 별칭인 도사(都司), 도대(都臺), 도당(都堂)으로도 불린다. 상서도성은 궁궐 안에 있지 않고 황궁 밖에 있었다. 도당이 가운데 있고 동쪽으로는 이부, 호부, 예부가 있고, 병부, 형부, 공부는 도당의 서쪽에 자리잡았다.

　상서도성의 직제상 총원은 95명이고, 그중 총 책임자는 상서령(尙書令) 1인인데 정2품으로 백관(百官) 전부를 통솔한다.

　고조 무덕(武德) 연간(618–626)에, 진왕 이세민이 상서령으로 재직했었다. 그런데 그 직분과 권한이 너무 막중하기에 감히 그 직책을 감당하겠다는 사람이 없었기에 이세민 이후 상서령을 임명하지 않았다.

　고종 용삭(龍朔) 2년(662)에, 상서령이라는 직함은 공식적으로 폐지했다. 대신 상서성의 부직(副職)인 좌,우 복야(僕射, 射는 벼슬 이름 야)가 재상급으로 상서성의 책임자가 되었다. 좌우복야는 각 1인으로 종2품인데 6부를 총리(總理)하고 기강을 확립하며 다른 부서의 신료(臣僚)와 협조하며 국정을 운영했다. 좌우복야는 현종 개원 연간에, 좌우 승상으로 명칭을 개정했다가 천보 연간에 다시 좌우복야로 환원하였다. 좌우복야 아래 좌,우승(左右丞)을 임명했는데, 좌승은 정4품 상(上)으로 이, 호, 예부 3개 부의 업무를 관할하고, 우승(右丞)은 정4품 하(下)로 병, 형, 공 3부를 관할하였다. 이 좌우승은 상서도성의 일상 업무를 주관하면서 속관을 지휘하였다.

　상서성은 국가행정권력의 최고 집행기관으로 6부의 상서를 지휘하며 모든 신료(臣僚)의 기강을 잡으면서 국무를 총괄하였다. 국가 주요 현안에 대해서는 팔좌회의(八座會議)에서 논의 결정하였는데, 팔좌회의는 좌우복야와 6부의 상서가 모두 참여하는 요즈음 말로 국무회의와 같은 의결기관이었다.

※ 3성(省) 6부(部) 24사(司) 업무 분장 요약

〈3성〉

명칭	장長	업 무
中書省 (중서성)	中書令 中書侍郎	정책 立案. 詔書(조서)를 작성. 軍國大事 및 重要官員의 任免 等 皇帝의 뜻을 받아 立案. 결책기구(決策機構).
門下省 (문하성)	門下侍中 黃門侍郎 (門下侍郎)	朝臣의 상주 심의. 탄핵. 조서 검토 심의. 부당한 것은 봉박(封駁). 給事中이 장악. 심의기구(審議機構).
尙書省 (상서성)	尙書令 左, 右僕射	尙書省 設在 宮外. 中央 各部, 地方 州縣에 지시하여 실행. 政令 제정, 하달. 中央의 시(寺), 감(監), 감독 지휘. 집행기구(執行機構).

〈6부〉

6부	주요 업무	24사	세부 업무
吏部 (이부)	官吏 임명, 면직, 고과평가, 승진, 강임. 지방관 관리.	統吏部司	문관품계 급여 휴가 업무.
		司封司	封誥, 작위, 賜與. 庫.
		司勳司	관리 勳級.
		考功司	문무백관 功過 평가 시상.

戶部 (호부) (民部에서 개칭)	土地, 戶籍, 賦稅, 財政 收支	統戶部司	戶口, 토지, 부역, 貢獻(공헌).
		度支司	租賦, 물산, 회계, 재정, 예산.
		金部司	금전출납, 도량형. 京市, 宮市. 교역.
		倉部司	창고관리, 물자비축, 군량 공급.
禮部 (예부)	國家典章法度, 宮內庶務祭祀, 學校, 科擧考試, 외빈접대	統禮部司	예악. 학교, 科擧, 도서, 冊命.
		祠部司	제사 관련. 천문, 漏刻, 廟諱.
		膳部司	능묘 제물, 酒膳.
		主客司	사신 접대, 소수민족 협치.
兵部 (병부)	武將 選用, 軍隊 訓練, 兵籍, 軍械, 軍令等. 무관 인사	統兵部司	兵馬, 무관 품계, 무관 인사.
		職方司	지도, 성곽, 鎭戍, 봉수, 歸化.
		駕部司	驛傳, 軍馬, 雜畜.
		庫部司	병기, 의장. 군량.
刑部 (형부)	法律, 刑獄 事務	統刑部司	판결, 大理寺, 地方 大事案.
		都官司	노비 관련, 포로, 衣糧 공급.
		比部司	재무 감사, 둔전 수입 감사.
		司門司	관문 출입단속.
工部 (공부)	掌管山澤, 屯田 (둔전), 工匠(공장), 水利, 交通, 工程.	統工部司	城池 관리 土木.
		屯田司	屯田, 職田, 公廨田 관리.
		虞部司	道路, 苑囿, 山澤, 궁궐, 薪炭.
		水府司	渡口, 제방, 운하, 漕運(조운).

6부의 장은 상서(尙書, 정3품). 부직(副職)은 시랑(侍郞, 정4품 上)
24사의 장은 낭중(郞中, 종5품 上). 부직(副職)은 원외랑(員外郞, 종6품 上)

○ 어사대(御史臺)

 어사대는 최고의 감찰기구인데, 책임자는 어사대부(御史大夫) 1인, 정3품관(正三品官)이었다. 차관은 어사중승(御史中丞)으로 정3품 하(下)이었다. 어사대부는 그 막중한 위치이기에 고급 관원이라 하여 쉽게 임명할 수 있는 자리가 아니었다. 그러기에 어사대의 실무 지휘자인 어사중승이, 곧 어사대부만큼이나 중요한 비중을 차지했다. 어사대의 임무나 어사대부의 직함 또는 어사대의 명칭은 자주 변동이 있었다.

어사대의 하부 업무분장에 삼원(三院)이 있었는데, 대원(臺院)은 경관(京官)의 비리를 감찰하고, 전원(殿院)은 궁정 예의와 풍기를 감찰하였으며, 찰원(察院)은 지방 관아의 비리나 부정을 감찰하였다.

어사대에 근무하는 관원으로 다수의 시어사(侍御史, 4인, 종6품 하), 전중시어사(殿中侍御史, 6인, 종7품 상), 감찰어사(監察御使, 10인, 정8품 상)가 직무를 분담하였다. 시어사는 모든 관리를 탄핵하였고, 추국(推鞫, 범죄심문)과 옥송(獄訟)을 담당하며, 어사대 내부의 일반 업무도 분장하였다.

태종은 어사대에서 수집한 풍문을 상주하는 것을 허락하였는데, 그 풍문이 사실이 아니더라도 어사대 담당자를 문책하지 않았다.

○ 한림원(翰林院)

당에서는 한림원(翰林院, 날개 한, 붓, 문서)을 설치하고, 문인(文人), 학자(學者), 복자(卜者, 점쟁이), 의원(醫員), 기예(技藝)에 뛰어난 자들을 대기케 하였다. 그래서 황제가 필요에 따라 한림원에서 사람을 불러 조서를 작성하거나 시문(詩文)을 논하며, 때로는 바둑을 두고 서예를 익혔다. 말하자면, 재능이 뛰어난 자를 불러 황제에게 필요한 일을 시키려고 대기시키는 곳이 한림원이었다. 물론 그중에서 시문에 뛰어나거나 경학(經學)에 밝은 자들이 많았고, 이런 문인을 '한림대조(翰林待詔)' 또는 '한림공봉(翰林供奉)'이라고 불렀다.

사실 지방에서 주청하는 많은 문서에 정확하게, 또 훌륭한 문장에 명필로 답신을 해주는 일이 쉬운 일도 아니고 또 업무도 많았다. 그래서 중서성(中書省) 관료들의 업무가 너무 많아 황제 개인적인 자문에 응할 수 있도록 한림원에 별도의 문사를 비치할 필요가 있었다.

이에 한림원 학사를 내상(內相)으로 불렀는데, 이는 순전히 황제가 직접 일을 지시하고 처리하는 새로운 루트였다. 이는 황제가 재상의 권한(相權)을 견제할 수 있는 방법이었다.

한림원 학사의 입장에서 볼 때, 황제의 직접 지시에 따른 업무 처리 과정에서 국가 기밀이나 인사(人事)의 내용을 미리 알 수 있기에 중서성에서 조칙의 초안을 작성하는 일보다 더 좋은 자리였다. 중서성에서는 조칙을 황색 종이에 기안하였고 '외판(外判)'이라 불렀지만, 한림원에서는 백마지(白麻紙)에 작성하고 '내판(內判)'이라고 불렀다.

나중에 덕종(德宗) 흥원(興元, 784) 이후로 황제의 조서는 전적으로 한림원 학사들이 전담하였다.

한림원 학사는 보통 6명 내외였는데, 이들은 시문이나 문장, 학식이 모두 뛰어난 인재들이었다. 그중에서 덕망이 높은 연장자

한 사람을 승지학사(承旨學士)라고 불렀고 한림원을 대표하였다. 한림원은 정부의 공식 조직이 아닌 황제의 자문기구였기에 일반 고급 관원의 지시를 받지 않아도 되었다. 뿐만 아니라 황제의 인정을 받은 상태에서 근무하기에, 황제의 뜻에 따라 중앙 정무부서의 요직으로 전출하거나 주요 지방관으로 나갈 기회가 오히려 더 많았고, 승진도 용이했으며 심지어 재상의 지위에 서열을 넘어 발탁될 수도 있어 문사(文士)들은 누구나 한림원 학사 등용을 영광으로 생각하였다.

2) 지방제도

수조(隋朝)는 주현제(州縣制)를 시행하다가 후기에 군(郡)과 현(縣)의 2원 체제였다. 당(唐)은 군(郡)을 주(州)로 바꿔, 역시 주현 2급 체제를 시행하였다.

태종 정관 원년(元年, 626) 천하가 안정되자, 주와 현에 대한 시설과 통합을 진행하면서 주요 도시를 부(府)로 격상시켜 부(府) – 주(州) – 현(縣)의 3급 체제로 전환되었다.

그러면서 당은 산천의 형세에 따라 전국을 10도로 나누었는데(貞觀十道), 10도에 순찰사(巡察使)나 존무사(存撫使) 또는 안찰사(按察使)를 파견하였는데, 이들은 모두 감찰관으로 파견되었을 뿐 민정(民政)을 직접 담당하지는 않았고, 고정된 치소(治所)도 없었다.[69]

---

69 十道 – 이는 山川의 형세에 따른 것으로 關內, 河南, 河東, 河北,

이 10도(道)는 헌종 개원 21년(742)에 15도로 재편되었고, 고정된 감찰관인 관찰사(觀察使)를 파견하였고, 관찰사는 고정된 치소가 있었다. 이러한 15개 감찰구는 점차 행정구역으로 변화하였다.

개원 21년 기준 당조(唐朝) 행정(行政) 구역(15도)

15도	치소(治所)	현재 지명
京畿道(경기도)	京兆府(경조부)	陝西省(섬서성) 西安市(서안시)
關內道(관내도)	京兆府(경조부)	陝西省(섬서성) 西安市(서안시)
都畿道(도기도)	河南府(하남부)	河南省(하남성) 洛陽市(낙양시)
河南道(하남도)	汴州(변주)	河南省(하남성) 開封市(개봉시)
河東道(하동도)	蒲州(포주)	山西省(산서성) 永濟市(영제시)
河北道(하북도)	魏州(위주)	河北省(하북성) 大名縣(대명현)
山南西道(산남서도)	梁州(양주)	陝西省(섬서성) 漢中市(한중시)
山南東道(산남동도)	襄州(양주)	湖北省(호북성) 襄陽市(양양시)
淮南道(회남도)	揚州(양주)	江蘇省(강소성) 揚州市(양주시)
江南東道(강남동도)	蘇州(소주)	江蘇省(강소성) 蘇州市(소주시)
江南西道(강남서도)	洪州(홍주)	江西省(강서성) 南昌市(남창시)
黔中道(검중도)	黔州(검주)	重慶市(중경시)
隴右道(농우도)	鄯州(선주)	青海省(청해성) 樂都縣(낙도현)
劍南道(검남도)	益州(익주)	四川省(사천성) 成都市(성도시)
嶺南道(영남도)	廣州(광주)	廣東省(광동성) 廣州市(광주시)

山南, 隴右(농우), 淮南(회남), 江南, 劍南(검남), 嶺南道(영남도)인데, 이를 '貞觀十道'라고 한다. 이 十道에는 存撫使(존무사) 또는 按察使(안찰사)를 보냈는데, 이는 감찰관으로 필요에 의해 파견하였으며 十道의 고정된 治所도 없었다. 헌종 개원 21년에는 전국을 15도로 나누어 '開元 十五道'라 하고, 고정된 감찰관인 관찰사(觀察使)를 파견하고 고정된 治所를 두었다.

주(州, 자사) 아래 군(郡)에 태수를 보냈고, 그 속관으로 별가(別駕), 장사(長史), 사마(司馬), 그리고 녹사(錄事)와 참군사(參軍事)가 있었다.

군 태수 아래 육조(六曹)를 두었으니, 육조는 사공(司功), 사창(司倉), 사호(司戶), 사병(司兵), 사법(司法), 사사(司士)이다.

현(縣)에는 현령〔縣令, 부직은 현승(縣丞)〕을 임명하였고, 현의 군사와 치안을 담당하는 현위(縣尉)가 있었다.

자연 부락 단위로 향〔鄉, 기로(耆老)〕, 리〔里, 이정(里正)〕, 촌〔村, 촌정(村正)〕이 있었다.

각 도를 수비하는 무장을 도독(都督)이라 하였고, 특별히 황제의 부절을 받은 도독을 절도사(節度使)라 호칭하였다. 안사지란(安史之亂)이 평정된 이후 절도사의 숫자는 더욱 늘어났는데 절도사의 관할 지역을 번진(藩鎭)이라 하였다. 지방 반란이 있을 경우 절도사에게 평정을 명령했고, 그러다 보니 절도사의 권한이 강화되었다.

그러면서 당조 말기에는 절도사가 장악한 도(道, 方鎭) – 주(州, 府) – 현(縣)의 3단계 행정체제로 굳어졌다. 당 말기에 전국에 45개의 번진(藩鎭)이 형성되었다.

이에 따라 경조부(京兆府)와 주변에 몇 개 주, 그리고 하남부(河南府) 이외의 지역은 모두 번진이 할거하는 형세였고, 이러한 번진이 반란을 일으킬 경우 황제는 장안을 버리고 도주 외에 다른 방법이 없었다.

헌종 연간에, 회서(淮西)의 오원제(吳元濟) 세력을 정벌한 이후 한때 절도사가 중앙정부에 귀부하는 형세가 나타났으나 근본 뿌리를 제거하지 못했기에 헌종 사후에 다신 번진 할거 형세가 재연되었다. 결국 당은 황소의 난 이후에 절도사 주온〔朱溫, 주전충(朱全忠)〕에 의해 멸망했다.

당 멸망 이후 5대(五代) 시대는(907–960) 결국 번진세력 할거의 연속이었다.

3) 토지 – 균전제

당나라에서는 우선 호적제도를 마련하여 출생자를 등록하고, 등록된 호적을 바탕으로 나이를 계산하였다. 당나라 제도 중 가장 핵심은 성인 남자에게 토지를 지급하는 균전제(均田制)이다. 그리하여 균전제에 바탕을 둔 조용조(租·庸·調)의 징수체계를 운영하여 국가의 수입을 올리는데, 이는 정세(正稅), 곧 기본적인 징세였지만 이외에도 여러 가지 잡세가 많아 농민들의 생활은 언제나 곤궁했다.

또 농민들은 농한기에 부병제에 의거 군사훈련을 받거나 수도에 가서 위사(衛士)로 근무하거나 변방에 가서 방수(防戍)의 임무를 수행하여야 했다.

그런데 어느 제도나 모두 마찬가지이지만, 새 제도가 마련되면 거기에 따라 새로운 모순이 나타나고 그러한 모순 속에서 제도의 문란을 초래한다. 이는 곧 백성들의 불만으로 연결되며, 불만은 곧 민란이나 봉기로 확산된다.

　균전제는 세월이 지나면서 나중에는 정남(丁男)에게 지급할 토지가 없게 된다. 그러면서 조용조의 세법은 양세법(兩稅法)으로 전환되어 운용되었지만 농민에 대한 착취는 여전하였다.
　균전제가 붕괴되면서 부병제의 모순이 나타나고 그 결과 절도사(節度使)의 세력 팽창으로 이어진다. 그리고 절도사의 권력 강대는 뒷날 안록산(安祿山)과 사사명(史思明)의 난(안사의 난, 755-763)을 초래하게 된다. 안록산의 난 이후에도 절도사 제도에 대한 개혁이 이루어지지 않아 결국 당나라는 절도사에 의해 멸망하게 된다.

4) 부세-조·용·조

　국가로부터 균전제에 의거 1백 무(畝)의 토지를 지급받은 농민은 정세(正稅)인 조용조(租·庸·調)의 의무가 있었다. 조(租)는 토지 몫의 조세로 속(粟, 알곡, 2석), 용(庸)은 연 20일간의 노역에 종사할 의무이고, 조(調)는 지역 특산물을 국가의 수요에 맞춰 부담하였다. 물론 이외에 호세(戶稅), 주세(酒稅), 염세(鹽稅) 등 잡세를 부담하였다.
　백성들은 재산에 따라 9등급으로 분류하였다. 민가 100호를 리(里)라 하고, 5리를 향이라 하였으며, 4가를 1린(鄰), 4린을 보

(保)라 하였고, 성읍의 마을을 방(坊), 농촌 마을은 촌(村)이라 하였다.

관록을 받는 자는 일반 백성과 이익을 다투지 못하게 하였으며, 공상(工商)에 종사하는 백성이나 잡류들은 사족(士族)이 되지 못하게 하였다.

남녀가 처음 태어나면 황(黃)이라 하고, 4세면 소(少), 16세면 중(中)이라 하고, 20세를 정(丁)이라 하였으며, 60세를 노(老)라고 분류하였다.

5) 군역 – 부병제

부병제(府兵制)는 우문태(宇文泰)가 건국한 서위(西魏, 존속 535－556)에서 시작되어 북주(北周), 수(隋), 당(唐)으로 이어지다가 당 현종 때 모병제로 바뀌면서 사라진 병농일치의 군역(軍役)제도이다.

당나라 수도에는 12위(衛)로 구성된 중앙군(禁軍)을 배치하였다. 그리고 지방에는 병부(兵部)의 관할하에 전국 10도(道)에 634개 절충부(折衝府)를 설치하였다. 절충(折衝)이란 적의 공격(衝)을 꺾는다는 의미이며, 이는 싸우지 않고도 이긴다는 염원이 들어있는 명칭이라고 한다.

절충부는 그 병력의 다소에 따라 3급으로 분류하였는데, 상급 절충부에는 1,200명의 위사(衛士), 중급에는 1천 명, 하급에는 8백 명의 위사를 보유, 훈련시켰다.

농민들은 봄~가을에는 농사를 짓지만〔三時耕稼(삼시경가)〕, 농한기(農閑期)인 겨울에는 절충부에 나가 군사훈련을 받고(一時治武), 순번에 따라 장안과 낙양의 12위에 가서 위사(衛士)로 근무하거나 변방에서 방수(防戍)의 임무를 수행했으며 수시로 징발되는 정벌에 동원되었다.

이 부병제의 특징은 평시(平時)에는 농민이고, 전시(戰時)에는 군졸(軍卒)이라는 원칙 아래 병(兵)은 부식장(不識將)하고, 장(將)도 부지병(不知兵)하는 제도이다. 이는 장군이 군대를 사병화(私兵化)할 수 있는 소지를 없앤 제도이다.

평소에 훈련을 잘 받아두면 전시에 유용하게 쓸 수 있는 제도로 상비군(常備軍)은 아니지만 평상시 국가 경제의 바탕이 되는 농민을 확보할 수 있는 제도라는 점에서 매우 이상적이라고 받아들여졌다.

이는 균전제를 바탕으로 성립되었기에, 균전제가 붕괴되면서 곧 농민에게 국가에서 토지를 지급하지 못하면서 부병의 의무도 없어지게 되었다.

당나라는 전국 10도(道)에 절충부 634개소를 설치했는데, 그 중 관중(關中)의 땅에 261개소를 두었는데, 농민들은 모두 위군(衛軍)이나 동궁 6솔(東宮六率)에 소속되어 복무하였다. 큰 절충부는 총 1,200명, 중간 절충부는 1,000명, 작은 절충부는 800명으로 구성되었다.

300명이 단(團)이 되고, 단에는 교위(校尉)를 두었다. 50명이 대(隊)를 이루고, 대에는 대정(隊正)이 있었다. 10명을 화(伙, 무리, 동료, 친구의 뜻. 夥)라 하였고, 화에는 장(丈)이 있었다. 각자의 병기, 갑옷, 군량, 장비는 정해진 수가 있었고 창고에 보관했다가 출정할 때 지급했다. 20세에 부병이 되었다가 60이면 면제되었다.

말 타고 달리며 활을 쏠 수 있는 자는 기병이 되었고, 나머지는 보병이 되었다. 통군과 별장을 절충과 과의 도위로 바꾸게 하였고, 매년 12월에 각 절충도위가 거느리고 전투를 가르쳤다. 병마를 공급하는 자에게는 나라에서 그 값을 주었고, 숙위(宿衛)가 되는 자는 교대로 올라가게 하였다. 병부에서는 원근에 따라 순번을 배당했는데 원거리에서는 적게, 근거리에서는 자주 서게 하였지만 모두 한 달이면 교대를 하였다.

그런데 기동성이 뛰어난 북방 유목 민족의 군대에 신속히 대응할 수 없는 점이 이 부병제의 결정적 약점이었다. 또 당 태종 때와 같은 안정적 발전 시기에는 유용하지만 정치가 문란해지면서 또 흉년이나 재해로 농민들이 원적지에서 이탈하거나 호적이 제대로 관리가 되지 않으면 운영이 어려운 제도가 이 부병제였다.

결국 당 현종 이후 각지에 절도사(節度使)[70]가 설치되고, 각 절

---

70 절도사(節度使) – 節度使(절도사)는 막강 권력의 소유자. 唐 태종 때에는 각 지방의 州에 자사, 縣에 현령을 두고 그 상급 기관으로 山川 형세에 따라 전국을 10도로 나누었는데, 10도에는 수시로 순찰

도사가 능력껏 상비군으로 병력을 모집하는 제도로 바뀌면서 이 부병제는 폐지되었다. 결국 절도사의 발호는 안록산(安祿山)과 사사명(史思明)의 난(安史之亂, 755－763)으로 발전했고, 안록산의 난 이후에도 절도사의 세력과 권력은 약화되지 않는다.

당나라에서 성장한 절도사 주전충(朱全忠, 주온, 후량 태조, 재위 907－912)[71]에게 당나라가 멸망한 것은 어찌 보면 아이러니이고,

---

사나 안찰사를 파견하여 지방행정을 감독케 하였다.

현종 개원 21년에는, 전국을 15도로 나누고 고정된 감찰관이라 할 수 있는 관찰사(觀察使)를 파견하였다. 이렇듯 지방의 각 도에 주둔한 武將을 도독(都督)이라 하였는데, 이 도독 중에서 天子를 대행하여 軍權을 행사할 수 있는 지절(持節)을 받은 도독을 節度使(절도사)라고 불렀다.

예종 경운 2년(711)에, 처음 河西節度使를 설치했다는 기록이 있는데, 玄宗 開元 연간에 北庭(북정), 河西, 河東, 隴右(농우), 朔方(삭방), 范陽(범양), 平盧(평로), 劍南(검남), 嶺南, 磧西(적서)의 10절도사를 두었다. 이 중에 범양절도사(北京 지역, 幽州)가 가장 강했다고 한다. 절도사를 처음 설치할 때는 군사업무를 담당하며 외적 방어가 주목적이었으나 점차 권한이 확대되어 관할 구역의 군사 행정 재정의 모든 권한을 장악하게 되었다. 절도사는 절충부 무관에서 승진한 자가 있고 이민족 출신의 절도사도 있었다. 이민족을 상대하지 않는 삭방, 하동, 검남절도사는 문관이 임명되었다.

71 주전충(朱全忠, 본명 朱溫, 852－912) － 황소(黃巢)의 난(875－884) 중 황소의 부장으로 황소를 배반한 뒤 격파, 황소는 부하에 피살. 일설 자살. 唐에 투항했다. 당 희종(僖宗)이 朱全忠이란 이름을 하사. 당 소종(昭宗, 재위 888－904)을 시해한 뒤, 마지막 황제 애제(哀帝, 재위 904－907)를 옹립. 907년에 애제를 폐위, 칭제(後梁, 연호 開平)

오대(五代)와 북송(北宋)의 건국자(조광윤)가 모두 절도사 출신이었다는 점은 군사제도의 운영이 결코 만만한 일이 아님을 보여주었다.

6) 사법제도

○ 율령격식(律·令·格·式)

당대(唐代)의 법률에 율령격식(律·令·格·式)의 4가지 형식이 있었다.

율(律)은 형사법규(刑事法規)이니, 예를 들어 무슨 죄를 지은 자는 어떻게 처벌한다는 규정이다.

령(令)은 존비귀천(尊卑貴賤)의 체제와 같은 국가 운영의 제도라고 정의하였다. 이는 나라에서 제정한 여러 가지 법령의 총칭이다. 신분제도나 귀천의 구분에 관한 제도, 나라의 관제(官制), 예제(禮制), 전제(田制), 학제(學制), 선거제(選擧制, 과거시험 운영 원칙), 병제, 부세(賦稅) 제도 등 나라를 운영하는 모든 제도에 관한 법이다. 당나라에서는 여러 차례 율과 령을 반포하고 시행하였다. 고조 이연 재위 중에 배적(裵寂)은 〈당률(唐律)〉을 반포 시행하면서 〈당령(唐令)〉도 제정 반포 시행하였다. 정관 초기에 배현령 등이 제정한 〈당령〉, 고종 의봉(儀鳳) 연간의 유인궤(劉仁軌),

---

곧 당 멸망, 5代의 시작. 912년, 그의 나이 59세에 3子 주우규(朱友珪)에게 시해당했다.

예종 수공(垂拱, 685) 현종 개원 초기 요숭(姚崇)과 송경(宋璟) 등이 제정한 〈당령〉이 반포 시행되었다. 그런데 지금 전하는 당령은 하나도 없다고 한다.

격(格)은 백관(百官)이나 유사(有司, 업무 담당자)가 상행(常行)하는 일이라고 정의하였다. 각 담당 관서에서 제정한 시정(施政) 방침이나 업무 수행 관련한 원칙이나 지침이다. 관리의 금지행위나 준수사항, 정사(正邪)에 관한 규정이다.

식(式)은 일상적으로 지켜야 할 규정(其所常守之法野)이라는 정의가 있으니, 이는 일종의 업무처리 지침이나 절차이며, 시행세칙(細則)이라고 말할 수 있다.

당에서는 관리나 백성이 령(令)·격(格)·식(式)에 어긋나거나 위반하면 처벌이나 제재를 받는데, 그 처벌의 정도나 기간, 형량, 방법 등에 관한 규정이 율(律)이다.

곧 관리나 백성이 나라의 령(令)·격(格)·식(式)을 위반하거나 어겼을 때(三者其有所違), 또는 백성이 악행으로 죄에 해당하면(及人之爲惡而入于罪戾者) 율(律)에 의거 단죄한다(一斷以律).

곧 관리나 백성이 처벌받을 수 있는 규정이 율이다. 율에 의해 지방으로 방출되거나 신분이 격하되며 징역을 살고 처형되는 것이다.

○ 재심제도

당 태종 정관 연간에 '3일에 5회 상주하기(三日中五復奏)' 규정이 시행되었다. 이는 억울한 재판이나 처형을 예방하기 위한 조치이다.

하내(河內) 지역에 사는 이호덕(李好德)이란 자가 요망한 말을 지어내 유포한다 하여 잡혀 조사를 받았다. 대리승(大理丞)인 장온고(張蘊古)는 이호덕이 정신병(癲狂之症)이 있다 하여 치죄하지 않았다. 그러나 치서시어사(治書侍御使)인 권만기(權萬紀)는 장온고가 피의자의 형과 친분 관계라서 고의로 법 적용을 안했고 정황을 과장했다면서 비판, 탄핵하였다.

이에 태종은 대노하면서 장온고를 즉시 처형시켰다. 또 한 지방관이 어명을 어겼다 하여 바로 처형시킨 일도 있었다. 그러나 곧 자신의 처분이 너무 지나쳤다 생각하며 크게 후회하였지만 이미 처형된 뒤라서 아무 조처도 할 수 없었다. 이에 태종은 사형수에 대하여 3일간 5번 상주할 수 있는 제도를 마련하였다.

곧 처형 2일 전, 1일 전에 한 번씩, 새로운 증거나 정황이 발생하면 그 내용을 상주할 수 있고, 처형 당일에는 3번까지 상주할 수 있게 하였다. 그러나 반역죄는 1번만 상주할 수 있게 하였다.

태종의 이런 제도는 원통한 사정을 고려해야 한다든지, 또는 법률 조항 적용을 잘못하였다가 새로운 증거나 새 논리에 의거 구제할 수 있다면 구제해야 한다는 생명 존중의 뜻이었다.

○ 죄수 생활

당대의 지방 주현이나 관아에는 죄수를 가둘 수 있는 감옥이 설치되었다. 수도의 감옥에서는 1달에 1회 죄수 현황을 형부에 보고했고, 형부에서는 어사를 보내 현황을 확인하였다.

매년 입춘이나 입추 또는 초하루와 보름, 24절기, 나라의 큰 제사가 있으면 사형을 집행하지 않았다.

5품 이상의 관리가 사형에 해당하는 죄를 지었을 경우 수레에 태워 형장으로 호송케 했으며, 대리정(大理正)의 결단에 의거 집에서 사약을 받아 죽을 수 있었다.

친척이 없는 사형수라면, 나라의 장작감(將作監)에서 목관을 만들어 지급했고, 도성 성곽에서 7리 밖에 매장하였으며, 사형수의 가족이 시신을 인수하여 안장할 수 있었다.

죄수를 가두는 각 감옥의 책임자는 5일에 한 번씩 죄수의 신체 상태를 점검하였다. 여름에는 간장을 먹을 수 있도록 조치하였고, 1개월에 한 번씩 목욕을 시켰다. 병든 자에게는 약을 지어 복용케 하였으며, 중병자의 경우 신체를 제약하는 형구를 벗겨주었다. 그리고 가족 1인의 시중을 받을 수 있게 허용하였다.

3품 이상의 관리는 부녀자 2인의 시중을 받을 수 있었으며, 20일 이내에 1차 심문, 한 달 이내에 2차 심문을 받게 하였으며, 심문 중 매질은 2백 회를 초과할 수 없었다. 중대한 범죄의 경우, 대리시(大理寺)에서 판결낼 수 없다면 상서성(尙書省)에 관련자들의 협의로 형량을 판결케 하였다. 형이 확정된 자도 형부에서는 매년 정월에 사자를 보내 죄수의 하소연을 참작하여 다시 심리할 수 있었다.

○ 독류수(獨柳樹) – 처형 장소

숙종 이후 장안성 서남쪽 구석의 '홀로 선 버드나무(독류수獨柳樹)'가 정치범이나 고급 관리들의 처형장이 되었다.

당에서는 사람들이 많이 모이는 장안 성내의 동시(東市)나 서시(西市)의 거리에서 사형을 집행했었는데, 숙종 때부터는 장안성 내에 외진 곳의 버드나무 근처에서 처형하였다.

나라에 대한 반역의 수괴(首魁)로 안록산이 칭제한 뒤 그 시중(侍中)이었던 달해순(達奚珣)[72]이 독류수에서 처형되었다. 또 조정에 반기를 든 절도사 진종권(秦宗權)도 소종(昭宗) 용기(龍紀) 원년(889)에 독류수에서 처형되었다. 그러나 문종 때, 감로사변(甘露事變)으로 처형당한 자 중 일부 고급 관리는 동류수에서 처형되었지만 하급 관리는 종전처럼 시장의 길거리에서 처형되었다.

당대 정관 이후 관리는 시장에서 처형되지 않았지만, 인사의

---

[72] 달해순(達奚珣, ?–758) – 安祿山에게 투항, 兩京을 수복한 뒤에 처형되었다. 달해순은 開元 5년(717)에 급제한 이후 여러 관직을 역임하였다. 안록산이 반란할 때(755), 달해순은 河南尹이었다. 안록산이 동도에 들어와 칭제할 때 달해순은 시중(侍中)이 되었다. 달해순은 758년 12월에 180명의 관원이 참관하에 장안성 서남쪽 독류수 아래서 참수되었다.

난 이후 문무 관리 중에서 조정을 배신하고 반적에 투항하거나 자립하여 칭왕(稱王)한 자들을 독류수에서 처형할 때, 관리들을 동원하여 참관케 하였다.

사실 독류수에서의 처형은 그 절차가 매우 복잡하였다.

먼저 죄인을 종묘에 데려가서, 종묘와 천지 신령에 처형자의 죄상을 아뢰었다. 다음에 이들을 거리로 데려가서 백성들에게 죄상을 널리 공개하였다. 그리고 독류수 있는 곳으로 데려가서 처형하였으며 백관을 참관케 하여 훈계의 효과를 거두려 하였으니, 이러한 처형 역시 그 정치적 의도가 분명하였다.

(3) 태종의 문치 정책

1) 이세민의 문사 애호

당시 천책부의 관료로 지방에 내려가는 사람들이 많았고 두여회(杜如晦)도 전출 대상자였다.

그러자 방현령이 말했다.

"다른 사람이야 아쉽지 않지만, 두여회는 왕자를 보좌할 인재이니, 대왕께서 천하를 경영하고자 한다면 두여회가 아니면 안 됩니다."

진왕은 상주하여 두여회를 유임케 하여 막하의 참모로 일하게 했는데 판단이 물 흐르듯 막힘이 없었다.

방현령이 들어가 일을 상주할 때마다 고조가 말했다.

"방현령이 내 아들(진왕)을 위해 일을 도모하니, 비록 천리나 떨어져 있어도 얼굴을 마주하고 이야기하는 것 같다."

진왕의 공적이 천하에 미쳤지만 신변에는 몇 번이나 위기가 있었고 그때마다 방현령과 두여회의 방책에 의지했었다.

뒷날 사람들이 당나라의 명상(名相)을 말하려면, "앞에는 방현령과 두여회(前有房杜), 뒤에는 요숭과 송경이 있었다(後有姚宋)."라고 말했다. 방현령과 두여회는 정관지치(貞觀之治)를, 요숭(姚崇, 姚는 예쁠 요. 성씨)[73]과 송경(宋璟)은 현종의 개원지치(開元之治)를 주도한 현상(賢相)이었다.

2) 문학관 18학사

진왕(秦王) 이세민(李世民)은 수시로 천책부(天策府)[74] 문학관(文

---

73 요숭(姚崇, 651-721) - 原名 姚元崇, 後名 姚元之. 당 현종의 開元 연호의 元을 피휘하여 요숭(姚崇)으로 통용. 여러 관직을 거쳐 吏部尙書 역임. 71세의 천수를 누리고 별세, 시호는 文貞.

74 李世民은 돌궐과의 전투, 국내 반항 세력의 격파에서 확실한 전공을 거듭 세우게 되자, 이연은 이세민의 직분을 높여 司徒(사도 三公의 一)의 윗자리인 天策上將(천책상장)에 임명했다. 天策은 본래 星名으로 무정(武丁, 殷 高宗)의 大臣인 부열(傅說)이 죽은 뒤에 하늘의 별이 되었다는 전설이 있다. 당고조 이연은 武德 4년(621) 이후 이세민이 이미 진왕(秦王)의 작위에 太尉(三公之首, 전국 군사 총지휘관) 겸 상서령(尙書令, 宰相之首)을 겸하고 있어 더 이상 임명할 지위가 없어 천책상장 직위를 신설하여 이세민을 임명하였다. 天

學館)에 와서 학문을 논했는데, 때로는 밤중이 될 때도 있었다. 그때 당시 사대부로 진왕의 문학관에 뽑혀 참여하는 사람을 사람들이 '신선이 사는 영주에 들어갔다'고 말하였다.

이들 문학관 18학사의 전직은 대개 진왕부와 천책부에서 이세민을 보필하던 속관들이 많았고, 그 외에 국자감 등에서 젊고 유능한 문사들을 끌어모았다. 당시 태종은 수시로 문학관에 가서 이들과 어울려 담소하거나 시정(時政)을 논하거나 때로는 바둑을 두었다.

진왕은 이들 십팔학사를 삼번(三番)으로 나눈 뒤, 교대로 숙직케 하며 정사를 보조케 하였다. 18학사라는 명칭과 등용은 수(隋) 이전 북주(北周)에서 시작되었다. 태종의 18학사 이후 현종 때에도 18학사가 있었다.

이세민이 젊고 유능한 인재를 뽑아들였다는 뜻과 함께 한번 뽑아 쓸 경우 철저히 신뢰하였기에 군신 간의 끈끈한 유대가 형성되었다고 볼 수 있다.

태종의 측근으로 문학관에 근무했던 18명의 학사는 아래와 같다.

두여회(杜如晦), 방현령(房玄齡), 우세남(虞世南), 저량(褚亮), 요사렴(姚思廉), 이도현(李道玄), 채윤공(蔡允恭), 설원경(薛元敬), 안상

策上將은 자신이 필요한 문무관원은 황제의 승인 없이도 임면(任免)할 수 있었다. 이에 이세민의 권력은 그 어느 누구보다도 막강했다.

시(顔相時), 소욱(蘇勖), 우지령(于志寧), 소세장(蘇世長), 설수(薛收), 이수소(李守素), 육덕명(陸德明), 공영달(孔穎達), 개문달(蓋文達), 허경종(許敬宗) 등 18명이다.

태종은 염입본[75]에게 이들의 초상화를 그려 기념케 하였다. 당시 사람들은 이와 관련하여 〈십팔학사혁기도(十八學士奕棋圖)〉를 남기기도 하였다. 이들 18학사의 전 소속을 보면 진왕부 소속의 관료들이 많았다.

3) 국자감 융성

○ 국자감

정관 14년, 황제가 국자감(國子監)에 가서 친히 석전제(釋奠祭)를 올렸다. 이때에 천하의 명유를 많이 초빙하여 학관(學官)으로 임명하였고 자주 국자감에 행차하여 학관들에게 강론케 하였다. 학생으로서 한 가지 경전 이상에 밝은 자는 벼슬을 받을 수 있게 하였다. 학사(學舍)를 1,200칸 증축하고 학생을 3,260명을 증원하였다.

---

[75] 염입본(閻立本, 601-673) - 唐代 著名 畫家. 당 中宗 때 右丞相에 올랐다. 人物, 車馬를 잘 그렸고 특히 초상화나 역사 인물화에 뛰어났다. 그가 그린 〈秦府十八學士〉, 〈凌煙閣功臣二十四人圖〉는 太宗의 명에 의한 작품이었다. 그의 현존 작품으로는 〈步輦圖(보련도)〉, 〈古帝王圖〉, 〈職貢圖(직공도)〉 등이 있다.

각 둔영(屯營)과 친위병의 부대에도 박사를 보내 경전을 가르치게 하였고, 경전에 능통한 자가 있으면 추천하여 천거케 하였다(공거貢擧). 이에 사방의 학자들이 구름처럼 장안으로 모여들었다. 그리고 고구려, 백제, 신라, 고창(高昌)·토번(吐蕃)의 여러 나라 왕들이 자제를 보내 국학(國學/ 국자감)에 들어가기를 청했다.

경전을 강연하는 자리에 나가는 사람이 8천여 명이나 되었는데, 황제는 가르치는 사람의 학설이 제각각이고 경전의 장구(章句)가 번잡하다고 생각하여 공영달(孔穎達)에게 명해서 여러 유생과 함께 오경의 뜻을 밝히게 하였는데, 이를《오경정의(五經正義)》라 하였다.

4) 공영달의《오경정의》

○ 공자의 후손

공영달(孔穎達, 574-648)은 공자의 32대손으로 8세에 취학하여 하루에 1,000자씩 경전을 배워 외웠다고 한다. 경전(經傳)에 밝았고 문장을 잘 지었으며, 어언(語言)과 훈고(訓詁)[76]의 대사(大師)로

---

[76] 훈고(訓詁) - 經書나 고문의 字句에 대한 해석이나 주석(註釋), 또는 大義를 고증하는 일. 이런 훈고를 주로 하는 유학을 훈고학(訓詁學)이라 한다. 훈고학은 前後 漢代의 유학을 지칭하는 말로 통용된다. 이는 중국어의 語文學(小學)의 한 부분이다. 유가 경전의 字

당나라 초기 안사고(顏師古)와 나란한 명성을 누렸다.

공영달은 고조 무덕 9년(626) 국자박사가 되었고, 정관 6년(632) 국자사업(國子司業)으로 《효경(孝經)》을 강의하였으며, 《수서(隋書)》 편찬에도 참여하였고, 국자감의 학장이라 할 수 있는 국자감 제주(祭酒)가 되었으며, 18학사의 한 사람이었다.

공영달(孔穎達, 574-648) 〈출처: 위키백과〉
공자 32대손, 《오경정의(五經正義)》 저술.

태종의 명에 의거 편찬한 《오경정의(五經正義)》는 총 180권으로 《모시정의(毛詩正義)》 40권, 《상서정의(尙書正義)》 20권, 《주역정의(周易正義), 역경(易經)》 14권, 《예기정의(禮記正義)》 70권, 《춘

句나 경전 내 구절의 大義에 관해서는 異論이 너무 많아 그 천명(闡明)이 쉽지 않았다. 廣義의 訓詁學은 음운학(音韻學)과 文字學을 포함하고 협의적으로는 경전 내의 사의(詞義)와 어법(語法), 수사(修辭)에 치중하는 유학이다. 이 훈고학과 유관한 대표적인 저술이며 기본서는 《爾雅(이아)》와 《說文解字(설문해자)》이다. 훈고학은 당대 이후 쇠퇴하였다가 淸代 考證學과 더불어 연구가 활발하였다.

추정의(春秋正義)》 36권이다. 이는 5경(經)에 대한 남북조 시대 경학자들의 견해를 종합하여 뜻을 밝힌 책으로, 위진(魏晉) 이래의 경학을 집대성했기에 권위와 대표성을 인정받는 저술이었다. 유가의 《오경》을 주석하는데 여러 사람이 집필에 참여하였고 공영달은 편집 총책임자였다. 이 책은 정관 16년(642)에 완성하였지만 보완 과정을 더 거친 뒤, 고종 영휘(永徽) 4년(653)에 반포 간행하였다.

더군다나 이 책이 과거시험과목으로 지정되면서 자유로운 토론과 연구를 멈춰 학문 발달을 오히려 저해했다는 평가를 받았으며, 후대 학자들에 의한 평가는 높지 않다고 한다. 공영달은 75세의 수를 누리고 정관 22년(648)에 죽었다.

(4) 태종의 공과

1) 태자 자리를 둘러싼 암투

태종은 장손황후의 몸에서 3명의 아들을, 그리고 후궁의 몸에서 11명의 아들을 두었다.

당 태종은 성공한 모범 군주였지만 황제가 되기 위하여 형제를 죽여야만 했었다. 자신이 그러했듯이 태종 말년에 태자 자리를 둘러싼 암투가 벌어진다.

태종과 장손황후 소생의 장자(長子) 승건(承乾, 619–645)은 8살에 태자로 책봉되었다. 성년이 되어 동성(同性) 연애의 기질도 나타났고 여색과 사냥에 빠졌으며 성행이 불량했다.

정관 16년에, 이승건은 태종의 동생 이원창(李元昌)과 합세하여 무력을 동원하여 태종을 살해하려는 음모가 발각되어 정관 17년(643)에 서인(庶人)으로 강등되었다가 정관 19년(645)에 울분 속에 죽었다. 태종의 장남 이승건의 반란 계획을 도왔던 후군집(侯君集)은 자신의 옛 공적을 믿고 태종을 원망하면서 태자 승건의 열등감을 이용하려고 반란을 권유했다가 발각이 되자 즉시 처형되었다(643).

위징은 그전에 후군집을 추천했었는데, 태종은 (후군집이) 위징에게 아부하는 한 무리인 것으로 의심하였다. 또 '위징이 황제에게 올린 간언을 모두 적어 문하성의 기거랑(起居郎)[77] 직책에 있는 저수량(褚遂良)[78]에게 보여주었다' 는 말도 있었다.

태종은 이를 매우 불쾌하게 생각하였다. 위징이 죽기 전에 태

---

77 기거랑(起居郎) – 관직명. 황제의 일상생활을 기록하는 문하성의 관리. 기거랑이 기록한 내용은 史官에게 보내진다.

78 저수량(褚遂良, 596–658, 字는 登善) – 杭州錢塘縣(今 浙江省 杭州市) 출신. 河南郡公에 피봉되었기에 褚河南으로도 호칭. 政治家이며 명필, 書法家. 부친 저량(褚亮)은 博學多才하고 文史에 精通했다. 中書令 역임, 정관 23년(649年). 장손무기(長孫無忌)와 함께 太宗의 유조를 받아 정사를 보필하였다. 뒷날 고종이 무측천(武則天)을 황후로 책봉하려 할 때, 장손무기와 함께 굳세게 반대하여 지방관으로 좌천되었다가 측천무후에 의해 지금의 베트남 땅인 桂州都로 좌천을 당했다가 658년에 임지에서 죽었다.

종은 위징을 불러 만나보고 공주(衡山公主)를 위징의 아들 숙옥(叔玉)의 처로 보내려 했었는데, 그 혼인을 중지시켰고 (자신이 비문을 지었던) 위징의 비석을 치워버리라 하였다.

이어 제왕(齊王)이던 5남 이우(李祐)가 반란을 일으켰다가 서인으로 쫓겨났고, 장손황후 소생의 4남인 위왕(魏王) 이태(李泰) 역시 태자 자리를 노렸으나 유폐되었다가 고종 영휘 3년(652)에 35세로 병사했다.

결국 태종은 측근인 장손무기(長孫無忌, 장손황후의 오라버니, 태종의 손위 처남)가 지지하는 장손황후 소생으로는 3자(子)인 (태종의 9자) 진왕(晉王)인 이치(李治)를 정관 17년(643) 태자로 책봉한다(뒷날 정관 23년 고종으로 즉위).

2) 이세적을 시험하다

○ 이세적에 대한 믿음

정관 23년(649), 태종이 병에 걸렸다. 태종은 태자(李治)를 불러놓고 말했다.

"이세적(李世勣, 태종 이름자 世를 피휘하여 이적으로 통용)은 재주와 지략이 뛰어났으나 너는 그에게 베푼 은혜가 없다. 내가 지금 이세적을 내쫓을 것이니, 내가 죽은 뒤에 불러 복야(僕射)로 임명하여 믿고 맡기도록 하라. 만약 좌천당했다고 꾸물대거나 딴마음을 품는다면 내가 곧바로 죽여버리겠다."

그리고 이세적 첩주(疊州, 지금의 감숙성 서남부에 해당)도독으로 좌천시켰는데, 이세적은 황제의 명을 받고서는 집에 들르지도 않고 임지로 떠나갔다.

3) 멧돼지 사냥

태종이 비록 무공(武功)으로 여러 환란을 평정하였지만 뒤에는 문치(文治)로 천하를 편안케 하였다. 태종은 스스로 교만과 사치를 늘 두려워하였다.

이세민은 젊어서 힘으로도 한 명성을 누렸다. 이세민이 지니고 다닌 무기 중 가장 유명한 것은 2m가 넘는 거궐천궁(巨闕天弓)이라는 활이었고 거의 백발백중이었다는 기록이 있다.

태종 이세민의 모친이 선비족이었기 때문에 그의 몸에는 유목민족의 기질이 있었고, 그래서 그런지 사냥을 무척이나 좋아했었다.

태종이 천책상장(天策上將)으로 천책부(天策府)를 설치하고 있을 때, 사냥을 나가서 멧돼지 떼를 만났다. 태종이 연속 4개의 화살로 4마리를 죽였는데도 한 마리가 이세민을 향해 돌진했다. 그때 이부상서인 당검(唐儉)이 급히 말에서 내려 멧돼지와 육박전을 벌렸다.

이에 태종이 칼로 멧돼지를 죽인 뒤 농담으로 말했다.

"천책부 장사는 상장(上將)인 내가 적을 무찌르는 것을 못 보았는가? 무엇을 두려워하는가?"

이부상서 당검은 그전에 천책부 소속의 장사(長史)였었다.

그러자 당검이 즉시 대답했다.

"한 고조는 마상(馬上)에서 천하를 얻었지만 마상에서 통치하지 않았습니다. 폐하께서는 신무(神武)로 사방을 평정하고서도 어찌하여 산짐승을 상대로 웅심(雄心)이나 자랑하고 싶습니까?"

태종은 당검의 말을 옳다고 인정하고 다시는 사냥을 하지 않았다고 한다.

4) 태종의 말년

○ 경계해야 할 승자효과

실전 전투 지휘관이 승리를 거듭할수록, 또 기업의 CEO가 사업 목표를 연속 달성하다 보면 승리나 자신감에 도취되어 더 큰 목표나 더 많은 성과를 얻기 위해서, 마치 브레이크가 고장 난 자동차처럼 질주하게 된다. 이를 승자효과(Winner's Effect)라고 한다.

우리가 일상생활에서 자신만만(自信滿滿)하다는 말을 자주하는데, 그러다 보면 멈춰야 할 때 멈출 줄 모르고 만족하질 못한다. 적당한 어느 선에서 끝을 내야 하는데 과욕이 생겨 끝내지 못하게 될 경우 그 최후는 패망으로 치달을 수밖에 없다. 패망은 멈출 수 없는 자의 운명적 비극이다.

사실 태종은 영명(英明)한 군주로 문치(文治)와 무공(武功) 어디서든 큰 공적을 이룩하였다. 자신이 검소한 생활을 하였고 신하들의 말을 경청하였다. 사람을 가리지 않았고, 능력이 있는 그대로 적재적소에 활용했기에 국내외의 모든 정책에서 성공을 거둘 수 있었다.

즉위하고 13년이면, 그리고 그동안 계속된 성공이 축적해 놓은 성과가 있기에 점차 초심을 잃어갈 때가 되었는지 그 폐단이 나타나기 시작한 것이다. 때문에 위징은 그가 간파한 10가지 염려되는 사항을 올렸다.

그 첫째는, 태종이 점차 직간(直諫)을 싫어한다는 것이었다. 정관 초기에 그렇게 적극적으로 신하의 말을 경청하더니 이제는 자세와 결심이 다르다는 것이었다.

두 번째로, 위징이 지적한 것은 사치의 풍조가 점차 늘어나고 있다는 것을 지적하였다.

즉위 초기의 청정(淸淨)한 생활은 점차 사치 쪽으로 흘러갔다. 그래서 궁전을 다시 짓고 태산(泰山)에서 봉선(封禪)을 하겠다는 계획을 추진하기도 했었다. 물론 백성들이 너무 오랫동안 태평성대를 즐기다 보면 백성 부리기가 어려울 수 있고, 그러니 적당한 부역과 징발이 필요하다고 생각할 수는 있다. 그러나 그것이 치국의 바른 길이라 할 수는 없을 것이다.

하여튼 태종의 재위 기간 중에 전체적으로 공(功)은 많고 과실(過失)이 적었기에 축적된 결과가 남아있었다고 볼 수 있다. 후대는 그 속에 안주하게 되고 그러면서 점차 기울어가다가 결국 멸망이라는 공식에 도달할 것이다. 위징은 그런 조짐을 찾아 태종을 깨우치려 했던 것이다.

5) 창업과 수성(守成)

태종이 입시(入侍)한 신하들에게 창업과 수성 어느 것이 더 어려운가를 물었다.

방현령은 "일의 시작 초기에는 여러 영웅들이 한꺼번에 일어나 힘을 겨룬 뒤에야 신하로 거느릴 수 있으니 창업이 어려운 것입니다."라고 말했다.

위징은 "자고로 제왕은 모두가 간난을 겪으며 얻었지만 안일함 속에서 나라를 잃었으니 수성이 어려운 것입니다."라고 말했다.

이에 태종이 말했다.

"방현령은 나와 같이 천하를 얻는 과정에서 여러 번 죽을 고비를 넘기며 살아났기에 창업의 어려움을 알고 있다. 그리고 위징은 나와 같이 천하를 안정시키면서 교만과 사치는 부귀에서 비롯되고 재앙과 분란은 소홀(疏忽)히 하는 데서 나오는 것을 늘 걱정했었다. 그래서 수성의 어려움을 잘 알고 있는 것이다. 그러나 이제 창업의 어려움을 이겨내었다. 그래서 수성의 어려움을 지금 여러분과 같이 신중하게 생각하는 것이오."

흔히들 '창업은 쉽지만 그를 지켜나가기는 어렵다(創業容易守業難)'고 말한다. 비슷한 뜻으로 '상호를 만들어 걸기는 쉬워도(創名牌容易), 상호를 지켜나가기는 어렵다(護名牌難).' 라는 말도 있다.

그러나 창업을 해 본 사람은 '천만 가지가 다 어렵다지만 창업보다 어려운 것은 없다(千難萬難, 莫過於創業難).'고 한다.

또 어떤 사람은 '창업 역시 어렵고(創亦難), 수성 역시 어렵지만(守亦難), 어려움을 알면 어렵지 않다(知難不難).'고 말하는데, 아마 이 말이 진리일 것이다.

실제로 '근면으로 창업하고(創業在於勤), 검약으로 사업을 키우다가(守業在於儉), 나태하면 패가한다(敗家在於懶).'는 말은 창업-수성-패망의 단계를 요약한 말이다.

6. 고종의 치세

(1) 고종의 즉위

당 고종(唐 高宗, 재위 649-683)[79]의 이름은 치(治)이고, 모친은

---

[79] 高宗은 22세 즉위. 649-683년까지 35년 재위. 재위 중 서돌궐을

장손(長孫) 황후이다(3子).[80] 태종의 장남 승건(承乾)이 결정적 실수가 있어 태자에서 폐위되자, 장손무기(長孫無忌, 황후의 친정 오빠)는 태종에게 치(治)를 책립할 것을 강력히 권했다. 이치(李治)는 7년 동안 태자로 동궁에서 살았다(643-649).

태종이 이치를 세자로 책봉한 것은 여러 의미가 있었다.

사실 태종에게 이치는 썩 마음에 드는 후계자는 아니었다. 그러나 여러 황자(皇子)들을 생각할 때 이치가 태자가 되어 즉위하면 적어도 다른 황자들이 생명의 위협을 느끼지 않을 것이라 생각하였다.

이치의 동생이며 태종과 장손황후의 4남인 위왕(魏王) 이태(李泰)는 문학을 좋아하고 여러 재간도 출중하여 태종의 총애를 받았다. 그러자 이태는 교만하고 무례한 일면을 내보이면서 적극적으로 태자의 자리를 얻으려는 욕심이 있었다.

태종이 만약 이태를 태자로 책봉하면 후세 자손들이 '태자의 자리는 치밀한 계획과 실천으로 차지할 수 있다'는 잘못된 믿음을 줄 수도 있다고 생각하였다. 그럴 바에야 좀 유약(柔弱)하지만 이치가 나을 것이라 생각했다.

멸망시키고 백제(660), 고구려를 멸망(668). 당나라 최대 영토를 이룩했다.

[80] 장손황후(長孫皇后) - 태종의 황후. 장손은 複姓.《女則》十篇을 저술했다지만 전해오지 않는다. 친잠례(親蠶禮)를 행했다. 고종은 장손황후의 3子.

이처럼 이치가 태자가 된 것은 어찌보면 뜻밖의 행운이었다.

태종은 일찍이 《제범(帝範)》12편[81]을 지어 내려주며 말했다.
"수신(修身)과 치국(治國)의 요체가 모두 이 가운데 있다. 내가 죽더라도 다시 더 할 말이 없다."
태자가 즉위하자(649), 장손무기와 저수량(褚遂良)이 선제(先帝)의 유조를 받아 정사를 보필했다. 이적(李勣)[82]을 좌복야(左僕射)로 삼았다가 곧 사공(司空)으로 임명했다.

(2) 황후 왕씨(王氏) 폐위

고종의 본 황후인 왕씨는 병주(幷州) 출신으로, 그 부친 왕인유(王仁裕)는 정관 연간에 나산현령(羅山縣令)이었다. 왕씨의 숙조모(叔祖母)는 고조 이연의 딸인 동안장공주(同安長公主)였다. 왕씨는 자색이 곱고 그 성정(性情)이 현숙(賢淑)하여 동안장공주가 태종

---

81 《帝範(제범)》- 정관 22년(648), 태종이 태자를 가르치기 위해 자신의 정치 경험과 자신의 功過를 저술한 책. 君禮, 建親, 求賢, 심관(審官), 납간(納諫), 거참(去讒), 계영(誡盈), 숭검(崇), 상벌(賞罰), 무농(務農), 열무(閱武) 등 12편.

82 이적(李勣, 勣은 공적 적) - 본래 성명은 徐世勣. 李淵이 李氏 賜姓. 태종의 世字을 피하여 李勣이 되었음. 태종 23년에 일부러 疊州都督(첩주도독)으로 좌천시켜 속마음을 떠본 일이 있는데, 이때 이적은 칙명을 받고서는 집에도 들리지 않고 임지로 향했다.

에게 추천하여 이치와 혼인케 하였다. 이치가 태자가 되자 태자비가 되었고, 즉위하자 황후가 되었다. 고종과 왕황후는 모두 평온한 부부였다. 그러나 측천무후가 등장하면서 부부의 평온한 사랑은 비극으로 이어졌다.

태종이 병석에 누웠을 때 무재인은 정성으로 시중을 들었다. 그러면서 무재인보다 4살 어린 태자(治)와 종종 눈길이 마주쳤고, 아마도 연정이 싹텄을 것이다.

태종이 붕어했을 때(649), 무재인(武才人)은 26세였다. (황제의 후궁이었기에) 감업사(感業寺)에서 삭발하고 비구니가 되어 죽은 황제의 명복을 기도했다. 다음 해에 고종이 감업사에 재(齋)를 올리러 가서 무재인을 보고 눈물을 흘렸다.

당시 왕황후와 숙비(淑妃)인 소씨(蕭氏)는 고종의 총애를 다투고 있었다. 고종과 무재인의 상황을 알게 된 왕황후는 무재인을 궁으로 불러 소숙비를 배제하겠다는 생각으로 비구니 무씨의 환궁을 적극 권유하였다.

재인 무씨는 입궁한 뒤에 품계가 올라 소의(昭儀, 비빈의 품계 정2품에 해당)가 되었고(고종 영휘 5년, 654), 고종을 독차지하였다. 이에 왕황후나 소숙비 모두 고종의 관심 밖이었다.

왕황후한테서는 소생이 없었지만, 입궁한 무소의는 곧 딸을 출산하였다. 고종과 무소의는 딸아이를 극진히 귀여워했다. 왕황후는 그날 무소의의 처소에 가서 아기와 함께 놀아주었다.

마침 황제가 무소의의 처소에 들리려 한다는 전갈을 받자, 왕황후는 서둘러 처소에서 나왔다. 그러나 무소의에게는 기막힌 영감(靈感)이 스쳤다.

무소의는 자기 딸 아이의 입을 막아 질식시킨 다음 이불을 덮어놓았다. 그리고 황제를 맞이했다. 황제가 잠자는 딸아이의 이불을 들고 보니 어린아이는 이미 죽어있었다. 결국 누명은 왕황후에게 돌아갔다. 무소의는 왕황후와 소숙비를 모두 궁 안에 유폐시켰다. 물론 왕황후 친정 모친의 입궁도 차단되었다. 영휘(永徽) 6년(655)에, 왕황후와 소숙비는 폐위되고 무소의는 황후가 되었다(영휘 6년, 655. 10월).

고종은 무 황후의 생부 무사확에게 주국공(周國公)을 추증했고, 곧바로 태원왕(太原王)으로 더 높여 추증했다.

고종은 고혈압과 어지럼증(풍현風眩)으로 고생했는데, 여러 부서에서 상주하는 정사를 다 열람할 수가 없어 가끔은 황후가 결재하도록 하였다.

황후는 천성이 총명하고 문학과 역사 서적을 섭렵하였기에 정사를 처리하는 것이 모두 황제의 뜻에 맞았다. 이로부터 정사를 위임하니, 그 권세가 황제와 같았기에 사람들은 '천자가 두 명(二聖)'이라고 말했다.

여기서 측천무후의 기질을 알 수 있는 이야기를 하나 소개한다.

당 태종에게는 서역에게 선물로 보내온 사자총(獅子驄)이라는 사나운 말이 있었는데, 누구도 그 말을 길들여 탈만한 사람이 없었다. 태종이 상을 내걸자, 무재인이 자청하였다.

무재인은 태종에게 3가지 물건을 요청했다. 쇠로 만든 채찍〔철편(鐵鞭)〕, 송곳이 박힌 쇠 저울추(철추鐵錘), 그리고 비수(匕首) 한 자루를 달라했다. 태종이 용도를 물었다.

무재인이 말했다.

"쇠채찍으로 때려가며 길들일 수 없다면, 송곳이 박힌 쇠몽둥이로 때리면서 길들여보겠습니다. 그래도 안 되면 비수로 말을 즉시 죽여버리겠습니다."

무재인의 말에 태종은 감탄하지 않을 수 없었다. 이 성질 그대로 나중에 신하들을 길들이고 이끌었다.

(3) 고구려와 당의 전쟁

1) 고구려 정벌

고종 건봉(乾封) 원년에(666), 고종은 태산에서 봉선(封禪)[83]했

---

83 封禪(봉선) – 고대 제왕이 天地에 제사를 올리는 중대한 의식. 封墠(봉선), 封禮(봉선)으로도 표기. 封은 천자가 단을 쌓고 祭天하는 의식. 封, 또는 登封으로도 표기. 禪(墠, 제터 선)은 땅을 깨끗하게 쓸고(除地) 올리는 제사. 이는 山川의 제신에 대한 제사를 의미. 진시황은 始皇 28年(前 219)에 泰山에 봉하고 梁父山에서 禪한 이

다. 박주(亳州)⁸⁴에 이르러 노자를 태상현원황제(太上玄元皇帝)로 추존했다. 그리고 이적을 요동대총관(遼東大總管 / 지방 주둔군의 지휘관 도독을 총관이라 통칭)으로 삼아 고구려를 정벌케 했다.

고종 총장(總章) 원년(668)에, 이적은 고구려 평양성을 함락시키고, 고구려 왕⁸⁵을 항복케 했다. 고구려가 다 평정되자 안동도

후 漢 武帝는 元封 원년(前 110) 封泰山하고 숙연산(肅然山)에서 禪했다. 後漢 光武帝는 建武中元 元年(서기 56) 封泰山하고 梁父山에서 禪祭를 올렸다. 광무제는 輦(연)을 타고 升山하여 壇南에 北面하여 자리하고 尙書가 바친 玉牒에 광무제가 직접 국새를 찍어 봉한 뒤, 땅에 묻고 돌로 덮고서 광무제가 再拜했다고 하였다. 곧 封에는 印封과 埋葬(매장)의 의식이 포함된다.

봉선의 장소는 태산(泰山, 岱山)은 五岳의 으뜸(五嶽之長, 五嶽獨尊)으로, 옛 이름은 岱山(대산) 또는 岱宗(대종)으로 불리었고, 山東省의 중앙부 泰安市에 자리하고 있으며, 태산의 주봉은 玉皇頂(1,533m)이다. 泰山은 秦의 시황제 이후 漢 武帝, 또 역대 왕조의 황제들이 이곳에 친림하여 하늘에 제사하는 봉선(封禪) 의식을 행했다.

84 亳州(박주) - 今 安徽省 서북의 박주시(亳州市). 옛 초군(譙郡). 亳은 땅이름 박(亳, 가는 털 호가 아님)

85 고구려 寶藏王(보장왕, 재위 642-668). 666년 연개소문(淵蓋蘇文) 사후에 고구려 내분이 일어났었다. 668년 보장왕은 포로가 되어 장안에 끌려가 工部尙書에 임명되고 武后의 조카와 결혼도 했었다. 676년에 遼東州都督朝鮮王에 임명되었으나 말갈족과 연합하여 고구려 부흥을 꾀한다 하여 681년에 四川에 유배되었다가 682년에 죽었다.

호부(安東都護府)⁸⁶를 설치했다.

   고구려와 당(唐)의 전쟁은 전후 3차에 걸쳐 진행되었다. 당으로서는 수(隋) 멸망의 직접적 원인이 고구려 원정 실패에 있었으니 무척 신중하게 대처하였다.

   고구려와 당의 1차전은 644년에서 645년 사이 태종 재위 기간에 있었다. 그때 태종이 친정(親征)했지만 안시성을 함락시키지도 못하고 부득불 철수할 수밖에 없었던 대참패였다. 야사(野史)에는 당 태종의 한쪽 눈이 화살에 맞았고 당군(唐軍)은 대패하였다. 그렇지만 당 태종의 이러한 완전한 대참패가 정사(正史)에 기록될 리가 없다. 중국 측의 실패는 당 태종의 "만약 위징이 살아 있었더라면—" 하는 이 한마디가 결정적인 증거이다.

   고구려 당의 2차 전쟁은 660년 백제 멸망 후, 당 고종은 그 여

---

86 안동도호부(安東都護府) — 668년 고구려를 멸망시킨 뒤 고구려 영토를 지배하기 위해 평양에 설치하였다. 이후 8년간의 羅唐戰爭(나당전쟁, 668-676)에 당이 패하면서 안동도호부는 요성(遼城)을 거쳐 新城으로 옮겨가 699년까지 존속하다가 대조영(大祚榮)의 발해(渤海)가 건국되자(699), 幽州(유주, 지금의 북경시)로 옮겨갔다. 이후 몇 군데로 옮겨가면서 761년까지 존속하다 폐지되었다. 도호부(都護府) — 漢代 설치한 西域都護府가 그 기원. 국경 지역의 이민족을 督察(독찰)하기 위한 군사기구. 唐에서는 安西도호부(투르판 지역 지배), 安北(동돌궐 및 내몽고 지역 지배), 安東(고구려 故土 지배. 697년 폐지) 安南(월남 지역 지배), 北庭(북정, 준가루부 지배) 도호부 등 5개 도호부를 설치했었다.

세를 몰아 남북에서 고구려를 공격했지만 아무런 성과도 없었다. 당은 연개소문이 살아 있는 동안 또다시 고구려를 공격할 엄두도 내지 못했다.

666년 고구려의 연개소문(淵蓋蘇文)이 죽었고, 연개소문의 세 아들의 권력 다툼이 일어났다. 장남 연남생(淵男生)이 대막리지 지위를 계승했지만, 남건(男建)과 남산(男產)의 핍박으로, 아들 연헌성(淵獻誠, ?-692)과 함께 당나라에 망명했다(666).

당에서는 우효위대장군(右驍衛大將軍) 계필하력(契苾何力)을 요동안무대사(遼東安撫大使)로 임명하고 8만 명의 군사로 남생(男生)을 지원했다. 연개소문의 장남 연남생(淵男生)은 평양도행군대총관(平壤道行軍大摠管)의 직책을 부여받고 고구려 공격을 안내하면서 대권을 되찾으려 했다. 이런 내분으로 당은 고구려의 주요 군사 정보를 계속 얻어냈다.

668년 12월, 이적(李勣)은 요동도행군대총관(遼東道行軍大總管) 겸 안무대사(按撫大使)로 총 15만의 대군을 거느리고 진격해 들어간다. 한편 백제의 옛 땅을 지키던 유인원(劉仁願)과 신라 김인문(金仁問)이 남쪽에서 공격해 들어왔다. 고구려의 전략 요충지 신성〔新城, 지금의 요녕성 무순(撫順)〕을 탈취하고 겨울을 보낸 뒤 668년 봄, 당군은 압록강 입구에 모여 전열을 재정비한 뒤에 평양성을 공격한다. 여기에 연개소문의 동생 연정토(淵淨土)는 신라 김유신의 공격과 회유에 넘어가 신라에 투항하는 내분도 있었다.

668년 9월까지 고구려는 항쟁했으나 견디지 못하고 결국 항복하게 된다.

정관 18년(644)부터 시작된 당의 고구려 원정은 고종 총장(總章) 원년(668)에 끝났으니 전후 25년이 걸린 셈이다. 연남생은 당나라에서 고종의 인정을 받으며 출사했지만, 고종 의봉(儀鳳) 원년(676)에 46세로 죽었다. 연남생의 아들 연헌성은 뒷날 혹리 내준신(來俊臣)의 모함을 받아 자결하였다(692).

2) 당의 영역

당 태종 이후 고종 때까지 주변 민족에 대한 정벌은 계속되었다.

고종의 고구려 원정 성공 이후 당의 영역은 동쪽으로 한반도와 만주 일대, 그리고 지금 러시아 영토인 연해주까지 모두 당의 영역이 되었다.

고종의 명을 받은 소정방(蘇定方)[87]이 수륙 10만 군사에게 백제

---

[87] 소정방(蘇定方, 592-667) – 冀州 武邑(今 河北省 남부 邢台市)人, 原名 烈, 字 定方, 以字 行. 여러 戰功으로 형국공(邢國公)에 피봉. 76세 병사. 追贈 左驍衛大將軍, 幽州都督. 顯慶 5년(660) 3월에, 소정방은 行軍大總管으로 유백영(劉伯英) 등 수륙 10만 명을 거느리고 百濟國을 원정에 나서 城山(今 山東省 榮成市 동부)에서 출발, 德物島를 거쳐 김유신(金庾信)과 양면에서 공격. 백제 의자왕이 유예 미결하는 사이 白江과 탄현(炭峴)을 넘었다. 소정방은 도성 사비성(泗沘城)을 포위했고, 의자왕과 태자는 도성을 탈출, 次子 부여

가 멸망하자(660), 백제 옛 땅에는 웅진도독부(熊津都督府) 등 5개(웅진熊津, 마한馬韓, 동명東明, 금련金連, 덕안德安) 도독부를 설치하고 옛 백제 지역을 통치했었다.

그러나 660년 이후 고종 용삭(龍朔) 3년(663)까지 승려 도침(道琛)과 장군 복신(福信) 등을 중심으로 백제부흥운동이 일어나자, 5개 도독부는 모두 웅진도독부로 통합되었다. 그러면서 백제부흥운동은 내분으로 실패했다.

당은 처음에 장수 왕문도(王文度)를 웅진도독에 임명했고, 왕문도가 죽자 장군 유인원(劉仁願)을 웅진도독 겸 대방주(帶方州) 자사로 임명했다. 나중에는 백제도호로 명칭을 바꾸면서, 백제 국왕(國王) 의자왕(義慈王)의 아들 부여융(扶餘隆)을 웅진도독에 임명했지만, 부여융은 백제인의 보복과 신라의 공격이 두려워 부임하지도 못했다. 이후 백제 영역은 모두 신라 차지가 되었다.

당나라는 태종 정관 19년(645) 이후, 662년에는 소정방이 고구려를 공격했고, 666년에도 고구려를 원정하였지만 모두 실패하

태(扶餘泰)가 저항했으나 결국 투항 멸망했다. 소정방은 자신의 공적을 기록한 〈大唐平百濟國碑銘〉을 定林寺 石塔에 새겼다. 蘇定方은 國王 부여의자(扶餘義慈)와 太子 융(隆)과 태(泰)를 거느리고 낙양에 개선했다. 당은 웅진(熊津), 馬韓, 東明, 금련(金連), 덕안(德安) 등 5도독부를 두고 37주 250개 현을 통치했다. 蘇定方은 左武衛大將軍으로 승진하였다.

였다. 결국 고종 총장 원년(668)까지 24년간 전쟁 끝에야 겨우 고구려를 멸망시켰다. 당나라에서는 이웃 국가에 대하여 이렇게 오랜 기간 전쟁을 지속한 사례가 없었다.

당나라는 고종 총장(668-669) 이후 옛 고구려 영토를 관할하려고 안동도호부(安東都護府)를 설치했는데, 그 치소(治所)는 옛 고구려의 도읍 평양성(平壤城)이었다.

안동도호부는 압록강 하류에서 요하(遼河) 동쪽까지 통치케 하였지만 신라와의 나당전쟁(羅唐戰爭)을 통해 잠식당하고 고구려 유민의 저항 때문에 676년에 안동도호부의 치소를 요동성(遼東城, 지금의 요녕성 중부 요양시(遼陽市))으로 옮겼다.

그러나 대조영(大祚榮, 高王, 재위 698-719)이 발해를 건국하면서 안동도호부는 안동도독(安東都督)에 병합되었고, 고구려 보장왕(寶藏王)의 아들 고덕무(高德武)를 안동도독에 임명하였다. 발해와 타협하여 당에서는 다시 안동도호부를 설치하였지만 안사(安史)의 난이 일어난 뒤 761년에 폐지되었다.

이보다 앞서 정관 14년(640) 고창국(高昌國)을 멸망시키고 안서도호부(安西都護府, 치소 신강유오이자치구(新疆維吾爾自治區) 토로번시(吐魯番市))를 설치하여 서역 일대를 통치하였다. 그리고 측천무후 말기(702)에 안서도호부를 분할하여 북정(北庭)도호부를 설치하여 천산(天山)산맥 이북을 관할하였다.

당나라는 고종 조로(調露) 원년(679)에, 지금 베트남 땅의 교주도독부(交州都督府)를 안남도호부〔安南都護府, 치소는 베트남 하내시(河內市, Hanoi)〕로 개편, 설치하였다.

정관 20년(646) 설연타한국(薛延陀汗國)을 멸망시킨 뒤, 연연(燕然)도호부를 설치하여 내몽고 서북지역을 통치했는데, 수차례 변화를 거쳐 고종 총장(總章) 2년(669)에 안북대도호부(安北大都護府)를 설치하였는데, 그 치소는 지금의 몽고국(蒙古國)에 있었다.

(4) 고종의 치적

처음에 고종은 천첩(賤妾)의 아들 이충(李忠)을 태자로 삼았었다. 고종이 왕(王)황후를 폐위하고, 무소위가 황후가 된 뒤에 태자는 여러모로 박대와 압박을 받았다. 무후는 허경종(許敬宗)[88]을 사주하여 태자 폐위를 건의하였다.

이에 무후가 이충을 폐위하고 자신의 소생인 아들 홍(弘)을 태자로 삼았다. 홍은 인자하고 효성을 다하여 내외의 촉망을 받았으나 무후의 뜻을 거슬렀다. 무후는 홍을 독살하고 동생 현(賢)을 세웠으나 또 일이 있어 폐하고, 또 그 다음 철(哲)을 태자로 세웠다.

고종은 재위 기간에 연호를 14번 바꿨는데,[89] 영휘(永徽), 현경

---

88 허경종(許敬宗, 592–672) – 中書令(宰相) 역임. 인덕(麟德) 원년(664) 참언으로 재상 상관의(上官儀)를 죽음으로 내몰고 太子 李忠을 폐하도록 상주하였다. 허경종은 高宗 함형(咸亨) 3년(672)에 죽었다.

(顯慶), 용삭(龍朔), 인덕(麟德), 건봉(乾封), 총장(總章), 함형(咸亨), 상원(上元), 의봉(儀鳳), 조로(調露), 영륭(永隆), 개요(開耀), 영순(永淳), 홍도(弘道) 등이다.

저수량 등이 죽은 뒤로 신하들 중에 감히 간쟁하는 이가 없었다. 이선감(李善感)이란 사람이 전에 사안에 따라 한번 간언을 올렸는데, 사람들은 '이를 매우 희귀한 일(봉명조양鳳鳴朝陽)'[90]이라 했다.

고종이 죽고(683년 12월) 태자 이철(李哲)이 즉위하니, 이가 중종(中宗) 황제이다.

재위 총 34년에, 중궁(中宮, 무후)이 정사를 장악한 것이 30년이었다.[91]

당 고종 이치(李治)는 능력으로 따진다면 아주 평범한 제왕이

---

89 당 태종은 재위 기간 중 내내 貞觀이라는 연호를 사용했지만 고종은 즉위하던 해(649)는 정관의 연호를 쓰고, 다음 해부터 새 연호를 사용하여 34년 중 14번 개원하였다. 측천무후는 稱帝하는 15년간에 16번 개원을 하여 중국 역사상 가장 많은 연호를 쓴 황제이다.

90 鳳鳴朝陽(봉명조양) – 봉황이 산의 동쪽에서 울었다. '매우 희귀한 일'. 《詩經 大雅 卷阿》편의 구절.

91 정사가 中宮에서 이루어진 것이 30년 – 고종은 우유부단하고 소극적 성격이었으나 무후는 4살 연상에 經史를 두루 섭렵하여 박식하기도 했었다. 거기다가 고종은 두통과 안질로 고통을 받았는데, 특히 만년에는 시력을 거의 잃었었다고 한다. 결국 35년 재위 중 30년을 무후가 정치를 전담할 수밖에 없었다.

었다. 재위 기간 중 이렇다 할 치적이 없었다. 다만 태종의 정치적 업적과 그 기반 위에서 최대의 영토를 누리며 안정을 취했을 뿐이었다.

군이 고종의 의지에 의한 치적을 꼽는다면, 연상의 아버지 후궁을 정식 황후로 맞이한 것이 최대의 치적(?)이라 할 수 있는데, 그 결과는 당 황실로서는 최고의 비극이었다. 나라 이름조차 바뀌었고(周) 많은 황족이 죽어야 했다. 중국 최초의 여제(女帝)의 출현은 모두 고종이 무후를 선택한 그 결과였다.

측천무후는 학식이나 정치적 능력에서 고종보다 여러 면에서 우수했었다고 보아야 한다. 물론 고종의 건강 이상, 특히 안과(眼科) 질병이 있어 글을 오래 보지 못한다는 치명적 약점이 있었기에 고종 재위 중의 모든 정치 행위는 사실상 무후의 정치적 치적이라 할 수 있다.

7. 측천무후 시대

진시황(秦始皇)이 전국시대 육국(六國)을 통일하고, 삼황(三皇)과 오제(五帝) 모든 업적을 다 성취했다는 뜻으로 「황제(皇帝)」를 칭한 이후(前 221), 청나라 선통제(宣統帝)가 1912년 퇴위할 때까지, 약 2천여 년에 200여 명의 황제가 있었다.

그중에는 명군과 혼군(昏君)이 있었고, 영명한 웅주(雄主)와 잔혹한 폭군도 있었다. 그런데 단 한 명, 공식적으로 인정받은 여주(女主)는 딱 한 사람인데, 개당역주(改唐易周)하고 남면칭제(南面稱帝)하며 혁혁한 명성을 날린, 곧 성신황제(聖神皇帝)인데, 보통 측천무후(則天武后)라 통칭한다.

(1) 무미랑의 입궁

측천무씨〔則天武氏, 초명(初名)은 미상, 624 – 705〕[92]는 형주도독(荊州都督)을 지낸 고(故) 무사확(武士彠)[93]의 딸이다. 태원(太原) 출신으로 본래 명문가였다. 그녀의 부친 무사확은 당 건국 2등 공신으로 응국공(應國公)의 작위에 식읍 8백 호를 받았고, 공부상서(工部尙書)를 역임했으며, 모친 양씨(楊氏)는 수나라 황실과 연결되는 사족(士族)이었다.

무사확의 딸은 영특하였고 경사(經史)에 두루 박통하였다. 거

---

92 측천(則天) – 하늘을 법으로 삼다.《論語 太白》편에 '唯天爲大, 唯堯則之' 이라는 말이 있다. 則은 법 칙. 본받다. 모범으로 삼다. 본음은 측. 곧 직. 則天(Zé tiān)

93 무사확(武士彠, 577 – 635년, 彠은 자 확, 尺也. 법 확) – 李淵이 晉陽에서 기병할 때 고조를 도와주었다. 太宗 시 工部尙書, 형주도독(荊州都督) 역임. 女皇帝 武則天의 父親. 사후에 시호(諡號)는 위충효왕(魏忠孝王).

리에 미모로도 소문이 났었으니, 요즈음 말로 하면 대단한 알파걸(alpha girl)이었다.

관상에 능한 원천강(袁天綱)이란 사람이 무사확의 딸을 보고 말했다.

"이 아이의 고귀함은 말로 다할 수가 없습니다."

그러자 무사확이 물었다.

"황후가 될 것 같습니까?"

"어찌 황후뿐이겠습니까!"

그리고서는 더 말을 못하고 떠나갔다.

태종 정관 10년(636), 장손황후가 병으로 죽자, 태종은 인생이 참으로 허무하다고 생각했다. 그러면서 전국의 미소녀를 차출케 했다. 무사확의 딸은 14세에 입궁하였다.

딸의 입궁과 앞날을 걱정하는 모친 양씨(楊氏)와는 반대로 딸은 매우 기뻐하며 말했다.

"황제를 만나보는 것이 얼마나 큰 복입니까? 왜 슬퍼하십니까?"

정관 11년(637)에, 입궁한 무씨 딸은 바로 재인(才人, 정5품의 女官)이 되었다. 무재인은 입궁하자마자 태종의 눈에 들었고, 태종을 아주 가까이 모셨다.

이 무렵 세상에 알려진 가곡으로 '무미랑(武媚娘, 媚는 아양 부릴 미)'이란 노래가 마치 참언(讖言)처럼 불리었다. 정관 말년에 태백성(太白星, 금성)이 낮에 자주 보였는데, 태사(太史)가 점을 치고 말하기를, '여 군주가 일어날 것(女主昌)'이라 하였다.

또 전해오는 비기(秘記)에는 '당이 3세 후에 여왕인 무왕이 천하를 차지할 것(女王武王代有天下)'이라 하였다.

태종은 이를 몹시 싫어하였는데, 전에 여러 신하와 잔치를 하면서 각자 어렸을 때의 이름을 말하게 하였다.

무위(武衛) 장군 이군선(李君羨)은 관직 이름과 봉읍이 모두 무(武)자가 들어가고, 어렸을 적 이름이 오랑(五娘, 다섯째 딸)[94]이라고 하였다.

태종은 놀라면서 "무슨 여자아이가 이처럼 건장한가?"라고 말했다.

어떤 사람이 이군선이 반역을 꾀한다고 아뢰자, 곧 이군선을 주살했다.

(태종이) 은밀히 태사 이순풍(太師 李淳風)[95]에게 물어보니, 대

---

94 五娘(오랑) – '다섯 째 딸'이란 뜻. 남자의 兒名을 五娘이라 지은 것이 무슨 뜻인가는 不明. 五(wǔ)와 武(wǔ)는 발음이 같다. 곧 태종은 五娘을 武娘으로 생각하였고, 하여튼 이 때문에 죽어야 했다.

95 이순풍(李淳風, 602-670) – 唐朝 초기 관리. 天文學과 數學의 대가. 父親 이파(李播)는 隋朝의 지방관으로 근무하다가 관직을 버리고 도사가 되어 도호를 황관자(黃冠子)라 하였고 〈天文大象賦(천문대상부)〉를 지었다. 李淳風은 젊은 나이에 천태산(天台山, 浙江省 台州市 天台縣 경내. 주봉 華頂山은 해발 1,138m) 도학을 수련하였다. 그리고 수 양제(隋煬帝)의 사감관(司監官)이 되었다. 당이 건국한 뒤에 이순풍은 태사령(太史令)이 되었다.

답하였다.

"신이 천상을 관찰하고(仰觀天象) 역수를 살펴보니(俯察曆數), 그 사람은 이미 폐하의 궁중에 있습니다. 30년 이내에 천하를 차지할 것이고 당나라의 자손을 거의 다 죽일 것인데, 그 조짐은 이미 생성되었습니다."

(2) 국정 전담 무(武)황후

고종은 영휘(永徽, 650－655년, 고종의 첫 연호) 5년(654)에, 태종의 재인(才人)이던 무씨를 소의(昭儀)[96]로 삼았다.

영휘 6년, 고종은 황후 왕씨를 폐위하고 무소의(武昭儀)를 황후로 삼으려 했다. 허경종(許敬宗)과 이의부(李義府)는 이에 찬성했지만, 장손무기[97]와 저수량(褚遂良)은 불가하다며 반대하였다고

---

96 才人(재인), 昭儀(소의)－女官의 명칭. 皇后 아래에 三妃(正一品에 해당)가 있고, 그 밑으로 六儀(正二品, 6명. 昭儀는 여기에 해당)가 있으며, 이어 美人(正三品), 才人(止五品에 해당)의 품계가 있었다. 高宗이 太子로 있을 때, 4세 연상인 후궁 武才人과 통간(通姦)했다. 태종이 죽자, 후궁 무재인은 삭발하고 女僧이 되어 감업사(感業寺)에 머물렀는데, 高宗은 옛정을 못 잊어했다.

97 장손무기는 고종에게 외삼촌이었고 개국 공신 중의 원로였다. 高宗은 장손무기와 대신들의 반대를 예상하고 그 무마책으로 무소의와 함께 장손무기의 저택을 방문하기도 했고 많은 선물을 보내면서 王황후에게 소생이 없어 무소의를 황후로 삼으려는 뜻을 여러 번 내비쳤지만 장손무기는 끝까지 고종의 뜻을 따르지 않았다.

측천무후(則天武后) 〈출처: 위키백과〉
고종(高宗)의 황후. 무주(武周) 황제(재위 690-705).

종이 이를 이적에게 묻자, 이적이 대답하였다.

"이는 폐하의 가정사입니다(此陛下家事).[98] 이를 왜 남에게 물어야 합니까?(何必更問外人)"

일은 드디어 결정되었다.

저수량은 폄직되었고 이의부는 조정의 정사에 참여하였

이는 결과적으로 關隴(관농)집단의 파멸로 이어졌다.

98 李勣(이적)의 책임 - 이적(李世勣, 徐世勣)은 태종의 특별한 부탁을 받은 사람이다. 태자에게 보위를 넘겨주기 전에 일부러 테스트를 했고, 그런 테스트에 통과했었기에 고종이 즉위하면서 곧바로 불러들였던 것이다. 그만큼 고종은 이적을 신뢰했었다.
만약 폐비 문제에 이적이 저수량과 같은 입장을 취했다면, 고종은 추진하지 않았을 가능성도 충분하였다. 고종이 신하에게 물었던 것은 그만둘 수 있다는 의미인데, 이적의 찬성은 곧 결론이었다. 이적은 '이는 家事'라는 말로 자신의 의견은 없는 것처럼 말했다. 그러나 그것이 어찌 황제 개인의 일인가?

다. 이의부(李義府)⁹⁹는 온순하고 공손한 외모로 다른 사람에게 상냥한 것 같지만, 교활하며 음험하고 시샘이 많았고 남을 이기려 했다. 사람들은 그를 두고 '웃음 속에 칼이 있다(笑中有刀)'¹⁰⁰고 하였다. 온유하면서도 남을 크게 해치기에(柔而害物) 그를 '李 고양이'라 하였다〔謂之李猫(위지이묘)〕.

(3) 황제 즉위(周)

고종의 재위 중에, 무후는 아들 홍(弘)¹⁰¹을 자신이 죽였고(675),

이적은 젊은 황제에게 忠諫(충간)해야 하는 의무를 저버렸을 뿐만 아니라 오히려 권장한 꼴이었다. 그 결과는 결코 저수량의 폄직과 죽음으로 끝나지도 않았으며 고종 자신의 불행만은 아니었다. 당나라 皇室은 中絶되었고, 그 여진(餘震)이 남아 中宗은 황후 위씨(韋氏)에게 독살되었다. 다행히 玄宗의 즉위로 수습은 되었지만 그 폐해가 결코 적지 않았다.

太宗은 이적을 일부러 지방관으로 보내어 이적의 충성심을 떠보았지만, 이적이 지켜야 할 忠이라는 大節은 결코 이런 것이 아니었다. 이적은 668년에 고구려 평양성을 함락시키고, 그 다음 669년에 76세로 죽는다. 고종은 7일 동안 철조(輟朝)하면서 大臣의 죽음을 애도했다. 그러나 뒷날 이적의 손자 서경업(徐敬業, 서씨 성 복원)이 武則天에 대항하다가 일족이 주살당하고 이적 역시 剖棺斬屍(부관참시) 당했으나 中宗이 재 즉위하면서 복위 복권되었다.

99 이의부(李義府, 614-666) – 어려서 太宗 앞에서 총명을 뽐내기도 했었다. 武后 편이 되었지만 만년은 유배지에서 죽었다.

100 笑中有刀 – 웃음 속에 칼을 품었다. 笑裏藏刀(소리장도)와 같음.

아들 현(賢)[102]을 태자에서 폐위했었다. 고종이 죽자(683), 아들 철(哲)[103]이 즉위했으나(中宗) 폐위하여(684) 여능왕(廬陵王)으로 강등시켰으며, 아들 단(旦)[104]을 세웠다(예종, 684). 무후(武后)는 조정에 나가 섭정을 했고(臨朝稱帝, 688), 무씨의 조상을 제사하는 칠묘(七廟)[105]를 세웠다.

영공(英公) 서경업(徐敬業)[106]이 양주(揚州)에서 기병하며 무후

---

[101] 이홍(李弘, 652-675) – 고종의 5男. 무후 소생의 큰아들. 李弘은 高宗의 5남이지만 武后 소생으로는 장남이었다. 태자 李忠이 폐위된 뒤 656년 5살에 태자로 책봉되었다. 이홍은 인정이 많고 文士를 아끼고 학문을 좋아하여 태자로 결함이 없었다. 다만 몸이 좀 허약했었다고 한다. 그렇지만 24살에 갑자기 쓰러져 죽었는데, 이는 무후가 독살한 것으로 알려졌다.

[102] 李賢 – 고종의 六男, 武則天 二男. 李弘이 죽은 뒤 태자로 책봉되었다가 역모를 꾀한다 하여 서인으로 강등시켰다.

[103] 이철(李哲) – 中宗, 즉위 2개월에 폐위, 廬陵王(여능왕)으로 강등시켜 방출했다.

[104] 이단(李旦, 아침 단) – 玄宗의 생부. 중종 폐위 후 예종으로 즉위. 재위 중에는 무후가 섭정.

[105] 七廟(칠묘) – 《禮記》에는 天子만이 七世祖의 제사를 모실 수 있다고 하였다. 무씨 칠묘는 天子의 禮를 僭用(참용)한 것이다.

[106] 英公 徐敬業(서경업) – 李勣(본 성명은 徐世勣)의 손자. 英國公은 李勣(이적)의 封號. 손자가 세습. 손자가 하사받은 성 이씨를 버리고 서씨를 회복했다. 서기 684년, 揚州에서 武后를 축출하고 中宗을 복위시켜야 한다고 기병했으나 실패했다.

토벌을 내세웠다. 그 격문에는 '무덤의 흙이 아직 마르지도 않았는데(一抔之土未乾), 여섯 자 몸의 외로운 아들은 어디에 있는가(六尺之孤安在)?' 라 하였다.

또 '한번 오늘의 나라 안을 보아라(試觀今日之域中)! 끝내 이는 어느 집안의 천하인가(竟是誰家之天下)?' 라 했다.[107]

태후는 장수를 보내 5개월 만에 서경업을 평정하였고(光宅 원년, 684), 무씨의 종묘를 건립케 하였다.

월왕(越王) 이정(李貞, 고종 이치의 아우) 또한 거병하여(688) 당 황실을 회복하려 했으나 패배해서 죽었다.

이렇듯 태후는 당의 종실을 많이 죽였다. 태후는 자신의 이름을 조(曌 비출 조, 照와 通)라 고쳤다(689).

무후는 임조청정(臨朝聽政)을 넘어 자신이 직접 칭제할 수 있도록 여론 조성의 방법으로 불교 승려를 이용하여 무후가 미륵불의 화신이라는 주장을 퍼뜨렸다. 그러면서 혹리들을 동원 선동하며 황제로 즉위하기를 주청하는 청원을 올리게 하였다. 그래서 뒷날 문무백관이나 화상, 도사 등 6만여 명이 제위에 나아가기를 청원하였다.

---

107 격문(檄文, 討武曌檄) – 檄은 격문 격. 자신의 신념을 밝히고 동조자를 모집하기 위한 글. 이 〈討武曌檄(토무조격)〉 격문은 당시 '初唐 4걸(傑)'로 유명한 시인인 駱賓王(낙빈왕)이 지었다. 낙빈왕은 서경업이 패한 후에 숨어버려 그 말년을 알 수 없다.

이어 무후는 황제로 즉위하며(690년 9월) 국호를 주(周)로 고치고 연호를 천수(天授)라 했다.[108] 예종 단(旦)을 황사(皇嗣)로 삼았고, 예종은 아버지 성을 버리고 어머니 성을 따라 무씨(武氏)로 고쳤다. 이때 측천무후의 나이는 이미 67세였다.[109]

(4) 과거 활성화

측천무후는 과거(科擧)를 활성화한 군주였다.

문관 등용을 위한 과거는 명경과(明經科)와 진사과(進士科)가 있었는데 '30세에 명경과에 급제하면 늦은 것이고, 50세에 진사과에 급제하면 빠른 것이라.'는 말이 있을 정도로 진사과 합격이 어려웠다. 진사과에는 시(詩)와 부(賦)를 시험했기에 당나라에서 시가 융성할 수 있는 배경이 되었다.

과거시험 응시자는 국자감(國子監)의 교육을 받고 응시하는 생

---

108 엄격히 말하면, 唐은 여기서 일단 망한 것이다. 武王이 건립한 고대 주(周)의 국성인 희성(姬姓)의 무씨였기에 무후는 周를 자처하였고, 고종도 무후의 부친을 周國公에 봉한 적이 있었다. 때문에 무후는 자신이 제위에 오르면서 국호를 周로 정했다. 그러면서 첫 연호를 하늘이 내려주었다는 뜻으로 천수(天授)라 하였다. 고려 태조도 고려를 건국하고 연호를 天授라 했었다.

109 측천무후는 東都 洛陽을 '神都'라 개칭했고, 자신을 '聖神皇帝'라 호칭토록 했다. 황후가 된 이후, 36년의 고심경영 끝에 거둔, 측천무후로서는 화려한 승리라 할 수 있다.

도(生徒)와 지방 주현(州縣)의 추천을 받아 응시하는 공생(貢生, 鄕貢)으로 대별했다. 그전에는 공생이 갖고 온 공물(貢物, 지방 특산물)을 앞에 놓고 그 뒤에 공생이 서있었는데, 무후 때부터는 공생이 앞에 서있고 그 뒤에 공물을 놓았다고 한다. 이는 인재를 중시한다는 무후의 뜻이었다.

무후는 무과(武科)를 처음 시행하면서(장안 2년, 702 / 一說 703) 무관의 질을 높였고, 응시자들을 직접 면담하고 파격적으로 등용하는 전시(殿試, 뒷날의 전시와는 같지 않음)를 시행하기도 했다.

그래도 등용하지 못하는 인재가 있을 것이라 생각한 무후는 '자거(自擧)'라 하여 스스로 작성한 자기소개서를 받아보고 등용하는 경우도 있었다. 그러다 보니 관리의 정원보다 많은 사람들이 근무하게 되었는데, 이를 '원외(員外)'라 하였다. 하여튼 무후 시대에는 조정에 인재가 아주 풍성했었다고 한다.

(5) 지식인 우대, 인재 등용

서경업〔徐敬業, 이적(李勣)의 손자, 서씨로 복성(復姓)〕의 반란에서 뿌려진 '〈토무조격(討武曌檄), 무후를 토벌하자는 격문 曌는 비칠 조. 照와 같은 뜻의 측천문자〉'을 무후가 읽으면서 '일부지토미건(一抔之土未乾)에 육척지고안재(六尺之孤安在)오?'에 이어 '시간금일지역중(試看今日之域中)하니, 경시수가지천하(竟是誰家之天下)오?'라는 구절에 이르자, 무후가 물었다.

"이 글을 누가 지었는가?"

신하가 낙빈왕[駱賓王, 626? 640?-684?, 자(字)는 관광(觀光)]이 지었다고 대답하자, 무후는 "왜 이런 인재를 등용하지 못해 반란의 무리에 들어가게 했는가? 이는 분명 재상의 잘못이다."라고 말했다.

무후가 황제를 제쳐두고 섭정을 했고 또 공식적으로 나라 이름까지 바꾸었는데도 무후에 대한 지식인들의 저항이 없었다는 사실은 무후가 지식인들을 우대하고 잘 등용했기 때문일 것이다. 그리고 혹리(酷吏)들이 설쳐대는 조정이었지만 그보다 더 많은 인재들이 조정을 지키고 있었기에 측천무후 시대는 내우외환이 없었고 경제와 문화가 발전했었다. 이는 인재를 중시하고 잘 등용할 줄 알았던 무후의 정치적 능력 발휘에 따른 결과였다.

측천무후는 권모술수에 능했고 인재 등용을 잘했기에 현명하고, 유능한 사람들 또한 무후에게 등용되는 것을 자랑으로 여겼다. 다만 서유공(徐有功)[110]은 인자하면서는 너그럽게 법을 집행하였기에 무후도 매번 자신의 고집을 꺾고 서유공의 의견을 따랐다.

---

110 서유공(徐有功, 635-702, 字는 弘敏) - 明經科를 거쳐 여러 관직 역임. 법 집행이 관대하였고 원칙에 벗어나지 않았기에 혹리들의 배척을 받았다.

측천무후는 장군이나 재상으로 적합한 인물을 많이 등용하였는데, 위원충(魏元忠), 누사덕(婁師德), 적인걸(狄仁傑), 요원숭(姚元崇)[111]이 모두 명상이었다. 종경(宗璟) 역시 조정에서 뛰어났었고, 누사덕은 관후하면서도 청렴하고 신중하여 남이 성질을 건드려도 되갚으려 하지 않았다.

누사덕의 동생이 대주(代州)자사를 제수받자, 누사덕이 말했다.

"우리 형제의 영광과 황제의 신임이 지나치게 많아 남의 질투를 받을 것이다. 어찌하면 그런 시샘을 안 받겠는가?"

그러자 동생은 "지금 다른 사람이 내 얼굴에 침을 뱉더라도 닦기만 할 것입니다."라고 말했다.

이에 누사덕은 정색을 하고 동생에게 말했다.

"이것이 바로 내가 걱정하는 이유이다. 사람이 네 얼굴에 침을

---

[111] 누사덕(婁師德)은 武臣, 지방에 장기 근무. 타면자건(唾面自乾) 고사의 주인공. 적인걸(狄仁傑, 630-704년, 字는 懷英, 號는 德英)은 병주(幷州) 陽曲縣 출신. 唐朝와 武周 시기의 저명한 재상. 강직 청렴 명철한 성품. 장간지(張柬之), 환언범(桓彦范), 경휘(敬暉), 두회정(竇懷貞), 요숭(姚崇) 등 유능한 관리를 천거 등용케 했다. 唐朝의 中興之臣으로 칭송받았다. 어떤 사람이 "천하의 인재는 모두 公의 문하에 있습니다(天下桃李, 悉在公門矣)."라고 말하자, 적인걸이 대답했다. "賢才 천거는 爲國이지 개인을 위한 일이 아닙니다." 적인걸은 측천무후의 후사로 武氏가 아닌 李氏를 책립할 것을 건의 관철하였다. 적인걸은 貞觀之治와 개원지치를 연결하는 소임을 다하였다. 요원숭(姚元崇, 650-721)은 요숭(姚崇)이라고도 부른다.

뱉는 것은 너에게 화를 내는 것이다. 네가 침을 닦아버린다면 그 뜻을 거스르면서 그 분노를 더 심하게 하는 것이다. 침은 닦지 않아도 저절로 마를 것이니〔唾面自乾(타면자건)〕, 응당 웃으면서 그 분노를 받아주어야 한다."

누사덕은 적인걸을 여러 번 천거했으나 적인걸은 매번 누사덕을 험담했다.

측천무후가 적인걸에게 말했다.

"짐이 경을 등용한 것은 누사덕의 추천 때문이오."

적인걸이 물러나 탄식하였다.

"누공(婁公)의 큰 덕에 내가 오랫동안 황제의 은혜를 받았도다."

(6) 밀고 권장과 혹리 등용

측천무후는 병약한 고종이 정사를 정상적으로 처리할 수 없자, 고종을 대신하여 정치적 실권을 행사하였다. 무후는 수렴청정(垂簾聽政)이 아닌 실질적 권력을 행사하기 위해서는 자신의 뜻에 맞설 수 있는 반대자들을 찾아내고 제거해야 한다는 당위성을 절감하였다.

그러면 황실에 충성하는 강직한 신하가 아닌 자신의 뜻을 떠받들고 따라줄 아첨배 같은 신하가 필요하다. 그러기 위해서, 곧 강직한 대신을 미리미리 제거하기 위해 트집을 잡아내어 제거해

줄 밀고꾼이 필요했고, 그런 사람이 많이 나올 수 있도록 길도 열어줘야 했다.

정직하고 바른 사회 풍조에서는 밀고꾼이 쉽게 등장할 수 없다. 그러기 위해서는 아부와 밀고가 출세의 지름길이라는 사실을 많은 사람들이 알고 실천하는 타락한 사회 풍조가 무후의 집권에 도움이 될 것이다.

결국 이런 저런 계산하에 무후는 밀고를 권장하는 여러 사례를 만들어내었다. 그래서 《구당서》와 《신당서》에는 모두 〈혹리전(酷吏傳)〉이 있고 또 수많은 혹리들의 사례가 수록되었다.

후사지(侯思止, 7세기－693), 삭원례(索元禮),[112] 주흥(周興, ?651－691), 내준신(來俊臣), 길욱(吉頊) 같은 혹리(酷吏)를 등용하였다.

그래서 이런 혹리나 밀고자들이 반역했다고 무고하여 죄를 부풀리고 얽어서 형벌로 죽인 사례를 다 기록할 수가 없었다. 측천무후는 이런 방법으로 세상 사람들을 통제하였다.

측천무후는 황제에 정식으로 오른 뒤, 밀고를 적극적으로 권장했고 혹리들을 최대한 활용했다. 우선 지방의 모든 주현에 공문을 보내 누구든 상경하여 밀고하겠다고 하면, 관아에서는 역마(驛馬)를 내주고 5품 관리에 해당하는 여비를 주도록 했다. 밀고

---

[112] 삭원례(索元禮, 7世紀－691)－唐朝와 武周 시대의 酷吏. 결국 그 자신도 옥사했다.

자가 상경하여 밀고했을 경우 사실로 드러나면 포상을 받았고, 사실을 입증하지 못하더라도 처벌을 받지 않았다.

또 밀고자 전용 구리 상자(동궤銅匭)를 만들어 각 주현에 보냈는데, 그것은 투서를 넣을 수는 있어도 꺼낼 수 없도록 만들어 담당자만이 그것을 열어볼 수 있게 하였다. 그러다 보니 밀고 내용이 폭주하게 되고 이를 처리하기 위하여 혹리들을 발굴하고 등용하였다.

삭원례(索元禮, 7세기-691)는 나무 족쇄를 만들어 죄수의 손발을 끼운 다음에 이를 비틀어 고통을 주는 고문 도구를 만들었는데, 이를 봉황쇄시(鳳凰曬翅, 봉황이 날개를 펴 햇볕을 쬐다)라 하였다. 또 나무 족쇄에 양손을 끼운 다음에 그 위에 벽돌을 차곡차곡 올려 고통을 주기도 했고, 사람을 거꾸로 매달아놓고 큰 돌을 머리카락에 묶어놓아 고문을 했다. 또 쇠로 만든 바구니(철롱鐵籠)를 머리에 씌운 다음 사방의 구멍으로 나무 나사를 조여 고통을 주었다고 한다.

삭원례는 나중에 그 자신이 모반한다는 밀고를 받았는데, 심문하는 혹리가 "삭공께서 사용하던 쇠 바구니를 준비하라." 말하니, 삭원례는 자복했고 옥중에서 죽었다.

주흥(周興)은 너무 많은 사람들을 모반이라는 죄명으로 죽여 악명이 높았는데, 나중에 주흥이 모반한다는 밀고가 있어, 이를 주흥의 후배인 내준신(來俊臣)이 담당하게 되었다.

내준신(來俊臣, 651-697)은 주홍을 초청하여 잔치를 하면서 죄인이 자백을 안 하면 어떻게 해야 하는가를 물었다.

그러자 주홍은 "큰 독(옹甕)을 준비하고 사방에 숯불을 피운 다음에 그 안에 들어가면 간단히 해결이 된다."고 일러주었다.

그러자 내준신이 일어나 사람이 들어갈만한 큰 항아리와 숯불을 준비케 한 다음에 주홍에게 말했다.

"제가 밀지(密旨)를 받았는데, 공께서 모반한다는 밀고가 들어왔습니다. 항아리에 들어가 주시기 바랍니다(請君入甕)."

나중에 내준신도 사형을 당했는데, 사람들이 벌떼처럼 달려들어 그 시신을 훼손하며 "이제는 눈 감고 편히 잘 수 있겠다."며 좋아했다고 한다.

(7) 측천문자

우리는 한자를 생각할 때 '한글보다 쓰기 어려운 글자' 라는 선입관을 가지고 있는데, 이는 실제로 그리하다. 또 우리 한글이 한 가지 모양이듯 한자도 하나일 것이라는 생각을 갖고 있지만, 이는 한자의 다양성을 모르기 때문에 하는 이야기이다. 우리가 '한글' 이라는 글자를 어떤 글씨체로 쓰더라도 누구나 읽을 수 있지만 한자는 절대 그렇지 아니하다.

요즈음 대학의 중문과 학생들이 쓰는 간화자(簡化字)를 모르는 사람이 많은 것은 당연하다고 하지만, 한문을 많이 공부한 사람도 초서(草書)를 별도로 공부하지 않았다면 거의 읽지 못한다.

한자는 글자의 풍격에 따라 갑골문(甲骨文), 고문(古文), 금문(金文), … 전서(篆書, 대전, 소전), 예서(隸書), 해서(楷書), 행서(行書), 초서(草書)로 구분한다.

또 한자의 구성요소를 말하자면, 필획(筆劃), 필순(筆順), 육서(六書), 부수(部首)가 있고, 간화(簡化)한 모양에 따라 정체자(正體字), 간화자(簡化字)와 이간자(二簡字)[113]가 있다. 그리고 역사책에서 그림으로 가끔 보아왔던 거란문자, 여진문자, 서하문자 등은 한자에서 파생된 문자이다. 중국 내에서 방언(方言)이 크게 틀리듯 그 방언에 맞는 방언자(方言字)가 있는데, 이 또한 파생문자라 할 수 있다.

위 본문에서 측천무후가 황제로 즉위하면서 국호를 주(周)로 고쳤고, 자신의 이름을 조(曌)라고 개명하였다는 내용이 있다. 이는 照(비출 조)와 같은 뜻인데, 측천무후가 새로 만들어 쓰도록 유통시킨 파생문자로, 이를 보통 '측천문자(則天文字)'라고 한다.

측천문자는 측천무후가 만든 일종의 회의(會意) 문자이다. 하

---

113 이간자(二簡字) - 中國文字改革委員會가 1950年代 제출한 〈漢字簡化方案〉 이후에, 다시 1977年 12月에 제출한 〈第二次漢字簡化方案(草案)〉에 의한 簡化漢字. 총 805개의 더욱 간화된 안을 제출했으나 많은 토론을 거친 뒤 1986年 6月에 정식 폐지되었으나 가끔 그 흔적을 볼 수 있다.

늘(空) 위에 해(日)와 달(月)이 있으니(曌, 밝을 조), 이는 해와 달이 밤낮으로 지상을 비춘다는 뜻이 된다.

한 가지 예를 더 들면, 위에서부터 산(山), 수(水), 토(土)를 내려 써서 坔(땅 지)라는 뜻으로 쓰고 읽는다. 또 한 일(一) 아래 충성 충(忠)을 쓴 것은 '臣(신)'이라는 뜻인데, 이것은 신하는 '오로지 충(忠)' 뿐이라는 관념을 의미한다. 그리고 한 일(一) 아래 날 생(生)을 쓰고 '人(인)'의 뜻으로 썼다.

이런 측천문자는 기존의 한자보다 필사(筆寫)나 의미에서 더 나은 장점이 없기에 생명력을 갖고 확산될 리가 없었다. 그러니 측천무후 시대가 끝나면서 곧 사라져 버렸다. 다만 측천무후 시절에 만들어진 비문에 그런 글자가 남아 있기에 여기에서 언급하였다.

측천무후는 어려서 경사(經史)의 많은 서책을 읽어 신하 어느 누구보다도 박식하였다. 거기에 글씨도 뛰어났기에 무후보다 나이도 적은 고종은 처음부터 무후를 따라갈 수도 없었다.

측천무후의 글씨로 지금 전하는 것은, 무주(武周) 성력(聖曆) 2년(699)에 숭산(嵩山 / 崇山)에 행차하면서 구산(緱山, 지금의 하남성(河南省) 낙양시(洛陽市) 관할 언사시(堰師市) 소재)에 세운 〈승선태자비(升仙太子碑)〉의 비문이다. 이 비석은 높이가 7m에 폭이 156cm, 두께가 55cm이며, 매행 66자에 33행이니 2,178자나 되는 거대한 비석이다.

신선이 된 태자(升仙太子)란, 주 영왕(靈王)의 태자인 왕자 진〔王子 晉 / 왕자 교(喬)〕이다. 서체는 왕희지의 행서와 초서에 가까운 글씨체로 돈후(敦厚)한 자체(字體)에 필획이 유창하고 극히 유미(柔美)하면서도 교염(嬌艶)하여 측천무후의 개성이 그대로 반영되었다는 칭송을 듣는다. 그러면서도 글씨는 비백체(飛白體)로 쓰여졌는데, 비백체라는 서체는 후한 말기의 채옹(蔡邕)이 창안한 서체이다. 이는 붓의 먹물이 부족하여 글씨에 나타나는 흰 여백이 아니라 매 글씨마다 흰 여백이 나타나는 쓰기가 매우 어려운 서체라고 한다.

하여튼 측천무후의 학식과 서법은 당시 최고 수준이었기에 당시의 지식인들이 측천무후에게는 감히 아무런 불평이나 저항이 없었다고 한다.

(8) 남성 편력

측천무후는 처음에 돌 중(和尚)인 회의(懷義)를 총애하다가 나중에 장이지(張易之)와 장창종(張昌宗) 형제[114]를 총애하였는데,

---

114 장이지(張易之, ?-705)와 아우인 張昌宗(宗之) 형제는 당나라 초기 재상이었던 장행성(張行成)의 족손(族孫)이었다. 장이지는 20대 초반에 문음(門蔭)으로 출사하였다. 장이지 형제는 뛰어난 미모에 음률에도 밝았고, 언사도 민첩하여 측천무후의 남총(男寵)이 되었다. 705년 장간지(張柬之) 등이 신룡정변(神龍政變)을 일으켜 형제를 참살(斬殺)하였다.

두 형제는 처음에 무후의 딸인 태평공주(太平公主)의 천거로 궁중에 출입하였다.

장이지는 사위소경(司衛少卿)이었고, 장창종은 운휘장군(雲揮將軍)으로 행좌천우중랑장(行左天牛中郎將)이었다. 측천무후가 이들에게 얼마나 많은 재물을 하사했는가는 말할 필요도 없다. 이들 형제의 권력에 조정 대신들도 비위를 맞추며 굽신거렸다. 이들 형제는 매관매작에 멋대로 불법을 자행하였다. 이들 형제에 빠진 무측천은 정사를 게을리하였고, 이들 형제를 탄핵하는 자들은 모두 축출되었다.

장이지는 오랑(五郎), 장창종은 육랑(六郎)이라 불렸는데, 어떤 아부하는 자는 "사람들은 육랑이 연꽃을 닮았다고 하지만, 나는 연꽃이 육랑을 닮았다고 말하겠다."라고 말할 정도로 이들 형제는 미남이었다.

이들 형제는 신룡(神龍) 2년(705) 정월, 무측천이 낙양의 장생원(長生院)에서 양병(養病)할 때, 재상들도 무후를 만날 수 없었고, 이들 형제가 시중을 들었다. 상산시(張柬之), 최현위(崔玄暐) 등이 장창종 형제의 모반을 제거한다는 이유로 군사를 거느리고 들어올 때, 아무런 방비도 없던 형제는 모두 마굿간에서 피살되었다.

(9) 측천무후의 죽음

무재인이 태종의 총애를 받고, 고종의 황후가 되어 임조청정

(臨朝聽政)하는 동안 무씨 일족의 영화와 출세와 발호는 당연한 일이었다.

무씨 일족으로 무후의 친정 조카 항렬인 무승사(武承嗣)[115]와 무삼사(武三思)[116]는 권력을 잡는 것으로 만족할 수 없었다. 주(周)

---

115 武承嗣(무승사 658-698) - 무사확의 손자. 측천무후의 이복 오빠 무원석(武元奭)의 아들이니, 측천무후의 친정 조카인 셈이다. 측천무후는 권력을 장악한 뒤, 자신을 천대했던 친정의 이복 오빠들을 지방관으로 방출하여 죽게 하였다. 무사확의 후사가 없자, 측천무후는 무승사를 불러들여 무사확의 후사로 삼았다. 무승사는 측천무후의 황태자를 노렸지만 적인걸 등의 반대로 뜻을 이루지 못하고 앙앙불락하다 698년에 죽었다.

116 무삼사(武三思, ?-707) - 측천무후의 친정 이복 오빠인 무원경(武元慶)의 아들이니, 측천무후의 친정 조카이다. 右衛將軍에서 승진하여 兵部와 禮部尚書를 역임했고, 이씨 종친들을 많이 죽여 측천무후의 반대세력을 사전에 제거하였다. 측천무후가 칭제하자, 무씨를 대표하여 무삼사는 양왕(梁王)에 책봉되었다. 武后는 무삼사를 태자로 삼을 계획도 있었지만 적인걸 등이 반대하였다. 神龍元年(705)에 神龍 혁명으로 무후가 퇴위하고 中宗이 복벽(復辟)하자, 무삼사는 중종과 중종황후 위씨의 신임을 받아 사공(司空)으로 승진하였지만 작위는 덕정군왕(德靜郡王)으로 강등되었다. 12월에, 武則天이 죽은 뒤에도 무삼사는 전권(專權)을 행사하며 충량한 사람들을 많이 해쳤다. 무삼사는 위황후(韋皇后) 및 상관완아(上官婉兒)와 통간하며 상관완아의 情夫가 되었다. 그리고 아들 무숭훈(武崇訓)의 아내, 곧 며느리인 안락공주(安樂公主, 중종의 딸)와 모의하여 태자인 이중준(李重俊)을 제거하고 安樂公主를 皇太女로 책봉하려 획책하였다. 그러나 景龍 원년(707)에, 太子 李重俊이 경룡지변(景龍之變)을 일으켜 武三思와 武崇訓을

가 건국되고, 천수(天授)로 개원(開元)한 이후, 또 무후가 고령이기에 무삼사는 여러 방법을 써서 태자(太子)가 되려고 했다.

이에 적인걸(狄仁傑)[117]이 조용히 무후에게 말했다.

"태종께서는 바람으로 빗질을 하고 빗물에 머리를 감고 적과 교전을 하면서 천하를 평정하여 자손에게 넘겨주었습니다. 태제(太帝, 고종)께서는 두 아들을 폐하께 맡기었는데, 지금 천하를 다른 성씨에게 넘기려 하시는데, 이는 결코 하늘의 뜻이 아닐 것입니다."

측천무후는 마침내 방주(房州)로부터 여릉왕(廬陵王, 중종)을 환도(還都)하도록 불러 황태자로 책립하였고, 무후의 아들 이단(李旦, 前 예종)을 상왕(相王)으로 삼았다. 적인걸은 크게 신임을 받고 중용되었으며 면전이나 조정에서 바른말을 잘했다.

무후는 늘 자신의 뜻을 꺾고 적인걸의 뜻을 따랐으며 국노(國老)라 칭하면서 이름을 부르지 않았다. 적인걸이 죽었을 때 무후

죽였다. 그러나 이중준의 거사는 실패하였고, 이중준도 피살되었다.

117 적인걸(狄仁傑, 630-704년, 字는 懷英, 號는 德英)-唐朝, 武周 시기의 저명한 재상. 장간지(張柬之) 등 인재를 천거 등용케 하여 唐朝 中興之臣으로 알려졌다. 위로는 貞觀之治와 아래로는 현종의 開元盛世를 잇는 무측천(武則天) 시대에 나라의 동량이었다. 적인걸의 죽은 해에 대해서는 이견이 있으나 대개 측천무후(則天武后) 長安 4년(704) 9월에 병사한 걸로 알려졌다.

는 눈물을 흘리며 슬퍼했다.

고령인 무후의 병환이 위중했다(705).
장간지(張柬之)[118]는 동조자와 함께 거병하여 태자(太子, 중종)를 동궁(東宮)에서 영입하고, 황성 문을 부수고 들어가 무후의 총신(寵臣)인 장이지(張易之)와 장창종(張昌宗) 형제를 궁 안에서 죽였다. 무후를 상양궁(上陽宮)으로 옮기고, 측천대성황제(則天大聖皇帝)라는 존호를 올렸다.
이 해 겨울에 무후가 죽었는데, 나이는 82세였다.

무후가 고종의 황후가 된 655년 이후 퇴위하는 705년까지 반세기는 측천무후 한 사람의 시대였다. 우유부단한 고종은 측천무후보다 여러 면에서 자질이 부족했기에 무후의 독재 정치는 자연스러운 결과였다.

---

118 장간지(張柬之, 625-706년, 字는 孟將) — 늙은 무후의 병환이 위중했다(705). 705년 2월, 재상 張柬之(장간지)가 중심이 되고 羽林軍이 동원되어 무측천을 압박하여 中宗에게 양위를 하게 한다. 그리고 무후의 寵臣(총신)인 張易之(장이지)와 張昌宗(장창종) 형제를 궁 안에서 죽였다. 무후를 上陽宮으로 옮기고, 則天大聖皇帝(측천대성황제)라는 존호를 올렸다. 이 해 겨울에 무후가 죽었는데, 나이는 82세였다. 이를 역사에서는 '神龍혁명'이라 한다. 중종은 705년에 다시 즉위하고(復辟, 복벽) 국호를 다시 唐으로 되돌린다. 그러나 장간지는 중종 위황후(韋皇后)와 무삼사(武三思)의 핍박을 받아 죽었다.

무후가 정치권력을 행사했던 50년은 태종의 '정관(貞觀)의 치(治)'와 현종의 '개원(開元)의 치(治)'를 연결하는 기간이었다. 이 기간에 당의 국세는 크게 불어났고 이민족과 원만한 관계를 유지하면서 최대 판도를 통치했다.

나라 이름이 바뀌었는데도 많은 사람들이 무후(武后)의 조정에서 뽑아주기를 기다렸었다. 그 당시 권력의 최상층은 어지러웠으나 백성들은 평안했다. 역사가들은 그 시대를 '상층부는 어지러웠지만 백성들은 혼란하지 않았다(亂上而未亂下).' 라고 기록했다.

한 시대의 평가는 한 면만 바라보고서는 바로 평가할 수 없다.[119]

---

[119] 則天武后(측천무후)는 중국 역사상 유일한 女皇帝였다. 高宗과 武則天은, 今 陝西省 乾縣(건현)에 있는 乾陵(건릉)에 묻혔다. 건릉 동편에 전체 높이 7.3m, 폭 2.1m, 두께 1.5m의 거대한 비석이 있는데, 아무런 글자가 없어 이를 '無字碑(무자비)'라 부른다. 이 무자비에 대하여 후인들의 갖가지 추측만이 있다.
碑文이 없는 이유로서 ① 武則天은 자신의 功德은 文字로 표현할 수 없을 정도로 위대했기에 무자비는 측천무후 자신의 의지일 것이다. ② 武則天 자신의 죄과와 稱帝한 일 자체가 과오였다는 것을 자신이 알고 무자비를 세우게 했을 것이다. ③ 武則天의 "나의 功過는 후인의 평가를 기다려 기록하라"고 유언했기 때문이다. ④ 아들 中宗이 비문을 세워야 하는데, 측천무후에 대한 칭호를 皇帝, 아니면 母后로 하느냐의 논쟁이 있었고 결론을 내리지 못했기에 아예 비문을 쓰지 않았다.

8. 중종과 예종

(1) 무후의 권력욕

고종은 우유부단하고 소극적 성격이었으나 무후는 4살 연상에 경사(經史)를 두루 섭렵하여 박식하기도 했었다. 거기다가 고종은 두통과 안질로 고통을 받았는데, 특히 만년에는 시력을 거의 잃었다. 결국 35년 재위 중 30년을 무후가 정치를 전담할 수밖에 없었다.

고종 재위 중, 태자 이홍(李弘, 652-675년, 고종 5子)은 중종(中宗)과 예종(睿宗)의 형인데, 무후 소생으로는 장남이었다. 이홍은 656년 5살에 태자로 책봉되었다.

이홍은 인정이 많고 문사(文士)를 아끼며 학문을 좋아하여 태자로 결함이 없었다. 다만 몸이 허약했었다.

이홍은 어느 날 자신에게 이복(異腹) 누나인 소숙비(蕭淑妃) 소생의 의양공주(義陽公主)와 선성공주(宣城公主)가 비빈들과 궁녀들의 거처인 액정(掖庭)에서 나이 40이 넘도록 결혼을 못하고 살고 있다는 것을 알았다. 그때까지 결혼을 안 시킨 것은 모두 무후

　　이런 저런 온갖 추측이 난무하며 나름대로 설득력이 있는 주장을 펴지만 그 진실은 누구도 알 수 없다. 결론으로 말한다면, 한 사람에 대한 평가는 이처럼 어려운 일이다.

의 소숙비에 대한 분노 때문이었다.

이홍은 놀라 그들을 동정하면서 이들 자매를 출가시켜야 한다고 말했다. 무후는 크게 화를 내면서 되는대로 시위하는 병졸의 아내로 시집을 보냈다.

이때부터 이홍(李弘)은 무후의 미움을 받기 시작했다. 이홍은 아주 검소한 혼례로 배거도(裵居道)의 딸을 비(妃)로 맞이했으며, 백성들의 곤궁한 살림을 보고 은혜를 베풀기도 하였다. 그렇지만 24살에 갑자기 죽었는데, 이는 무후가 독살한 것으로 알려졌다.

(2) 중종의 즉위와 폐위

장회태자(章懷太子) 이현(李賢, 655-684)은 무후의 두 번째 아들로, 형인 이홍이 죽은 뒤 태자가 되었다. 그러다가 나중에 무후의 미움을 받아 서민으로 강등되었다. 이어 주왕(周王) 이현(李顯, 哲로 개명)이 고종 사후에 중종으로 즉위한다(684).

중종은 즉위한 후, 위비(韋妃)를 황후로 삼았고 사성(嗣聖, 嗣는 이을 사)이라 개원하였다. 즉위 당시 28세인 중종은 고종의 장례를 마치는 일이 더 급했다. 그러니 정치는 여전히 무후의 손에 있었다. 중종은 자신의 정치적 입지를 강화하려면 모친의 세력을 꺾어야만 했다.

중종은 개혁 추진을 도와줄 인물로, 위(韋)황후의 부친 위현정

(韋玄貞)을 수상인 문하시중으로 임명하려 했다. 그러나 이에 무후의 측근인 배염(裴炎)이 반대를 하고 나섰다.

중종이 배염과 이야기 중에 화가 나서 그랬는지 "만약 그분(위현정)이 원한다면 천하를 줄 수도 있다."는 말이 튀어나왔다.

이 말을 전해들은 황태후(무후)는 곧장 즉위 2달도 되지 않은 중종을 폐위시킨다. 중종은 여릉왕(廬陵王)으로 강등되어 균주〔均州, 지금의 호북성(湖北省) 서북부 단강구시(丹江口市)〕에 유폐되었다. 위현정은 흠주〔欽州, 지금의 광서성(廣西省) 서남부 흠주시(欽州市)〕로 유배되었다가 곧 거기서 죽었다.

중종은 즉위 2달 만에 폐위되어 균주(均州)에서 1년을 살았고, 방주(房州)에서 13년을 거주했었다. 환궁하여 태자가 되어 다시 8년을 지냈다.

어머니가 자기 아들을 내쫓은 이 사건은 중종의 자제되지 않은 말 한마디가 초래한 엄청난 비극이었다. 그러나 그 못지않게 무후(武后)의 욕망에서 그 원인을 찾을 수 있다.

우선 고종이 제위 중에도 무후는 사실상 황제 역할을 스스로 다했다. 그런데 이제 아들한테 통제를 받는 것은 생각하기도 어려운 일이었다.

고종의 장례 기간에 내내 정권을 휘두르다가 '장인에게 천하를 넘겨줄 수도 있다' 는 말 한마디를 꼬투리 잡아 즉시 폐위하고 또 다른 아들 단(旦, 예종)을 즉위시킨다. 물론 이 과정에서 친위대인 우림군(羽林軍)이 관여하게 되면 무후의 계획은 물거품이 된다. 그러나 무후도 그 정도는 미리 계산하고 있었다. 중종 폐위와 예종의 즉위 순간에 우림군은 침묵했다.

무후(武后)가 중종을 폐위시킨 정변은 이세민의 '현무문(玄武門)의 변(變)' 만큼 중대한 역사적 사건이었다. 현무문의 변은 유혈사태를 촉발했지만 무후의 이번 정변은 유혈사태가 벌어지지 않았다. 중종의 폐위와 예종의 즉위는 '당조(唐朝)의 중절(中絶)' 과 중국 역사상 '유일한 여황제의 출현'과 '새 왕조(武周, 則天朝) 출현'의 서막이었다.

1) 중종(中宗)의 복벽(復辟)

705년 2월, 재상 장간지(張柬之)가 중심이 되어 우림군(羽林軍)을 동원하여 측천무후를 압박하여 중종(中宗)에게 양위를 하게 한다.

중종은 705년에 다시 즉위하고(복벽, 재위 705-710년), 국호를 다시 당(唐)으로 되돌린다. 이를 역사에서는 '신룡(神龍, 중종의 연호, 705-707)혁명' 이라 한다.

한 사람이 두 번 황제 자리에 즉위하기는 실로 특별한 것이다. 중국에서는 당 중종이 그 첫 번째였고, 그 다음 예종(睿宗, 李旦, 재위 710-712)이 두 번째였다.

중종은 한마디로 혼미(昏迷, 멍청)하고 범용(凡庸, 지극히 평범함)

하며 무능한 황제였다. 소인을 가까이하였고 현신(賢臣)을 멀리 했다. 무삼사(武三思, ?-707, 무측천의 조카)의 뜻에 따라 자신을 복벽(復辟)케 해준 장간지(張柬之) 등을 내치고 죽인 것은 정말 우매한 짓이었다.

복벽한 중종은 무후 집권 시의 폐단을 바로잡을 생각도, 또 쇠약해진 종실을 일으킬 생각도 못할 정도로 용열했기에 위황후(韋皇后)가 날뛰었다.

위황후는 경조(京兆) 만년현〔萬年縣, 지금의 섬서성(陝西省), 서안시)〕의 명문대성(名門大姓)인 경조 위씨(韋氏) 위현정(韋玄貞)의 딸인데, 683년 태자의 비(妃)가 되었고, 684년 중종이 즉위하자 황후가 되었다. 698년에 중종이 다시 태자가 되었다가 705년에 즉위하자, 다시 황후가 되었다.

중종이 폐출되어 방주〔房州, 지금의 호북성(湖北省) 방릉시(房陵市)〕에 살면서 비관 자살하려 할 때마다 위후는 중종을 저지하며 위로하였다.

이에 중종은 위후에게 은밀히 "다른 날, 행여 다시 해를 볼 수 있다면 (당신이) 하고자 하는 것을 말리지 않겠다."고 맹세를 했었다.

중종과 위황후의 딸 안락공주(安樂公主, 685-710)는 중종과 위황후 소생으로 폐출된 방릉에 거주하면서 얻은 딸인데, 당조(唐朝) 제일의 미인이라는 평판이 있었다. 중종이 태자로 입궁한 뒤, 안락공주는 무후(武后)의 총애를 받았다.

안락공주는 무삼사(武三思)의 아들 무숭훈에게 시집을 갔다. 무삼사는 이를 계기로 황후의 거처에 출입하면서 위(韋)황후와 사통(私通)하였다. 위후와 무삼사가 쌍륙(雙陸)놀이를 하면 중종은 옆에서 말을 써주곤 했다.

이제 즉위하여 중종이 조정에 나가자, 위후는 대전에 휘장을 내리고 조정의 정사를 듣고 참여하였는데, 고종 때에 무후가 하던 것과 똑같았다.

중종(中宗) 위황후(韋皇后) 〈출처: 위키백과〉

중종의 딸 안락공주는 황태후가 통치를 하면 자신을 황태녀(皇太女)가 되리라 생각하였다. 이에 서로 공모하여 만두 떡에 독약을 넣어 중종을 독살했다.

2) 위황후와 안락공주

어머니와 딸인데 도대체 지금의 윤리와 도덕심을 기준으로도 이해할 수 없는 정도였다. 안락공주는 중종과 위황후에게 귀여움을 받았고, 할머니인 무후의 총애를 받으면서 무삼사의 아들 무숭훈(武崇訓)에게 시집을 갔다. 그런데 안락공주는 무숭훈의 사촌 무연수(武延秀)와 놀아나고 있었다.

위황후는 황후로서의 처신을 잘해야 하는데, 딸의 시아버지와 통간(通姦)하고 있었는데 중종만은 모르고 있었다. 위황후는 사위 무숭훈이 죽은 뒤, 딸이 데리고 노는 무연수가 훤칠한 미남자이기에 무연수를 데려다가 잠자리 시중을 받았다.

이들 모녀의 사치와 음락(淫樂)은 그렇다 치더라도 모녀가 매관매작(賣官賣爵)을 하며 정치에 간여하였다.

3) 상관완아

중종과 관련하여 꼭 기억해야 할 여인이 한 사람 더 있다.

상관완아(上官婉兒, 664-710)는 당조(唐朝)의 여관(女官)이면서, 시인으로 정사(政事)에도 관여했다. 상관완아는 고종 시기 재상 상관의(上官儀, 608-664, 상관은 복성. 당초 시인, 재상)가 형벌을 받아(이충李忠 모반 관련) 처형된 이후, 상관완아는 모친을 따라 궁궐 노비가 되었다.

그러나 14살에 측천무후에 여관(女官)이 되어 궁궐의 문서 담당 일을 맡았다.

　상관완아는 문재(文才)가 뛰어났고, 관리의 업무에도(吏事) 밝았으며, 윗사람의 뜻을 잘 받들었고, 미모도 있어, 중종 연간에 소용(昭容, 여관명女官名)으로 정사에 관여하기 시작하여 권세가 날로 성했다.

　그때 수문관(修文館) 학사(學士)를 제쳐두고 조정 관리와 천하의 시문을 품평하였는데, 천하의 문사들이 상관 소용의 집에 몰려들었다. 매관매작하면서 축재에 열심이었고, 나중에 무삼사(武三思)와 밀통하며 다른 사람과도 마음껏 음란을 즐겼다. 그런데도 중종의 절대적 신임을 받다가 중종이 위황후에게 독살된 뒤에, 이중무(李重茂)가 제위에 올랐으나 이융기(李隆

상관완아(上官婉兒) 〈출처: 위키백과〉
상관완아(664-710)가 《백미신영도전(百美新詠圖傳)》에 그려진 모습.

基, 뒷날 현종)에 의해 방출되고, 예종이 즉위하였다. 이융기는 위후와 그 일당, 그리고 상관완아를 처형하였다.

상관완아의 시는 《전당시(全唐詩)》에 32수가 수록되어 전해온다.

(3) 예종의 즉위

1) 모친 위세에 눌린 아들

중종을 방출한 무후는 중종의 아우인 단(旦, 아침 단, 무후의 소생)을 황제로 즉위케 하니, 이가 예종(睿宗, 재위 684-690년)이다.

무후는 예종을 세우고 7년간(684-690) 정식으로 수렴청정(垂簾聽政)을 하였다. 곧 예종은 이름뿐인 자리를 7년간 무후에 눌려 아무런 권한도 행사하지 못했다.

이어 태후(太后)는 예종을 폐위하고, 정식 제위에 올랐고(則天武后), 예종을 황사(皇嗣, 황후의 계승자)로 삼았다. 무후는 역사적으로 인정받은 유일한 여황제로, 국호를 주(周)로 바꾸고 15년간 (공식 재위 기간 690-704년, 690년은 주周 천수天授 원년) 군림했다. 그리고 예종은 폐위되어 주(周)의 황사(皇嗣)로 9년, 다시 상왕(相王)으로 피봉되어 10년을 기다렸다.

측천무후는 두 아들(중종과 예종)을 폐위하면서 권력을 휘둘렀다. 또 다른 아들 몇 명을 처형했다. 이를 '대의멸친(大義滅親)'

이라 할 수 있겠는가?

이는 여자이며 어머니이지만 아들의 통제를 받을 수 없을 만큼 권력 의지가 강했다는 반증이다.

2) 당륭지변

중종이 황후 위씨와 딸 안락공주에게 독살당한 뒤, 위황후는 16살 된 어린 아들 이중무(李重茂, 695-714)를 즉위시키고 황태후로서 공식적 수렴청정을 한다. 이중무는 경룡(景龍) 4년(710) 6월에 즉위하고, 연호를 당륭(唐隆)으로 바꾼다.

그러나 중종 붕어의 실상(독살 정황)이 알려지면서, 예종의 3자인 임치왕(臨淄王) 이융기(李隆基)와 중종과 예종의 여동생인 태평공주가 연합하여 금군(禁軍)의 장수들을 거느리고 궁궐에 들어가 황태후 위씨와 안락공주를 살해한다. 결국 이중무는 제위를 예종(이단李旦)에게 선위한다. 이렇게 예종이 두 번째로 즉위하는데, 이를 당시의 연호에 따라 당륭지변이라 한다. 폐위된 이중무는 개원 2년 방주자사(房州刺史)가 되었다가, 곧 거기서 나이 19세에 죽으니, 시호는 상황제(殤皇帝, 殤은 일찍 죽을 상)이다.

당륭지변의 주동인물인 이융기는 아버지를 받들어 즉위케 하니, 이가 예종〔睿宗, 재위 710-712, 연호 수공(垂拱)과 수창(永昌)〕이다. 예종은 3남인 이융기(李隆基)를 태자로 정한다.

예종한테는 모두 6명의 아들이 있었다.

예종의 장남인 이성기(李成器, 후에 憲으로 개명)는 어려서 영평군왕(永平郡王)에 책봉되었다가, 고종이 죽은 다음 해 문명 원년(684)에 쫓겨난 중종의 뒤를 이어 예종이 즉위하자, 이성기는 태자가 되었다. 그러다가 측천무후가 정식으로 제위에 오르자, 예종은 황사(皇嗣, 嗣는 이를 사)로 강등되었고, 이성기는 황손(皇孫)이 되었다.

이제 측천무후가 죽고 신룡혁명으로(705) 중종이 다시 즉위했으며, 중종이 위황후에게 독살되고, 당륭지변으로 위황후가 죽고 예종이 즉위하자, 이성기는 예종의 적장자(嫡長子)이기에 당연히 태자에 책봉될 수 있었다.

그러나 이성기는 동생 이융기의 공훈이 크고 신망이 높기에, 이융기가 태자가 되어야 한다며 태자의 자리를 굳이 양보하였다. 결국 이융기가 태자로 책봉되었다.

이성기는 현종이 즉위한 뒤에 여러 고급 관직을 받았고, 영왕(寧王)에 책봉되었으나 조정 정사에 관여하지 않아 현종의 존경을 받았다.

차남, 곧 현종 바로 위에 형인 이성의(李成義)는 건장한 체구에 그 주량은 무진장이었다. 정사에 관여하지 않고 형제 우애를 잘 지켰고, 개원 12년(724)에 병사했다.

3) 태평공주

예종의 여동생인 태평공주〔太平公主, 665-713, 이름은 이영월(李令月), 고종과 무측천의 막내딸, 중종과 예종의 누이동생, 현종의 고모〕는 16세인 681년에 설소(薛紹)와 결혼하였다. 그러나 688년에 설소는 이충(李沖)의 모반에 관여했다 하여 옥사한다.

690년에, 무후는 과부가 된 태평공주를 자신의 친정 조카인 무유기(武攸曁)에게 시집보냈고, 무후는 황제로 정식 등극한다.

이후 태평공주의 생활은 매우 음란했다. 수많은 정부(情夫)를 거느렸고, 어머니의 애인인 장이지와 장창종 형제와도 통간(通姦)했으며, 조정 신하들을 불러 정욕을 채웠다. 또 자신의 정부 중에서 선별하여 측천무후에게 진상(進上)하기도 하였다.

어찌 보면 태평공주는 측천무후의 복사판으로 야심이 많고 심계가 남들보다 뛰어나, 결코 남자의 품에서 얌전하게 지낼 여인은 아니었다.

태평공주는 장이지(張易之)와 장창종을 주살할 때와 위(韋)황후를 처단할 때 모두 힘을 보탰다. 이미 여러 번 큰 공을 세웠기에 위세가 높고도 대단하였다. 예종도 태평공주와 정사를 논의하였으니, 그 권력이 황제를 능가하였고 저택 문 앞은 시장처럼 붐볐다. 태평공주는 태자 이융기의 영특함과 용맹을 꺼려 태자를 바꾸려 했다.

서기 712년 8월, 예종은 태자 이융기에게 전위하고서 태상황제(太上皇帝)라 칭했고, 이융기(당 현종)는 즉위하면서 선천(先天,

712-713)이라 개원했다.

선천(先天) 2년(713), 태평공주는 현종으로부터 정권을 탈취하려고 어림군(御林軍)과 남아병(南衙兵)을 동원하여 기병하지만, 현종은 즉시 곽원진(郭元振), 왕모중(王毛仲), 고력사(高力士) 등을 출동케 하여 무력 제압에 성공한다.

태평공주는 부득불 종남산(終南山)의 불사(佛寺)로 도주했다가 3일 뒤에 돌아온다. 태상황(예종)은 현종을 만나 태평공주의 사죄(死罪)를 용서해줄 것을 요청했으나 현종은 단호히 거부한다. 태평공주는 자신의 집에서 사약을 받았다.

태평공주의 모반 실패는 626년 이세민의 '현무문의 변' 이후 측천무후의 등장과 중종 폐위와 예종을 대신한 섭정, 무주(武周)의 건국과 무후의 퇴위(신룡혁명), 709년 중종 태자 이중준(李重俊)의 모반, 중종 위(韋)황후의 발호와 중종의 독살, 그리고 위황후의 축출과 예종 즉위(당륭지변唐隆之變, 710년 7월 21일. 당唐 중종中宗 경룡景龍 4년, 당唐 소제少帝 당륭唐隆 원년)에 이은 마지막 정변이었다. 이후 '개원(開元)의 치(治)'라는 태평성세가 이어진다.

9. 현종의 치세

(1) 현종 즉위

현종(玄宗) 명황제〔明皇帝, 현종은 묘호(廟號), 시호는 지도대성대명효황제(至道大聖大明孝皇帝), 보통 당명황(唐明皇)이라 호칭〕의 이름은 융기(隆基, 685-762년, 28세 즉위, 재위 712-756)인데, 예종〔睿宗, 이단(李旦)〕의 3남이었다. 현종의 재위 기간[120]은 당이 성세(盛世)에서 쇠약기(衰弱期)로 전환하는 시기였다.

현종은 그전에 임치왕(臨淄王)이었는데, 위후(韋后)의 발호를 당하여 남몰래 재용(才勇)을 겸비한 사람들을 비밀리에 모아 나라를 바로잡으려 했다.

태종 초에 친위군으로 용맹한 기병 100기(騎)를 선발했었는데, 무후 때에 1천 기로 늘려 좌우의 우림군(羽林軍)에 예속시켰다. 중종 때는 우림군이 1만 기로 지휘관을 두어 통솔케 하였었다. 이융기는 그 지휘관들과 두터운 정으로 교제를 했었는데, 마침내

---

[120] 현종은 44년간 재위하였는데, 당나라 황제 중에서 재위 기간이 가장 길었다. 현종 재위 중, 신라에서는 聖德王(名은 金隆基, 702년 즉위) 때였다. 신라에서 712년에 당에 사신을 보냈는데, 唐에서는 현종의 이름을 피휘(避諱)하여 聖德王의 이름을 고치라 요구했다. 신라에서는 김융기를 興光으로 고쳤다. 발해(渤海)는 699년에 건국되어 高王(大祚榮, 대조영)이 재위 중이었다.

당현종(唐玄宗)과 양귀비 〈출처: 위키백과〉

위씨를 죽이고 예종(睿宗)을 (황제로) 받들었고, 이융기는 평왕(平王)에 봉해졌다.

예종은 적실 소생을 태자로 세우려 했으나 장자(長子)인 성기(成器)[121]는 평왕 이융기가 큰 공(功)을 세웠다면서 애써 사양하여, (이융기가) 결국 태자가 되었다가 얼마 있다가 (예종의) 선위(禪位, 內禪)를 받았다.

---

[121] 이성기(李成器, 679-742, 개명 李憲) - "나라가 평안하면 적장자가 우선이지만, 나라가 위기에 처했다면 공을 세운 사람이 우선해야 한다(國家安則先嫡長, 國家危則先有功)."고 태자의 자리를 사양했다. 현종 즉위 후 영왕(寧王)에 책봉. 공근(恭謹)으로 自守하며 朝政에 관여하지 않아 현종의 존경을 받았다. 성기는 시가에 능했고 음률에 밝았다. 특히 갈고(羯鼓) 연주가 일품이었고 피리를 잘 불었다.

(2) 개원의 치

당 현종 개원(開元) 연간의 현명한 재상으로는 앞에는 방두(房杜. 방현령과 두여회)를 일컬었고, 뒤에는 요숭(姚崇)과 송경(宋璟)을 말했는데, 다른 이들은 비교가 되질 않았다. 요숭과 송경 두 사람이 들어와 알현하면 황제는 번번이 자리에서 일어나 맞이했고 물러날 때는 섬돌까지 나가 전송했다.

1) 요숭과 노회신

개원 3년(715), 노회신(盧懷愼, ?-716)이 황문감(黃門監)이 되었다. 당 3성(省) 중 문하성(門下省)의 우두머리를 시중(侍中) 또는 황문감(黃門監) 또는 좌상(左相)이나 납언(納言)이라 불렀다. 속관으로 시랑(侍郞), 급사중(給事中), 산기상시(散騎常侍), 간의대부(諫議大夫), 기거랑(起居郞) 등의 속관을 거느렸다. 노회신은 청렴하고 검소하였으나, 처자(妻子)는 주리고 추위에 떨어야 했고 집은 비바람을 가리지 못할 정도였다.

언젠가 요숭(姚崇, 650-721)[122]이 10여 일 휴가를 청했었는데, 정사(政事)가 밀렸는데도 노회신은 이를 처리하질 못했다. 요숭이 출근하자 짧은 시간에 모두 처결하였다.

---

122 요숭(姚崇, 650-721) - 原名은 姚元崇, 後名은 姚元之. 玄宗 초기 유능한 재상.

요숭이 노회신을 돌아보며 말했다.

"내가 재상으로 일하는 것이 어떠한가?"

노회신은 "한 시대의 폐단을 구제할 수 있는 재상입니다."라고 말했다. 노회신의 지혜와 재능은 요숭을 따라갈 수 없어 매사를 요숭에게 미루었다. 그래서 당시 사람들을 노회신을 실권이나 업무 처리 능력도 없이 자리만 차지한 재상이란 뜻으로 반식재상(伴食宰相)이라 불렀다. 이에 대하여, 구시지상(救時之相)은 한 시대 폐단을 바로잡을만한 재상이란 뜻이었다.

2) 위지고

위지고(魏知古, 647-715)는 사람이 정직하고, 일찍부터 재학(才學)으로 알려졌다. 진사과에 급제한 이후 여러 관직을 역임했는데, 요숭(姚崇)이 위지고의 학식과 능력을 인정하며 이부시랑(吏部侍郎)으로 발탁하였다.

현종 개원 원년(713) 황문감(黃門監, 문하시중)이 되었고, 2년(714)에 낙양고찰(洛陽考察)이 되었는데, 요숭이 아들의 일로 위지고를 찾아와 이권에 관련한 청탁을 넣었다.

당시 요숭과 위지고는 같은 재상의 반열에서 약간의 알력이 있었는데, 위지고는 요숭 아들의 청탁을 현종에게 직접 보고하였다. 이에 현종이 요숭을 불러 아들이 어떤 직책에 있고, 성품이 어떤가를 물었다.

요숭의 황제의 뜻을 알아채고 대답하였다.

"세 아들이 있는데, 둘째는 지금 동도(東都)에 근무 중인데, 욕심이 많고 부지런하지 않습니다. 아마 위지고와 무슨 일이 있는 것 같은데, 저는 아직 모르고 있습니다."

그러자 현종은 위지고를 공부상서(工部尚書)로 강등시켰다. 위지고는 개원 3년 69세로 병사했다.

3) 한휴

개원 21년(733), 한휴(韓休, 672-739)가 동중서문하평장사(同中書門下平章事)가 되었다.

한휴는 사람됨이 매우 강직하였는데, 현종이 연회나 유락(遊樂)이 좀 도를 넘었다 하면 바로 좌우 근신들에게 "한휴가 아는가(韓休知道嘛)?"라고 물었다.

그러나 그 말이 끝나자마자 한휴의 충간하는 글이 올라오곤 했다.

측근들이 "한휴가 재상이 된 뒤로 폐하는 전보다 유달리 수척해지셨습니다."라고 말했다.

이에 현종이 탄식하였다.

"내가 수척해졌지만, 백성들은 살이 쪘을 것이다."

한휴가 사직하자, 장구령(張九齡, 678-740)이 인계받았다. 한휴는 천수를 누리고 68세에 죽었다.

4) 장구령

장구령(張九齡) 〈출처: 위키백과〉
상관주(上官周)의 《만소당화전(晚笑堂畫傳)》

장구령(張九齡, 678－740, 자(字)는 자수(子壽))은 개원 시기의 현상(賢相)인데, 소주(韶州) 곡강인(曲江人)이었다(지금의 광동성廣東省 북부 소관시韶關市 곡강구曲江區). 장구령은 지금의 광동(廣東), 광서성(廣西省)의 서생(書生) 출신으로는 유일한 재상이었다고 한다. 그는 강직하면서도 온아(溫雅)했고 풍채와 의표(儀表)가 매우 단정하여 당시 사람들이 '곡강풍도(曲江風度, 곡강은 그의 고향 이름)'라고 칭찬하였다.

장구령이 재상직을 그만둔 뒤에 현종은 인재 추천을 받으면 '그 사람의 풍도가 장구령에 비해 어떠한가?'라고 반문하였다고 하니, 장구령은 '신사 중의 신사'였다고 생각된다.

개원 24년(736), 현종 생일인 천추절(千秋節, 천장절)에 많은 신하들이 보경(寶鏡)을 바쳤지만, 장구령은 전대(前代) 왕조의 흥망을 기록한 《천추금감록(千秋金鑑錄)》 5권을 지어 올렸다.

장구령이 사직했고, 이임보(李林甫)가 중서령을 겸직했다. 현종이 오래 재위하게 되자 점차 멋대로 호사스런 생활에 빠졌고, 이임보는 마침내 정치를 마음대로 하게 되었다.

그전에 현종이 이임보를 재상에 임명하려고 장구령에게 의견을 물었다.

그러자 장구령이 반대하며 말했다.

"재상은 국가 안위와 직결됩니다. 뒷날 틀림없이 사직의 걱정거리가 될 것입니다."

그러나 현종은 듣지 않았다. 이후 이임보는 기회 있을 때마다 장구령을 헐뜯었다.

장구령은 안록산(安祿山)에 대하여 '그 얼굴에 반상(反相)이 뚜렷하니, 지금 죽이지 않으면 필히 후환이 있을 것이라.' 하였지만 현종은 받아들이지 않았다.

20년 뒤 현종은 안록산의 난을 피해 촉으로 피난하면서 장구령의 말을 생각하며 통곡했고, 사람을 보내 장구령에 무덤에 제사를 올리게 했다고 한다.

장구령은 시인으로도 이름을 날렸다. 장구령의 시 〈감우(感遇)〉 12수가 있는데, 그 4수가 《당시삼백수》의 첫 머리에 실리는 영광을 누리고 있다. 그중 '초목유본심(草木有本心), 하구미인절(何求美人折), 초목도 본마음이 있으려니, 어찌 미인이 꺾어주길 바라리오!'는 천고(千古)의 절창(絶唱)으로 알려졌다.

시호는 문헌(文獻) 사람들이 '장곡강(張曲江)'이라 불렀고, 그 문집《장곡강집(張曲江集)》이 있다.

헌종 원화(元和) 14년(819), 안사의 난이 끝난 지 56년에, 번진의 세력을 억누르려 애쓴 헌종이 당시의 재상 최군(崔群)과 현종의 정치적 득실에 대하여 토론하였다.

헌종이 재상에게 물었다.

"즉위하고서는 잘 다스리다가 뒤에 문란해진 이유가 무엇인가?"

최군이 대답하였다.

"현종께서는 요숭(姚崇)과 송경(宋璟), 노회신(盧懷愼)과 소정(蘇頲), 한휴(韓休)나 장구령(張九齡) 등을 등용하여 잘 다스렸지만 우문융(宇文融)이나 이임보(李林甫), 양국충(楊國忠) 등을 등용하면서 문란해졌습니다. 그러니 용인(用人)에 따른 득실(得失)은 결코 가벼히 볼 수 없습니다. 많은 사람들이 천보 14년(755), 안록산의 반란이 곧 혼란의 시작이었다고 말합니다. 신(臣)이 생각할 때, 개원 24년간의 치세(治世)는 장구령을 해임하고 이임보가 전권을 휘두르면서 치세와 난세가 갈렸습니다. 바라옵건대, 폐하께서 전반 개원 시기를 본받으시고 후반 천보 연간의 정치를 조심하신다면 사직에 큰 복이 될 것입니다!"

이처럼 충량(忠良)한 사람을 얼마나 등용하느냐? 또 신하들 간언(諫言)의 수용 여부가 나라의 성쇠와 왕조의 교체와 직결된다.

(3) 천보 연간의 정치

현종의 치세는 전반기인 선천(先天, 712년 8월-713년 11월)에 이어 개원(開元, 713년 12월-741) 연간의 성세(盛世)와 천보(天寶) 연간(742-756년 7월)의 쇠퇴기를 양분할 수 있다.

개원 연간에, 현종은 젊고 부지런히 국정을 주도하여 개원지치(開元之治)의 모범적 군주정을 실행했지만, 천보 연간의 정치는 이임보와 양국충(楊國忠)에 의한 정치적 타락 시기였고 당나라는 분명한 쇠퇴기로 전환하였다. 결국 천보 말년, 안록산과 사사명의 난(안사安史의 난, 755-763)은 당나라 쇠퇴의 신호탄이었다.

1) 재상 이임보

이임보(李林甫, 683-753)는 당 종실의 먼 방계(傍系) 출신으로, 당나라의 권신(權臣)이면서 간신이었다. 현종 개원 22년(734)에 장구령은 중서령이 되었고, 이임보(李林甫)[123]는 동중서문하평장

---

123 이임보(李林甫, ?-753)-唐朝의 宗室이기에 벼슬을 시작했지만 교활하였으며 口蜜腹劍(구밀복검) 고사의 주인공이다. 개원 22년

사(同中書門下平章事)가 되었다. 이후 천보 11년(752)까지 19년간 이임보는 재상의 직무를 수행하였는데, 그중 16년은 국정을 혼자 요리하였다.

이임보는 음률에도 일가견이 있었으며, 유순하고 말을 잘했으나 교활한 술수가 많은 사람이었다. 이임보는 환관이나 비빈들의 집안과 깊은 관계를 맺고 황제의 동정을 엿보아 모르는 것이 없었다. 이 때문에 매번 아뢰는 답변이 황제의 뜻에 잘 맞았다.

이임보는 정체나 좌천도 없이 계속 승진하였는데, 그러한 출세의 첫째 요령은 현종의 총애를 받는 후궁과의 연결이었다. 양귀비 등장 이전에 현종의 총애를 받은 사람은 무혜비(武惠妃)였다. 무혜비는 수왕 이모(壽王 李瑁)와 성왕 이기(盛王 李琦)를 출산하였는데, 무혜비는 자신의 소생이 태자로 되기를 염원하였기에, 무혜비와 이임보는 서로 이해관계가 일치하였다. 무혜비는 황제의 일거수일투족을 상세하게 이임보에 제공하였고, 이임보는 수왕 이모의 강력한 후원자가 되었다. 이임보는 그러한 정보를 바탕으

(734)부터 천보 11년(752)까지 재상직을 수행했다. 장구령 같은 인재를 이간질하여 폄직케 하였고, 문란한 政事로 안록산의 난이 일어날 수 있는 배경을 만들어 놓은 사람이었다. 이임보는 무식한 사람으로 정평이 나있었다. '弄璋之慶(농장지경, 璋은 홀 장)'은 得男 축하의 글귀인데, 이임보는 이를 '弄獐之慶(獐은 노루 장)'이라 썼기에, 당시 사람들이 '농장재상(弄獐宰相)'이라고 불렀다는 이야기도 있다.

로 언행이 늘 황제의 뜻과 일치하였다.

재상 한휴(韓休)는 이임보의 사람됨과 능력을 잘 알고 있어 이임보의 재상 임명을 반대하였지만 무혜비의 적극적인 권유에 현종은 넘어갈 수밖에 없었다.

이임보가 특별한 능력도 없이 재상 직위에 19년, 그중에서도 16년간 국사(國事)를 전담한 이유로는 다음과 같은 몇 가지를 생각할 수 있다.

첫째, 천자의 뜻만을 추종하면서 아랫사람의 언로(言路)를 막았다. 이임보는 황제의 환심을 얻을 수 있었기에 국정을 독단할 수 있었다. 그래서 황제의 황음(荒淫)을 방치하면서 황제의 뜻을 거스릴 수 있는 간언을 올리지 못하도록 언로를 막았다. 황제 신변의 소인들과 좋은 관계를 유지하면서 황제에 관한 정보를 쉽고도 정확하게 얻었다.

이임보는 주변 사람들에게 말했다.

"폐하께서는 영특하신 분이다. 황세께서 생각하시는 그대로 하셔야 한다. 의장(儀仗)용 말을 못 보았는가? 대열에서 이탈하지도 울음소리를 내지도 않기에 편안히 좋은 사료를 먹고 편히 지낼 수 있다. 쓸데없이 한 번 울었다가는 그날로 끝이다. 쓸데없는 간언으로 폐하의 심기를 거슬려서는 안 된다."

둘째, 이임보는 혹리들을 활용하여 자신과 뜻이 다른 자를 무자비하게 숙청하였다. 이임보가 자기 서재에서 고심하며 생각에 잠기다가 좋은 방법이 떠오르면 웃으며 나왔다. 그리고 다음 날 틀림없이 사람이 죽거나 파멸당하는 가문이 있었다. 이임보가 활용한 혹리로 길온(吉溫)과 나희석(羅希奭) 등이 있었다.

사람들은 '나희석은 족집게이고, 길온은 그물이다(羅鉗吉網).'라고 말했다.

셋째로, 이임보는 현인(賢人)과 능력자를 질시하고 매장하였다. 이임보는 자신의 장기집권을 위하여 장래가 촉망되거나 황제의 인정을 받은 자가 있다면, 백방으로 투기하고 억눌러 두각을 나타내지 못하게 막았다.

황제가 "누가 지금 어디에 근무하는가?"라고 물으면, "그 사람은 요즈음 풍질(風疾)에 걸렸습니다."라고 대답하면 황제는 다시 묻지 않았다.

어느날 이임보는 꿈에서 하얀 수염이 난 사람이 자기를 핍박하는 꿈을 꾸었다. 이임보는 흰수염을 가진 풍채 좋은 호부상서 배관(裵寬)이 언젠가는 자신을 해칠 것이라 생각하여 온갖 수단을 다해 배관을 배제하였다.

이임보는 그러면서도 일반 행정업무나 절차에 밝아서 업무처리에 막히는 일이 없었고 치밀하게 일을 꾸며 어설프게 대들거나 공격할 틈을 주지도 않았다. 그래서 양귀비를 배경으로 권력과 총애를 얻은 안록산도 이임보 앞에서는 감히 바로 바라보지도 못하고 등줄기에 땀을 흘릴 정도였다.

이임보는 누구에게나 웃는 얼굴이었지만, 자신의 감정을 전혀 내보이지 않았다. 이임보의 얼굴은 한없이 선량하고 말씨는 부드러웠지만 그 심계(心計)는 무시무시했다. 따라서 '입은 늘 달콤하지만(口有蜜), 뱃속에는 칼이 있다(腹有劍).'는 뜻으로 구밀복검(口蜜腹劍)이라 하였다.

2) 양국충

양국충〔楊國忠, 700년대 – 756년 7월, 본명 양쇠(楊釗)〕은 현종이 국충(國忠), 이름은 하사이다. 당 황실의 외척, 권신(權臣)에 간신(奸臣)으로 포주(蒲州) 영락현〔永樂縣, 지금의 산서성(山西省) 서남단 영제시(永濟市) 부근〕 출신. 귀비 양옥환(楊玉桓)의 종형(從兄, 일설 재종형, 6촌)이라서, 현종에게 중용되었다. 재상의 반열에 올랐고 40여 직책을 겸임하면서 천보 연간에 조정을 휘둘렀고, 안록산 반란의 원인을 만들었으며, 난중에 황제 호위군에게 피살되었다(756, 마외지변馬嵬之變).

사서(史書)에는 양국충의 생년 기록이 없다. 《구당서》에는 무측천의 행신(幸臣, 남총男寵)인 장이지(張易之)가 양국충의 외삼촌(구구舅舅)이라는 기록이 있고, 《신당서》에는 장이지의 아들이라는 주장도 있다.

양국충은 젊었을 때, 가향(家鄕)에서 아무런 배움도 없고 술주정에 싸움질을 잘해 천대를 받다가 군졸이 되었다. 천보(天寶) 4

년(745), 양옥환이 현종의 총애를 받으며 귀비에 책봉되었고, 귀비의 힘으로 임관되어 승진하기 시작하였다. 천보 9년(750년), 자신의 이름이 미천(釗釗)하다고 개명을 요청하자, 현종이 국충(國忠)이라 사명(賜名)하였고, 이후 여러 번 승진하여 경조윤(京兆尹) 겸 병부시랑(兵部侍郞)이 되었다. 이어 사천(四川) 지역의 군정을 담당하는 검남(劍南) 절도사가 되었다가, 곧 검남도 겸 산남서도 채방처치사(山南西道采訪處置使)가 되었다.

양국충은 처음에는 이임보와 손을 잡고 구 귀족 세력을 꺾으려 했고, 현종의 신임 속에 어사대부(御史大夫)가 되었다. 천보 11년(752) 이임보가 죽자, 이임보의 후임으로 우상(右相, 중서령) 겸 문부상서(文部尙書), 집현원(集賢院) 대학사(大學士), 감수국사(監修國史), 숭문관(崇元館) 대학사(大學士), 태청태미궁사(太淸太微宮使) 등 40여 직책을 겸임하였고, 위국공(魏國公)의 작위를 받았다.

양국충이 한창 잘나갈 때, 많은 사람들은 양국충 주변에 모여들었다. 이런 세태를 보고 장구령(張九齡)은 "이런 자들은 모닥불 곁에 모여 불을 쬐다가 불이 꺼지면 모두 얼어죽을 사람들이다."라고 말했다.

양국충은, 지금의 운남성(雲南省) 및 귀주성(貴州省) 일대 이민족의 왕조인 남조(南詔) 원정을 주도하였으나 천보 10년(751) 패전하며 군사 6만 명을 잃었다. 천보 13년에는, 남조를 공격하였으나 대패하였는데 2차에 걸친 원정에 당나라는 군졸 20만 명의 손해를 보았다.

양국충은 자신의 권력을 확장하면서 안록산과 알력이 생겼고, 안록산의 반란을 예상하며 그 세력을 삭감하려고 하였다. 이에 안록산은 '양국충을 죽여 황제 측근을 청명(淸明)케 한다(誅楊國忠, 淸君側).'는 핑게로 부장 사사명(史思明)과 천보 14년(755) 말에 반란을 일으켰다. 이어 동도(東都) 낙양을 점거하며 칭제하고(大燕)[124] 서쪽으로 진격하여 관군의 집결지인 동관(潼關, 지금의 섬서성, 산서성, 하남성과 접경)을 포위하였다.

관군의 지휘관이던 가서한(哥舒翰)[125]은 지구전으로 버티려 했으나 양국충은 자신의 공명을 위하여, 현종과 함께 조속한 진압을 명령했다. 양국충의 핍박에 동관을 지키는 수장(守將) 가서한(哥舒翰)은 무리하게 출전(出戰)했으나 패전하고 포로가 되었으며, 동관은 함락되었다(756년 6월).

이제 장안을 방어할 수 없게 되자, 양국충은 현종을 설득하여 양씨 일족만을 데리고 종묘와 대신과 백성을 버려둔 채, 사천(四川, 蜀)으로 피난길에 올랐다.

피난 3일째 마외역(馬嵬驛, 지금의 섬서성(陝西省) 남부 함양시(咸陽市) 관할 홍평시(興平市))에 이르자, 피로와 굶주림에 지친 호위

---

[124] 안록산(재위 756-757, 연호 聖武) - 安慶緒(재위 757-759) - 史思明(後燕, 재위 759-761) - 史朝義(재위 761-763).

[125] 가서한(哥舒翰, 699-757) - 서돌궐 부족의 哥舒部의 수령. 名은 翰. 安史之亂 때 동관 방어에 실패 安祿山의 포로가 되었다가 그 아들 안경서(安慶緒)에게 피살되었다.

군사의 변란에 양국충과 양귀비의 자매는 타살되었고, 양국충의 아내와 자식은 도망치려다가 참살(斬殺)되었다. 피를 보고 흥분한 호위군의 함성에, 어쩔 수 없었던 현종은 양귀비의 자결을 애써 외면하였다.

3) 양국충의 오국

천보 11년(752) 11월, 이임보가 재상 19년 국정 독단 16년만에 죽을 때, 이임보의 최종 직책은 좌복야(左僕邪) 겸 우상(右相)에 이부상서(吏部尙書)였고, 작위는 진국공(晉國公)이었다.

이임보가 국정 장악의 핵심은 그가 이부상서로 관리 선발(이부吏部 전선銓選) 권한의 장악이었다. 그런 직책을 장악하고 누적되었으니, 그 결과가 어떠했겠는가?

이임보가 죽자, 이임보 권한의 핵심은 양국충에게 넘어갔다. 그런데 문제는 양국충은 능력면에서 이임보의 절반에도 미치지 못했다. 그런 자가 국정의 핵심에서 40여 직책을 겸임하고 있었으니 국정을 잘못 이끌어 패망의 길로 몰고 가는 것은 당연한 이치였다.

당나라가 건국과 정관지치를 거쳐 측천무후, 그리고 현종의 개원지치(開元之治)에 이르는 발전 과정에서 쇠락으로 급반전한 전기(轉機)는 천보 연간 현종의 실정(失政)이었고, 그 핵심에 이임보와 양국충이 있었다.

결국 양국충의 출세와 국정파탄의 실질적 책임은 모두 현종 자신의 책임이었다. 현종은 양귀비에게 얼이 빠진, 안록산과 양귀비의 짝짝꿍도 모르는 힘없는 늙은이로 황제 본분을 완전히 망각했다. 그러니 자신의 타락은 물론, 학식과 능력도 없는 양국충에게 국정을 방임했다.

양국충은 자신의 무능을 잘 알고 있었다. 결재해야 할 공문의 첫 글자를 읽지도 않고 자신의 저택에서 미천한 아랫사람을 시켜 국사를 처결하였다.

안록산은 자신의 영화를 방해하는 사람을 제거하는 일에만 힘쓸 뿐이었다.

"나는 출신이 한미(寒微)한데도 오직 귀비 덕분에 오늘의 영화를 누리고 있다. 나는 내일이 어떻게 돌아갈지 모른다. 나의 명성이나 평가가 어떻든, 오늘의 이 쾌락을 즐길 뿐이다."

그러니 양국충이가 얼마나 호사하고 방종했겠는가? 현종 황음(荒淫)의 방조, 정치 혼란이나 관리 기강의 해이, 공공연히 오가는 뇌물, 안록산과의 갈등 – 모두가 멸망의 수순이었다.

자기 집에 쌓아두었다는 3천만 필의 비단은 무슨 의미가 있었는가? 참으로 어리석은 욕심이었고, 그에 따른 종말이었다.

군사적으로 무능했기에, 그러면서 안록산의 반란에 아무런 대응도 못하고, 그렇다고 자신의 책무 조차도 알지 못했기에 패망의 길을 달려 자신과 나라를 망쳤다.

4) 환관 고력사

개원(開元) 원년(元年, 713)에, 고력사(高力士)[126]는 우감문장군(右監門將軍)이 되어 내시성(內侍省)의 일을 함께 담당했다. 그전에 태종이 만든 제도로는 내시성에 3품관을 둘 수 없었으며 황색 옷을 입고 녹봉으로 곡식을 받으면서 문을 지키거나 심부름을 하는 일뿐이었다.

고력사(高力士) 〈출처: 위키백과〉
고력사가 이백의 신발 벗겨주다〔탈화(脫靴)〕.

---

[126] 고력사(高力士, 684-762. 本姓은 馮(풍), 名은 元一) - 본래 북연(北燕)의 왕족이었는데, 북연이 北魏의 침공을 받아 망할 때, 일족 400여 명이 남으로 항해하여 반우(番禺) 지역에 정착했다. 남조 陳에 귀속했다가 수 및 당으로 전전했다. 나중에 환관 고연복(高延福)의 양자가 되어 고씨를 칭했다.
현종이 太平公主를 제거하는데 공을 세워 현종의 절대적인 신임을 받았다. 안록산의 난 때, 현종이 촉(蜀)으로 피난을 가는 길에 호위 군사가 양귀비 처형을 요구했다. 현종은 주저했으나 고력

그러다가 현종 재위 중에, 3품 장군을 제수 받는 자가 점점 많아졌고 환관(宦官)이 늘어나 3천 명이나 되었으니, 내시(內侍)의 융성은 이때부터 시작되었다.

(4) 안록산

1) 안록산의 대두

개원 24년(736), 유주절도사(幽州節度使)인 장수규(張守珪)가 패전한 장수 안록산(安祿山)을 잡아 장안에 압송했다. 절도사(節度使)는 변경지역의 군사 업무를 담당하고 외적 방어를 위해 설치한 번진(藩鎭)의 지휘관이다.

장구령은 이를 비평하여 "장수규가 군령대로 실행했어야 하는데, 안록산의 죽음을 면하게 한 것은 옳지 않은 일이다."라고 하였다.

안록산(安祿山, 703-757)의 부(父)는 이란계 소그디아나인[Sogdiana. 속특(粟特) / 갈족(羯族)의 일부]이고, 모친은 돌궐족이었다. 소그디아나인들은 상업 활동이 활발했는데, 안록산은 6개 언어를 구사할 수 있었다고 한다.

사가 현종을 설득하여 양귀비가 자결토록 했다. 현종이 양위하고 숙종이 즉위하자, 고력사는 지방으로 귀양을 갔다. 현종이 울분 속에 762년 죽자, 그 소식을 들은 고력사는 식음을 전폐하고 7일 만에 죽었다.

현종은 안록산의 재능과 용기를 아껴 사면하였는데, 장구령은 힘써 간쟁하면서 말했다.

"안록산은 반란을 일으킬 인상이니(反相), 죽이지 않으면 필히 후환이 될 것입니다."

현종은 끝내 안록산을 죽이지 않았다.

안록산은 본래 영주(營州)[127]에 거주하는 호인(胡人)이었다. 초명(初名)은 아락산(阿犖山)인데, 모친이 안씨(安氏)에게 재혼을 하였기에 그 성을 물려받았다. 살던 마을이 파괴되면서 도망을 나왔는데 재치가 있어 장수규의 인정을 받게 되었다. 그리고 사졸간(史窣干)[128]이란 자는 안록산과 한 마을 출신으로 역시 용감한 사람이었다. 장수규의 사자(使者)로 장안에 와서 업무를 보고하자, 현종은 사사명(史思明)이라는 이름을 하사하였다.

개원 29년(741, 개원 연호 마지막 해), 안록산을 영주〔營州, 지금

---

127 영주(營州) – 지금의 遼寧省 朝陽市. 長城 남쪽에서 漢人들과 혼거(混居)하는 胡人, 이민족. 이때 胡는 북쪽의 여러 이민족에 대한 지칭이지 丙子胡亂(병자호란)을 일으킨 胡人(여진족)과는 다르다.

128 사졸간(史窣干, 703–761) – 史思明의 原名. 돌궐인. 안록산과 함께 '安史의 亂' 주동인물. 史思明은 돌궐인, 初名 窣幹(솔간) 안록산과 동향으로, 안록산은 군사를 잘 몰랐고 사사명이 군사적 재능이 있었다. 안록산의 아들 안경서를 죽이고 제위에 올랐다가 자신의 아들 사조의에게 피살되었다.

의 요녕성(遼寧市) 조양시(朝陽市)] 도독으로 임명하였다. 안록산은 온갖 수단을 다하여 사람을 잘 받들었는데, 황제의 측근이 (임지인) 평로(平盧)[129]에 오면 누구든 뇌물을 크게 썼고 (측근들은) 돌아가서 안록산을 칭송하니 현종은 안록산을 유능하다 생각하게 되었다.

안록산(安祿山) 〈출처: 위키백과〉
안록산(재세 703-757년), 대연(大燕)황제 (재위 756-757. 1)

천보(天寶, 742-755) 3년 (744)에 연(年)을 재(載)라고 바꾸었다. 안록산이 범양(范陽)절도사[130]를 겸직하였다.

2) 안록산의 가면

천보 6년(747), 안록산이 관리의 비행을 감찰하는 어사대의 책임자 어사대부(御史大夫)를 겸직하게 하였다. 안록산은 귀비보다

---

129 평로절도사(平盧節度使) - 말갈족(여진족)을 대비하기 위한 藩鎭. 현종 때 10절도사의 하나.
130 범양절도사(范陽節度使) - 幽州(今 北京市)에 주둔. 10절도사 중 하나. 약 10만의 병력을 보유한 최대 軍鎭이었다.

나이가 많았어도 양귀비의 양아들이 되겠다고 하였다.

 천보 9년(750)에, 안록산을 동평군왕〔東平郡王, 지금의 산동성(山東省) 동평현(東平縣)〕에 봉하면서 하북도(河北道) 채방처치사(採訪處置使)¹³¹를 겸하게 했다.

 안록산이 입조(入朝)할 때, 귀비의 친정, 양쇠(楊釗)의 형제자매들은 모두 교외에 나아가 안록산을 영접했다. 양쇠는 귀비(貴妃)의 재종(再從, 6촌) 형제로 궁중을 출입할 수 있었다. 양쇠(楊釗)는 거의 무뢰배와 같은 생활을 하다가 군에 투신하였으며, 양귀비의 득세에 따라 벼슬길에 올랐다. 천보 9년(750)에 개명을 요청하여 현종이 국충(國忠)이라는 이름을 하사하였다. 양국충은 752년에 이임보가 죽은 뒤 재상의 반열에 올라 안록산과 각을 세우면서 대립하였으며 전성기에 40여 관직을 겸했다.

 안록산은 '양국충 타도'를 주창하며 난을 일으켰다. 이전에 재정을 담당하는 담당자가 "국고가 가득 찼다."고 자주 아뢰었다. 현종이 군신을 거느리고 가보았었다. 이로부터 나라의 재물을 거름처럼 생각했고 내려주는 상에 제한이 없었다.

 천보 10년(751), 안록산을 위해 집을 지었는데 매우 화려하였으며, 현종은 날마다 여러 양씨들을 보내 같이 놀게 하였다. 녹산은 몸이 비대하였는데 현종이 배를 가리키며 물었다.

---

131 하북도(河北道) 채방처치사(採訪處置使) – 황하 북쪽 일대 州縣의 관리의 비행을 감찰하는 관직.

"이 호인의 배에는 무엇이 들어있는가?"

그러면 안록산은 "폐하께 바칠 충성심(忠誠心, 赤心)뿐입니다." 라고 대답하였다.

안록산이 궁중에 들어오면 먼저 귀비에게 절을 하였는데, 현종이 그 까닭을 물었다.

안록산은 "호인은 어머니를 높이고, 아버지는 그 다음입니다." 라고 대답하였다.

안록산의 생일에 하사하는 물건이 매우 많았는데, 3일 뒤에 입궐하라고 불렀다.

귀비는 수놓은 비단으로 큰 포대기를 만들어 (안록산을 덮은 뒤에) 궁인(宮人)들이 비단 가마에 태워 들고 다니게 하였다.

현종이 떠들며 웃는 소리를 듣고 까닭을 묻자, 측근들이 '귀비가 아기 안록산을 목욕시킨다.'고 대답하였다. 현종은 귀비에게 '아기 목욕 값'을 하사하였고 마음껏 즐긴 다음에 끝냈다.

3) 충직하고 멍청한척하기

안록산은 3개 절도사를 겸직했을 뿐만 아니라 현종으로부터 어사대부라는 중앙 관직을, 동평군왕(東平郡王)이라는 작위를 받을 만큼 현종의 신임을 얻었다. 안록산이 현종의 신임을 얻을 수 있었던 것은 양귀비의 신임을 얻을 수 있었기에 가능했었다.

안록산이 양귀비의 신임을 얻을 수 있었던 것은 안록산의 재능이었다. 안록산의 재능은 '멍청하면서도 충직한 사람인척하기',

곧 '완전한 위장(僞裝)'에 있었다.

본서의 내용과는 조금 다르지만, 현종이 안록산을 양귀비에게 처음 인사를 시키면서 "이 사람이 장수규(張守珪)의 양자(養子)였으니, 곧 나의 양자인 셈이다."라고 말했다.

그러자 안록산은 얼른 몇 걸음 물러나 땅에 이마를 조아리며 "이 아들은 어머님의 천세(千歲)를 축원하옵니다."라고 말했다.

그러자 현종이 말했다.

"녹산! 자네는 지금 잘못했네! 모친에게 절을 올리기 전에 부친한테 절을 올려야 하네!"

그러자 안록산이 대답했다.

"저는 본래 새외(塞外)의 호인(胡人)입니다. 호인은 모친께 절하고 뒤에 부친께 올립니다."

이런 위트와 변신할 수 있는 재능이 바로 안록산의 능력이었다.

현종과 양귀비는 부부 이전에 시아버지와 며느리의 관계였다. 일반인의 도덕관념으로는 도저히 수용할 수 없는 관계였고, 이는 현종과 양귀비의 치명적 약점이기도 했다. 그러나 안록산의 이 재치는 두 사람의 걱정을 완전히 날려주었다.

'뱃속에 가득 찬 것은 충성심'이라고 둘러댈 수 있는 위트도 그렇고, 생일 다음날에 아기 목욕시킨다고 큰 포대기를 덮을 때 멍청한척 분장하면서 100% 다 받아들여 양귀비를 기쁘게 했고,

덩달아서 현종의 신임을 얻었다.

아들보다 나이가 어린 어머니는 세상 어디에도 없다. 그러나 안록산은 어리고 충성스러운 아들로 철저하게 분장하고 양귀비의 희롱을 받아들였다.

사실 환갑이 지난 늙은 현종과 30대의 한창 물오른 여인 양귀비, 그리고 당당한 체구에 코가 큰 안록산, 이 세 사람의 관계가 원만할 수 있었던 것은 안록산의 충성심과 멍청한 아들 노릇 때문에 가능했을 것이다.

본래 남자의 색정을 알만큼 알고 있는 양귀비가 흔들릴 때, 어머니와 아들이라며 궁궐 깊은 곳에 출입하면서 생길 수 있는 일은 아무도 몰랐을 것이다.

이로부터 안록산은 내전까지 출입하게 되었는데, 밤새도록 궁을 나가지 않기도 했고 추한 소문이 밖에까지 알려졌다. 그런데도 현종은 아무런 의심도 하지 않았고, 다시 안록산에게 하동(河東)절도사를 겸직케 하였다.

4) 이임보의 죽음

이임보(李林甫)가 안록산과 이야기를 할 때마다 안록산의 속뜻을 미리 헤아려 알고 먼저 말을 하였다. 안록산은 놀라 복종하였는데 매번 만날 때마다 한 겨울에도 땀을 흘렸다고 한다.

천보 11년(752), 이임보가 죽었다. 이임보는 황제 측근에게도 아첨을 잘해서 황제의 뜻에 잘 영합하여 총애를 독차지하면서 언로를 막았고 황제의 귀와 눈을 가렸다.

이임보는 19년을 재상의 자리에 있으면서 천하대란의 싹을 키우고 있었으나 현종은 깨닫지 못했다. 또한 안록산도 이임보의 술수를 두려워하여 이임보가 죽을 때까지 감히 대들지를 못했다.

이 해에 재상이 된 양국충은 안록산이 필히 반란을 할 것이라고 말했다.

또 "시험 삼아 부르더라도 틀림없이 오지 않을 것입니다."라고 현종에게 말했다.

천보 13년에(753), 안록산은 황제의 부름을 받자 즉시 입조했다. 현종은 이로써 양국충의 말을 불신하였고, 안록산에게 재상급 좌복야(左僕射)의 벼슬을 높여주었고 임지로 돌려보냈다.

(5) 양귀비

1) 양귀비의 등장

천보 4년(745), 양태진(楊太眞)을 귀비[132]로 삼았다. (귀비는) 죽은 촉주(蜀州)의 사호(司戶) 양현염(楊玄琰)의 딸이었다. 현종의

---

[132] 태진(太眞) – 여자 도사〔道姑(도고)〕로서의 이름. 대부분의 詩歌에는 太眞으로 기록되었다. 본명은 옥환(玉環)으로 알려졌다.
귀비(貴妃) – 궁중 女官의 명칭. 皇后 다음의 封號. 당 초기에 貴妃, 淑妃, 德妃, 賢妃를 四夫人이라 칭했고, 작위로는 正一品에 해당했다.

아들 수왕〔壽王, 이름은 모(瑁)〕[133]의 비(妃)가 된 지 10년이었다. 현종은 그녀의 미모를 본 뒤에 (태진이) 스스로 여관(女官)이 되기를 희망한다 하여 수왕에게는 다른 비(妃)와 결혼을 시킨 다음에 뒷날 양귀비를 맞이하였는데, 결국은 총애를 독차지하였다.

2) 내명부와 외명부

여기서 참고로, 당조의 비빈(妃嬪) 제도(개원 연간)의 대략을 살펴보아야 한다.

황제의 정처(正妻)는 황후 1인이다. 황후 아래 귀비(貴妃), 숙비(淑妃), 덕비(德妃), 현비(賢妃)의 4부인(夫人)을 두었다. 이들의 품계는 모두 정1품에 해당한다.

부인(夫人) 아래에 소의(昭儀), 소용(昭容), 소원(昭媛), 수의(修儀), 수용(修容), 수원(修媛), 충의(充儀), 충용(充容), 충원(充媛)의 구빈(九嬪)을 거느렸는데, 이들은 모두 정2품이었다.

구빈 아래로 첩여(婕妤) 9인을 두었고, 이들은 모두 정3품이었다. 다음에 미인(美人) 9명을 두었는데, 정4품에 해당하였다. 그리고 9명의 재인(才人)은 정5품이었다. 다음에 정6품의 보림(寶林) 27인, 어녀(御女) 27인(정7품), 다음에 채녀(采女) 27인은 정8품이었다.

---

133 수왕(壽王, ?-775년. 名은 瑁 서옥 모) - 玄宗의 18子. 楊玉環은 735년에 壽王 李瑁의 妃가 되어 이미 아들을 둘이나 출산했었다.

공식적으로 황제는 황후 외 모두 120명의 후궁을 거느릴 수 있었다. 이들은 모두 내명부(內命婦)에 이름을 올렸다. 내명부의 상대적 명칭이 외명부이다.

외명부는 고급 관리의 모친이나 아내 중에서 봉호(封號)를 받은 사람으로 일정한 대우와 명예, 사회적 지위를 누릴 수 있었다. 외명부에도 역시 관등과 같은 등위가 있다.

황제의 고모(姑母)는 대장공주(大長公主)에 봉해지고 황제의 여자 형제는 장공주(長公主), 황제의 딸은 공주인데, 이들은 모두 외명부의 정1품이다.

황태자의 딸은 군주(郡主)인데, 종1품에 해당한다. 군왕(郡王)의 딸은 현주(縣主)에 봉해지고 이는 정2품에 해당한다.

1품 관리나 국공(國公)의 모친이나 아내는 국부인(國夫人)이고, 3품 이상 관리의 모친이나 아내는 군부인(郡夫人)이고, 4품, 5품 관리의 모친이나 아내는 외명부의 품계를 받을 수 있고, 이들은 황후를 입조할 수 있는데, 이는 일종의 명예였다.

3) 현종과 양귀비의 결합

현종이 총애하던 무혜비(武惠妃)가 개원 25년(737)에 죽는다. 후궁에 아무리 미인이 많다지만 현종의 뜻에 맞는 여인이 없었다. 이에 18자(子)인 수왕(壽王)의 왕비 양씨(楊氏)가 미인이라는 말을 듣고 자신의 며느리를 불러보니 과연 미인이었다.

양씨는 양현염의 딸로 촉(蜀)에서 태어났지만 10세에 부친을 여의고 숙부의 손에 양육되다가, 16세인 735년에 수왕(壽王) 이모(李瑁)의 비(妃)가 되었고 이미 두 아들을 출산했었다.

현종이 양씨를 만나본 뒤, 현종의 모친 두태후의 명복을 빌게 한다는 이유로 양씨를 여도사로 만들어 도관(道觀, 도교의 사원)에 밀어 넣고 도호(道號)를 태진(太眞, 또는 大眞)이라 했다.

아들 수왕을 재혼시키고, 그 한 달 뒤에 태진을 환속시켜 귀비로 책봉되는데(745), 이때 귀비는 26세, 현종은 61세의 노인이었다. 귀비는 756년까지 12년간 현종의 총애를 독점했었다. 현종은 712년 28세에 즉위하여 756년까지 45년을 재위하였고, 762년 78세에 죽었다.

사실 양귀비와 현종의 결합과 애정은 비도덕적이고 비정상적이었다. 기운이 왕성하고 풍류를 아는 황제라는 점을 감안하더라도, 자신의 며느리를 강제로 이혼케 하여 아내로 맞이했다는 자체가 비도덕적이었다.

결국 '안사의 난(755–763)'이 일어났고, 양귀비는 마외파(馬嵬坡, 馬嵬驛)의 절에서 목을 매어야 했고, 현종은 슬픔과 실의 속에서 제위를 아들(숙종)에게 넘겨주어야 했다. 말하자면, '안사의 난'과 당의 국운(國運)이 기우는 계기가 된 것은 현종과 귀비의 애정이었다.

그 이전 현종의 할아버지인 고종은 아버지 태종의 후궁인 무재인(武才人, 무후)을 절에서 데려와 황후로 삼았었는데, 물론 애틋한 사랑이 있었다고는 하지만, 그 결과는 당 왕조의 중간 단절(斷絶)이라 엄청난 파장을 불러왔었다.

이러한 비정상적인 애정은 현종의 증조부인 태종도 예외가 아니었다. 태종은 '현무문의 변'을 통해 동생인 제왕(齊王)을 죽이고, 그 아내 곧 제수(弟嫂)를 데려다가 사랑하고 거기에서 소생을 얻었다.

'정관(貞觀)의 치'라는 선정을 행한 태종이 무씨(武氏)를 궁으로 불러들인 결과는 측천무후의 등장을 초래했고, '개원(開元)의 치(治)'를 이룩한 현종이 양귀비를 사랑한 결과는 안사의 난과 당나라의 쇠퇴를 불러오는 단초가 되었다.

그래서 범인(凡人)이나 제왕(帝王)이건 그 행실이 도덕적이어야 한다는 교훈이 통한다. 아무런 실효가 없어 보이는 인륜(人倫)이라는 도덕이 인간의 삶에서 가장 중요하다는 것을 알아야 한다.

4) 현종의 사랑

○ 화청지(華淸池)

섬서성(陝西省) 서안시 동쪽 진령산맥(秦嶺山脈)의 한 줄기인 여산(驪山, Líshān)은 동서 약 25km, 남북 14km, 해발 최고 1302m의 큰 산이다. 여산의 이름은 멀리서 보면 흑색의 준마(駿馬)처럼 보인다 하여 검은 말 여(驪)로 이름이 지어졌다.

이 여산 아래에 현종과 양귀비 사랑의 무대인 유명한 온천인 화청지(華淸池)가 있다. 화청지는 수려한 풍경과 질 좋은 지하 온천수 때문에 역대 제왕들의 관심을 받아왔다.

서주(西周)의 유왕(幽王)은 여기서 봉화 불을 올려 제후들을 농락했었고, 진시황이나 한 무제(漢 武帝)도 모두 이곳에 행궁(行宮)을 설치했었다. 여기에는 태종의 목욕탕인 성신탕(星辰湯)과 현종과 귀비의 침소인 비상전(飛霜殿), 연화탕(蓮花湯) 등 유적이 남아 있다.

현종은 재위 중에 40여 차례나 화청 행궁에 행차하였다. 이를 3단계로 구분하여 설명할 수 있다.

첫 단계는, 개원 28년(740) 이전인데, 이 시기에는 피한(避寒)과 휴식을 위한 출행(出行)이었다. 이 시기에는 현종이 개원지치(開元之治)에 바쁜 시기라서 체류 기간도 길지 않았다.

2단계는, 양옥환(楊玉環, 귀비)이 입궁하고(741) 귀비로 책봉되는 천보 4년(745)까지, 이 시기에 현종은 정사에 권태를 느끼면서 귀비와 즐기기 위한 기간으로 한번 행차에 한 달 정도씩 체류하며 행락에 빠졌던 시기이다.

3단계는, 양귀비로 책봉하는 천보 4년 이후, 귀비의 신분으로 현종과 향락을 마음껏 즐기는 시기였다. 이 단계에서는 보통 60

여 일씩 머물렀고, 가장 길게는 96일간 머물렀다. 이 시기 화청지는 현종과 양귀비 애정과 향락의 현장이면서 정사(政事)의 중심이었다.

이를 본다면, 현종의 노쇠와 함께 귀비와의 애정, 그리고 나태한 정사가 행차와 체류 기간과 모두 하나가 되어 굴러갔다.

○ 〈장한가(長恨歌)〉

현종과 양귀비의 사랑이 참된 애정이었는가?

사실 이런 물음은 어리석은 질문이다. 현종은 60세가 넘은 노인이었고, 양귀비는 20대 후반의 풍만한 육체와 고운 피부를 가진 여인이었다. 노인에게는 여체를 탐하는 욕정이고, 귀비는 그 상대가 황제라서 사랑하지 않을 수 없었으니, 참 사랑은 아닐 것이라는 합리적(?) 주장이 꼭 맞지는 않을 것이다. 왜냐하면 애정이라는 감정은 합리적 이성으로만 설명될 수 없기 때문이다.

분명 20대와 60대의 사고와 감정이 다르고 육체적 능력이 차이가 있는 것은 사실이지만 애정이라는 감정이 20대에는 순수하고 60대는 그렇지 못하다고 단언할 수 있겠는가?

젊었을 적에 누구보다도 풍류를 알고 풍류를 즐긴 현종이었으며 정치에 마음을 쓰다 보니, 그리고 재위 기간이 오래다 보니 해이해질 때가 된 것은 확실했다. 그렇다 하여 그 사랑이 참 사랑이 아니라고 할 수 있겠는가? 하여튼 알 수 없고 세속적인 잣대로 잴 수 없고 헤아릴 수 없는 것이 애정이다.

현종과 양귀비의 사랑은 많은 사람들의 인구에 회자되었는데, 특히 백거이〔白居易, 772-846, 자(字)는 낙천(樂天), 향산거사(香山居士)〕의 〈장한가(長恨歌)〉에 의해 더욱 유명해졌다.

「한황(漢皇)은 중색(重色)하여 사경국(思傾國)하더니」로 시작되는 〈장한가〉는 안사의 난이 일어나기 전에 현종이 어떻게 중색(重色)하고 구색(求色)했으며, 양귀비가 어떻게 현종의 총애를 받았는가를 서술하였다. 당대의 시가에서 한(漢)은 곧 당(唐)으로 통했다. 곧 한황(漢皇)은 당 현종이었다.

「회모일소(回眸一笑, 眸는 눈동자 모)에 백미생(百媚生)하고, 육궁분대(六宮粉黛)는 무안색(無顔色)이라」하면서 양귀비의 미모와 「춘한(春寒)에 사욕화청지(賜浴華清池)할 때, 온천수활(溫泉水滑)하며 세응지(洗凝脂)하고, 시아부기(侍兒扶起)할 제 교무력(嬌無力)하니, 시시(始是)로 신승은택시(新承恩澤時)라.」하여 양귀비의 교태를 묘사하였다.

이어 양귀비가 총애를 받자「자매제형(姊妹弟兄)이 개열토(皆列土)하고」출세했기에「수령천하부모심(遂令天下父母心)으로 부중생남 중생녀(不重生男 重生女)하게」만들었다. 또한 현종은 귀비를 얻은 뒤 여색과 가무에 빠져 정사를 돌보지 않았다는 사실을 기록하였다.

〈장한가〉의 2번째 단락은 마외역에 양귀비의 죽음을 묘사하였다. 천보 14년(755), 안록산의 난이 일어나자 모든 상황은 급변한다.

난을 피해 촉(蜀)으로 피난을 가는 도중에 마외역에서 「6군(六軍)이 불발하니 무나하(無奈何)하여」, 결국 「완전아미(宛轉蛾眉)는 마전사(馬前死)라」 하여 양귀비는 자결할 수 밖에 없었다. 양귀비의 자살에 「화전위지(花鈿委地)하나 무인수(無人收)하고, 군왕(君王)은 엄면(掩面)하고 구부득(救不得)이라.」 하면서 「회간혈루상화류(回看血淚相和流)라.」 하면서 현종의 슬픔에 동정을 표하지만 이는 백거이의 준엄한 질책이라 할 수 있다.

〈장한가〉 3번째 단락은, 양귀비가 죽은 뒤 현종은 귀비를 잊지 못하지만 귀비의 혼령은 꿈에도 나타나지 않는다(魂魄不曾來入夢). 이에 임공(臨邛)의 도사인 홍도객(鴻都客)이 현종의 혼령과 함께 선계(仙界)에서 현종과 양귀비의 혼령을 만나 사랑을 다시 이어준다.

그리하여 「7월 7일 장생전(長生殿)에서 야반(夜半)에 무인(無人)하여 사어시(私語時)에 재천(在天)하면 비익조(比翼鳥)가 되고, 재지(在地)면 연리지(連理枝)가 되자.」는 옛 약속을 회상하며 「천장지구(天長地久)라도 유시진(有時盡)이나 차한면면(此恨綿綿)하여 무절기(無絶期)라.」는 만고의 절창(絶唱)으로 끝을 맺는다.

(6) 안사의 난(755－763)

1) 안록산의 반란

천보 14년(755), 안록산이 호인의 부장(部將)으로 한인(漢人) 부장들을 교체하겠다고 요청하는 표문을 올렸는데도, 현종은 의심하지 않았다.

또 안록산이 말 3천 필을 바치겠다면서 말 1필에 2명이 재갈을 잡게 하고, 22명의 부장들을 하남(河南)으로 보내겠다는 표문을 올렸다. 현종은 비로소 안록산을 의심하면서 사자를 보내 말을 헌상하는 것을 중지시켰다.

안록산은 자리에 걸터앉아서 절을 올리지도 않고서 "말을 바치지 않아도 괜찮지만 10월에는 꼭 장안에 가겠다."고 말했다.

사자가 돌아왔지만 아무런 표문도 없었다.

이해 겨울 11월, 안록산은 마침내 '양국충(楊國忠) 토벌'을 명분으로 반란을 일으켰다. 거느리던 병력과 흉노족의 별종 해(奚)와 거란[134]의 군사 등 모두 15만을 징발하였다.

범양절도사 안록산은 근거지인 범양을 떠나 병력을 이끌고 남하하는데, 보병과 기병이 모두 정예군이었고 봉화 불의 연기와 행군하는 먼지가 천리에 이어졌다. 그때는 태평세월이 오래라서 백성들은 전쟁을 몰랐고, 주와 현이 바람에 쓸리듯 와해되었다

---

[134] 거란(契丹, 글단, 글란) － 거란은 뒷날 916년에 耶律阿保機(야율아보기)가 遼(요) 건국했고, 926년에는 발해를 멸망시킨다.

(望風瓦解). 안록산은 동경(東京, 낙양)을 함락시켰다.

동도 낙양을 점거한 안록산은 황제를 참칭하며(756년 2월) 국호를 연(燕), 연호를 성무(聖武, 756-757)라 했다. 반군이 서진하여 동관(潼關)에서 관군을 격파하자, 다급한 현종은 종묘의 신주도 버려둔 채, 756년 6월에 은밀히 장안을 떠나 3일째 되는 날 마외역(馬嵬驛)[135]에 머물렀다.

여러 장수와 병졸들은 굶주리고 지쳐 모두 분노하면서, 양국충 등을 죽이고 황제를 핍박하여 양귀비를 목매어 죽인 뒤에야 출발했다. 그곳 부로(父老)들이 길을 막고 현종에게 머물기를 간청하자, 현종은 태자에게 백성들을 위무하라고 명했다.

2) 마외파

천보 14년(755), 안록산은 양국충을 토벌해야 한다는 명분을 내세우고 반란을 일으켰다. 낙양을 점거하고 대연(大燕) 황제를 칭한 안록산은 756년에 동관(潼關)을 지나 관중 땅에 진입한다. 현종은 양력 7월 12일 장안을 버리고 사천(四川)으로 출분(出奔)한다.

도중에 아무런 영접이나 준비도 없었기에 황제 이하 모두가 큰 고생을 하면서, 3일째 되는 날 마외역에 도착했다. 황제를 호위해야 할 금군(禁軍)에게도 식량이 떨어졌다.

---

135 마외(馬嵬) - 驛名. 수 陝西省의 西安市 서쪽 興平市. 장안을 출발한 현종 일행은 3일째 되는 날 마외역에 도착했다.

이에 금군 지휘자인 진현례(陳玄禮)가 사졸에게 말했다.

"오늘날, 천하가 붕괴되고 황제도 피난하는 이 지경이 되었다. 이런 꼴을 당한 것은, 양국충이 백성들을 침탈하고 정치를 잘못하여 많은 사람들의 원한을 샀기 때문이 아닌가? 만약 양국충을 죽여 천하에 사죄하지 않는다면, 천하 인심의 원한을 어찌 가라앉힐 수 있겠는가?"

굶주리고 지친 호위 장졸들은 모두 양국충에게 분노를 쏟았다. 양국충은 마외역 서문 안으로 도주했지만 몰려든 장졸들에게 현장에서 난도질당했다.

피를 본 무리는 흥분했고 마외역 전체를 둘러싸고 현종에게 양귀비를 사사(賜死)하라고 요구했다. 장졸들은 뒷날에 있을 수 있는 보복을 미리 막아야 한다고 생각한 것이다.

급박해진 현종은 어쩔 수 없었다. 환관 고력사는 양귀비에게 비단 한 필을 건넸고, 양귀비는 불당 앞에 있는 배나무 가지에 목을 매었다. 이제 겨우 군심(軍心)을 진정시켰다 생각했지만 그것은 끝이 아니었다.

현종은 양귀비를 잃은 슬픔에, 이런 병변(兵變)을 태자 형(亨)이 관여했을 것이라 생각했다. 부로(父老)들이 현종을 막아서며 현지에 머물 것을 요구하자, 현종은 태자에게 백성들을 위무하라 명령하고 사천(四川)으로 향한다.

3) 반군 토벌

평원태수〔平原太守, 지금의 산동성(山東省) 북부 덕주시(德州市) 일대〕인 안진경(顏眞卿, 709-785. 명필로 유명)이 군사를 일으켜 반적을 공격했다.

현종은 안록산의 반란 초기에 하북(河北)이 적의 수중에 들어갔다는 보고를 받자 "24개 군에 어찌하여 한 명의 의사(義士)도 없단 말인가?"라고 탄식했었다.

이에 안진경의 상주문이 도착하자, 크게 기뻐하며 말했다.

"나는 안진경이 누구인가는 모르지만 바로 이런 인재로구나!"

상산군〔常山郡, 지금의 하북성(河北省) 중부 석가장시(石家莊市)〕의 태수인 안고경(顏杲卿, 안진경의 종형)이 기병(起兵)하여 반적을 토벌하자 하북 여러 군이 모두 이에 호응했다.

삭방절도사(朔方節度使)인 곽자의(郭子儀)와 하북절도사(河北節度使) 이광필(李光弼)은 적장 사사명(史思明)과 싸워 대파하고 먼저 하북의 여러 군을 되찾았다. 부원수(副元帥)인 가서한(哥舒翰)은 적병과 싸워 대패하였고, 휘하 장졸이 가서한을 잡아 적에 투항하니 적이 드디어 관중 땅에 들어왔다.

곽자의(郭子儀, 697-781)는 과거(武科)에 장원급제한 장수로 안사의 난을 평정하는데 공을 세웠다. 현종, 숙종, 대종, 덕종을 섬기면서 2차례 재상을 역임하며, 85세까지 장수했고 그의 아들 8명, 사위 7명 모두가 출세를 했기에 당대에 가장 유복한 사람으로 알려졌다.

곽자의의 후임 하북절도사가 된, 이광필(李光弼, 708-764)은 거란족 출신 절도사였다.

4) 명필 안진경의 의기

보통 당나라의 구양순(歐陽詢), 안진경(顔眞卿), 유공권(柳公權), 원나라의 조맹부(趙孟頫)를 해서사대가(楷書四大家)로 일컫는다.

구양순(557-641)은 왕희지의 필법을 본받고 익혀 자신만의 독특한 서체를 창안하여 태종의 인정을 받았다. 안진경(709-785)도 '서성(書聖)'이라는 명성을 누리면서 여러 관직을 두루 거쳤다. 지금도 많은 사람들이 안진경의 글씨를 배우고 있으며, 안진경의 해서는 다음의 유공권(778-865)에게 영향을 끼쳤다.

안진경은 낭야 안씨인데, 안지추(顔之推, 531-591)의 5대손으로 본래 명문가 출신이었다. 안지추는 남조(南朝)의 양(梁)에서 수조(隋朝)에 걸쳐 벼슬을 하면서 유명한 《안씨가훈(顔氏家訓)》을 남겼다.

《안씨가훈》은 7권 20편으로 구성되어 있는데, 〈안자(顔子)〉, 〈형제(兄弟)〉, 〈치가(治家)〉, 〈면학(勉學)〉, 〈문학(文學)〉, 〈양생(養生)〉 등 인생과 가정생활 전반에 걸쳐 자신의 경험과 교훈을 말하고 있다. 특히 안지추는 가정교육에서 조기교육을 강조하였는데, '어렸을 때는 정신을 한데 모아 배울 수 있지만, 성인이 되면 생각이 분산되어 학습이 쉽지 않다.'고 말했다.

주수인(周樹人, 루쉰)의 동생 주작인(周作人, 1885 – 1967)은 《안씨가훈》에 매우 탄복하여 이 중 한 편을 직접 필사했다고 밝힌 바 있다. [진기환 역, 2022년, 명문당 출간 《안씨가훈》(上 · 下) 참고 바람]

(7) 안록산 난 이후의 혼란

1) 병약한 숙종

현종은 황후와 여러 비빈 사이에서 30여 명이나 되는 아들을 얻었다.

숙종(肅宗) 이형(李亨, 711 – 762, 재위 756 – 762)의 생모는 귀비 양씨〔楊氏, 추존(追尊) 원헌황후(元獻皇后)〕이다. 이형은 본래 현종의 3남이기에 태자가 될 차례가 아니었다.

최초의 태자는 이영(李瑛, 700년대 – 737)인데, 생모는 조여희(趙麗姬)였다. 714년에 태자로 책봉되었다. 이영은 자식을 출산하지 못한 현종의 황후 왕씨의 사랑과 인정을 받았지만 왕황후가 폐위되면서 이영도 태자에서 밀려났다.

나중에 무혜비(武惠妃)가 현종의 총애를 받았는데, 무혜비 소생의 수왕 이모(壽王 李瑁)가 성장하자, 무혜비는 이임보(李林甫)와 연계하여 수왕을 태자로 책봉하려 온갖 노력을 다하였다. 그러나 나중에 무혜비가 죽으면서 수왕 이모도 태자에서 폐위되고 대신

이형이 태자가 되었다(738).

　태자 이형은 태자로 책립된 뒤로는 늘 불안하였다. 이임보는 끝까지 태자를 폐위하려 노력했고, 양귀비의 총애에 따라 권력을 장악한 양국충(楊國忠)은 태자와 악감정을 가지고 해칠 기회만을 노렸다. 이런 상황은 태자 이형에게 정신적 충격을 주었고, 결국 병약해졌다.

　안사의 난이 일어나자(755), 현종은 장안을 떠나 촉으로 피난길에 올랐다(756). 마외역(馬嵬驛)에서 호위 군사가 양귀비와 양국충을 요구했고, 결국 양국충과 양귀비는 죽음으로 끝을 맺었다. 백성들이 현종의 피난길을 막자, 현종은 태자를 남겨 백성을 위무(慰撫)케 하였다.

2) 현종 퇴위, 숙종 즉위

　마외역에서 양귀비를 잃은 현종은 진퇴양난이었다. 마외역에서 금군(禁軍)의 병변(兵變)에 태자 형(亨)이 관여했을 것이라는 의심도 있었다. 마외역 주변 부로(父老)들이 현종을 막으며 현지에 머물 것을 요구하자, 현종은 태자에게 백성들을 위무(慰撫)하라 명하고 사천(四川)으로 향한다.

　부로(父老)들이 태자의 말을 에워싸니 떠나갈 수가 없었다. 태자는 황손을 보내 현종에게 부로의 뜻을 아뢰게 했다.

　현종은 "하늘의 뜻이다!"라 하였다.

사람을 보내 태자에게 말했다.

"너는 힘써 위무하라. 서북의 여러 호인들은 내가 평소에 잘 대우하였으니, 너는 틀림없이 그들 도움을 받을 것이다."

그리고 조칙을 내려 전위(傳位)하려 했다.

태자가 평량[平凉, 지금의 감숙성(甘肅省)의 지명]에 이르자, 삭방(朔方)절도사 휘하의 유후(留后)인 두홍점(杜鴻漸)[136]이 영무[靈武, 현재 영하회족자치구(寧夏回族自治區) 북쪽 끝의 은천시(銀川市)]로 태자를 영입하였다. 그리고 두홍점은 전위(傳位)하려는 현종의 뜻을 따라야 한다고 주청했다. 숙종은 수종한 신하들의 뜻에 따라 제위에 오르며, 현종을 높여 상황천제(上皇天帝)라 하였다.

현종은 재위 45년에 개원을 3번 했으니 선천(先天), 개원(開元), 천보(天寶)이다.[137] 태자가 즉위하니, 이가 숙종황제(肅宗皇帝)이다.

경조(京兆, 장안) 사람 이필(李泌)은 어려서부터 재주가 많다고 소문이 났었는데, 숙종은 동궁으로 있을 때부터 포의지교(布衣之交)를 맺었었다. 숙종은 사람을 보내 이필을 불러 영무에서 만났는데, 크고 작은 일을 막론하고 더불어 상의하였다. 태상황(현종)

---

136 杜鴻漸(두홍점) – 인명. 숙종을 영입한 공로가 있었음. 뒷날 代宗 때 재상.

137 재위 45년(712 – 756). 先天 ; 서기 712년, 開元 ; 713 – 741년, 天寶 ; 742 – 755년, 숙종(肅宗) ; 재위 756 – 762년.

은 피난지(四川)에 도착하자, 전위(傳位)한다는 조서와 국보(옥새)를 숙종이 머무는 영무(靈武)로 보냈다.

숙종은 사자를 보내 위구르인들을 모병했다. 한편 초토(招討) 절도사인 방관(房琯, 696－763)은 함양 부근 진도야(陳濤邪)란 곳에서 수레를 이용한 전투를 벌였지만 안록산 반군에게 대패한 일도 있었다. 사실 방관은 무장이 아닌 문관이었는데, 756년에 양경(兩京)을 수복할 수 있다고 주청했다. 숙종은 양경 수복을 간절히 원했기에 그를 수락했고, 방관은 군사와 병기를 충분히 갖추고서도 어설픈 전술로 참패했다.

3) 현종과 숙종의 죽음

숙종 지덕(至德) 2년(757), 안록산의 아들 안경서(安慶緒)가 부친 안록산을 시해하고 즉위했다(연호 천성天成, 758－759).

안록산은 반란을 일으킨 뒤에 눈이 침침해졌는데, 이때에는 사물을 보질 못했다. 또 등창병이 나서 성질이 조급하고 포악하였으며 애첩의 자식을 안경서 대신 후계자로 삼으려 했다. 안경서는 안록산을 죽이고 자립하였다. 안록산은 겨우 1년 남짓 황제라 참칭했다.

숙종이 봉상(鳳翔, 섬서성(陝西省) 서부의 보계시(寶鷄市)에 이르자, 위구르 족장이 정병(精兵) 4천 명을 거느리고 도착했다. 건원(乾元) 원년(758), 곽자의(郭子儀)는 삭방 등지의 군사와 회흘(回

紇), 서역(西域)의 군사들을 거느리고 봉상을 출발하여 장안으로 진격하여 적병을 공격하니, 적은 궤멸했고 대군은 서경(西京, 장안)에 입성했다.

숙종의 태자 이척(李俶)[138]은 장안에 머물면서 3일 동안 백성들을 진무하고서, 대군을 이끌고 동으로 나가 낙양에 이르러 위구르 군과 적을 협공하였다. 적은 대패했고 마침내 동경(낙양)을 수복하였다. 안경서는 도주하여 업현〔鄴縣, 하북성(河北省) 한단시(邯鄲市)〕에 머물렀다.

건원 2년, 안록산의 부장이었던 사사명(史思明)이 병력을 거느리고 안경서를 구원하면서 관군을 업현 일대에서 궤멸시켰다. 이어 사사명은 안경서를 죽이고 범양(范陽)으로 돌아가 황제를 참칭했다(연호 응천應天, 759. 순천順天, 759–761년).

이광필(李光弼)이 곽자의를 대신하여 삭방절도사 겸 병마원수가 되었다. 이광필의 호령이 엄정하여 부대에 나아가 한번 호령하면 사졸과 군진과 기치가 분명하게 모두 바뀌었다. 사사명과 싸워 여러 번 패퇴시켰다.

숙종이 병석에 누운 틈을 타서 숙종의 장황후와 그 추종세력인 이보국(李輔國)은 무리를 데리고 가서 강제로 상황(上皇)의 거처를 옮겼고 고력사를 죄인으로 잡아 현종한테서 떼어놓았다. 현종은 날마다 마음이 편치 않았고 육식을 하지 않고 곡기를 피하니 점

---

138 이척(李俶, 肅宗 李亨의 庶長子. 初名은 俶. 개명, 予) – 숙종 뒤를 이은 代宗. 재위 762년 5월~779년 6월.

점 병이 들었다.

숙종 상원(上元) 2년(761), 사조의(史朝義)가 아버지 사사명을 죽였다. 사사명은 막내아들을 귀여워하고 사조의를 미워하였는데, 사조의가 패전하였기에 죽이려 하였으나 사조의가 먼저 사람을 시켜 사사명을 살해하고서 스스로 황제가 되었다.

이광필이 태위가 되어 팔도행영(八道行營)을 통합하여 임회〔臨淮, 지금의 강소성(江蘇省) 사홍현(泗洪縣)〕에 주둔하였다.

보응(寶應) 원년(762)에, 태상황(太上皇, 현종)이 붕어했다. 전위(傳位) 후(756 – 762) 7년이고, 나이는 78세였다.

숙종은 병석에 있었는데 상황이 붕어했다는 소식을 듣고, 숙종의 병세도 갑자기 악화되어 죽었다. 재위 7년에, 개원은 4번 하였는데 지덕(至德), 건원(乾元), 상원(上元), 보응(寶應)이었다.

전에 숙종의 장황후(張皇后)와 이보국(李輔國)[139]은 서로 표리(表裡)가 되어 권력을 휘두르고 마음대로 했었지만, 나중에는 틈이 크게 벌어졌었다.

---

139 이보국(李輔國, 704 – 762, 本名은 靜忠, 賜名은 輔國) – 본래는 환관 高力士를 시중들던 환관, 아주 추한 외모였다. 어마(御馬)를 관리하다가 태자의 시중을 들었다. 肅宗 때 권력을 장악, 작위(博陸郡王)를 받은 최고의 환관이었다. 숙종의 장황후 편에 붙어 현종과 고력사를 분리시켰다. 이보국은 대종을 해치려던 장황후를 죽이고, 대종을 지켜 즉위하게 한 공로가 있었지만, 대종은 이보국의 전횡을 미워하여 은밀히 사람을 시켜 이보국을 죽였다.

숙종의 병세가 위독하자, 장(張)황후는 태자를 불러 말했다.

"이보국은 오랫동안 금군(禁軍)을 장악하고 있어 음모를 꾸미고 반란할 수 있으니 죽이지 않을 수 없다."

태자는 숙종을 놀라게 할까 걱정이 되어 불가하다 했고, 이보국은 장황후의 모의를 알았다. 숙종이 죽자, 이보국은 장황후를 죽이고 태자를 모셔 즉위케 하니, 이가 대종황제(代宗皇帝)이다.

4) 대종, 안사의 난 종결

대종(代宗, 재위 762-779)의 처음 이름은 척(俶)으로 광평왕(廣平王)에 봉해졌고, 원수(元帥)가 되어 장안과 동경을 수복하였으며, 초왕(楚王)에 이어 성왕(成王)이 되었다가 곧 태자가 되어 예(予)로 개명하였다.

숙종이 붕어한 뒤, 즉위하면서 환관 이보국을 죽였다. 대종(代宗) 재위 연간에 안사의 난은 끝났지만(763), 북방 이민족의 외환(外患)이 계속되고 절도사들은 발호하고, 환관의 정치 관여가 본격화된 시대였다. 대종은 불교를 독실하게 신봉했다.

대종은 장남인 옹왕(雍王) 이괄(李适, 779년 덕종으로 즉위)을 천하병마원수(天下兵馬元帥)에 임명하여 여러 장수와 위글(回紇)의

---

140 李懷仙(이회선, ?-768) - 안록산의 부장으로 출세 시작, 763년에 史朝義가 숲속에서 자결하자 그 首級(수급)을 가지고 唐에 투항, 유주절도사가 되었다.

원병을 거느리고 사조의(史朝義, 연호 顯聖, 761－763)를 토벌하여 적을 크게 무찔렀다. 적장(賊將) 이회선(李懷仙)[140]이 사조의를 죽이고 투항했다. 이로써 8년간 계속된 안사의 난은 종결된다.

안록산과 사사명의 반군 휘하의 절도사들은 사사명이 자신의 아들 사조의에게 피살되고, 사조의가 제위에 오르자 반란의 실패를 체감할 수 있었다. 이에 반군의 적장들은 차후 자신의 세력 유지를 위한 방편으로 자신의 군사력을 보유한 채 당조에 투항을 모색하였다.

당 조정에서는 우선 반란의 진압이 시급한 과제였기에 반군 소속 적장의 투항을 그대로 수락하였다. 결국 안사의 난 이후에도 반군의 죄악에 대한 문책은 없었다.

조정은 전쟁의 고통을 싫어하여 그냥 무사하기만을 바라면서 되는대로 군권을 수여하였다. 여러 번진들이 서로 무리를 짓고 돕게 되니, 황하 이북에서 조정에 항명하는 일은 이때부터 시작되었다. 조정에서는 옛 적장들이 군사업무에 익숙하고 이민족을 잘 안다고 군사권을 주어 지방에 주둔하게 하였는데, 이는 당장은 편했지만 뒷날의 화근을 심은 결과가 되었다.

대종은 적장이었던 장지충(張志忠)을 성덕(成德)절도사로 임명하며 이보신(李寶臣)이라는 이름을 하사하였다. 설숭(薛嵩)[141]은

---

141 설숭(薛嵩)－安史의 난이 일어나자, 당을 배반했다가 762년에 당에 다시 歸降. 난이 평정된 뒤 절도사가 되었다.

상주(相州), 위주(衛州), 형주(邢州), 명주(洺州), 패주(貝州), 자주(磁州)를 수비하게 하고, 전승사(田承嗣)는 위주(魏州), 박주(博州), 덕주(德州), 창주(滄州), 영주(瀛州) 등을 수비하게 하였고, 이회선은 노룡(盧龍)을 지키게 하였다.

따라서 안사의 난 이후에도 지방 주둔한 절도사의 힘은 막강하였다. 특히 성덕(成德)절도사 이보신[李寶臣, 치소는 진주(鎭州)], 위박(魏博)절도사 전승사[田承嗣, 치소는 위주(魏州)], 노룡(盧龍)절도사 이회선[李懷仙, 치소는 유주(幽州)]을 하북삼진(河北三鎭)이라 불렀다.

5) 환관 어조은

어조은(魚朝恩, 722-770)은 환관(宦官)이지만 유학(儒學)에 정통하여, 조신(朝臣)을 모아 《오경(五經)》을 강의할 수준이었고, 불학(佛學)에도 밝았다. 환관으로 군사를 감독하는 여러 감군사(監軍使)를 거치면서 자신의 세력을 키워 현종 말년과 숙종, 대종 때에는 권력의 정점에서 국정을 마음대로 휘둘렀다.

어조은은 좌감문위장군(左監門衛將軍)으로 내시성(內侍省)을 지휘했고, 숙종 건원(乾元) 원년(758)에는 곽자의(郭子儀)를 모함하여 곽자의의 지휘권을 박탈하였다. 어조은은 관군용선위처치사(觀軍容宣慰處置使)가 되어 장군 이광필(李光弼) 및 9개 절도사군(節度使軍)을 감독하여 안경서를 토벌케 하였다.

대종이 즉위하고(762), 이어 광덕(廣德) 원년(763)에 토번(吐蕃)

이 장안을 침범하자, 대종이 섬주〔陝州, 지금의 하남성 삼문협시(三門峽市)〕로 피난할 때, 황제 호위군조차 붕괴되었지만, 어조은은 군사를 모아 대종을 호위하였고, 나중에 장안을 수복하자, 어조은은 천하관군용선위처치사(天下觀軍容宣慰處置使)가 되어 전국의 군부대를 감찰하면서, 황제의 호위금군인 신책군(神策軍)도 통솔하였다. 어조은은 대종의 신뢰 속에 내시성감(內侍省監)이 되었고, 판국자감사(判國子監事, 국립대학장) 겸 홍려상(鴻臚相, 조회와 어연의 예의를 주관)이 되어 조정의 실질적 대권을 장악하였다.

어조은은 무척이나 교만하였고, 조신들을 면박주거나 멋대로 재물을 강탈하였다. 대종에게 정사를 상주한 뒤에 대종의 허락이 없으면 대종이 수락할 때까지 물러나지 않고 황제를 핍박할 정도였다.

그러면서 어조은은 조정에서 의결이 자신의 뜻에 맞지 않는다면 "천하의 일이 어찌 나의 뜻과 다를 수 있는가!"라고 말하거나, 또는 "내가 모르는 천하의 일이 어찌 있을 수 있겠는가!"라고 말할 정도였다.

이를 전해들은 대종은 매우 불쾌했다.

어조은에게 양자(養子)가 있었는데, 그 어린 아들이 환관의 아들이고 하급 직위에 있다고 무시를 당한 적이 있었다. 그러자 어조은은 양자를 데리고 입궐하여 대종을 만나 아들에게 3품의 관직을 내려 자색(紫色) 관복을 입을 수 있게 해달라고 강요하였다.

그러나 대종이 허락하지 않자, 어조은은 다른 환관을 시켜 3품 관리의 자색 관복을 갖고 오게 하여 황제 앞에서 아들에게 입혔다.

그러자 대종은 "네 아들의 자색 관복이 몸에 딱 맞아 보기에도 좋다."라고 말했다.

이에 어조은과 아들은 황제에게 예를 올린 다음 퇴궐하였다. 이어 어조은은 아들의 관직을 써넣은 칙서를 작성하여 아들에게 주었다고 한다. 어조은의 이런 행태는 당나라 후반기 환관의 행패를 볼 수 있는 본보기였다.

대종 대력(大曆) 5년(770), 재상 원재(元載, 713-777)는 어조은을 죽여야 한다고 상주하여 대종의 내락을 받았다. 원재는 재물로 어조은의 측근을 매수하여 어조은의 죄상을 수집하였다. 그리고 삼월 한식날 궁중 연회를 마친 뒤, 어조은을 남겼다가 어조은의 죄상을 열거한 뒤, 어조은을 목졸라 죽였는데, 그때 어조은은 49세였다.

6) 안사의 난 영향

안록산과 사사명의 난은 천보 14년(755)에 시작되어 대종(代宗)의 즉위 해인 광덕 원년(763)에 평정이 된다. 장장 9년에 걸친 난을 통하여 당의 통치 역량은 크게 약화되었다.

우선 안사의 난 이후 당에 반기를 들었던 장수들을 제거하지 못하여 절도사들의 발호가 계속된다. 당은 이들을 통제할 수가 없었으며, 절도사들이 스스로 죽이고 자리를 탈취하면 조정에서는 그대로 지휘를 인정해 주었다.

절도사가 스스로 그 관내의 관리 임명권을 갖고 있었다. 또 지역의 조세와 재정권을 절도사들이 완전 장악하게 된다. 이리하여 절도사를 중심으로 하는 지방 세력이 중앙세력과 대결 국면을 불러오게 되었다.

조정에서는 환관들에게 변경 절도사들을 감독하라고 수시로 파견하였으나 아무런 실효를 거두지도 못하고 오히려 환관의 세력만 키워주었다.

이 안사의 난 이후 주변 이민족들은 수시로 변경을 침략했다. 그럴수록 당의 군사 유지비는 계속 증가했고 그 폐해는 고스란히 농민들에게 전가되었다.

결국 안사의 난은 당나라 번영의 끝이면서 쇠락으로 넘어가는 분수령이 되었다.

제3부

당(唐)의 쇠락과 멸망

1. 당 후반기 시대 개관

　현종(玄宗)의 재위 기간이 길어지면서 천보 연간(742-755)에는 사치와 향락이 도를 넘었고, 여기에 이림보(李林甫)와 양국충(楊國忠)의 발호가 국가적 위기를 초래했다. 또한 토지 겸병의 폐단이 두드러졌고 유랑 농민의 대량 증가, 세금과 요역의 증가에 따른 사회적 모순과 갈등은 점점 심해졌다.

　결국 안사(安史)의 난(안록산과 시사명의 난)으로 진행되었고(755-763), 당나라는 이 난을 겪으면서 성세(盛世)에서 쇠퇴기로 접어들었다.

　안사의 난 이후 당이 안고 있는 여러 가지 모순들이 그 모습을 드러낸다. 중앙정부와 지방 번진(藩鎭) 간의 내전이나 번진들의 장안 침공도 있었고 이민족의 침입과 수도 점거, 환관과 조정 고급 관원의 상호 배척, 그리고 백성들의 피폐와 유랑은 내재적 모순의 외부 표출이라 할 수 있다.

당의 국가적 근본이었던 균전제(均田制), 부병제(府兵制)와 조용조(租庸調)의 3대 근간에서 균전제는 붕괴되면서 토지 사유화가 진행되었다. 이에 따라 부병제는 모병제로 전환되었고, 이에 따라 절도사들은 계속 발호(跋扈)하였다. 조용조에 조세제도는, 780년 이후 시행된 양세법(兩稅法)으로 바뀌었으나 재정 지출 증가에 따라 국가에서는 증세(增稅)하면서 염세(鹽稅), 차세(茶稅) 등 잡세를 더 많이 거두어들인다. 이런 과정에 편승하여 지방관의 백성에 대한 착취 등은 더 치열해졌기에 백성들의 생활은 매우 곤궁하였다.

중앙의 정치에서 용렬하거나 무능한 황제의 연속 즉위와 특히 환관(宦官)의 발호에 따라 황제권은 아주 허약해졌다. 환관과 조정의 고관(朝官)의 결합으로 생성된 붕당(朋黨)은 우이(牛李) 당쟁으로 그 정점(頂点)을 찍는다.

그 뒤에서 조정 관리들의 남사(南司)와 환관들의 북사(北司)의 계속되는 대립이 있었고, 조관(朝官)들은 지방 번진 세력과 결탁하여 환관과 맞서면서 만당(晩唐)의 정치는 크게 어지러웠다.

환관의 정치 간여는 날로 심해졌고 당 말기에는 환관에 의한 황제 살해와 옹립이 이어진다. 거기에 환관이 중앙의 금군(禁軍)을 장악하여 황제권은 여지없이 추락하였다.

결국 이러한 상황에서 874년에 왕선지(王仙芝)가 반란을 일으키자, 여기에 황소(黃巢)가 호응하여 황소의 난(875-884)으로 이어진다.

황소의 난이 진압되자, 다시 번진(藩鎭) 간의 세력 싸움이 치열하게 전개되었다. 중앙정부에서는 아무런 조치도 취하지 못했고 번진 간 세력 다툼은 주전충(朱全忠)의 승리로 귀결된다. 주전충은 먼저 환관 세력을 제거한 뒤에 당 애제(哀帝)의 선양(禪讓)을 받아 즉위하면서, 당은 멸망하였다(907).

본서에서는 안사의 난을 기준으로 당의 전기(前期) 번영 시기와 후기(後期) 쇠락 멸망의 시기로 양분하였다.

【주요 연표】

서기	제위	주요 내용
756	肅宗	현종, 촉(蜀)으로 피난. 숙종 즉위.
761		이백(李白)의 죽음(701－761).
762		시인 왕유(王維) 죽음(701－762).
763	代宗	대종(代宗) 즉위, 안사의 난 평정.
780	德宗	덕종(－804), 양세법 시행.
785		안진경 피살.
805	憲宗	순종 사망, 헌종 즉위.
808		우이(牛李)당쟁 시작.
819		시인 유종원 사망, 한유 좌천.
820	穆宗	환관이 헌종 살해, 목종 즉위.
826	文宗	환관이 경종 살해, 문종 즉위.
835		감로의 변, 환관 발호 극성.
845	武宗	회창(會昌)의 법난(法難)－불교 탄압.
846	宣宗	환관이 선종(宣宗) 옹립.
875	僖宗 (희종)	황소의 난 발발.
880		황소 장안 입성, 칭제.
884		황소 자살.

903	昭宗	주전충(朱全忠) - 환관 대량 학살.
904	哀帝	주전충 - 소종 살해, 애제 옹립.
907		당 멸망, 주전충 후량 건국.

2. 정치적 혼란

(1) 내재적 모순의 표출

안사의 난 이후, 당(唐)이 안고 있는 여러 가지 모순들이 그 모습을 드러낸다.

중앙정부와 지방 번진(藩鎭) 간의 내전(內戰)이나 번진들의 장안 침공도 있었고, 이민족의 침입과 수도 점거, 환관과 조정 고급 관리 간의 상호 배척, 그리고 백성들의 피폐와 유랑은 내재적 모순의 외부 표출이라 할 수 있다.

1) 국가운영 제도의 변질

당의 국가적 근본이었던 균전제, 부병제와 조(租)·용(庸)·조(調)의 세제(稅制)는 균전제가 붕괴하면서 토지 사유화가 진행되었고, 부병제는 모병제로 전환했는데, 이에 따라 절도사들은 더욱 발호했다.

조용조의 세제는 780년 이후 시행된 양세법(兩稅法)으로 바뀌었으나, 재정지출 증가에 따라 국가에서는 증세(增稅)하면서 염세(鹽稅), 차세(茶稅) 등 잡세를 더 많이 거두어들였다. 이런 과정에 편승하여 지방관의 백성에 대한 착취 등은 더 치열했기에 백성들의 생활은 매우 곤궁하였다.

이런 상황에서 토지를 떠난 다수의 유랑민이 발생하고, 이들은 절도사에 의해 운영되는 번진의 군사로 흡수되었다.

모병된 군사를 거느리는 절도사 직속의 부하 장수들은 자신의 뜻에 따라 출정을 거부하거나, 또는 절도사를 축출하고 스스로 절도사에 오르는 하극상(下剋上)이 수시로 발생하였다.

그러다 보니 절도사는 절도사대로 자신의 친위군이라 할 수 있는 가병(家兵)을 조직하고 운영하였다. 이 절도사와 가병들은 의제적(擬制的) 가족관계를 형성하는 경우가 많았다. 절도사들은 부하 장수들의 환심을 사기 위해 재물을 하사하거나 중앙정부에 추천하여 관직을 수여받도록 주선도 해주었다.

절도사들이 이렇듯 모병을 하고 번진을 유지할 수 있었던 근본 배경은 균전제와 부병제의 붕괴, 그리고 폐정에 따른 유민(流民)의 대량 증가를 꼽을 수 있다.

물론 당 조정에서도 이들 절도사들의 세력을 꺾으려는 시도도 있었지만 큰 성과를 거두지 못했고 절도사 간에 상호 견제도 있어 당 왕조는 명맥을 유지할 수 있었다.

2) 번진 세력의 대두

안사(安史)의 난 중, 당 조정에서는 반군 세력의 확산을 방지한다는 명분으로 약 40명 가까운 절도사를 두었다. 이 절도사들이 관장하는 부대를 번진(藩鎭, 藩은 울타리 번)이라 하였다. 안사의 난 이전의 절도사는 관할 지역의 군정(軍政)만을 담당하였으나, 난 이후에는 관찰사와 주(州)의 자사(刺史)를 겸했기에, 민생과 재정권까지 장악한 거대한 지방 세력으로 급성장하였다.

하나의 번진이 보통 2, 3개 주, 강력한 번진은 10여 주를 관장하였기에, 번진은 실질적인 지방행정단위였다고 볼 수 있다. 특히 안록산의 난에 가담했다가 당에 투항했다가 절도사로 임명된 번진은 당의 통제에서 벗어나 반독립적 성향을 띠었다.

유주(幽州)에 근거지를 둔 노룡(盧龍)절도사와 성덕(成德)절도사, 위박(魏博)절도사는 '하북삼진(河北三鎭)'이라 하였는데, 안록산과 사사명을 받들며 당의 지배를 거부하였다. 이들은 절도사직을 세습하면서 중앙에 조세를 보내지 않았으며 지방관 임명권을 행사하였다.

이처럼 중앙정부에 반기를 띤 번진을 '반측지지(反側之地)'라 하였다. 하동(河東)절도사나 삭방(朔方)절도사도 당 조정에 반기를 드는 반측지지에 속했으며 산동(山東) 일대의 군권을 장악하고 있던 치청(淄靑)절도사 또한 그러했다.

이에 대하여 당의 지배를 받아들이는 후방의 번진은 '순지(順

地'라 하였다. 이러한 번진 체제는 안사의 난 이후 당 멸망 때까지 140여 년을 존속했다. 절도사들이 하극상(下剋上)에 의해 절도사를 축출하고 그 자리에 올라도 정부에서 그 지위를 인정할 수밖에 없었으니 절도사에 의한 망국을 초래할 수밖에 없었다.

(2) 덕종의 정치

1) 경원병변

대종의 뒤를 이은 덕종(德宗, 재위 780-805)[142]은 대종(代宗) 대력(大曆) 14년(779)에 37세에 즉위했고, 다음 해에 재상 양염(楊炎)의 건의를 받아들여 조용제(租庸調)의 세제를 폐지하고, 여름과 가을 두 차례 징세하는 양세법(兩稅法)을 시행하였다.

덕종은 번진의 세력 강대에 따른 여러 폐단을 바로잡으려 했으나 오히려 조정에 충성하던 번진의 반발을 불러오기도 했다.

덕종 건중(建中) 4년(783), 조정의 상사(賞賜)에 불평이 폭발하여 경원(涇原)의 병변(兵變)[143]이 발생했고, 덕종은 황급히 봉천(奉天, 지금의 섬서성(陝西省) 서남부 건현(乾縣))으로 피난해야만 했다.

---

142 덕종(德宗, 재위 780-805, 名은 李适(이괄)) - 年號 建中(780-783), 興元(784), 貞元(785年-805).

143 경원병변(涇原兵變) - 경주(涇州)는, 今 甘肅省 동북부 平凉市 관할 涇川縣. 原州는, 今 寧夏回族自治區 固原市 原州區.

전 노룡절도사(盧龍節度使)였던 주차(朱泚)는 병변을 일으킨 군사들의 옹호를 받아 국호를 진(秦)이라며 칭제하였다. 이에 삭방(朔方)절도사였던 이회광(李懷光)은 간신 노기(盧杞) 때문에 자신이 덕종의 의심을 받고 있다 생각하여 주차의 반군 진영에 가담하였다.

이들 반군을 당 중흥의 명장 이성(李晟)이 격파하면서 덕종은 장안으로 돌아왔다. 이 병변을 겪으면서 덕종은 환관을 더욱 신뢰하였다.

덕종은 재위 초기에는 문무백관을 신임하고 환관의 정치 간여를 엄금하면서 중흥의 기상을 내보였다. 덕종은 양염(楊炎)을 재상으로 삼아 양세법을 시행했고, 유안(劉晏)을 등용하여 조운(漕運)을 개혁하며, 염법(鹽法)을 고치면서 국가 재정을 개선하였다. 그렇지만 간신 노기(盧杞)를 신임하여 양염을 죽이고 유안을 배척하면서 대신을 감시하였다.

덕종은 경원병변을 거치면서 피난 중 자신에게 충성을 다한 두문장(竇文場), 곽선명(霍仙鳴) 같은 환관들을 신뢰하면서 환관에게 금군(禁軍, 신책군)의 통솔을 맡겼는데, 이후로 환관이 '호군중위(護軍中尉)'라 하여 감군(監軍)하는 제도가 자리를 잡았다.

그러면서 덕종은 국가 재정과 별도로 자신의 사재(私財)를 채우려 환관을 통하여 지방관의 공물 징발을 독촉하는 등 여러 폐단만 점점 축적되었다. 덕종은 정원 21년(805년), 63세에 죽었다.

2) 노기 – 추악한 재상

노기(盧杞, ?-785)는 범양 노씨(范陽 盧氏)의 방계로, 덕종(德宗, 재위 780-805) 때의 재상이며 간신이었다. 조부 노회신(盧懷愼)은 개원(開元) 초기의 재상이었고, 부친 노혁(盧奕)은 어사중승(御史中丞)이었는데, 안사지난(安史之亂) 중에 절개를 지키다가 죽었다.

노기는 문음(門蔭)으로 충주(忠州)와 괵주(虢州) 자사를 역임했으며, 덕종이 즉위한 건중(建中, 780-783) 연간에 어사중승(御史中丞)이 되었다가 어사대부로 승진했다. 이후 문하시랑(門下侍郎), 동중서문하평장사(同中書門下平章事) 등을 역임하였다.

노기는 말을 잘했으나 누추한 얼굴에 안색이 푸르딩딩한 남색(藍色)이라서 사람들은 귀신같다고 생각하였다. 노기는 거짓이 많아 곽자의(郭子儀)도 노기에 대하여 '추한 얼굴만큼이나 마음도 간험하다'고 말했다.

노기가 어사중승으로 재직할 때, 곽자의가 병이 났다. 노기가 곽자의를 병문안 온다가 하자, 곽자의는 부인과 희첩 등 모든 여인을 안채에 머물게 한 뒤에 혼자서만 노기를 만났다.

문안을 마친 노기가 돌아가자, 곽자의가 말했다.

"만약 여인들이 노기의 면상을 보면 웃지 않을 수가 없다. 만약 누구라도 웃음을 참지 못하여 웃는다면, 뒷날 관직이 높아진 노기가 우리 가문을 박살낼 수도 있다. 그래서 못나오게 하였다."

노기는 현자를 미워하고 해쳤으니, 노기의 손에 양염(楊炎), 안진경(顔眞卿) 등이 죽어야 했고, 최녕(崔寧)이나 두우(杜佑) 등이 핍박과 모함으로 조정을 떠나야 했으니, 그야말로 1대의 간상(奸相)이었다. 백성의 재물을 갈취하거나 군수(軍需)로 징발하여 백성 원성이 많았다.

노기가 유능한 현인을 해치는 방법은 기상천외했고 늘 새로웠다.

안진경은 명문 출신에 최고의 명필이었고 안사의 난을 진압한 원로 공신이었다. 덕종도 이러한 안진경을 무한 공경하였으니 안진경에 대한 웬만한 모함은 통할 리가 없었다. 이에 노기는 기상천외한 방법을 생각해 내었다.

덕종 건중(建中) 3년(782) 12월, 회서(淮西)절도사 이희열(李希烈)이 당나라에 반기를 들었다.

이에 노기가 덕종에게 건의하였다.

"이희열은 젊고 혈기가 왕성한 반적입니다. 이런 자에게는 덕망이 훌륭한 원로대신을 보내어 도리에 맞춰 설득해야 합니다. 그러면 군사를 동원하지 않고서도 진압할 수 있습니다. 안진경은 3조(朝)의 원로이시며 최고의 덕망을 지닌 분이니, 이희열을 설득할 수 있습니다."

이때 안진경은 이미 70세가 넘은 노인이었다. 황제의 명을 받고 안진경은 이희열을 설득하려 했으나 이희열은 안진경을 바로 죽여버렸다. 노기는 손을 대지 않고도 덕망이 높은 원로대신을 제거하였다.

같은 방법으로, 노기는 73세의 이규(李揆, 711-784)를 토번에 사신으로 보내야 한다고 주청하였다. 이규는 숙종 연간에 재상을 역임한 원로였다. 이규는 덕종을 만나 자신은 이미 노쇠하여 먼거리를 여행할 수 없다고 말했으나 노기의 말을 따르는 덕종은 이규를 강요했다. 이규는 결국 토번에 가는 도중에 노환으로 죽었다.

덕종 건중(建中) 4년(783)에, 경원병변(涇原兵變)이 폭발하자 반군은 노기를 제거해야 한다며 급속하게 장안을 공격했다. 덕종은 급히 봉천(奉天)으로 피난했다. 삭방절도사인 이회광(李懷光)이 근왕병을 모집하여 반군에 맞서 노기를 탄핵하려 했다. 노기는 두려워하며 덕종이 이회광을 만나지 못하도록 훼방을 놓았다.

진실을 알게 된 덕종은 노기를 지방 관아로 방축했다. 덕종 정원(貞元) 원년(785)에, 노기는 지방관으로 나갔다가 죄악으로 이어진 한평생을 마감했다.

3) 배연령 – 아첨의 명수

배연령(裵延齡, 727-795)은 덕종 재위 중에 노기(盧杞)가 재상일 때, 선부원외랑(膳部員外郎)으로 발탁되었다. 배연령은 업무에 무능했으나 아첨에는 명수였다.

배연령은 덕종 정원(貞元) 8년(792)에, 탁지사(度支使)에 임명되어 나라의 재정 관련 업무를 담당했고 나중에 호부상서(戶部尙書)를 거쳐 재상의 자리에 올랐다.

배연령은 오직 덕종의 비위를 맞추고 아부하면서 국가 재정을 요리하며 장부를 부풀리고 조작하는 방식으로 덕종의 신임을 얻었다. 나중에 덕종이 그의 조작을 알았지만 여전히 배연령을 신임하였다.

정원 11년(795)에 배연령이 죽었을 때, 중외(中外)의 조관(朝官)이 모두 좋아하였지만 덕종만은 매우 슬퍼했다. 덕종은 장례를 융중(隆重)히 치루라고 명령했지만, 조신들은 아무도 조문하지 않았다.

(3) 환관의 발호

중앙의 정치에서 용렬하거나 무능한 황제의 연속 즉위와 특히 환관(宦官)의 발호에 따라 황제권은 아주 허약해졌다. 환관과 조관(朝官, 조정의 고관)의 결합으로 생성된 붕당(朋黨)은 우이(牛李) 당쟁으로 그 정점을 찍는다.

그 뒤에 조정의 남사(南司)와 환관의 조직인 북사(北司)의 계속되는 대립이 있었고, 조관들은 지방의 번진 세력과 결탁하여 환관과 맞서면서 만당(晚唐)의 정치는 크게 어지러웠다.

1) 영정 혁신 좌절

당 순종(唐 順宗, 재위 805)[144]은 대력(大曆) 14년(779)에, 황태자

---

[144] 順宗(李誦, 761 – 806) – 德宗의 長子, 재위 805년에 6개월. 연호

제3부 당(唐)의 쇠락과 멸망 *305*

가 되었다가 정원 21년(805)에 덕종의 뒤를 이어 즉위한다. 영정(永貞)이라 개원하면서 왕숙문(王叔文),[145] 위집의(韋執誼), 유종원(柳宗元), 유우석(劉禹錫) 등을 중용하여, 덕종(德宗, 재위 780-805) 이래의 폐정을 개혁하고 탐관을 축출하며 염철의 전매 정책을 개혁하고 환관이 장악하고 있는 병권을 회수하려 했다.

이러한 일련의 개혁을 당시의 연호에 따라 '영정혁신(永貞革新)'이라 한다.

그러나 순종은 중풍 치료 중에 말을 못하게 되었고 환관과 절도사들이 결탁하여 개혁에 반대하며, 한편으로는 순종을 핍박하여 태자에게 양위케 하였다. 이를 사서(史書)에서는 '영정내선(永貞內禪)'이라 부른다. 이로서 영정 개혁은 종결된다. 순종은 이듬해에 병으로 죽는데, 환관에 의해 살해되었다고 한다.

순종 재위 6개월에 당의 말기적 현상이 집약되는데, 곧 폐정 개혁의 시도가 있었으나 실패하였고, 환관과 지방 번진의 결탁, 그리고 환관에 의한 황제의 양위, 옹립되었다는 사실 등이다.

永貞(805).

145 왕숙문(王叔文, 753-806) - 越州 山陰(今 浙江 紹興市) 출신. 영정혁신을 이끌었던 二王八司馬 중 한 사람. 二王八司馬는 王叔文과 王伾(왕비). 八司馬는 韋執誼(위집의), 韓泰, 陳諫(진간), 柳宗元, 劉禹錫(유우석), 韓曄(한엽), 凌准(능준), 程異(정이) 등 8인, 모두 지방관아의 司馬職에 좌천되었다.

2) 원화 중흥

○ 헌종의 개혁

헌종〔憲宗, 이름은 이순(李純), 재위 805-820. 연호 원화(元和)〕은 순종의 장자(長子)로, 805년에 순종이 즉위하면서 태자가 되었다. 헌종은 즉위하면서 황제의 권력으로 지방의 번진(藩鎭) 세력을 꺾으려 했다. 그러면서 부친 순종의 뜻을 계승하여 국정을 일신하여 중흥을 이루려고 하였다. 헌종은 안사의 난 이후 최고의 황제라는 평가가 있다.

헌종은 원화(元和) 10년(815)에서 817년에 회서(淮西)절도사 오원제(吳元濟)의 반란을 평정하였다. 이어 원화 13년(818)에는 치청(淄靑)절도사를 죽여버렸다. 오원제가 평정된 뒤로, 전국의 번진들은 적어도 명의상으로는 전부 당에 복속하였고 당의 지방 지배력은 회복된 것처럼 보였다. 이를 역사에서는 '원화중흥(元和中興)'이라 부른다.

원화(元和) 14년(819) 정월에, 봉상현(鳳翔縣) 법문사(法門寺)의 불사리(佛舍利)를 장안에 맞이하여 친견(親見)하였는데, 이를 극간한 한유(韓愈)[146]를 먼 남쪽의 조주(潮州)자사로 좌천시키기도 하

---

[146] 한유(韓愈, 768-824) – 字는 退之, 祖籍 창려군(昌黎郡, 今 河北省 동북부 발해 연안 秦皇島市 관할 昌黎縣) 世稱 '韓昌黎(한창려)'. 만년에 吏部侍郎을 지내 '韓吏部'라고도 부르며, 시호가 文公이라서 '韓

였다.¹⁴⁷

헌종(憲宗)은 환관에 의해 옹립되었기에 즉위하면서부터 환관을 중용하였는데, 수도와 지방 많은 군진의 지휘관을 환관이 겸임하였다.

헌종은 만년에 장생불로(長生不老)를 추구하면서 금단(金丹)을 장복하여 성격이 조급하고 포악해졌다. 결국 환관에 의해 독살되었다.

文公'이라는 칭호를 많이 사용. 唐代 文學家로 柳宗元과 함께 古文運動을 주창했다. '唐宋八大家'의 한 사람.

147 불교 탄압－三武一宗의 法難－唐朝는 道敎를 國敎로 삼았었다. 高宗은 老子〔名 李耳, 老聃(노담)〕를 太上玄元皇帝라고 추존했다. 그러나 高宗, 武則天, 中宗, 肅宗, 德宗, 憲宗, 懿宗(의종)과 僖宗(희종)의 8명 황제는 불사리를 맞이하거나 참배 공양하였는데 그런 행사를 할 때에는 온 나라가 들썩거렸다고 한다. 그러나 불교가 융성하면서, 농민이 승려가 되어 국역을 회피하고, 사원의 토지에 대해 과세를 할 수 없어 국고 손실이 많다는 이유로 廢佛(폐불)을 주장하는 논의가 이어졌다. 물론 南朝 梁 武帝와 같이 자신의 몸을 부처에 공양하여, 곧 僧이 되어 국정을 주재하던 극단적인 好佛의 황제도 있었지만 '三武一宗의 法難(법난)'이라 하여 대대적인 4차례의 불교 탄압이 있었다. 三武一宗이란 北魏의 太武帝, 北周의 武帝, 당의 武宗, 後周 世宗을 지칭한다. 唐 武宗의 불교 탄압은 會昌 2年(842)에 시작하여 그가 죽는 846년까지 지속적으로 계속되었다. 이를 특히 무종의 연호를 따서 '會昌法難(회창법난)'이라 하여 불교 탄압 중 가장 폐해가 컸다. 佛寺 4,600여 개소를 폐쇄하고 관련 시설 4만여 곳을 파괴했으며, 승려 26만 명 이상을 환속시켰다.

○ 헌종의 의안황후 곽씨

헌종 의안황후(懿安皇后, 추증) 곽씨(郭氏)는 당조 중흥의 명장인 분양왕(汾陽王) 곽자의(郭子儀)의 손녀인데, 모친은 대종(代宗)의 딸인 승평공주(升平公主)였다. 의안황후는 목종(穆宗), 경종(敬宗), 문종(文宗), 무종(武宗), 선종(宣宗)의 황태후로 복수융귀(福壽隆貴)의 영화를 수십 년간 누렸으니, 당나라 후비(后妃) 중 누구보다도 최고의 부귀를 누린 여인이었다.

헌종(憲宗)이 곽씨를 귀비(貴妃)로 맞이한 이후, 목종을 출산하였다. 그러나 황후의 책봉을 이런저런 이유로 한두 번 미루다 보니 정식 황후로 책봉되지는 못했다. 헌종 다음에 목종이 제위에 올라 곽씨는 황태후가 되었고, 목종은 효도를 다하였다. 헌종의 아들인 경종, 문종, 무종이 차례로 제위에 오르며, 곽씨는 여전히 황태후였다. 그리고 선종이 제위에 오른 뒤에도 태황태후(太皇太后)의 권위와 복락은 여전하였다. 곽씨는 남편과 아들과 3명의 손자가 모두 황제였으니, 여인으로서 최고의 영광에 수복(壽福)을 함께 누렸다.

3) 환관의 권력

지방의 각 도(道)에서 진상하는 환관이 있는데, 장안에서 가까운 관내도(關內道) 출신의 환관이 가장 많았다. 다음으로는, 지금의 복건성(福建省), 광동성(廣東省), 운남성(雲南省), 귀주성(貴州省) 출신도 많았는데, 이 지역은 비교적 낙후지역이라서 질자(質子)로 노비가 되는 경우나 매매되는 인구도 많은 지역이었다.

그리고 가난한 농민의 아들이 부모의 뜻에 따라 환관이 되는 경우, 그리고 환관의 양자로 입적되었다가 환관이 되는 경우도 많았다.

소설《삼국연의》의 독자라면 누구든 후한 말기 황건적(黃巾賊)의 난(서기 184)과 환관 십상시(十常侍)[148]의 발호를 기억하고 있다.

사실 환관들의 하는 일이란 것이 궁중의 출입문을 지키고 관리하거나 황제와 대신(大臣) 간에 문서를 나르는 심부름이나 궁중 생활의 잡역을 담당하는 것이 전부였다.

당나라에서 환관이 고위직에 나가고 정치에 관여하기 시작한 것은 현종(玄宗) 때였다. 현종은 중종(中宗)이 독살당한 뒤 중종의 위황후(韋皇后)를 죽이고 예종을 즉위시키는데, 환관 고력사(高力士, 684-762)의 힘을 빌렸다.

현종이 즉위한 뒤 개원 원년(713)에, 고력사는 우감문 장군이

---

148 십상시(十常侍) - 後漢(東漢) 영제(靈帝) 재위 중(168-189)에 국정을 농락한 장양(張讓) 조충(趙忠) 등 10명(12명)의 환관(黃門常侍). 영제는 "장상시는 나의 아버지이고, 조상시는 나의 어머니이다(張常侍是我公, 趙常侍是我母)."라고 말할 정도였다.

되어 내시성(內侍省)의 일을 함께 담당했다. 그전에 태종이 만든 제도로는 내시성에 3품 관리를 둘 수 없었지만, 고력사가 3품 장군을 제수 받은 뒤로 삼품관도 많아지고 환관도 크게 늘어나 환관이 3천 명이나 되었다. 이후 환관의 관아를 총칭하는 북사(北司)는 조정 대신들의 행정체계의 총칭인 남아(南衙)의 상대적 조직이 되었다.

안사의 난 이후 현종이 물러나고 숙종이 즉위하면서 환관 이보국(李輔國)은 전국의 병권을 장악하였다. 안사의 난이 평정된 뒤에는 환관들이 지방의 번진에 대한 감독관으로 파견되기 시작했는데, 결국 환관과 번진의 결탁이 이루어진다.

환관 정원진(程元振)은 대종(代宗)을 옹립하였고, 환관 어조은(魚朝恩)은 수도와 황궁을 방위하는 금군(禁軍)을 장악하였다. 그러나 헌종이 원화 15년(820)에 환관에게 죽음을 당했고, 목종(穆宗)과 경종(景宗), 문종(文宗)이 모두 환관들에 의해 옹립된다.

4) 환관의 행패 - 오방사

오방사(五坊使) 또는 오방소아(五坊小兒)는 덕종(德宗, 재위 779-805)에서 순종(順宗, 재위 805) 재위 중에 궁내 오방에서 일하는 환관에 대한 멸칭(蔑稱)이다.

본래 오방이란, 황제의 사냥을 위하여 궁내에 5종류 동물을 사육하는 기구였다. 곧 조방(雕坊, 독수리 조), 골방(鶻坊, 송골매 골), 요방(鷂坊, 새매 요), 응방(鷹坊, 매 응), 그리고 구방(狗坊, 개 구)을 지칭한다.

이 짐승 사육을 담당하는 환관들이 이들 동물의 먹이인 참새를 잡겠다고 민가의 대문이나 우물 곁에 그물을 치거나, 그러면서 백성의 재물을 강탈하는 등 악행을 서슴치 않았다.

대종(代宗) 대력(大曆) 연간에, 호현(戶縣)의 현령 최발(崔發)은 백성들이 싸우는 시끄러운 소리를 들었다. 조사하니 몇 사람이 농민을 구타했다 하여 그 자들을 모두 잡아가두었는데, 다음 날 조사해보니 그중 한 명이 오방소아였다.

보고를 받은 대종은 어사대에 현령 최발을 잡아 압송케 했다. 현령 최발이 궁궐에 잡혀오자, 어떤 조사도 이루어지기 전에 환관들이 최발에게 몽둥이 찜질을 가했다. 최발이 겨우 목숨을 부지했지만 이 사건은 조야의 큰 논란을 불러왔다.

덕종 정원(貞元) 연간에, 오방소아들은 해마다 장안 주변에서 사냥개와 사냥매를 훈련했다. 그들이 훈련하러 가는 곳마다 지방관들은 오방소아를 융숭하게 대접하였고, 그들의 어떤 요구든 모두 수락해야만 했다.

마을 우물을 점거하거나 민가의 가축을 잡아먹고, 주점을 점유하고 술과 음식을 공짜로 먹어치웠다. 그들이 사냥매의 먹이인 뱀이 들어있는 항아리를 놓고 가면 그 뱀을 사육해야만 했다.

헌종 원화(元和) 원년에, 한 오방소아 무리가 하규현(下邽縣)에 들어가자, 현령 배환(裴寰)은 관사를 비워 묵게 하면서 잔치를 벌려 환대했다. 그러고서는 다른 접대가 없자 오방소아들은 현령이 무례했다고 헌종에게 보고하자, 헌종은 현령을 체포 하옥하여 치죄했다. 그러나 당시 재상 무원형(武元衡)과 배도(裴度) 등이 극력 간언하여 현령을 석방케 했다.

오방사 인원은 계속 늘어났고, 백성들의 부역도 늘었다. 그에 따른 폐단에 백성의 원성이 높아 결국 원화(元和) 2년(807)에 오방사는 폐지되었다.

5) 감로지변

또 문종(文宗, 재위 827-840)[149] 태화(太和) 9년(835)에, 환관들이 조정의 문무 대신들을 대량학살하는 '감로지변(甘露之變, 감로의 변)'이 일어났다.

태화 9년에, 문종은 이훈(李訓),[150] 정주(鄭注)[151] 등과 함께 환관을 주살할 계획을 꾸몄지만 성공하지 못했다. 정주는 본래 환관 왕수징(王守澄)에 의해 벼슬길에 올랐었다. 이훈의 본명은 이중언

---

[149] 문종〔文宗, 李昻(이앙), 809-840년, 재위 827-840〕-목종(穆宗)의 2子. 敬宗의 아우, 武宗의 형. 연호 太和(827-835). 開成(836-840).

[150] 李訓(이훈, ?-835)-환관 왕수징의 천거로 예부시랑(禮部侍郞)을 거쳐 同平章事가 되었다. 문종에게 먼저 환관을 제거해야 한다는 〈太平之策〉을 올렸다.

[151] 정주(鄭注, ?-835)-本姓 魚氏이나 鄭氏로 바꿈. 당시 사람들이 '魚鄭'이라 불렀다. 爲人이 교활하고 처세에 능했고, 약간의 의술이 있어 환관 왕수징의 천거를 받아 工部尙書까지 올랐다.

(李仲言)인데, 정주의 주선으로 왕수징을 만나본 뒤에 왕수징이 문종에게 천거하였다. 이훈은 큰 뜻을 품고 의기를 숭상하면서도 문사(文辭)와 구변이 좋고 권모술수도 있어 문종이 좋아했었다.

이훈과 정주는 문종의 뜻을 헤아리고 자주 은근한 말로 문종을 움직였다. 문종은 그들과 큰일을 도모할 수 있다고 생각하여 진심을 이야기했고, 이훈과 정주는 마침내 환관을 주살하는 것을 자신의 임무라 생각했다. 이훈은 이미 정주와 같이 권세와 지위가 다 높은데도 정주를 매우 싫어하면서, 중앙과 지방에서 세력을 모아야 한다는 핑계로 정주를 봉상(鳳翔)의 절도사로 전출시켰다. 이훈은 구사량(仇士良)이라는 환관을 발탁하여 왕수징의 권한을 분산시키고, 자신은 재상급인 동평장사(同平章事)가 되어 왕수징을 제거할 것을 요청했고, 문종은 중사(中使)를 보내 왕수징을 독살하였다.

정주는 앞서 이훈과 모의를 하고, 군진에 와서는 장사 수백 명을 보내 왕수징의 장례를 지키게 하였다. 이어 모든 환관들을 장례식에 참석케 해달라고 (문종에게) 요청하며 환관을 죽여 씨를 말려버리겠다고 하였다.

이훈은 마음속으로 그렇게 되면 공은 모두 정주에게 돌아갈 것이라 여기고 바로 선수를 치기로 하고서 사람을 시켜 금오위(金吾衛)의 건물 뒤에 있는 석류나무에 감로(甘露)[152]가 내렸다고 아뢰

---

152 甘露(감로) – 단(甘味) 이슬. 황제의 賢德에 대한 하늘의 축복이

게 하였다. 재상들은 백관을 거느리고 가서 축하를 드리면서 문종에게 가서 보시라고 권하였다. 문종은 재상들이 먼저 가서 보라고 하였다. 그러자 이훈은 보고 와서, 거짓인데도 사실이라고 거짓말 보고를 하였다.

문종은 구사량(仇士良)에게 여러 환관들을 데리고 가서 보고 오라고 말했다. 구사량 등이 현장에 도착하였는데, 바람이 불어 장막이 들춰지면서 무기를 든 많은 군사가 서있는 것이 보이자 놀라 달려가 변고가 일어났다고 알렸다. 이훈은 금오위 병사들을 전각에 올라오게 불러 환관들을 습격했으나 겨우 환관 십여 명이 죽거나 다쳤다. 이훈은 일이 성공하지 못한 것을 보고 달아났다.

구사량 등은 신책군(神策軍)[153]을 동원하여 금오위(金烏衛)의 장교나 병졸들을 죽이면서, 재상인 왕애(王涯)와 가속(賈餗), 서원여(舒元輿) 등을 잡아 모반을 꾀했다고 무고하여 허리를 잘라 죽였다. 그런데 이훈의 모의는 오직 서원여만 알고 있었고 다른 재상들은 사실 모르고 있었다.

이 감로지변 이후, 나라의 정치는 모두 환관들의 北司에서 셜

며 천하태평의 상징이라고 생각했다(天地相合, 以降甘露). 그런데 이슬에 무슨 단맛이 있겠는가? 농촌에서 보면, 어떤 때는 나뭇잎이나 풀에 이슬이 정말 굵고 크게 많이 맺히는 날이 있다. 이를 감로라고 생각했을 것이다.

153 신책군(神策軍) – 中央 禁軍의 北衙(북아) 10軍 중 하나. 左右 神策軍. 환관이 지휘했다. 금오군(金吾軍)은 金吾衛의 장교와 병졸. 중앙 禁軍에 남아(南衙) 16衛가 있는데, 그중 하나가 金吾衛였다.

정이 되고, 재상들은 문서(文書)만을 처리할 뿐이었다. 이훈은 피살되어 목이 조리 돌려지고 정주 역시 봉상의 절도사를 감군(監軍)하는 환관에게 피살되었다.

6) 환관과 신책군

당나라 수도 방위 및 궁궐 수비 황제 호위의 역할을 담당하는 중앙군(금군禁軍)은 남아(南衙) 16위(衛, 좌우 각 8개 부대)가 있었다. 금오위(金吾衛)는 그중의 하나였다.

그리고 북아(北衙)에 속한 좌우의 우림군(羽林軍), 용무군(龍武軍), 신무군(神武軍), 신책군(神策軍), 신위군(神威軍)의 10군이 있었다.

763년에 토번이 장안에 쳐들어왔을 때 금군은 사실상 궤멸된 상태였는데, 어조은(魚朝恩)의 신책군과 지방 절도사의 병력이 대종(代宗)을 호위했고 뒷날 장안을 수복하고 대종을 장안으로 모셨다. 이때부터 신책군은 금군(禁軍)의 핵심 무력으로 자리를 잡았다.

어조은의 신책군은 장안(長安), 봉천(奉天), 부풍(扶風) 등 경기와 관중(關中) 외 지역까지 수비하면서 토번(吐蕃)의 침략에 대비하며 하삭(河朔, 황하 북쪽)의 반진(叛鎭)들을 토벌하였다. 경원지변(涇原之變) 때에는 주차(朱泚)를 타도하면서 수도를 수복하여 덕종의 절대적 신임을 받았다.

정원(貞元) 12년(796)에, 덕종은 신책군(神策軍)의 지휘를 환관에게 맡기면서 대대적인 확장과 개편을 거쳤다. 신책군은 호군중위(護軍中尉)와 중호군(中護軍)을 각각 2명씩 두어 지휘 통솔케 하였다.

신책군은 타군에 비해 대우가 월등히 좋아 금군의 병졸 중에서 강건한 자들이 줄줄이 입대하여 약 15만~18만 정도의 대 병력을 보유하면서 궁궐, 수도, 관중(關中)의 요지를 지키는 핵심 무력이 되었다.

순종 즉위 후에 조신(朝臣) 왕숙문(王叔文)은 신책군의 병권을 빼앗으려다가 실패하였는데, 이후로 신책군은 환관들이 황제를 폐위시키거나 옹립하거나, 환관들의 집회소인 북사(北司)가 조신(朝臣)들을 조정할 수 있는 수단이 되었다. 실제로 선종(宣宗)의 즉위(846) 때, 신책군의 중위(中尉)인 마원지(馬元贄)가 옹립을 주도하였다.

그러나 당 말기에는 이 신책군의 무력도 쇠퇴하여 황제 앞에서 씨름이나 잡희를 선보이는 오락기구가 되었고 궁궐 건축이나 토목공사에 동원된다. 희종(僖宗) 때 황소의 난이 일어나면서 신책군도 궤멸되고, 903년에 주온(朱溫, 주전충)이 장안에 들어와 환관을 대대적으로 살육하면서 신책군도 저절로 해산되었다.

7) 문생천자

감로지변(835) 이후 문종은 환관들에 의해 연금되었다가 죽음을 당한다. 이후 환관들이 군정(軍政)의 대권을 장악하고 환관의 정치 간여는 날로 심해졌다. 황제의 폐위와 옹립에 간여하여 당의 멸망까지 이어진다. 거기에 환관이 중앙의 금군(禁軍)을 장악하여 황제권은 여지없이 추락하였다.

환관이 관여한 황제의 옹립과 폐위를 정리하면 다음과 같다.

代	제위	재위 기간	환관의 간여
11	憲宗(헌종)	805-820	陳弘志(진홍지)가 살해
12	穆宗(목종)	820-824	梁守謙(양수겸) 소립(所立)
13	敬宗(경종)	825-826	劉克明(유극명) 소살(所殺)
14	文宗(문종)	827-840	王守澄(왕수징) 소립
15	武宗(무종)	841-846	仇士良(구수량) 소립
16	宣宗(선종)	847-859	馬元贄(마원지) 소립
17	懿宗(의종)	859-873	王宗實(왕종실) 소립
18	僖宗(희종)	874-888	劉行深(유행심) 소립
19	昭宗(소종)	888-904	楊復恭(양복공) 소립

11대 헌종(憲宗) 이후 19대 소종(昭宗)까지 9대의 황제가 재위하는 기간에, 2명의 황제가 환관에 의해 시해되었고 7명의 황제가 환관에 의해 옹립되었다. 이를 본다면 환관의 마음에 드는 황제, 곧 환관에 의해 배출된 '문생천자(門生天子)'라는 말이 실감난다.

문종(文宗)은 환관들에 통제되는 자신을 '후한 마지막 헌제(獻帝, 재위 189-220)만도 못하다'고 자탄하였고, 자신의 뜻에 맞는 태자를 정하지도 못했다. 문종 때 감로지변(甘露之變)에서 문신들이 대량 학살당한 것은 조신(朝臣)보다 환관의 우위를 증명하는 대사건이었다.

우이(牛李)당쟁이 오랫동안 계속된 것도 환관과 연관이 깊고, 번진절도사와 결탁한 환관들의 폐단은 이루다 열거할 수가 없다.

환관 구사량이 말한 그대로 황제는 독서하지도 않고 유생을 가까이하지 않으며, 또 사치와 놀이에 빠진 황제로 이끄는 것이 환관의 임무였다. 황제란 먹고 놀기만 하는 사람이어야 하니, 희종(僖宗, 재위 874-888) 같은 황제가 제일 좋았을 것이다.

능력과 식견이 있는 선종(宣宗)도 환관의 악폐를 뿌리뽑지 못한 이유는 무엇인가? 여러 가지 이유가 있겠지만, 문제는 황제 자신의 식견과 의지가 아니겠는가? 황제가 반듯하게 정사를 처리하려는 의지와 능력이 있다면 어찌 환관이 발호하고, 어찌 환관이 태자를 바꾸거나 황제를 옹립할 수 있겠는가?

사실 천하의 중심은 조정이고, 조정의 중심은 황제이다. 그런데 그 황제의 시작, 곧 즉위가 잘못된다면 어찌 제 역할을 하고, 조정이 반듯할 수 있겠는가? 결론적으로 어리석고 우매하며, 주색과 사냥과 놀이에 빠진 황제가 있는 한 환관 제거는 진히 불가능했다.

그렇다면 환관을 완전 제거한 - 대량 학살 - 주전충(朱全忠)[154]은 어떠한가? 주전충이 환관을 박살한 것은 당의 국가 체질 개선

---

154 後梁 太祖 朱溫(852-912) - 黃巢의 난에 참여, 당에 투항. 僖宗(희종)이 朱全忠(주전충)이라 賜名. 昭宗(소종)을 살해한 뒤, 哀帝(애제)를 옹립, 애제를 폐위(907) 후 後梁(후량)을 건국. 五代의 시작.

을 위한 조치가 아니었다. 환관과 황제 모두가 제거된다는 것은 곧 당의 멸망이었다.

개성(開成) 5년(840), 문종이 죽었다. 문종은 즉위 초기에 치적을 이루려고 열심히 노력하면서 사치를 멀리하고 검소한 생활을 하여 내외에서 모두 기뻐하며 태평성세를 기대하였지만, 환관들에게 견제되면서 끝내 아무것도 이루지 못하였다.

그전에 문종은 재상에게 "언제쯤 태평할 수 있겠는가?"라고 물었는데, 재상 우승유(牛僧孺, 779-848)는 "태평(太平)이란 특별한 현상이 없습니다."고 대답하였다.

말년에 문제가 근신들에게 "나는 주(周)의 난왕(赧王)과 한(漢)의 헌제(獻帝)에 비해 어떠한가?"라고 물었다.

신하가 대답을 못하자, 문종이 말했다.

"난왕과 헌제는 강한 신하들에게 통제를 받았지만, 지금 짐은 환관들에게 통제되고 있으니 거의 그들만도 못하다."

문종은 재위 15년(826-840)에 개원(改元)을 2번 하였는데, 태화(太和)와 개성(開成)이다. 아우인 영왕(穎王, 이삭 영)이 즉위하니, 이가 목종(穆宗)의 5자(子)이며 문종의 아우인 무종(武宗) 황제이다.

(4) 무종-우이당쟁

1) 무종의 불교탄압

무종(武宗, 재위 840-846)의 이름은 전(瀍, 강 이름 전, 뒤에 염(炎)으로 개명)으로 목종(穆宗)의 아들이다. 문종(文宗)은 태자(이영李永)가 838년에 갑자기 죽었기에, 형인 경종(敬宗)의 막내아들 이성미(李成美)를 태자로 정했다. 붕어하기 전에 성미(成美)로 국정을 대리하려 했지만, 환관들은 태자를 정하는데 자신을 경유하지 않았다 하여 성미를 폐위시킨 다음에 문종의 동생인 전(瀍)을 태제(太弟)로 삼았다. 이어 이전(李瀍)은 성미를 죽이고 즉위하였다 (무종).

무종은 단호한 성격에 희로의 감정을 얼굴에 나타내지 않았다. 재위 중에 이덕유(李德裕)를 재상으로 중용하면서 환관의 세력을 억눌렀다. 그러면서 대대적인 불교탄압을 강행했는데, 이를 무종의 연호에 의거 회창법난(會昌法難)이라 한다.

무종은 신선술에 깊이 빠졌었다. 그래서 도사나 술시들의 권유로 여러 가지 약물을 즐겨 복용했다. 그러다 보니 성격이 괴팍하고 조급해졌으며, 수은(水銀) 중독 증상이 심해져서 치유할 수가 없었다. 겨우 6년을 재위하고 회창 6년(846)에 33세로 타계했다.

2) 무종의 환관 세력 제거

환관 구사량(仇士良, 782-844, 원수 구. 성씨)은 순종 때, 태자시종이었는데, 태자가 즉위(憲宗) 후에 구사량은 여러 군진을 감독하는 직책을 수행했다. 문종 태화 9년(835)에, 문종은 구사량을 신책좌군중위(神策左軍中尉)에 임명했다.

835년 11월, 감로지변(甘露之變)이 실패한 이후 구사량의 권한은 더욱 강대하여 조신들을 박해하고 문종을 겁박하였다. 문종 개성(開成) 5년(840) 정월, 문종이 병석에 눕자, 구사량은 이염(李炎, 무종)을 옹립하였다. 이에 구사량은 아무런 거리낌 없이 폐태자 및 황자들을 죽일 것과 재상을 면직시킬 것을 요구하여 관철하였다.

무종은 성격이 강인하고 또 얼굴에 희로의 감정을 나타내지 않으며 구사량의 뜻을 따랐지만 환관 세력을 제거할 결심을 하였다.

무종은 회남(淮南)절도사인 이덕유를 중앙으로 불러들여 재상에 임명하고 그 반대파인 우당(牛黨)의 우승유(牛僧孺)와 이종민(李宗閔)을 폄직시켜 이당(李黨)의 독점 상황을 조성하였다.

무종의 결단에 힘을 얻은 재상은 여러 조신(朝臣)의 협력을 이끌어 환관의 세력과 기구를 대대적으로 축소 폐지시켰다. 구사량은 자신을 후원하던 황제가 자신을 밀어내자 금군을 선동하여 재상 이덕유를 공격케 하였다.

무종 회창(會昌) 2년(842), 환관 구사량은 '재상이 신책군의 각종 급여를 축소하니 황제에게 직접 탄원해야 한다'며 군사 봉기를 선동하였다. 이덕유는 이런 상황을 신속하게 보고했고, 무종은 다른 환관을 시켜 보급 축소는 재상의 뜻이 아니라 황제의 뜻이라고 엄중히 경고하였다. 이에 군심은 진정되었다.

구사량은 자신에게 불리한 모든 상황을 파악하고, 살신(殺身)의 환난을 면하려는 뜻으로 회창 3년에 자신의 직분을 사임하겠다고 주청하였다. 이에 무종은 구사량이 갖고 있던 군사적 권한을 모두 박탈하고 내시성(內侍省)의 내부 업무만을 관여케 하였다. 그리고 곧 사직하고 고향에 돌아가 요양케 하였다.

회창 4년 5월에, 구사량의 저택과 재산은 모두 몰수되었다. 금은 비단이나 병장기 등이 얼마나 많이 몰수되었는가는 이루 다 말할 수가 없었다.

구사량이 벼슬을 내놓은 뒤 고향으로 돌아갈 때 동료 환관들이 전송하자, 구사량이 환관들에게 말했다.

"천자를 한가하게 해서는 안 되며, 응당 언제나 사치하고 즐기도록 만들어 천자가 다른 일에 마음을 쓸 겨를이 없어야 한다. 천자가 독서를 하거니 유생과 가까이하지 않도록 조심해야 하는데, 천자가 전대(前代)의 흥망을 알아 마음으로 걱정하고 두려워하게 되면 우리 같은 환관은 소외되고 배척될 것이다."

구사량은 고향에 돌아가서, 곧 6월에 화병으로 죽었다.

무종이 붕어할 때(회창 6년, 846년 3월), 말도 하지 못할 정도로 중병이었다. 환관들은 무종한테 당한 감정도 있어, 무종의 어린 아들들을 제쳐놓고, 헌종(憲宗)의 아들인 광왕(光王) 이이(李怡)를 황제로 옹립했다.

그 당시 이이는 경종, 문종, 무종의 숙부이나 말수도 없어 약간은 우매한 인물이라고 생각되었기에 환관들의 선택을 받았다. 이가 바로 선종(宣宗)이다.

3) 우이당쟁

우이당쟁(牛李黨爭)은 당 조정 붕당(朋黨) 간의 오랜 기간에 걸친 결렬한 정치적 대립이었다. 우당(牛黨)은 우승유(牛僧孺)와 이종민(李宗閔)의 우두머리로 하여, 이각(李珏), 양사복(楊嗣復), 영호도(令狐綯, 영호는 복성)가 한편이었다.

이당(李黨)은 이덕유(李德裕)가 수령이었는데, 이신(李紳)[155] 정담(鄭覃), 진이행(陳夷行), 이양이(李讓夷) 등이 그 소속이었다.

---

[155] 李紳(이신, 772-846)의 자는 公垂(공수)로 신장이 작아 '短李'라는 별명으로 불렸지만 元鎭(원진), 白居易와 함께 新樂府 운동을 주창한 문인이었다. 이신은 젊어 부친의 임지를 따라 강남의 無錫(무석)에서 살다가 元和 원년(809) 진사에 급제한 뒤 여러 관직을 순탄하게 역임하고 원화 말년에 中書舍人으로 있다가 지방관을 거쳐 武宗 會昌 연간에 재상의 반열에 올랐던 사람이다.
백거이(772-846), 유우석(772-846), 이신 이 세 사람은 모두 동갑이었고, 또 우연의 일치지만 세 사람 모두 같은 해에 죽었다. 백거이, 원진, 이신은 시풍이 비슷하고 절친한 사이였는데, 세 사람 중에서 이신의 文名이 조금 처질뿐이었다.

① 우이당쟁의 시작?

헌종 원화(元和) 3년(808), 현량방정과(賢良方正科)의 채점 과정에서 시작되었다. 당시 응시자 중, 우승유와 이종민의 논술에 시험관인 양어릉(楊於陵)이 상등으로 평가하자, 재상인 이길보(李吉甫)가 불만을 가지고 이를 헌종에게 보고하였다. 이에 헌종은 양어릉 등을 배척하였고, 우승유와 이종민은 오랫동안 관직을 받을 수 없었다. 사가(史家)들은 이를 우이당쟁의 시작으로 보았다.

② 경과 –

이후 양방의 대립은 점차 격화되었다. 그 대략은 아래와 같이 정리할 수 있다.

목종 재위 중에 우승유가 이봉길(李逢吉)의 추천으로 재상에 임용되자, 이덕유를 지방관인 절서(浙西)관찰사로 방출시켰다.

문종은 우당과 이당을 고루 등용하였지만, 양당은 더욱 강경하게 대립하였다. 무종 때는 이당이 권력을 장악하자, 우당은 세력을 잃었다. 곧 이덕유가 재상의 반열에 오르면서 이종민은 폄직되었다가 죽었고, 우승유는 폄직 방출되었다.

③ 당쟁의 구체적 사례 –

이덕유(李德裕)[156]가 재상급인 동평장사(同平章事)가 되었다. 이

---

156 이덕유(李德裕, 787–850) – 재상, 시인. 憲宗 때 재상을 지낸 李吉

덕유는 목종(穆宗) 초에 한림학사였었다. 이종민(李宗閔)이란 사람이 그전에 황제의 제책(制策) 물음에 그의 아버지 이길보(李吉甫)를 비난한 것을 증오하였었는데, 이에 이종민을 모함하여 여러 사람을 폄직시켰다. 이로부터 각각의 붕당(朋黨)이 나누어지고 더더욱 서로 배척하고 불화한 것이 거의 40년이었다.

문종(文宗) 재위 중에 이덕유가 시랑(侍郞)이었는데, 배탁(裴度)이 재상으로 천거하였다. 이종민은 환관의 도움이 있어 먼저 재상이 되었는데, 이덕유가 자신을 핍박한 것을 혐오하여 이덕유를 외직(外職)인 정활(鄭滑)절도사로 방출하였다(829). 그리고 우승유(牛僧孺)[157]를 자기편으로 끌어들여 함께 재상으로서 이덕유의 무리들을 밀어내었다.

얼마 안 있어 이덕유는 절도사로 서천(西川)에 주둔하였는데, 이덕유는 주변루(籌邊樓)라는 누대를 짓고 촉(蜀)의 지형을 그려 놓았는데, 남쪽으로는 남조(南詔, 국명)[158]에 이르고 서쪽으로는

甫의 아들. 牛李黨爭에서 李黨의 영수(領袖). 이덕유는 文宗 太和 4년(830)에 西川(지금의 四川省)의 절도사로 나갔다.

[157] 우승유(牛僧孺, 779-848) – 牛李黨爭에서 牛派(新進 士類)의 영수.

[158] 남조(南詔) – 8세기에 흥기한 중국 서남부의 나라 이름. 지금의 중국의 雲南과 貴州, 四川 일부와 越南 북부지역을 통치했다. 902년에는 鄭買嗣(정매사)가 자립하여 칭제하면서 국호를 大長和로 고쳤다.

토번(吐藩)에 달했다.

이덕유는 날마다 군사 일을 잘 아는 노인이나 국경의 일을 잘 아는 사람을 불러 지형의 험하고 평탄함이나 원근을 물어서 마치 자신이 경험한 것처럼 잘 알았고, 병사를 훈련시키고 성채를 보수하며 변경의 침입에 대비하였다. 토번의 장수 실달모(悉怛謀)가 유주〔維州, 사천성(四川省) 남부 아패장족강족자치주(阿壩藏族羌族自治州) 관할 이현(理縣)〕땅을 들어 당에 투항해 왔다.

유주(維州)는 본래 토번이 중국 땅으로 침입해 오는 길목이었다. 토번은 이를 차지하고서 무우성(無憂城)이라고 불렀다. 이덕유는 이 유주를 차지한 이득을 아주 높게 평가했지만, 우승유는 받아들일 수 없다 하여 투항해온 적을 모두 돌려보냈다. 토번은 실달모를 국경에서 죽였는데 아주 참혹하였다. 우승유와 이덕유의 원한은 이로써 더 깊어졌다.

우승유가 곧 사임하고 이덕유가 재상이 되자(태화 7년, 833), 이종민(李宗閔) 역시 파직되었다. 이종민이 다시 재상이 되자, 이덕유가 다시 피직되었다(9년, 835). 이덕유는 문종 개성(開成) 2년(837)에 회남절도사로 지방에 전출된다.

이렇듯 두 당파가 서로 밀고 당길 때마다 문종은 매번 탄식했다.

"하북(河北)의 적을 물리치기는 쉬워도 조정의 붕당을 제거하기는 어렵도다."

이덕유는 연이어 폄직되고 출척되었지만, 무종(武宗, 재위 840-846)이 즉위하면서 이덕유를 소환하여 재상으로 삼았다.

이덕유가 무종에게 말했다.

"정인(正人)은 사인(邪人)을 가리켜 사(邪)라고 하고, 사인(邪人) 또한 정인을 가리켜 사(邪)라고 합니다. 인주(人主)로서 이를 분별해야 합니다."

무종은 옳다 여겨 받아들였다. 이덕유는 유주(維州)의 사건을 다시 논의하고 실달모(悉怛謀)에게 포상과 관직을 추증하였다.

소의절도사(昭義節度使)[159]인 유종간(劉從諫)이 죽자, 그 조카인 유진(劉縝)이 스스로 군부(軍府)를 차지했다.

이에 이덕유가 무종에게 말했다.

"택주(澤州)와 노주(潞州)의 일은 하삭(河朔)의 삼진(三鎭)[160]과는 같지 않습니다. 하삭 지역은 그곳이 오랜 전란(戰亂) 지역이라서 여러 황제들이 거의 치지도외하였습니다. 택주와 노주는 심장이나 배처럼 장안(長安)에 가까운 곳이라서 만약 또 차지했다 하여 그냥 인정해 준다면 조정의 위령(威令)이 여러 절도사들에게 먹혀들지 않을 것입니다."

---

159 소의(昭義)절도사 - 澤州(山西省)와 潞州(노주, 今 山西省 동남 長治市) 절도사의 다른 이름.

160 河朔 三鎭 - 成德, 魏博, 盧龍절도사. 이들은 安史 난 이후 통제를 벗어난 半독립적 번진이었다.

무종이 물었다.

"어찌하면 제압할 수 있는가?"

이덕유가 대답하였다.

"유진이 믿는 것은 하삭(河朔)의 삼진(三鎭)입니다. 만약 성덕과 위박절도사가 유진에 동조하지 못하게 한다면 유진이 할 수 있는 일은 없습니다. 중신(重臣)을 보내어 가담하지 않도록 타이른 다음에 유진(劉鎭)을 토벌해야 합니다."

그래서 성덕과 위박절도사에게 조서를 내렸다.

「택주와 노주 진영은 경들과 일의 본질이 다르다. 자손을 위한 대책으로서 그들을 돕거나 의지하는 형세를 유지하지 말라.」

성덕과 위박절도사들은 두려워하면서 황제의 명에 따랐다. 그리고 두 절도사 진영의 병력과 조정에서 파견한 부대의 장수들이 함께 유진을 토벌하였다.

하동(河東, 지금의 산서성 일대)의 도장(都將)인 양변(楊弁)이란 자가 난을 일으켜 절도사를 축출하였다. 무종은 중사(中使) 마원실(馬元實)을 보내어 양변을 효유(曉諭)하고 또 상황을 관찰도록 하였다.

마원실은 뇌물을 받고 돌아와 여러 관원에게 큰소리로 말했다.

"대신 여러분은 그를 빨리 하동절도사로 임명하여야 할 것입니다. 아문으로부터 15리에 걸친 버드나무 길에 광채 나는 갑옷을 입은 병사가 가득합니다. 형세가 그러하니 어찌 취하겠습니까?"

이에 이덕유가 힐문하자, 마원실은 대답하지 못했다. 이덕유는 미미한 적이지만 결코 용서할 수 없으며, 만약 국력이 감당할 수 없다면 차라리 유진을 나중에 쳐야 한다고 상주했다.

하동에서 복무한 병사 출신이 조정에서 별도의 군대로 태원을 공격한다는 말을 듣고 처자식이 도륙당할까 걱정하여 태원(太原)[161]에 가서 양변을 사로잡아 장안으로 보냈고, 양변은 참수되었다.

얼마 안 있어 유진의 기세도 다하고 위축되어 노주 사람이 유진을 죽이고 투항했다. 택주와 노주가 평정되자, 이덕유는 태위(太尉)로 승진하고 위국공(衛國公)에 봉해졌다. 우승유는 순주〔循州, 지금의 광동성(廣東省)의 지명〕 장사(長史)로 폄직되었고, 이종민(李宗閔)은 봉주〔封州, 지금의 광동성(廣東省)의 지명〕에 유배되었다.

이덕유는 무종이 즉위하는 개성(開成) 5년(840)에 다시 재상이 되어 무종의 신임을 받았다. 비록 짧은 기간이지만 위구르(回紇)족을 물리쳐 당의 국위를 높였다. 무종 회창(會昌) 원년(841)에, 태위(太尉)에 임명되고 위국공(衛國公)에 책봉되었다. 내정에도 힘써 필요 없이 많은 관리들을 줄이고 환관을 통제하면서 내정을

---

161 太原 - 당의 發祥地(발상지). 長安, 洛陽과 함께 三都, 三京이라 불렸다.

일신(一新)하였다. 회창 5년(845)에, 무종의 불교탄압 정책을 따르면서 4,600여 개소의 절을 없애고 승려 26만 명을 환속(還俗)시켰다.

무종 다음에 선종(宣宗)이 즉위하면서 승상에서 물러난 이덕유는 지방의 절도사와 외지의 사마(司馬)로 폄직되었다가 선종 대중(大中) 2년(848)에 해남도(海南島)로 유배된다. 이덕유는 거기에서 주민들에게 열심히 유학을 가르치면서 존경을 받았지만 서기 850년에 해남도에서 63세를 일기로 죽었다.

④ 당쟁의 종결

회창 6년(846)에, 선종(宣宗)이 즉위하면서 이덕유의 이당(李黨)은 모두 배척당했다. 우승유는 조정에 들어와 여러 관직을 역임하고 동도(東都, 낙양)의 분사(分司)에서 술과 시와 비파를 타며 여유를 즐겼지만, 이덕유는 당나라의 남쪽 끝 해남도로 유배되었다. 우승유는 대중(大中) 2년(848)에 낙양의 별장에서 죽었다. 우이당쟁의 최후 승자는 우당(牛黨)이었다.

⑤ 시인 이상은(李商隱)의 경우

이상은(李商隱)은 17세 때 우이당쟁의 우당에 속하는 영호초(令狐楚)의 막료가 되었다가 25세 때 진사가 된다. 이상은은 이당에 속하는 왕무원(王茂元)의 딸과 결혼하는데, 이 때문에 우(牛) – 이(李) 양쪽에서 모두 배제되는 역경을 당해야만 했다.

그의 관직 생활은 격심한 우이당쟁의 소용돌이 속에서 험난한 가시밭길이었고 굴곡이 너무 심했었다. 이상은은 이렇듯 불우한 처지와 실의 속에서 알기 힘들고 난삽(難澁, 떫을 삽)한 시어(詩語)로 그의 우수(憂愁)와 고민을 풀어냈으며, 그의 시는 비감(悲感)으로 가득 차있다.

3. 당의 석양

(1) 선종 – 석양의 명군

회창 6년(846)에 무종이 죽으니,[162] 재위 7년(840–846)이었다. 개원은 한 번이니 회창(會昌)이다. 광왕(光王)이 즉위하니, 이가 선종(宣宗)[163] 황제이다.

선종 황제의 이름은 이(怡, 忱으로 개명)로, 헌종(憲宗)의 아들이

---

162 道敎를 신봉하며 道士들을 신뢰했던 무종은 長生藥에 의한 약물 중독으로 사망했다.

163 선종〔宣宗, 이침(李忱), 810–859, 재위 846–859〕 – 憲宗(李純)의 13子. 목종(穆宗)의 아우. 敬宗, 文宗, 武宗의 당숙. 연호는 大中 (847–860).

다. 어렸을 때의 호는 '불혜(不慧)'였다. 문종 재위 연간에는 더욱 자신의 재능을 감추고 내보이지 않았다. 문종은 선종이 말을 하도록 유도하여 웃음거리로 삼는 것을 즐겨했으며, 그에 비하여 무종은 성격이 호매하여 더더욱 예를 갖추지 않아, 광숙(光叔)[164]이라고 불렀다.

무종의 병이 위독하고 아들은 어리기에 환관들은 궁중에서 방책을 결정하고서 조서를 내려 이(怡)를 황태숙(皇太叔)으로 삼았다. 황태숙인 선종은 임시로 군국(軍國)의 업무를 처리하는데 결정하는 것이 모두 이치에 합당하여, 사람들은 비로소 그간의 모든 것이 숨겨온 미덕(美德)이 있음을 알았다.

선종은 즉위하면서 이덕유(李德裕)를 파직했다. 우승유와 이종민(李宗閔) 등은 북쪽으로 옮겼다. 이덕유는 3번이나 폄직되어 (해남도海南島) 애주 사호(崖州 司戶)가 되어 거기서 죽었다.

선종은 영호도(슈狐綯)[165]를 동평장사(同平章事)로 삼았다. 이보다 앞서 영호도가 하사(學士)였을 때, 선종은 대종이 가려 뽑은

---

164 光叔 − 光王인 叔父. 선종(재위 846−859)은 憲宗(李純)의 13子. 목종(穆宗)의 아우. 敬宗, 文宗, 武宗의 당숙(숙부)였다. 光에는 '아무것도 없다'는 뜻이 있으니, 역시 놀리는 뜻이 있다.

165 슈狐綯〔영호도, 슈狐(영호)는 複姓. 綯는 새끼 꼴 도. 노끈〕− 憲宗 元和 연간에, 재상을 역임한 슈狐楚의 아들. 宣宗 大中 4년(850)부터 선종이 죽는 大中 13년(859)까지 10년간 재상으로 재직. 선종이 죽은 뒤로는 전후 4개 鎭의 절도사를 역임했다.

《금경록(金鏡錄)》¹⁶⁶을 영호도에게 주어 읽게 했었다. 또 선종은 《정관정요(貞觀政要)》를 병풍에 쓰게 한 뒤 매번 정색(正色)에 공수(拱手)하고서 읽었다.

일찍이 한림학사 필함(畢誠, 畢은 성씨 필)¹⁶⁷과 변방의 업무를 논할 때, 필함이 방략(方略)을 상세히 진술하였다.

선종은 기뻐하면서 말했다.

"뜻밖에도 나의 궁중에 염파(廉頗)¹⁶⁸와 이목(李牧)¹⁶⁹ 장군이 있도다."

그리고 즉시 변방의 장수로 등용하니 과연 임무를 잘 수행했다. 선종은 총명하며 깊이 성찰하고 기억력이 우수했다. 일찍이 은밀히 한림학사 위오(韋澳)¹⁷⁰를 시켜 각 주현의 토지와 풍물 등 여러 관계를 책으로 편찬하게 하여, 이를《처분어(處分語)》라고 불렀다.

---

166 《金鏡錄》— 내용 미상. 태종은 太子(高宗)를 가르치기 위해 정관 22년(648)에, 자신의 정치 경험과 功過를 저술한《帝範》12편을 저술하였는데, 아마 이 책을 지칭할 것임.

167 필함(畢誠, 802–864) — 한림학사, 절도사 역임. 의종(懿宗) 때 재상.

168 염파(廉頗) — 전국시대 趙나라의 장군. 趙의 上卿 藺相如(인상여)와 '負荊請罪(부형청죄)'와 '刎頸之交(문경지교)' 故事의 주인공.

169 이목(李牧, ?–前 229) — 戰國 時期 趙國의 장군. 白起(백기), 廉頗(염파), 王翦(왕전)과 함께 戰國시대 四大名將이라 부른다.

170 韋澳(위오) — 한림학사. 장안의 경조윤(京兆尹) 역임. 선종 大中 9년(855) 재상.《諸道山河地名要略》저술.

지방관인 자사(刺史)가 되어 궁궐에 들어와 사례하고 나가는 어떤 사람은 "황상(皇上)께서 내가 근무할 지방의 일을 알고 계셔서 놀랐다."고 말했다.

  신임 건주〔建州, 지금의 복건성(福建省) 북부 남평시의 지명〕 자사가 들어와 사례하자, 선종이 물었다.

  "건주(建州)는 장안에서 얼마나 먼 곳인가?"

  "8천 리입니다."

  선종이 말했다.

  "경(卿)이 거기서 다스리는 것을 짐은 다 알 수 있으니 멀리 있어 모를 것이라 말하지 마시오. 이 계단 앞이 바로 만리요!"[171]라고 말했다.

  ● 영호도(令狐綯)가 이원(李遠)이란 사람을 항주(杭州) 자사로 임명하면 어떤가를 상주했다.

  선종은 "내가 알기로는, 그 사람은 종일 바둑만 두며 소일한다는 시구(詩句)가 있는데, 어떻게 백성들을 다스릴 수 있겠는가?"라고 물었다.

  영호도가 대답했다.

  "시인이 바둑으로 기분을 낸다는 뜻이지, 꼭 그런 것은 아닙니다."

---

171 만리나 떨어진 것이라도 계단을 내려다보듯 다 볼 수 있다는 뜻.

그전에 자사는 외지에서 직접 새 임지로 보내지 말고 필히 서울에 들어와 황제를 대면하고 사찰을 받게 하라는 조서를 내렸었다. 영호도가 전에 아는 사람을 이웃 주로 발령을 하면서 지름길로 가도록 했었다.

선종이 이를 문책하면서 말했다.

"조명(詔命)이 분명히 있는데도 곧바로 폐지하듯 적용하지 않으니, 재상이 가진 권한이라고 말할 수 있는가?"

그때는 날이 추울 때였는데 영호도의 겹갓옷에 땀이 배었었다.

● 선종은 조회(朝會)에서 여러 신하를 대할 때 나태한 모습을 한 적이 없었다. 재상이 업무를 아뢸 때마다, 곁에 아무도 없더라도 위엄이 있어 바로 쳐다볼 수 없었다. 상주가 끝나면, 곧 온화한 표정으로 잠깐 동안 한가한 이야기를 나누었다.

그리고서는 다시 표정을 바로하고서는 말했다.

"경들은 업무에 최선을 다하시오. 경들이 짐의 기대를 저버려 다시 상견하지 못할까 늘 걱정이 됩니다."

영호도가 전에 다른 사람에게 말했다.

"나는 십 년간 정사를 주도하면서 성은을 가장 많이 받았다. 매번 연영전(延英殿)에서 상주할 때마다 옷이 땀에 젖지 않은 때가 없었다."

그전에 좌우를 물리치고 학사(學士) 위오(韋澳)를 불러 물어보았다.

"근일에 내시의 권세는 어떠한가?"

위오가 말했다

"폐하의 결단으로 이전 황제 때에 비할 바가 아닙니다."

선종은 눈을 감고 고개를 저으며 말했다.

"전부는 아니야! 전부는 아니야! 아직도 환관에 대한 걱정이 있어!"

또 전에 영호도와 모든 환관을 주살할 일을 꾸몄으나 무고한 사람들까지 다칠까 걱정이 되었다.

영호도는 비밀리에 상주하였다.

"환관이 죄를 지었다면 그냥 지나치지 않고 결원이 있어도 보충하지 않는다면 자연 줄어들어 없어질 것입니다."

환관이 그 상주문을 몰래 보았는데, 이로부터 조정의 신하와 환관들은 더욱 서로 증오하였으며, 남사(南司)와 북사는 물불과도 같았다.

선종 대중(大中) 13년 8월(859)에 선종이 죽었다. 재위 14년에 한번 개원하였다. 장자가 즉위하니, 이가 의종(懿宗)황제이다.

(2) 의종 – 방훈의 난

의종(懿宗, 재위 859–873, 懿는 아름다울 의) 황제는 이름이 온(溫)

으로, 운왕(鄆王, 鄆은 고을 이름 운)에 봉해졌으나 총애를 받지 못해 태자가 되지 못했다. 선종(宣宗)이 죽자 환관들이 옹립하면서 최(漼, 漼는 물 깊은 모양 최)로 개명했다.

의종은 잘생긴 외모에 음률에 정통했으나 주색과 연락(宴樂)에 빠졌었다. 정치는 부패했고 번진 세력을 통제하지 못했다. 절동(浙東)[172]의 반적 구보(裘甫, ?-860년, 본성 仇)가 기병하였는데, 이름이 중원에까지 알려졌으나 관찰사 왕식(王式)[173]이 구보를 토벌하여 죽였다.

의종 함통(咸通) 9년에, 서주(徐州)의 반적인 방훈(龐勛)[174]이 봉기했다. 이보다 앞서 남조(南詔)가 대리(大理)[175] 황제를 칭하고 군사를 일으켜 쳐들어와서 파주, 옹주, 교지(交趾) 등을 함락시켰다. 칙명으로 서주(徐州)와 사주(泗州)의 군사를 내어 계주(桂州)를 수

---

172 절동(浙東) — 지금의 浙江省(절강성) 紹興市와 寧波市 일대.

173 관찰사(觀察使) — 原名 채방사(採訪使). 지방행정 감찰관. 번진의 절도사도 관찰사를 칭했음. 王式은 무녕(武寧)절도사였다.

174 방훈(龐勛, ?-869, 龐은 클 방, 성씨) — 唐末 병변(兵變, 龐勳之變)의 우두머리. 領袖, 의종(懿宗) 함통(咸通) 3년(862)에 남조(南詔)가 교지(交趾)를 점거하자, 조정에서는 서주(徐州)와 사주(泗州)의 군사 2천여 명을 파견하여 지원하였다. 그중 8백여 명을 보내 계주(桂州, 廣西省 桂林)에 보내 주둔시켰다.

175 大理國(937-1254), 雲南 주변 白族의 段思平이 建立한 政權. 雲南省, 貴州省, 四川省 西南部, 미얀마 북부에 걸친 국가. 佛敎를 숭상하여 妙香國(묘향국)이라 불렸다. 交趾(교지)는, 今 越南 북부의 紅河(홍하) 유역의 郡.

비케 하였으나 기일이 지나도 교대가 되지 않자 마침내 난을 일으켰다. 방훈은 군량 담당(糧料判官)이었는데 수졸들이 두목으로 추대하였다. 방훈이 군사들을 거느리고 북쪽으로 돌아오면서 지나는 곳마다 약탈하였다. 서주(徐州)에 이르러 절도사를 죽이고 여러 군을 함락시켰다.

그때 함통(咸通) 9년(868) 7월, 이 주둔군은 이미 6년이나 경과하여 귀향하려는 마음이 간절하였다. 그러나 관찰사 최언증(崔彦曾)은 '벽지에 주둔 방군이나 병력을 움직일 수 없다'는 이유로 1년간 더 주둔해야 한다고 말했다. 이에 군졸이 분노하면서 계주에서 난동하면서 도두(都頭) 왕중보(王仲甫)를 살해하고 방훈(龐勛)을 그들의 우두머리로 추대하였다. 방훈을 무리와 함께 북쪽으로 돌아가면서 계림(桂林), 호남(湖南), 호북(湖北), 안휘(安徽), 절강(浙江), 강소(江蘇) 지역 등을 거쳐 서주(徐州)에 도착하였다. 그 도중에 최언증을 포로로 잡았고, 농민의 호응을 얻어 농민 봉기로 확대되었고 큰 세력으로 확대되었다.

함통 10년(869), 조정에서는 대가(戴可), 강승훈(康承訓), 왕안권(王晏權)에게 20여 만의 군사를 거느리고 진압케 하자, 관군은 3로(路)로 발진하였다. 그러나 교만한 관군은 대패했고, 대가도 전사했다. 여기에 방훈도 교만하여 방훈은 음락만을 탐하면서 관군에 적극적 타격을 입히지 못하고 서쪽으로 철수하다가 자체 내분과 관군의 추격으로 869년 가을에 관군의 반격을 받아 방훈은 익사했고 병변은 진압되었다.

조정에서는 초토사(招討使) 강승훈(康承訓)[176]이 방훈을 토벌하는데, 사타족의 주야적심(朱邪赤心)[177]을 선봉(先鋒)으로 삼았고, 방훈은 패사(敗死)했다. 추야적심에게 이국창(李國昌)이라는 이름을 하사했고, 이국창은 대사군〔大同軍, 산서(山西) 운중군(雲中郡)〕 절도사가 되었다가 곧 다시 토번족 방어를 주 임무로 하는 진무(振武) 절도사가 되었다.

함통 14년(873)에, 의종이 죽었다. 재위 15년에, 개원은 한 번 했다. 아들 진왕(晉王)이 13살에 즉위하니, 이가 희종(僖宗, 僖는 기쁠 희) 황제이다.

(3) 희종 – 황소의 난

희종(僖宗, 재위 873-888) 황제의 이름은 현(儇, 총명할 현)으로, 의종의 어린 아들이다. 나이 13세에, 환관에 의해[178] 옹립되었다.

---

176 초토사(招討使) – 安史의 난 이후 전란이 일어나면 설치한 임시 군사지휘관. 강승훈(康承訓)은 그 당시 神策대장군이었는데, 沙陀族(사타족)의 주야적심(朱邪赤心) 등을 거느리고 방훈을 토벌했다.

177 사타(沙陀) – 서돌궐의 부족 이름. 지금의 新疆(신강)의 준가르 분지 동남쪽에서 유목생활. 헌종 때 주야진충(朱邪盡忠)이 당에 투항했었다. 朱邪赤心은 주사진충의 손자. 李國昌의 아들 李克用은 뒤에 황소의 난을 토벌하는데 공을 세운다.

178 神策軍 중위(中尉)였던 환관 유행심(劉行深)이 옹립.

의종 때부터 황실의 사치는 날로 심해졌고 군사 동원이 그치지 않았으며 세금 징수는 더욱 엄해졌다.

희종 건부(乾符) 원년(874), 수해와 가뭄이 들었어도 사실대로 보고가 되지 않았으며, 백성들은 굶어죽어도 하소연할 곳이 없어 곳곳에 떼를 지어 도둑이 되었다.

복주(濮州) 사람 왕선지(王仙芝)[179]가 봉기했는데, 조주(曹州) 사람인 황소(黃巢, 835-884)가 이에 호응했다. 황소는 그의 집안이 본래 소금 밀매업자였고 부호였었다. 황소는 기사(騎射)에 능했고 협객 기질이 있었다. 일찍이 과거의 진사과에 급제하지 못해서 왕선지와 같이 사염(私鹽, 무허가로 제조한 소금)을 판매했었다. 이때에 무리를 모아 각 주현을 공격 노략질을 하였는데 가난한 농민들이 호응하여 몇 달 안에 수만 명이 모였다.

왕선지는 여주(汝州), 정주(鄭州), 당주(唐州), 등주(鄧州)를 공격하여 함락시키고, 악주(鄂州)를 노략질하고 안주(安州)를 함락시켰다. 그러나 왕선지는 형남(荊南, 양자강 중류 형주)에 침입하여 초토사인 증원유(曾元裕)[180]와 신주(申州)에서 싸웠으나 대패하였

---

179 복주(濮州, 濮은 강 이름 복)는, 今 山東省 서남부 견성(鄄城) 및 河南省 동북부 복양시(濮陽市) 남부.
  왕선지(王仙芝, ?-878)는 소금 밀매업자. 875년 가뭄에 농민 3천여 명을 이끌고 起義하면서 천보평균대장군(天補平均大將軍)을 자칭. 최초로 平均(平等)을 주창했다.

180 증원유(曾元裕) - 희종 乾符 5년(878)에, 申州(今 河南省 信陽)에서 王仙芝의 부대를 대파하였다. 이어 黃梅(今 湖北省 동쪽 끝

다. 이어 황매〔黃梅, 지금의 호북성(湖北省) 동부 황강시(黃岡市) 관할 황매현(黃梅縣)〕에서도 대패하면서 잡혀죽었다.

1) 황소 – 실패와 불평

황소(黃巢, 巢는 둥지 소)는 본래 소금 밀매업자의 아들로 지역의 큰 부자였었기에 과거에 응시할 준비도 할 수 있었다. 진사과에 급제하지 못했기에 정부에 반감을 가지는 것은 당연했다. 황소가 지은 시를 읽어보면, 불평과 반항의 기분을 엿볼 수 있다.

〈국화를 노래하다〉	〈題菊花〉
쌀쌀한 서풍 뜰에 가득 심겨졌지만,	颯颯西風滿院栽
차가운 향기에 나비도 오지 못한다.	蕊寒香冷蝶難來
뒷날 내가 청제(靑帝, 춘신春神)가 된다면	他年我若爲靑帝
너를 도리(桃李)와 함께 피게 해주리라!	報與桃花一處開

〈급제 못한 뒤 국화를 읊다〉	〈不第後賦菊〉
기다리던 가을 팔, 구월이 찾아오면,	待到秋來九月八
내 꽃이 피고 온갖 꽃은 죽으리라.	我花開後百花殺

黃岡 관할 黃梅市)에서 왕선지를 사로잡아 죽였다. 증원유는 이 공으로 평로(平盧)절도사가 되었다.

하늘에 뻗친 향기가 장안을 덮으리니,　沖天香陣透長安
성안을 가득 황금 갑옷으로 채우리라.　滿城盡帶黃金甲

2) 황소 반란 경과

소금 밀매업자는 나라의 단속을 피해 활동해야만 했기에 그들은 살기 위해 뭉쳐야만 했었다. 황소는 소금 밀매업자들의 조직인 염방(鹽幫)의 우두머리로 왕선지의 반란에 참여한다.

황소는 처음부터 천하를 차지할만한 웅재대략(雄才大略)이 없었고, 병법도 몰랐으며 대중을 거느린다는 생각도 없었다. 불평분자들이 갖고 있는 편협한 관념으로 세상을

황소(黃巢) 〈출처: 위키백과〉
《잔당오대사연의전(殘唐五代史演義傳)》 그림

바라보니, 더더욱 화만 치밀기에 잔인하고 포악했으며 무고한 농민들을 마구 죽였다. 그러니 그 반군들에게 무슨 기강(紀綱)이 있었겠는가?

황소가 왕선지의 뒤를 이어 우두머리가 되어 황제를 칭하고 반란이 수년간 지속된 것은 황소의 능력이 아니라 관군의 무능이 초래한 결과였다.

황소가 장안을 차지하고서 황제라 칭했지만 그저 노략질과 죽이는 일 외에는 할 일이 없었다. 가난한 농민들을 이끌고 봉기했지만 농민들을 위한 아무 조치도 없었다.

자신도 부자였지만 부자들의 재산을 빼앗는 과정을 즐겼다. 무고한 장안 백성들을 마구 죽여 피가 성 안에 가득하자 '성을 씻었다(洗城)'라고 말한 사람으로, 야사(野史)에 8백만 명을 죽였다는 악명만 남겼을 뿐이었다.

황소는 결코 대장부가 아니었고 성공한 반란자도 아니었다. 물론 당나라의 멸망을 촉진시킨 결과를 가져왔지만 수백만의 백성들을 죽인 것조차 기의(起義)라는 이름으로 미화할 수는 없을 것이다.

O 황소(黃巢)는 운주(鄆州), 기주(沂州), 복주(濮州)를 함락시키고, 송주(宋州)와 변주(汴州)를 노략질하고 남쪽으로 강을 건너 홍주(洪州), 건주(虔州), 길주(吉州), 요주(饒州), 신주(信州) 등을 함락시켰다. 선주(宣州)를 노략질하고, 절강 동쪽을 공격하다가 진해절도사(鎭海節度使)인 고병(高騈)[181]에게 격파당하였다. 황소는 이

---

181 고병(高騈, 821–887) – 발해(渤海)人, 조부 고숭문(高崇文)은 憲宗 때의 名將. 대대로 禁軍의 장군을 지냈다. 乾符(건부) 6년(879) 黃

어 광남(廣南)으로 향하여 광주(廣州)[182]를 함락하였다. 담주(潭州)를 출발하여 북으로 강을 건너 양양(襄陽)을 공격하였으나 형문(荊門)에서 패하였다.

황소는 다시 무리를 거느리고 남으로 나아가 선주(宣州)를 함

巢의 무리가 長江 남안을 따라 서진하자, 조정에서는 고병을 진해(鎭海) 節度使에 임명했고, 고병은 최치원(崔致遠)에게 〈토황소서격문(討黃巢書檄文)〉을 짓게 하였다. 고병 또한 시인으로 이름이 높았다.

최치원(崔致遠, 857－10世紀, 졸년 미상) － 號는 고운(孤雲, 海雲, 시호 文昌侯), 統一新羅의 문장가. 東方儒學之宗, 東國儒宗, 四海第一人物. 868년, 12세의 최치원은 상선을 따라 入唐 유학, 장안에서 6년 유학한 뒤 874년 급제하여 관리에 임용될 자격을 얻었고 吏部의 選試에도 급제하였다. 877년 최치원은 江蘇省 南京 표수(漂水) 현위(縣尉)로 4년 근무했었다. 이후 회남에서 머물다가 淮南 節度使 고병(高駢)의 從事官이 되어 文書 업무를 담당하였다. 황소의 난이 일어난 뒤에 고병은 최치원을 제도병마도통(諸道兵馬都統)에 임용하였다. 이때 최치원은 많은 문장을 지었는데, 그 안에는 〈격황소서(檄黃巢書)〉가 알려졌다. 최치원은 《계원필경집(桂苑筆耕集)》(20권)을 저술했다. 고병이 실각한 뒤 884년 신라에 귀국하였는데, 희종은 최치원이 唐朝의 사절 자격으로 귀국케 하였다. 귀국 후 몇 개의 관직을 거쳤고 眞聖女王에게 〈時務策〉 11조를 건의하였으나 채납되지 않았다. 나중에 지방관으로 大山郡 太守에 임명되었다. 그러나 최치원은 41세 이후 가족을 거느리고 가야산(伽倻山)에 은거하였다.

182 광주(廣州) － 당시에도 광주는 당나라 최대의 무역항이었다. 황소는 廣州에서 아랍과 페르시아, 유태인 등 외국 상인 12만 명을 죽였다는 기록이 있다.

락시켰다. 채석(采石)에서 장강(長江)을 건넜고 잠시 뒤 회수를 건너가 신주(申州)를 함락시켰다. 이어 영주(潁州), 송주(宋州), 서주(徐州), 연주(兗州) 지역을 거쳐 동도(東都, 낙양)를 함락시켰다.

당 희종 광명(光明) 원년(880), 황소는 무리를 이끌고 서쪽으로 진군했다. 동관(潼關)은 관중(關中)으로 들어가는 요새지로, 당의 장수 제극양(齊克讓)이 지키고 있었다. 당의 권력을 장악한 환관 전영자(田令孜)[183]가 파견한 중앙군 신책군(神策軍)의 일부가 반기를 들고 황소 편에 가담하여 동관을 공격하자, 동관은 맥없이 함락되었다.

황소가 동관을 통과하자, 희종은 장안을 버리고 촉(蜀)으로 출분(出奔)하였다(880). 황소는 대제(大齊) 황제를 참칭하면서, 금통(金通)이라 개원하였다. 전국 여러 곳에서 발병(發兵)하여 희종 황제를 도왔다.

---

[183] 전영자(田令孜, 9세기?-893) - 唐末 환관, 陳仲則, 환관이던 田氏를 부친으로 섬겨 田氏 성을 받았다. 부친을 따라 환관이 된 뒤에, 희종이 등극하기 전에 희종을 지성으로 받들었다. 희종 즉위 후에 左神策軍 中尉가 되었다. 전영자는 문자를 습득했고 글씨도 잘 쓰고 정무 처리에 능했다. 그래서 희종은 전영자에게 정사를 맡기며 아부(阿父, 일종의 경칭)라 불렀다. 희종은 특히 닭싸움을 좋아하여 궁중에서 닭싸움으로 소일했고, 정사는 전영자에게 방임한 상태였다. 전영자는 매관매직에 멋대로 황제의 교지(教旨)를 조작하였다. 희종이 蜀으로 피난할 때 희종을 수행했고, 희종이 광계(光啓) 元年(885) 장안으로 환도한 이후 신책군을 완전 장악하여 전횡(專橫)하다가 失權했고, 893년 교살(絞殺)당했다.

이에 앞서 사타(沙陀)족 이국창〔李國昌, 본명 주야적심(朱邪赤心)〕의 아들 이극용(李克用, 856-908)[184]은 병마사가 되어 울주(蔚州)를 지키고 있었다. 이극용은 흔주와 대주를 침략하고 진양에 육박했으나 노룡(盧龍)절도사의 병력에 의해 대파당하였다. 이국창 부자는 달탄(達旦, 달단, 달단족)의 거주 지역으로 도망쳤다(880).

조정에서는 이극용을 불러 황소를 토벌케 하였다. 이극용이 사타족을 거느리고 들어오자, 황소의 반군은 "갈까마귀(아아鴉兒, 이극용의 별호) 떼가 온다." 하면서 두려워하였다. 이극용은 반적을 연이어 격파하고 장안성을 회복하였다.

황소는 궁궐을 불태우고 채주(蔡州)로 숨어들었다. 절도사 진종권(秦宗權)[185]은 황소에게 투항했고, 황소는 변주(汴州)를 공격

---

[184] 이극용(李克用, 856-908) – 沙陀族(사타족) 本姓 朱邪(주야). 唐朝 말년 最强大한 藩鎭節度使의 하나. 나중에 이씨 성을 하사받았다. 애꾸눈이라서 독안룡(獨眼龍)이라는 별칭. 어려서부터 용맹했고 특히 활을 잘 쏘았다. 황소의 난 진압에 공을 세워 晉王에 봉해졌다. 주전충(朱全忠)과의 세력 다툼에서 패퇴했다. 이극용의 아들 李存勗(이존욱)은 뒷날 후당(後唐, 존속, 923-937)을 건국했다.

[185] 진종권(秦宗權) – 上蔡節度使. 황소에게 투항한 뒤에서 상채절도사라는 직명을 사용했던 진종권은 中和 4년(884), 황소가 죽은 뒤에 蔡州(上蔡)에서 稱帝하며 곳곳을 노략질했다. 그의 잔악무도함은 황소보다 더했다. 희종 광계(光啓) 3년(887년)에, 종권은 전력을 다해 汴州(변주, 開封)를 공격했지만 주전충에게 패했으며, 소종(昭宗, 재위 888-904) 용기(龍紀) 원년(889)에 부장에게 생

했다. 이극용 등은 황소군을 추격하며 대파하였고[중화 3년(883)]. 이어 희종 중화 4년(884)에 주온(朱溫, 주전충)은 황소군을 대파하고, 황소의 부장들은 거의 다 주온에게 투항했다. 이 해 6월, 황소는 봉구[封丘, 지금의 하남성(河南省)의 봉구현(封丘縣)]에서 이극용에게 패한 뒤, 태산(泰山) 근처에서 부하에게 피살되었다(서기 884).

3) 황소 난의 진압

황소는 산동에서 봉기하여 하남을 거쳐 안휘성 지역으로 이어서 절강성 지역을 휩쓸고서, 지금의 복건성과 광동성을 거쳐 광서성과 호남성, 호북성을 거쳐 낙양과 장안에 들어갔는데, 이러한 대원정은 모택동(毛澤東, 1893－1976)의 장정(長征, 1934년 10월－1936년 10월)만큼이나 먼 거리(2만 5천 리)였다.

황소의 반군이 이처럼 전 중국을 휘젓고 돌아다닌 것은 황소의 난 초기에 황소 군사의 노략질이 관군의 노략질보다는 적었기 때문에 농민들의 저항이 크지 않았다는 점을 이유로 들고 있다. 그러나 그보다는 지방관이나 지방 군사의 무능력과 진압을 지휘할 수 있는 인물이나 조직이 없었기 때문이었다.

이극용(李克用)이 행군하여 변주(汴州)에 이르렀다. 주전충(朱全

포되어 장안의 주전충에게 참수되었다.

충)^186^이 이극용을 습격했는데, 주전충은 본래 황소의 부장이던 주온(朱溫)이었다. 앞서 황소에 의해 파견된 주온은 (지금의 섬서성) 동주(同州)와 화주(華州)를 공격하여 함락시켰었는데, 곧이어 화주를 들어 (당에) 투항했고, 사명(賜名)은 전충(全忠)으로, 선무(宣武)절도사가 되었다. 객관에 든 이극용에게 심히 공대(恭待)했지만 이극용은 술에 취해 주전충을 무시했다. 주전충은 이를 불평하면서 군대를 풀어 역관(驛館)을 포위하고 이극용을 공격했다.

이극용은 술에 취했고, 측근들은 얼굴에 물을 끼얹어 깨워, 이를 알렸다. 이극용은 바로 눈을 비벼 뜨고 활을 집고 일어나 달아났다. 때마침 천둥이 크게 치고 비가 내리며 캄캄했는데, 취해서 부축을 받으며 번개 불빛을 이용하여 밧줄에 매달려 성을 벗어났다. 변주(汴州) 군사들이 교량을 막았지만 부하들이 힘껏 싸워 위기를 벗어날 수 있었다. 이극용은 진양(晉陽, 태원太原)으로 돌아와 군사와 병기를 준비하고 주전충을 토벌하겠다는 표문을 올렸다.

서기 885년, 희종은 성도(成都, 청뚜)를 떠나 장안으로 환도했다. 희종이 촉으로 피난할 때 환관 전영자(田令孜)는 실세로 황제를 끼

---

186 朱全忠(852-912) - 희종 건부(乾符) 4年(877) 황소의 난에 가담했다. 戰功으로 대제(大齊) 정권의 同州防禦使가 되었다. 이후 唐軍에 패전하자, 황소의 견책이 겁나서 자신이 점령했던 華州를 들어 唐에 투항하였다. 唐의 금오위(金吾衛) 大將軍을 제수 받고 '全忠'이란 이름을 하사받았다. 이어 희종 中和 3年(883)에는 선무(宣武)절도사가 되었다.

고 있었지만, 피난을 자신의 공이라 하면서 권력을 행사하였다. 하중(河中)절도사인 왕중영(王重榮)은 전에 반란을 일으켜 자립했었는데, 전영자는 장수를 파견하여 왕중영을 공격케 하였다.

왕중영은 이극용에게 구원을 요청했고, 마침 이극용은 조정에서 주전충을 처벌하지 않는 것을 원망하고 있었다.

(주전충이) 군사를 거느리고 하중(河中)으로 나가자, 장안은 두려워 떨며 공포에 싸였고, 전영자는 희종을 핍박하여 봉상(鳳翔)으로 달아났다. 주매(朱玫)는 황제를 따라가지 못하자, 숙종(肅宗)의 현손(玄孫)인 양왕(襄王) 이온(李熅)을 황제로 세웠다. 그러나 주매의 부장 왕행유(王行瑜)가 주매를 죽였다. 이온이 하중(河中)으로 달아나자, 하중절도사 왕중영은 이온을 죽여 행재소로 보냈고 희종은 장안으로 환도했다.

희종은 재위(在位) 15년에 개원(改元)은 5번을 했는데, 건부(乾符), 광명(廣明), 중화(中和), 광계(光啓), 문덕(文德)이다. 희종은 날마다 환관(宦官)들과 같이 놀기만 했을 뿐이고, 천하는 크게 어지러웠고 도적은 벌떼처럼 일어났다. 무장들은 그 틈을 타고 일어나 서로 잡아먹고 씹었는데 조정에서는 통제하지도 못했다. 희종이 죽고 수왕(壽王)이 즉위하니, 이가 소종황제(昭宗皇帝)이다.

4) 황소의 난 실패 원인

황소의 난으로 당 왕조의 지배권은 사실상 무너졌다. 그러나 황소 역시 마찬가지였다. 황소는 장안에 들어가 황제를 칭한 이후 아무런 개혁이나 혁신적인 정책도 제시하지 않았다.

황소 자신이 사치와 음락에 빠졌고 지식인과 투항해 온 관리들을 학살하였다.

황소는 부패한 지주나 관리들의 생활을 흉내내었고, 농민의 어려움을 외면했으며 병졸이 굶주려도 마음을 주지 않았다. 결과적으로 농민대중의 계속적인 지지를 이끌어내지 못하고 농민과 단절되었다. 부하 장수 역시 공적을 과장하거나 배신하였다.

황소의 부장 주온(朱溫, 주전충)이 배신하자, 관료 지주들도 따라 배신하며, 지주 계층에서도 황소를 지지하지 않았다.

황소의 반란은 오래 지속되었고, 온 나라가 그 폐해를 입었기에 당나라 멸망의 직접적 원인이 되었다. 이런 대규모 황소의 난이 실패한 원인을 아래와 같이 요약 정리할 수 있다.

① 황소는 장안에 진입한 이후 사천(四川) 지역으로 피난간 희종에 대하여 아무런 조치나 추격도 없었다. 당 왕조의 통치에 결정적 한방을 가격하지 않았고, 황제는 사천 지역의 경제력을 바탕으로 국력을 회복하여 반격할 시간을 벌 수 있었다.

② 반군을 곳곳에서 물질적 유혹에 취했고, 반군의 지도부 역시 투철한 저항의식이 없어 상황이 약간만 불리하면 관군에 투항하여 반군을 와해시키는 작용을 하였다.

③ 반란을 농민 의거라 칭하면서도 구체적 이념이나 작전 계

획, 통치 계획도 없었다. 이러한 상황은 정부군과 지주나 관료들의 반란군 토벌의 명분과 기회를 제공했다.

④ 반군의 확고한 세력 근거지나 지지층을 만들지 못했다. 황소의 반군에 참여한 농민들은 상황에 따른 굴복이나 참여였다. 안록산과 사사명의 반란처럼 일정한 세력 근거지가 없었다.

⑤ 경제상 평균주의(平均主義)를 내세웠지만, 결과는 오히려 반대였고, 반란군에게는 군량의 결핍을, 농민은 기본생활조차 보장하지 못하여 결국 농민의 지속적 지지를 끌어내지 못했다.

결국 황소는 과거에 낙방한 지식인으로서 또 소금 밀매업자가 갖고 있던 봉건체제에 대한 불평불만을 터트리면서 한바탕 약탈과 살육의 놀음판을 벌린 것에 불과했다.

그러나 이러한 황소의 반란으로 번진의 절도사 지배체제가 붕괴되었고, 사족지주(士族地主) 계급의 몰락을 촉진하였고 경제상 대토지 소유제가 무너지는 계기가 되었으며 평균(平均)에 대한 농민의 의식이 널리 전파되었기에 역사 발전과 진보에 나름대로 큰 영향을 끼친 농민봉기라고 정의할 수 있다.

황소의 난으로 눈에 띄게 달라진 것은 없었다. 지배층의 새로운 각성이나 변화도 없었고 지식인들의 새로운 시대정신도 발현

되지 않았다. 지주 또는 부유한 상인들이라 하여 이전과 다른 새 시대상을 꿈꾸지도 못했다.

후한 말기 황건적의 난, 당(唐) 말기 황소의 난 모두가 대규모의 농민 봉기라는 공통점이 있으나 그 결과도 마찬가지였다.

농민 봉기가 기의(起義)로서 성과를 거두기 위해서 지도자는 어떤 인식을 갖고 있어야 하는가?

기근이나 전쟁의 뒤에서 최소한의 의식주를 충족하기 위한 폭동인가? 아니면 지배계층의 압제와 착취에 대한 저항인가? 더 나아가 새로운 시대를 준비하고 실현하기 위한 의식적인 투쟁인가? 기의(起義)의 지도자에 따라 그 결과도 달라질 것이다.

(4) 소종 - 주전충의 대두

황소의 난이 진압되자, 다시 번진(藩鎭) 간의 세력 싸움이 치열하게 전개되었다. 중앙정부에서는 아무런 조치도 없었고 번진 간 세력 다툼은 주전충(朱全忠)의 승리로 귀결된다.

● 소종(昭宗, 재위 889-904) 황제의 이름은 걸(傑, 뛰어날 걸)이며, 희종(僖宗)의 아우이다. 희종의 병세가 크게 악화되자 환관들이 걸(傑)을 세워 태제(太弟)로 삼았는데, 마침내 즉위하였고 뒤에 이름을 엽(曄)으로 바꾸었다. 소종은 명철, 순수하고 영특한 기개가 있었으며 문학을 좋아하였다.

소종은 희종(僖宗) 이래로 위령(威令)이 지켜지지 않고 조정의 권위는 날마다 떨어지기에 전대(前代)의 위엄을 회복하려는 뜻이 있었다. 황제로 즉위하는 초기에 나라 안팎이 기뻐하였으나, 안으로는 환관의 견제와 밖으로는 강한 번진 때문에 초지(初志)를 끝내 펴지 못했다.

소종 건령(乾寧) 2년(895)에, 월주(越州)의 동창(董昌)이란 무장(武將)이 제호(帝號)를 참칭하였다. 동창은 앞서 항주(杭州)에 웅거했었고, 전류(錢鏐)는 병마사였었다. 조정에서는 동창에게는 절동(浙東)의 군사를 거느리고, 전류는 항주(杭州)의 군사를 거느리게 했었다. 이때 동창이 칭제하자, 조서를 내려 전류에게 동창을 토벌하라고 명령했다.

봉상(鳳翔)의 이무정(李茂貞)[187]과 화주(華州)의 한건(韓建), 그리고 빈주(邠州)의 왕행유(王行瑜) 등 삼진(三鎭)이 거병(擧兵)하여 궁궐에 난입하여 재상을 죽이고, 황제를 폐립하려는 모의를 했다. 이들은 이극용(李克用)이 토벌하러 온다는 말을 듣고서 곧 달아났다.

이극용은 빈주를 공격하여 왕행유를 죽였고, 병력을 기주(岐州)와 화주(華州)로 옮기려 했는데, 조정에서는 사타족(沙陀族)의 군사력이 너무 강성해지는 것이 두려워 이를 중지케 하였다. 이

---

[187] 이무정(李茂貞, 856-924) - 원명 宋文通. 주매(朱玫)를 없앤 공적으로 희종으로부터 李茂貞이라는 성명을 하사받고 봉상절도사가 되었다.

극용은 스스로 농서군왕(隴西郡王)이 되어 진왕(晉王)에 봉해지자, 군사를 이끌고 진양〔晉陽, 지금의 산서성(山西城) 태원시(太原市)〕돌아갔다(건녕乾寧 2년, 895).

• 그전에 이극용(李克用)이 위수(渭水) 북쪽에 주둔하고 있을 때, 봉상절도사 이무정(李茂貞)과 한건(韓建)은 이극용을 두려워하여 조정을 매우 공손히 섬겼다. 이극용이 (하동으로) 돌아가자, 이무정과 한건은 다시 교만해졌다. 이무정은 거병하여 궁궐을 점거했고 황제는 화주(華州)로 출분했다. 이극용이 원군을 보낸다하고, 또 주전충이 낙양(洛陽, 東都)에 궁궐을 짓고 천자를 맞이하려 한다는 소식을 듣고 이무정과 한건은 두려워하며 (소종을) 봉상(鳳翔)에서 장안으로 환도케 하였다.

이보다 앞서 소종은 여러 (종친의) 왕들이 병력을 거느리고 (기내畿內를) 순찰케 했었는데, 이번에 여러 왕들을 사방으로 보내 번진을 위무케 하려 했으나 남사(南司)와 북사(北司)의 권력을 쥔 사람들이 자신들에게 혹 불리할지 모른다 생각하여 불가하다고 서로 간쟁을 해서 부득이 그만두었다. 소종이 화주(華州)의 행재소(行在所)에 있을 때 환관 유계술(劉季述)[188]은 황제 거처를 포위하고서 여러 종친의 왕 11명을 죽였었다. 이때 유계술은 소종

---

188 유계술(劉季述) – 환관. 희종을 옹립한 유행심(劉行深)의 養子. 養父의 직위 左神策護軍中尉를 계승했다. '폐혼입명(廢昏立明, 昏主를 폐위하고 明主를 옹립한다)'의 이유로 소종과 그 皇后를 소양원에

을 소양원(少陽院)에 유폐시키고 태자 유(裕)를 옹립했다(광화 3년, 서기 900년 11월).

● 동평장사(同平章事)인 최윤(崔胤)[189]은 신책군(神策軍) 장수를 설득하여 유계술을 죽였고, 소종은 복위하였으며(901), 환관들은 다시 최윤을 제거하려는 모의를 했다. 이때 주전충은 천자를 끼고 제후를 호령할 생각을 갖고 있었는데, 최윤이 편지를 보내 불러들이자 주전충은 군사를 거느리고 장안으로 들어왔다(901).

환관인 한전회(韓全誨) 등은 황제를 겁박하여 봉상(鳳翔)으로 옮겨갔다(천복 원년 901). 주전충이 봉상을 포위하자(천복 2년, 서기 902), 이무정은 마침내 한전회 등을 죽이고 황제를 모시고 장안으로 되돌아왔다(천복 3년, 서기 903).

주전충은 군사를 동원해 환관을 몰아 모두 죽여버렸다. 환관 중 외지에 출장을 간 자는 조서를 내려 있는 곳에서 죽이게 했다. 다만 어린 환관 30명을 남겨 청소 일을 하게 하였다.

문종 이후로 황제의 폐위와 존치가 환관들에게 장악되어 있었기에, 환관을 '국가 방책을 결정하는 원로(定策國老)'라고 부르고 천자를 '환관의 제자인 천자(門生天子)'라고 하였는데, 이때

유폐하고 태자를 영입하여 監國케 하는 궁중정변을 일으켰다.
189 최윤(崔胤)은 神策將 공덕소(孫德昭)와 연합하여 환관 劉季述을 죽이고 昭宗을 復位시켰다(天復 원년, 901).

에 모든 환관을 주전충이 제거해 버렸다. 주전충은 동평왕(東平王)에서 작위가 올라 양왕(梁王)이 되어 변주(汴州)로 돌아갔다.

절도사 주전충(朱全忠)은 자신의 위세가 천하에 떨치자, 찬탈(簒奪)하려는 마음을 품었고, 최윤은 이를 두려워하며 대비하였다.

주전충은 글을 올려 최윤을 제거해야 한다면서도 몰래 그 부하를 시켜 최윤을 죽였다(904). 그리고서는 소종에게 동경(東京, 낙양)으로 천도하자면서 백관에게 동행(東行)을 재촉하고 백성들을 강제로 옮기도록 했다. 장안은 그 서쪽과 북쪽으로 이무정(李茂貞), 한건(韓建) 등 군벌이 많이 포진해 있고, 주전충 자신의 근거지와 너무 멀었기에 낙양 천도를 강행했다.

소종이 낙양에 도착하자, 이무정 등은 격문을 보내 당의 중흥을 호소했다. 주전충은 서쪽으로 진격해 토벌하려 했으나 영특한 소종이 변고를 일으킬 것을 걱정하여 사람을 낙양에 보내 소종을 시해했다〔천우天佑 원년(904) 8월〕.

소종은 즉위 이래 꿈에서라도 현인과 호걸을 등용할 생각을 하지 않았던 것은 아니지만 끝내 인재를 등용하질 못했다. 일찍이 조정에 정계(鄭綮)란 사람이 농담을 잘하고 헐후어(歇後語)[190]를

---

190 헐후어(歇後語) — 보통 앞뒤 두 문장으로 짜여지는데, 앞 문장에

많이 알아 세상사를 조롱했다. 소종은 그가 큰 뜻을 품고 있는 것이라 생각하고 현직 관리 명부에 직접 적어두었다가 재상에 임명했다. 정계를 축하하는 하객들이 들어왔다.

정계는 머리를 긁으면서 말했다.

"농담이나 잘하는 나를 재상으로 삼다니 세상 꼴을 알만하구나!"

소종은 재위 17년(888-904)에 개원을 7번 했는데, 용기(龍紀), 대순(大順), 경복(大順), 건녕(乾寧), 광화(光化), 천복(天復), 천우(天佑)이다. 아들 이축(李祝)이 즉위하니(904), 이가 애(哀) 황제이다.[191]

서 수수께끼처럼 상황을 설명하면, 뒤 문장에 그 답을 말하는 형식으로 일상생활에서 成語처럼 쓰이고 있다.

헐후어(歇後語)는 중국 속담의 한 종류이다. 이는 중국어의 형식과 내용에서 아주 특색 있는 표현으로, 앞부분에 어떤 표현을 말하고, 그 뒷부분에 수수께끼의 정답과도 같은 표현이 따라붙는다. 이는 우리말로 번역을 해도 충분한 보충설명이 없으면 알 수 없는 표현방식이다.

"孔夫子搬家(공자가 이사를 간다) - 淨是書(온통 책뿐이다)"라고 말하면, 내기나 도박에서 계속 잃는다는 뜻이다. 이는 書(shū)와 輸(shū, 경기에서 지다. 내기에서 잃다)가 같은 발음이기 때문이다.

"사람이 몇이나 있으면 좋겠어?"라고 물었을 때, "그야 韓信이 用兵하겠지!(韓信用兵)."라고 말하면 "多多益善이네!"라고 말한다. '韓信用兵 - 多多益善' 이런 표현은 중국인들의 기지와 才學을 바탕으로 하는 속담의 일종이다.

(5) 애제 – 사라진 제국

애(哀) 황제의 처음 이름은 조(祚)이다. 소종에게는 폐태자인 유(裕)가 있었는데, 이미 성인이 되었지만 주전충이 싫어하였고, 조(祚)는 어리기에(13살 즉위, 16살 퇴위) 즉위할 수 있었고, 이름을 축(祝)으로 바꾸었다. 주전충이 이유(李裕) 등 9인을 죽였는데, 모두 소종의 아들이었다. 주전충은 상국이 되었고 구석(九錫)[192]을 받았다(905).

애제는 재위 중에 연호 소재(昭帝)의 연호 천우(天佑)를 계속 사용했는데, 4년이 안 되어 양(梁)나라에 선양하였고 곧 시해당했다. 당은 고조로부터 20세[193]에 총 290년이었다.

---

191 애제〔哀帝, 李柷(이축). 原名은 祚(조). 892년–908, 재위 904년 9월–907년 5월〕–昭宗의 9子. 生母 何皇后. 907년 폐위당하고 908년 16세로 죽었다.

192 九錫 – 국가에 아주 큰 공적을 쌓은 원로대신의 공덕을 표창하기 위해 내리는 9가지 물건. 車馬(말 여덟 필이 끄는 큰 수레 2종류), 衣服(王者의 옷과 신발), 악현(樂絃, 王者之樂), 朱戶(붉은 칠을 한 대문이 있는 집), 납승(納陛, 거처에 계단 설치), 호분(虎賁, 수문 군사), 부월(斧鉞, 부월, 도끼), 궁시(弓矢, 붉은색과 검은색의 활과 화살), 거창규찬(鉅鬯圭瓚, 香酒와 각종 제기) 등을 말한다.

193 20世 – 보통 周 황제 則天武后는 제외한다. 290년은 서기 618–907년.

(6) 당조의 역사적 의의

당(唐, 618-907)은 중국 역사에서 매우 중요한 의미가 있는 왕조이다. 전, 후한 400년 역사가 중국 고대 문화의 완성기였다면, 300년 당의 역사는 중국 중세의 완성이며 경제적, 문화적으로 번영과 발전이 구가한 시기였다.

'정관(貞觀)의 치(治)'와 '개원(開元)의 치(治)'로 대표되는 당의 융성은 안록산과 사사명의 난(755-763)으로 쇠퇴하였고, 말기에 황소(黃巢)의 난(875-884)으로 끝을 맺는다.

그러나 당 쇠퇴와 멸망의 근본 원인은 균전제를 기본으로 하는 경제체제가 시대에 따라 발전적 개혁을 이루지 못한 데서 찾을 수 있다.

균전제가 무너지면서 농민에게 토지를 지급하지 못하자 부병제는 자동적으로 무너지게 된다. 그러면서 모병제로 전환하면서 유랑 농민들이 군대로 모여들었고 이에 따라 절도사의 발호를 초래했다. 결국 이러한 군사력으로 국가 지배권이 유지될 수도 있었고, 또 황소의 난을 평정할 수도 있었지만, 결국 당 왕조 자체의 정권도 절도사가 가진 무력과 경제권에 의해 찬탈당한다. 물론 이런 상황은 당 멸망 이후 5대10국 시대에도 계속되고 송(宋)의 건국(960, 조광윤)과 통일을 불러오게 된다.

당의 존속 기간 290년(618-907)을 문학사에서는

- 초당(初唐) : 당의 건국부터 무후시대를 거쳐 예종까지(618 – 712).
- 성당(盛唐) : 현종 개원 원년부터 대종(代宗) 영태(永泰) 원년까지(713 – 765).
- 중당(中唐) : 대종(代宗) 대력(大曆) 원년부터 문종(文宗) 태화(太和) 9년까지(766 – 835).
- 만당(晚唐) : 문종(文宗) 개성(開成) 원년부터 당의 멸망까지(836 – 907)로 시대를 구분하기도 한다.

이는 명대(明代, 1368 – 1644) 고병(高柄, 1350 – 1423)의 《당시품휘(唐詩品彙)》에 의한 분류인데,[194] 이러한 시대 구분이 사서(史書)에서도 통하여 지금까지도 사용되고 있다.

그러나 이러한 시대 구분이란 것이 주관적인 판단이기에 학자에 따라 의견이 다를 수밖에 없다. 그래서 건국(618)에서 – 현종 개원 연간(-741)까지 124년간을 초당(初唐), 그리고는 현종 천보 원년(742)부터 헌종(憲宗) 재위(820)까지 79년간을 중당(中唐), 이어 목종(穆宗) 즉위(821)로부터 멸망(907)까지 87년간을 만당(晚唐)으로 구분하는 학자도 있다.

---

[194] 元의 楊士弘(양사홍)이 《唐音》에서 詩風에 의한 구분이라는 주장도 있다.

(7) 당 이후 오대십국의 혼란

1) 오대 정권의 개략

귀족 중심의 화려한 문화를 꽃피웠던 당은 안사의 난(755-763) 이후 쇠락의 조짐이 뚜렷하게 나타나기 시작하여 황소의 난(875-884)을 겪은 뒤에 곧 멸망한다.

안사의 난 이후 지방 절도사들의 무력에 대한 통제력을 상실한 당나라는 내부적으로 환관의 발호 때문에 중흥(中興)이나 재기의 동력을 결정적으로 상실했다.

환관들은 문종 이후 8대 황제 중 2명의 황제를 죽이고 7명의 황제를 옹립한다. 환관과 조신(朝臣)들의 대립은 그만두고서라도 절도사의 무력과 결합되어 있고 중앙군을 장악한 환관 앞에 황제는 허수아비에 불과했다. 거세된 남성으로 천시받는 이들 환관들에게 황제가 힘을 못 쓰고 조신(朝臣)들이 이들에게 아부하는 역사 장면은 마치 희극과도 같은 비극이었다. 이러한 시대에 무능한 황제의 즉위와 관료들의 당쟁(黨爭)은 빠질 수 없는 단골 메뉴였다.

서기 907년, 당나라를 멸망시킨 절도사 출신의 주전충(朱全忠)은 후량(後梁)을 건국하는데(서기 907), 이후 북송(北宋)의 건국(960)까지 50여 년에 화북(華北)지방에서는 후량(後梁, 907-923), 후당(後唐, 923-936), 후진(後晉, 936-946), 후한(後漢, 947-950), 후주

(後周, 951–960)의 다섯 나라가 차례로 흥망을 이어간다. 그래서 이 시대를 5대(五代)라 통칭한다. 이 중 후당(後唐), 후진(後晉), 후한(後漢)은 한족(漢族)이 아닌 호인(胡人)에 의해 건국되었다.

그런데 5대 각국의 영토는 주로 화북 지역에 걸쳐 있었고, 장강 유역과 그 이남에는 10개 나라가 흥망을 거듭한다. 그리하여 이때의 중국을 5대10국이라 통칭한다.

이 5대를 정통으로 보는 이유는 명의상 당을 계승하여 북송으로 이어졌기 때문이고, 10국은 당말(唐末) 번진의 계승자로 후량이나 후당으로부터 책봉된 나라가 있었기 때문이다.

5대의 10국은 대개 당말에 독립 상태를 유지했던 번진에서 발전했거나(6개 나라) 새로 건국된(4개 나라) 지방정권이었다. 이들 중 북한(北漢, 951–979 존속)은 유일하게 화북의 한 모퉁이에서 북송의 건국 이후까지 존속했다.

이들 10국은 거의 5대 전 기간에 걸쳐 존속했는데, 이는 남방이 북방에 비해 정치적으로 안정되었다는 뜻이며 이런 안정은 경제적 발전을 가져왔다.

5대10국 시대는 50여 년의 짧은 시기였지만 중국 사회에 큰 변혁을 준 시대였으며, 과도기적 성격을 띠는 매우 중요한 시대였다. 5대의 정치는 무인(武人)의 지배체계가 계속되었지만, 문신 관료들의 성장이라든지 황제 중심 체제의 대두 등은 그대로 북송으로 이어졌다.

이 5대의 마지막 정권이 후주(後周)인데, 후주의 세종(世宗)은

남(南)으로 10국의 하나인 남당〔南唐, 937-975, 도읍 금릉(金陵), 39년 존속. 후주(後主) 이욱(李煜)이 유명〕을 굴복시키고 북으로 거란과 대결할 정도로 군사적으로 성장하였으며 내정에서도 볼만한 치적을 쌓았다. 후주의 이런 성공은 그대로 북송에 이어져 북송에 의한 중국 통일의 기반을 제공하였다.

사회적으로는 이 시대를 거치면서 남북조 시대 이후 당대까지 정치, 사회, 문화의 주체였던 문벌 귀족은 확실하게 소멸하였고, 이를 대신하는 형세호(形勢戶)라는 대토지 소유 계층이 등장하였다. 이들은 송대 사회의 주된 지배계층으로 활약한다.

한편 이 5대 시기에 북방 이민족 중 거란족이 흥기하여 요(遼)를 세우면서 5대의 여러 나라와 대결한다. 5대와 북송, 그리고 남송의 역사에서 이 거란과 여진족, 서하의 탕구트족, 그리고 몽고족은 5대와 북송, 남송과 긴밀하게 엮어진다.

2) 십국(十國)의 경제적 안정

중원(中原)이 빈번한 왕조 교체와 계속되는 혼전으로 대파괴를 겪고 있는 동안 중국 남쪽의 10국들은 대체로 평온을 유지하면서 인구가 늘고 문화와 경제도 발전하였다.

우선 10국의 평균 수명이 5대에 비교가 되지 않을 만큼 길었다. 이러한 정치적 안정 속에서 각국의 군주는 보경안민(保境息民), 곧 '국경을 유지하면서 백성들을 쉬게 하다'에 힘썼다.

이들 십국의 지역에는 황소의 난 이후 또 거란족의 침입이나 계속되는 전란을 피해 북방으로부터 인구 유입이 꾸준히 계속되어 생산인구가 크게 늘어났다. 중국 남방은 중원보다 자연 조건이 좋을 뿐만 아니라 농업기술의 진보가 상당히 빨랐다. 벼농사에서는 이앙법(移秧法, 모내기)이 완전 보급되어 생산량이 늘었고 벼농사의 일년이모작(一年二毛作)이 가능해졌다. 또 윤작(輪作)에 의한 이년삼모작(二年三毛作)이 보급되었다.

남부에서는 면화 재배에 따른 면직물 공업이 발달하였다. 또 차 재배가 일반화되면서 생산증가와 함께 거래가 크게 늘어 경제적으로도 윤택해졌다.

10국의 이러한 경제적 번영의 대표적 국가는 오월국(吳越國)과 남당(南唐)이었다. 특히 이 두 나라는 장강의 중하류에서 전쟁이 가장 적었고 농민들은 평온 속에 생업에 종사할 수 있었다. 이 지역은 옛 당나라 군비의 대부분을 부담했었지만 당의 통일 지배가 무너진 이후 7, 80년간은 그러한 착취에서 벗어나 휴식할 수 있었다.

오월국〔吳越國, 존속 907－978. 건국자, 전류(錢鏐)〕은 황제라 칭하시 않고 5대의 각국에 칭신(稱臣)하면서 평온을 유지할 수 있었다. 전원관(錢元瓘, 세종, 재위 932－941)과 아들 전홍좌(錢弘佐, 성종, 재위 941－946) 때에는 10년 치 부세가 축적되어 있어 전국의 조세를 3년 동안 면제하였다.

오월은 북송이 건국된 뒤, 태종 때 국가를 들어 송과 합쳐 나라의 파괴를 면할 수 있었다. 때문에 항주(杭州)는 북송 수도 개봉부(開封府)에서 볼 때 '모든 것이 풍족한 지상의 천당'일 수밖에 없었다.

【5대의 주요 연표】

서기	제위	주요 내용
907	後梁 (후량)	주전충 후량 건국. 개봉 도읍.
912		주전충의 子 우규(友珪), 살보(殺父) 즉위.
918		왕건(王建), 고려 건국.
923	後唐 (후당)	이존욱 개봉 함락. 후당 건국.
926		발해 멸망(699-926).
936	後晉 (후진)	석경당 칭제, 후진 건국. 고려 ; 후삼국 통일
937		(10국) 남당(南唐) 건국(-975 존속).
947		거란 화북 침공. 후진 멸망.
947	後漢 (후한)	유지원(劉知遠) 후한 건국.
950		후한(後漢) 멸망.
951	後周 (후주)	곽위(郭威) 칭제 후주(後周) 건국.
954		후주(後周) 세종(世宗) 즉위(-959).
955		후주 세종 불교 탄압.
958		10국 중 남당(南唐) 신복(臣服).
960		후주 멸망. 조광윤 송(宋) 건국.

【5대의 흥망】

국 명		건국자	수도	前 職
後梁	907-923	朱全忠(주전충)	변주(汴州, 開封)	唐 절도사
後唐	923-936	李存勗(이존욱)	낙양	晉王, 절도사
後晉	936-947	石敬瑭(석경당)	변주(개봉)	절도사
後漢	947-950	劉知遠(유지원)	변주(개봉)	절도사
後周	951-960	郭威(곽위)	변주(개봉)	절도사

【10국의 흥망】

국 명		건국자	수도	前 職
吳	902－937	楊行密(유행밀)	揚州(양주)	회남(淮南)절도사
吳越	907－978	錢鏐(전류)	杭州(항주)	진해(鎭海)절도사
閩(민)	909－945	王審知(왕심지)	福州(복주)	복건(福建)관찰사
(南)楚	907－951	馬殷(마은)	長沙(장소)	무안(武安)절도사
前蜀	903－925	王建(왕건)	成都(성도)	주(州) 자사
南漢	917－971	劉隱(유은)	廣州(광주)	청해(淸海)절도사
荊南	907－963	高季興(고계흥)	江陵(강릉)	형남(荊南)절도사
後蜀	926－965	孟知祥(맹지상)	成都(성도)	사천(四川)절도사
南唐	937－975	李昇(이변)	金陵(금릉)	당실 후예(吳를 승계)
北漢	951－979	劉崇(유숭)	太原(태원)	하동(河東)절도사

※ 건국 연대는 책봉, 또는 칭제 등에 따라 차이 있음.

제4부

당의 경제와 사회

1. 군현과 인구

당 건국 이후, 국내 치안이 안정되고, 정관(貞觀) 이후 국제정세도 안정되면서 백성은 안정된 생활 속에 휴식할 수 있었다. 무측천 시대 역시 안정과 번영을 구가한 시절이었다.

이어 현종 개원(開元) 연간의 정치 안정으로 사회 경제적으로 다방면의 발전이 있었다. 문학사에서 개원 이후 성당 시절에 유명한 시인이 많이 배출되며 문학의 황금기를 이루었는데, 이러한 문학의 융성은 정치 경제적 안정과 번영 위에 가능한 일이었다.

개원 28년(740), 전국에는 328개 군(郡)에 1,573개 현이 있었다. 그리고 민호(民戶)는 8,412,771호에, 인구는 48,143,609명이었고, 전국의 경작지는 14,403,862경(頃)이었다.

그런데 이러한 통계는 전한과 후한 시기의 통계에는 못 미치지만, 위진남북조 이래 최고의 기록이었다.

2. 상업 발달

(1) 도시와 상업의 발달

1) 장안성

당대(唐代)에 옹주(雍州)와 낙주(洛州, 낙양 주변)는 경도(京都)라 통칭했다. 곧 옹주는 경조부(京兆府), 낙주는 하남부(河南府) 관할이었다. 경조부의 행정책임자는 경조윤(京兆尹)으로 정3품 관리이고, 부직(副職)은 경조소윤(京兆小尹)이라 불렀다.

경조윤의 속관으로 공조참군사(功曹參軍事, 관리 고과(考課) 담당, 총무, 시무 담당)와 창조참군사(倉曹參軍事, 조부(租賦), 재화, 시장 담당), 호조참군사(戶曹參軍事, 호구, 요역), 병조참군사(兵曹參軍事, 무관 인사, 병기(兵器) 관리, 봉수, 문호(門戶) 관리), 법조참군사(法曹參軍事, 포도, 형옥 관리), 사조참군사(士曹參軍事, 교통, 주거, 관사 관리) 등을 두었다.

그리고 사록참군(司錄參軍, 감찰, 공사 감독)이 있었고, 경학(經學)박사(생도 교육), 의학박사, 시령(市令, 시장 감독)이 있었다.

경조부윤은 11개 현을 관할하였는데 나중에는 17개 현으로 늘었다. 그러다가 현종 때에는 23개 현으로 늘었으니, 이는 장안의 도시 팽창에 따라 경기지역의 인구가 크게 증가했다는 뜻이다.

경조부윤이 관할하는 현은 경현(京縣)이라 하였다. 천보 원년(742)에, 만년현(萬年縣)과 장안현(長安縣), 그리고 하남현(河南縣)

과 낙양현(洛陽縣)이 있었다. 경현에는 현령 1인(5품), 현승(縣丞) 2인 이외에도, 주부(主簿), 녹사(錄事), 현위(縣尉, 무관, 종8품) 등 많은 속관이 있어 결코 작은 행정조직이 아니었다.

2) 국내 상업

당나라의 상업은 농업 생산량의 증가, 강남 개발, 대운하의 소통, 차(茶) 마시는 습관의 유행, 면화 재배와 면직물의 보급, 그리고 나라가 300년 가까운 통일 유지 등에 힘입어 비약적으로 발전할 수 있었다.

당의 행정 도시인 장안과 낙양에는 상설시장이 개설되었고 관리의 감독 아래 상업활동이 이루어졌다. 이러한 시장에는 동업자끼리 '行'이라는 조직이 있어 상업활동을 자체적으로 규제하기도 하였다.

지방의 주와 현에는 초시(草市)가 형성되었고, 초시에는 객상(客商), 좌고(坐賈), 아쾌(牙儈, 일종의 거간꾼, 儈는 거간 쾌)가 활동하였다.

큰 도시나 교통요지에는 여관, 창고업, 술집 등이 발달하였고 덕종 때 양세법(兩稅法) 실시와 함께 세금의 금납화(金納化)가 시행되면서 화폐유통이 보편화되었고 송금(送金) 어음인 비전(飛錢)도 사용되었다. 당의 이러한 경제적 발전이 있었기에 문화 전반의 향상이 가능했다.

3) 동시와 서시

당대 장안성의 황궁 지역을 제외한 일반 백성의 거주지에는 남에서 북으로는 14개의 도로가, 동에서 서쪽으로 11개의 도로가 개설되었는데, 총 117의 사각형 거주지 방(坊)이 있었다. 이러한 방의 크기는 대략 가로세로 300보 내외였다.

황성의 남문에서 장안성의 남문까지 큰길을 주작대로(朱雀大路)라 하였는데, 동쪽의 55개의 방은 만년현(萬年縣)이 관할하였고, 서쪽은 장안현(長安縣)에서 관할하였으며 그 행정 총책임자는 경조윤(京兆尹)이었다.

동시와 서시에는 전국 사방의 재화(財貨)가 모여드는 상업지구였다. 그 시중에 물품 판매하는 점포를 사(肆)라 하였고, 같은 물건을 취급하는 사가 몰려있는 곳을 행(行)이라 하였다. 그리하여 동 일행의 업자들이 모여 그 대표자를 행두(行頭), 또는 행수(行首)라 하였다.

장안 동시에만 이러한 행이 220여 소가 있었고, 서시는 이보다 더 크고 번화하였다.

동시와 서시에는 시장의 질서를 유지하고 영업을 통제하고 상인을 통제하는 관리 기구로 시서(市署)를 설치했다. 시서에는 최고 책임자인 시령(市令) 1인, 시승(市丞) 2인을 두었다. 그리고 담당 직원으로 녹사(錄事), 장고(掌固), 전사(典事) 약간 명을 두었다. 장안의 동서와 서시를 관리하는 정부기관은 대부시(大府寺)였다.

4) 궁시(宮市)

궁내에서 소요되는 물건 구매를 위한 궁시(宮市)는 덕종 정원(貞元) 말기에 백성을 가장 괴롭혔다는 평가가 있고, 한유(韓愈)는 《순종실록(順宗實錄)》에서 「이름은 궁시이지만 사실은 강탈이다(名爲宮市, 而實奪之).」라고 기록했다.

궁시는 황제가 환관을 보내 민간 시장에서 물화(貨物)를 저가(低價)로 강제 매입하는 구매 방법이다. 순종 재위 중에(805), 당시 이왕팔사마(二王八司馬)의 영정개혁(永貞改革)에서 궁시가 폐지되자, 시장 상인들의 환호가 하늘에 진동했다.

황궁 내에 거주하는 황제와 비빈, 태자와 황자, 황녀, 황손, 궁녀와 환관 등등 그 많은 사람들이 일상에 소요되는 물건은 종류도 많거니와 분량도 굉장했다. 그런 물건들은 궁 안에서 제조하거나 지방에서 차출할 수도 없고, 결국 장안과 낙양의 시장에서 구매하여야 했다.

처음에는 궁내 소요 화물을 사들이는 사람(궁시사宮市使)을 통해 제공받다가 나중에는 환관을 보내 물화를 직접 구입하게 했다. 그런데 천보 연간부터 환관의 세력이 커지면서 물화를 구매하는 환관들의 횡포가 심해졌다.

동시나 서시에 나가 강압적으로 구매하는 과정에서 물건값을 1/10 정도로 후려치고, 물건을 가져오는 상인에게 궁문을 통과하는 진문전(進門錢)을 강요하는 등 사실상 약탈이었다.

백거이〔白居易, 772-846, 자(字) 낙천〕의 시 〈매탄옹(賣炭翁), 숯을 파는 노인〉에 그 실상이 그려져 있어 아래에 소개한다.

〈숯 파는 노인〉	〈賣炭翁〉
(앞 부분 생략)	(前略)
밤들어 성 밖에 눈이 한 자쯤 쌓이자,	夜來城外一尺雪
새벽에 수레에 숯을 싣고 눈길을 왔다.	曉駕炭車輾冰轍
지친 소에 굶주린 노인, 해는 솟았고,	牛困人飢日已高
성곽 남문 밖 진흙 길에 잠깐 쉬었다.	市南門外泥中歇
나는 듯 달려오는 말 탄 두 명은 누구?	翩翩兩騎來是誰
누런 옷 궁궐사자 흰 적삼을 날리면서,	黃衣使者白衫兒
손에 든 문서를 흔들고 칙명이라며,	手把文書口稱勅
수레 돌려 소를 북쪽으로 몰아간다.	迴車叱牛牽向北
거기 실린 숯이 1천 근이나 되지만,	一車炭重千餘斤
궁궐 사자 위세에 어쩔 수 없도다.	宮使驅將惜不得
붉은 비단 반 필에 한 길 능라 비단,	半疋紅紗一丈綾
소머리에 던져주며 숯값이라 한다!	繫向牛頭充炭直

5) 양주의 번영과 쇠퇴

'양일익이(揚一益二)'라는 말이 있었다. 이는 번화(繁華)롭기는 양주(揚州)가 첫째이고, 익주〔益州, 성도(成都), chéng dū〕가 두 번째라는 뜻이다. 그러나 이러한 명성은 당대 중기까지이고, 당말(唐末)과 오대(五代) 시기에는 쇠퇴하였는데, 이후 그 영광을 회복하지 못하였다.

여기서 양주의 번영과 쇠퇴를 먼저 살펴본다.

양주는 수대(隋代)에 대운하가 개통하면서 중국 남북을 잇는 경제 중심지로 발전하였다.

수조(隋朝) 대업(大業, 605-618) 초년에 양주(揚州)를 강도군(江都郡)으로 개편하였다. 치소는 강양현〔江陽縣, 지금의 강소성(江蘇省) 양주시(楊州市)〕인데, 그 관할 지역은 대략 지금의 강소성(江蘇省) 중 회남(淮南)과 장강(長江) 이북 지역 및 진강(鎭江), 단양(丹陽), 구용시(句容市) 등, 지금의 안휘성(安徽省)의 천장(天長), 전초(全椒), 저주(滁州) 등 16개 현을 거느린 큰 군(郡)이었다.

수나라 양제는 강도(江都)에 지형을 이용한 10개의 궁궐을 지었고, 강도에 유람왔다가 다시는 도읍으로 돌아가지 못하고 강도에서 비극적인 종말을 맞이했다.

당나라에서도 양주는 남북 경제 교역의 중심지로 여전히 번영하였다. 특히 안사의 난 이후 강남의 물자가 양주를 거점으로 삼아 화북(華北)으로 운송되면서 전국의 대상(大商), 당상(富商)이 모여들어 양주는 더욱 번영하였다.

많은 시인들이 양주에서의 즐거운 추억을 간직하고 있었으니,

특히 두목(杜牧)은 양주에서의 놀이를 「십년일각양주몽(十年一覺揚州夢)」이라 표현하였다.

장호(張祜)는 「인생은 오로지 양주서 살다 죽어야 한다(人生只合揚州死).」 읊었고, 서응(徐凝)이란 시인은 「천하삼분명월야(天下三分明月夜)하면, 이분명월재양주(二分明月在揚州)라.」 하여 양주의 명월야(明月夜)가 아름답다 하였으니, 여기에는 양주의 밤을 밝히는 수천 개의 등불이 켜진 야시(夜市)도 한몫을 했을 것이다.

양주는 당 말기와 오대를 거치면서 전란 속에 황폐하였다. 그리고 당조(唐朝) 후기에 장강의 흐름에 의하여 양주쪽으로 토사(土砂)가 쌓이기 시작하였다. 그러면서 양주 부근 장강 북안의 땅이 점점 넓어지면서 양주쪽에 큰 배가 접안할 수 없게 되었다. 운하와 장강을 연결하는 좁은 수로는 뚫려있지만 큰 배가 접안하지 못하면서 양주는 무역항의 지위를 잃게 되었고 양주의 번영도 쇠퇴하였다.

성도(成都)는 촉(蜀)의 온화한 기후와 농경지가 넓어 일찍부터 부호들이 많았고, 그래서 그곳에서는 특별한 요리(四川料理)가 발달했다.

또 사천 지역에는 '머리 위에 맑은 날은 드물고(頭上晴天少), 눈앞에는 다관이 많다(眼前茶館多).' 그리고 '다관이 많기로는 사천이 제일이고(四川茶館甲天下), 성도(成都)의 다관은 사천에서 제일이다(成都茶館甲四川).' 라는 말도 있다.

6) 화폐 정책

당조(唐朝)의 화폐(貨幣) 정책은 몇 차례 변화를 겪었다.

첫 번째는 고조 무덕(武德) 4년(621), 한대(漢代) 이후 계속 사용되었던 오수전(五銖錢)의 사용을 금지한 조치였다. 오수전은 전(錢)의 무게에 따른 이름인데〔한대(漢代) 1양(兩)은 15.5g, 1양은 24수(銖). 1수는 0.65g. 5수는 3.25g. 수(銖) 무게 단위 수〕전한 무제(武帝) 원수(元狩) 5년(前 118)에 처음 발행되었다.

이 화폐의 주조권은 처음에 각 군국(郡國)에 분산되었다가 무제 원정(元鼎) 4년(前 113)에 중앙으로 귀속시켜 상림삼관〔上林三官, 수형도위(水衡都尉) 소속의 종관(鐘官), 기교관(技巧官), 변동관(辨銅官)〕이 역할을 분담하여 주조하였으며, '오수(五銖)'라는 2자가 양각되었다.

이 오수전은 동한(東漢)과 위(魏), 진(晉)을 거쳐 수대(隋代)까지 주조 통용되었으니, 중국에서 가장 많이 발행되었고 가장 오래 통용된 전폐(錢幣)였다.

고조는 새 나라를 건국한 지 얼마되지 않았지만, 국가의 새로운 기강 확립과 백성의 생활 안정을 위해 일종의 화폐 개혁이 필요했다.

고조는 오수전의 발행을 금지하고 621년 7월에 새로운 화폐인 개원통보(開元通寶)를 발행하였다. 이 개원통보는 현종 연간의 연호인 개원(開元)이 아니라 새로운 국가를 개국(開國)이란 뜻이며, 통보(通寶)는 '유통의 보화(寶貨)'라는 뜻이었다.

이 개원통보는 화폐 디자인이 정교하고 전폐의 무게와 실질 가치가 동일하여 크게 통용하였으며 당 말기까지 계속 유통되었다. 그런데도 민간에서는 오수전(五銖錢)도 여전히 유통되었다.

그러나 세월이 지나면서 은밀히 불법으로 도주(盜鑄)된 개원통보의 유통이 많아지자, 고종은 건봉(乾封) 원년(666)에, 건봉통보(乾封通寶)를 발행 유통시켰다.

다음으로는 무측천(武則天) 재위 중인 장안 연간(701-704)에, 화폐에 대한 통제를 강화하면서 사적인 불법 주조(盜鑄, 도주)를 크게 단속하였다.

현종 개원 6년(718), 정국이 안정되자 현종은 화폐제도의 안정을 꾀해 불법 사주(私鑄)를 엄금하자, 물가가 폭등하며 유언비어가 크게 퍼지고 사회가 불안하였다. 그러나 현종은 금령을 완화하지 않고 철저하게 계속 단속하였다. 동시에 정량정가(定量定價)의 양화(良貨)를 지속적으로 공급하자 시장이 안정되면서 경제도 발전하였다. 이는 당조 경제 발전과 화폐정책의 큰 전환기가 되었다.

다음은 안사의 난이 진행 중인 숙종 건원(乾元) 원년(758)에, 제오기(第五琦)[195]의 건의로 건원중보(乾元重寶)를 발행 유통시켰다. 그런데 이 전폐는 개원통보 10배에 해당하며, 개원통보와 함께

---

195 제오기(第五琦, 712-782, 第五는 복성) — 숙종 때 나라의 재정정책을 담당. 그가 건의 주조한 乾元重寶는 물가 폭등과 위폐(僞幣)의 대량 유통을 촉발하였다. 관직의 부침이 심했다.

유통케 하자, 물가와 곡가(穀價)가 엄청나게 폭등하였고, 너도나도 건원중보를 위조 유통하였다. 결국 나라에서 건원중보 유통을 금지시키며 겨우 진정되었다.

7) 비전

비전(飛錢)은 중국에서 처음 유통된 일종의 환(換) 어음(회표匯票 / 회단匯單, 회태匯兌)이다. 이는 헌종(憲宗, 재위 806-820) 시대에 처음 발행되었다고 한다.

이런 비전이 나오게 된 배경은 경제발전과 규모의 확대에 따라 유통할 수 있는 화폐의 부족 때문이다. 가정의 일상 생활에서는 큰돈이 필요치 않더라도, 대규모의 거래에서는 전폐(錢幣, 동전)만으로 그 수요를 충족할 수 없었다. 또 무게 때문에 운반의 불편, 강탈 등 안전의 문제, 그리고 위조 전폐를 가려낼 방법이 미비하여 전폐에 대한 신인도(信認度)의 저하 등을 들 수 있다.

대상인은 지역이나 장안, 낙양의 절도사나 고급 관리(諸使), 부호에게 큰돈을 맡겨두고, 그들이 발행한 비전을 가지고 다른 지역에 가서 거래를 하는 형식이었다.

이에 따라 호부(戶部), 탁지사(度支司), 염철사(鹽鐵使) 등에서 비전을 발행하고, 발행가의 10%에 달하는 수수료를 챙겼다. 그러나 수수료가 너무 많고, 또 나라에서 금령(禁令)이 자주 나오는 등 비전의 신예(信譽)는 점차 떨어졌다.

그렇지만 경제규모의 확대에 따라 비전 유통은 확대되고 발전하는 추세였다.

8) 술의 전매

당조(唐朝) 초기에는 술의 양조(釀造)와 판매에 대하여 정부의 간섭이 없는 자유 영업에 다만 주세를 약간 징수할 뿐이었다.

그러다가 대종(代宗) 때, 전국에 명령하여 술을 양조 및 판매할 수 있는 전업(專業) 주호(酒戶)를 확정하고 그들에게 2달마다 납세하라는 명령을 반포하였고, 이런 전업호 이외는 술을 양조 또는 판매할 수 없게 하였다.

대종(代宗) 대력(大曆) 6년(771)부터는 주호를 3등급으로 구분하여 과세하였는데, 주호의 납세는 결국 자산세이며 영업세였다.

이러한 술의 전매(專賣)는 덕종(德宗) 건중(建中) 3년(782)부터 초각주(初榷酒, 榷은 외나무다리 각, 도거리 할 각)라 하면서 더욱 엄격하게 시행하였다. 그러나 장안과 낙양에서는 이 법을 적용하지 않았다.

그러다가 덕종 정원(貞元) 2년(786)부터는 경사와 경기 지역의 현에서도 확대 적용하였다. 사실 술의 수요량은 막대하였고, 그 전매 이익은 사실상 엄청났으며, 주호의 세금은 술값의 절반 정도였기에 그만큼 국가의 수익도 증대하였다. 나라에서는 이렇게 많이 납세하는 주호에 일반 요역이나 다른 잡세를 면제해 주었다.

이러한 전매 제도는 일부 절도사 지역에서는 시행하지 않고 다만 술을 제조하는데 꼭 필요한 누룩(酒曲, 酒母, 酒面)을 전매하는 지역도 있었다.

(2) 해외 무역

1) 시박사

당나라 문화는 당 제국의 개방성과 함께 국제적 문화라는 특성을 갖고 있다. 수도 장안에는 주변 여러 소수 민족에서 보내온 외교사절이 넘쳐났다고 하는데, 그러한 외교사절의 왕래가 있다면 틀림없이 상인의 왕래 또한 많았을 것이다.

특히 황소(黃巢)의 난(875-884) 때, 황소는 광주(廣州)에서 페르시아인이나 아라비아, 이슬람 상인 등 12만 명을 죽였다는 기록을 보면 외국 무역의 융성을 짐작할 수 있다.

당의 국제 무역은 내륙의 국경에는 호시(互市)가 형성되어 국제무역이 이루어졌으며, 해상무역은 광주(廣州)에 시박사(市舶司, 舶은 큰 배 박)를 두어 외국 무역을 감독케 하였다.

외국과 해상무역 기구인 시박사는 당에서 시작하여 송(宋), 원(元), 및 명대(明代)에 이르기까지 항구도시에 설치된 외국과의 무역을 관리하는 기관으로 오늘의 해상세관(海關)에 해당한다.

당조(唐朝)의 시박사는 고종 현경(顯慶) 6년(661)에, 광주〔廣州, 지금의 광동성(廣東省) 중남부 광주시(廣州市)〕에 개설하고 담당 관리를 보내 외국과의 무역을 전담하고 무역 상인들을 감독케 하였다.

시박사(市舶司)는 세관(稅關) 업무를 수행하였으며 황실에서 필요로 하는 물품의 구매도 담당하였다. 시박사는 관아의 명칭이고, 그 부서 책임자는 시박사(市舶使)인데, 시박사는 황제에 직속되었으며 지방 관아에 소속되지 않았다.

지방관인 영남절도사(嶺南節度使)도 해외무역관리에 대한 책임은 있었지만, 대외무역 감독 권한은 시박사에 있었다. 나중에는 시박사가 영남절도사를 겸임하는 경우도 많았다.

3. 생활과 습속

(1) 출사

당대에 벼슬길에 들어서기, 출사(出仕)하는 경로는 다양했다.

가장 정통(正統) 코스이면서 중시되기로는 과거(科擧) 합격이었다. 그리고 고관대작의 자제라면 문음(門蔭, 음사蔭仕)을 통해 출사하였고, 군졸로 전공(戰功)을 세워 입사(入仕)할 수도 있었다.

사실, 과거 합격은 벼슬길에 들어설 수 있는 자격의 취득이다. 자격을 취득한 뒤에, 이부(吏部)나 병부(兵部)에서 주관하는 전선(銓選, 전형과 선발)을 통과해야만 관직에 들어갈 수 있었다.

과거(科擧)란 분과(分科, 분야별로 나누어)하여 사람을 골라 천거한다(擧人)는 뜻이다. 수조(隋朝)에서 처음 시행된 과거제도는 당대(唐代)에 들어와 완성되었다.

진조(秦朝) 이전에 벼슬에 들어서는 것은 사실 세습(世襲)에 의한 출사였다. 한대(漢代)에는 재덕을 겸비한 인재를 추천으로 등용하였다. 주(州)에서 천거를 받은 인재를 수재(秀才), 군(郡)에서 천거된 인재를 효렴(孝廉)이라 불렀다. 그런데 취학할 기회가 없는 농민의 아들이 관리의 천거를 받을 기회는 사실상 없었다.

삼국시대, 위 문제(魏 文帝, 조비) 때, 진군(陳群)이 처음으로 구품중정제(九品中正制)를 건의하여 시행하였는데, 이는 한대(漢代)의 찰거제(察擧制)의 개량이었다. 이 구품중정제는 양진(兩晉)과 남조에서 계속 시행되었다. 그러나 이는 세족(世族)의 세력만 키워주는 결과를 낳았다. 그리하여 「상품에 한미한 가문없고(上品無寒門), 하품에 세족은 없다(下品無世族).」는 현상을 초래하였다.

1) 과거의 종류와 기회

이러한 구품중정제의 폐단을 시정하기 위한 새로운 제도는 바로 수(隋) 문제(文帝)가 개황(開皇) 7년(587)에 각 주(州)로부터 3인씩 천거를 받아 수재과(秀才科)에 응시토록 조치한 과거제였다. 양제(煬帝)는 대업(大業) 원년(元年, 605)에 진사과를 신설하여 취사(取士)하여, 이후에 통용되는 과거제도의 원형을 만들었다. 수조(隋朝)의 수명 38년에 5차례 과거에서 진사 12명을 선발했다는 통계가 있다.

당조(唐朝)는 수나라의 제도를 더욱 발전시켰는데, 당조의 과거(科擧)는 매년 시행하는 상과(常科)와 황제가 임시로 설치한 과목으로 뽑는 제과(制科)로 양분할 수 있다.

상과(常科)는 생도(生徒)와 향공(鄕貢)으로 구분하여 시행하는데, 응시하는 거인(擧人)의 조건과 고시 내용에 따라 수재과(秀才科), 명경과(明經科), 진사과(進士科), 그리고 명법(明法), 명서(明書), 명산과(明算科) 등이 있었다. 상과 합격자는 일단 자격을 얻은 것이기에 어느 정도 기다렸다가 중앙과 지방의 관직에 임용되었다.

생도는 국자감(國子監)과 홍문관(弘文館), 숭문관(崇文館)에 입학한 학생으로 과거에 응시할 수 있었다. 향공(鄕貢)은 부(府)에서 시행한 부시(府試) 또는 주시(州試)를 통과한 사람, 곧 거인(擧人)이라고도 칭하는데, 이들을 대상으로 조정(尙書省)에서 주관하는 시험에 합격한 사람을 진사 급제자라고 불렀다.

이외에 부정기적으로 황제의 뜻에 따라 황제가 친히 주관하는 과거가 있었는데, 이를 제거(制擧)라고 불렀다. 제거에는 현직 관리나 일반 백성도 응시할 수 있었다. 제거의 명목은 번다(繁多)하여 일정하지 않았다.

보통 볼 수 있는 명칭으로는 〈현량방정능직언극간과(賢良方正

能直言極諫科)〉,〈박통전고달어교화과(博通典故達於敎化科)〉 등 수십 종이었다.[196]

무과(武科)는 측천무후 장안 2년(702)에 처음 시행되었고, 병부(兵部)에서 주관하였는데 각 주에서 응시자를 천거하였으며, 고시는 마사(馬射), 보사(步射), 마창(馬槍) 등 실기 위주였고 성적에 따라 관직을 수여하였다.

문음(門蔭)은 귀족 가문, 예를 들면, 황친(皇親)의 국척(國戚), 친왕(親王)의 자손, 공주 및 군주(郡主)나 5품 이상 고급 관리의 자손은 친위(親衛)나 훈위(勳衛), 익위(翊衛) 등에 임명되어 몇 년의 복무 기간이 경과한 뒤에 문무 산관(散官)이 응시할 수 있었다. 그러나 이부(吏部)나 병부(兵部)의 간단한 전형에 응시하여 통과해야만 정식 관리에 임용되었다.

사실 모든 제도가 그러하지만, 아무리 좋은 제도라도 오래 시행되면 그에 따를 폐단이 생겨나고 점차 불어나게 된다. 당나라의 과거제도 역시 그러하였으니 당 말기에 과거제도의 폐단은 유독 자주 거론되었다. 그런데도 경제적으로 여유있는 한문(寒門)에서도 합격자가 점차 많이 늘어나자, 명문 귀족 출신과 점차 대립되는 형상이 연출되었다. 이러한 모순의 상호 충돌은 결국 우

---

196 제거((制擧)의 선발 영역은 순전히 황제의 뜻이었다. 대략 아래와 같은 명목이 많았다. 현량방정(賢良方正), 직언극간(直言極諫), 문사청려(文辭淸麗), 박삭통예(博學通藝), 무족안방(務足安邦), 불구문달(不求聞達), 경명행수(經明行修) 등등.

이당쟁(牛李黨爭)으로 이어졌다.

2) 과거시험 교과목

과거는 정기적 시험인 상과(常科)와 부정기 시험인 제거(制擧)가 있는데, 상과의 종류와 평가영역은 대략 다음과 같았다.

- 진사과(進士科) : 가장 주요한 고시 영역이었고, 고시 내용은 〈시책(試策, 일종의 논술)〉, 〈첩경(帖經, 유가 경전)〉, 〈잡문(雜文, 음시음詩 작부作賦)〉을 시험했다. 특히 잡문은 시나 문장을 지어야 하는데, 고시관의 마음에 드는 참신한 가작(佳作)의 명구(名句)를 창작하기는 정말 어려운 일이었다.
- 수재과(秀才科) : 박학(博學)하고 박문강기(博聞强記)한 인재 선발 영역인데, 평가도 어렵지만 응시자가 없어 고종 때 폐지되었다.
- 명경과(明經科) : 유가 경전 통달 정도를 시험했다. 《효경(孝經)》과 《논어(論語)》는 공통과목이었고, 대경(大經)인 《예기》, 《춘추좌전》 중 택일, 중경(中經)인 《시경(詩經)》, 《주례(周禮)》, 《의례(儀禮)》 중 택일, 소경(小經)인 《역경(易經)》, 《상서(尙書)》, 《춘추공양전(春秋公羊傳)》, 《춘추곡량전(春秋穀梁傳)》 중 택일하여 유가의 5개 경전을 시험하였다.
- 명법과(明法科) : 법률 인재 선발을 위한 시험.
- 명산과(明算科) : 산학(算學) 인재를 선발.

- 사과(史科) : 목종(穆宗, 재위 820-840) 때 처음 시행. 사학(史學) 인재를 선발.
- 도거(道擧) : 현종 개원 29년(741) 처음 시행.《노자(老子)》,《장자(莊子)》,《열자(列子)》등 도가 경전을 시험. 합격자는 명경과 합격자와 동일하게 대우했다.
- 동자과(童子科) : 10세 이하 동자(童子)가 응시.《효경》과《논어》10문(問) 모두를 통과자는 관직을 제수받았다. 7문 통과자는 동자과 출신이라는 증서를 수여했다.

3) 사재(四才) – 석갈시(釋褐試)

진사과 급제는 인재 선발 시험 통과라는 의미에서 가문의 영광이었다. 그러나 진사과 급제자라도 관리가 되기 위해서는 이부(吏部)에서 주관하는 4재(四才) 고시를 통과해야만 임명되었다. 4재는 관리의 자질에 관련한 면접 고시라 할 수 있다. 사재의 영역은 '신언서판(身言書判)' 이다.

- 신(身) : 체모(體貌), 위의(威儀)는 건장한 신체. 당당한 의표(儀表). 심후한 신기(神氣) 등.
- 언(言) : 언어 유창, 단정한 구치(口齒), 선언웅변(善言雄辯), 민첩대담(敏捷對談) 등.
- 서(書) : 서법(書法) 단정. 공정대방(工整大方), 필력웅건(筆力

雄健), 필치수려(筆致秀麗) 등.

● 판(判) : 문리(文理) 분명(分明), 주현의 의안(疑案)에 대한 판결 능력 등.

이상의 4재를 통과해야만, 석갈(釋褐, 평민의 옷을 벗다)하고 관복으로 갈아입을 수 있기에, 사재 시험을 석갈시(釋褐試)라고 했다.

4) 50세 진사

독서를 한 지식인이 가질 수 있는 직업은? 지식인의 교우와 사회생활은? 사실상 외길 뿐이었다.

곧 지식인의 관계(官界) 진출은 누구에게나 하나의 로망(roman, 실현하고 싶은 소망이나 이상)이었다. 관리로서 출세를 위해서는 오로지 과거에 합격해야 하는데, 과거 중에서도 명경과(明經科)가 아닌 진사과 합격이었다.

맹호연(孟浩然, 689?-740)은 젊은 시절 각지를 유랑했었다. 당 현종 재위 시에 장안에 와서 과거에 실패한 뒤, 여러 가지로 벼슬길을 찾았으나 뜻을 이루지 못했고, 은거를 원하지 않았지만 은거할 수밖에 없었다.

아주 현실적인 계산으로 따져볼 때, 옛사람이 어려서부터 글을 배우고 생산적인 일도 하지 않으면서 많은 독서로 시를 지을 정도라면 물려받은 기본 재산이 있어 의식(衣食)은 해결할 수 있었다고 보아야 한다. 다만 전란이나 흉년 또는 각종 질병 등등으로 그 재산이 줄어든다면, 또 지인(知人)들이 모두 관직에 진출했다면 벼슬에 뜻을 두지 않을 수 없었다.

사실 맹호연이 고향에서 생활하며 도사(道士)를 방문하고 우인과 시를 증답(贈答)하면서 교제할 수 있었다면 의식주는 일단 해결되는 상황이었다. 그러나 자식은 커가고 어찌할 것인가?

맹호연은 나이 40에 장안에 가서 벼슬을 구했다. 독서인이라면 누구나 관직을 지향했다. 경제적인 이유도 있지만 관직에 있어야 문재(文才)도 알릴 수 있고, 또 문인들과의 교류도 그만큼 넓었기에 많은 시인들이 관직을 희망했었다.

맹호연은 이백과 왕유(王維) 같은 대시인의 참 벗이었다. 그러한 대시인 맹호연도 진사과에 급제하지 못하였다.

사실 당대 지식인은 누구나 진사과 합격을 꿈꾸었다. 명경과는 유가 경전을 통째로 외우면 대업(大義) 파악이 가능했고 합격도 수월했다. 명경과의 합격률이 십중일이(十中一二)일 때 진사과 합격률은 백중일이(百中一二)였다. 그래서 '서른에 명경과 합격은 늦은 편이고(三十老明經), 쉰살에 진사과 합격은 젊은 편이다(五十少進士).'라고 하였다. 이처럼 진사는 사림(士林)의 가장 화려한 꽃이었다(進士爲士林華選).

당나라에서 진사과 합격자로 관직에 들어섰다면, 누구나 재상을 꿈꿀 수 있었다. 그만큼 진사과 합격자는 관직 생활에 프리미엄이 있었다. 당나라 재상 거의가 진사과 출신이었다.

(2) 작위

작위(爵位)의 작(爵)은 본래 술잔(酒器, 주기)이니 제사에 필요한 예기(禮器)이다. 천자(天子)가 신하를 분봉(分封)할 때 술잔을 하사하였는데, 이는 봉하는 지역의 산천이나 신명(神明)에게 제사를 올려야 하기 때문이었다. 뒷날 봉작(封爵)은 분봉(分封)을 의미하는 용어로 쓰였다.

당대의 봉작은 총 9등급이었고, 각각 상응하는 식읍(食邑)과 봉호(封戶)와 품계에 차등을 두었다.

① 친왕(親王)은 황제의 친자(親子)인데, 식읍은 1만 호에 정1품에 해당하였다.
② 군왕(郡王)은 친왕의 사자(嗣子) 또는 태자의 아들에게 수여하는데, 식읍은 5천 호에 종1품의 작위였다.
③ 국공(國公)은 이성(異姓)의 공신에게 공적 내용에 따라 수여하는데, 식읍 3천 호에 종1품이었다.
④ 개국군공(開國郡公)은 식읍 2천 호에 정2품.
⑤ 개국현공(開國縣公)은 식읍 1,500호에 종2품.
⑥ 개국현후(開國縣侯)는 식읍 1천 호에 종3품.

⑦ 개국현백(開國縣伯)은 식읍 7백 호에, 정4품 上의 작위였다.

⑧ 개국현자(開國縣子)는 식읍 5백 호에 정5품 上의 작위였다.

⑨ 개국현남(開國縣男)은 식읍 3백 호에 종5품 上의 작위였다.

그리고 봉작 중에 그 식읍이 식실봉(食實封)은 봉호만큼의 조(租, 전조田租)와 조(調, 특산물)를 받는 경제적 혜택이 있고, 약간호(若干戶)의 경우는 대개 허봉(虛封)으로 식읍의 실질적 혜택은 없었다.

이상의 작위를 피봉자의 아들이 세습할 경우, 세습자는 작위 등급을 한 등급 내려받았다. 말하자면, 군공(郡公)의 작위를 세습 받은 아들은 현공(縣公)이 되었다.

당조(唐朝) 전기(前期)에 작위의 명칭은 통상 작위자의 득성지지(得姓之地)였다.

예를 들어, 배도(裴度)[197]는 하동〔河東, 지금의 산서성(山西省)〕 출신이기에 진국공(晉國公)이었는데, 이는 미칭(美稱)으로 통용되었다. 따라서 인명 앞에 보이는 위국공(衛國公), 영국공(英國公) 등은 공신으로 작위의 명칭이며 특별한 우대로 인식되었다.

---

197 배도(裴度, 765-839. 字는 中立) - 河東 聞喜縣(今 山西省 남부 運城市 聞喜縣) 출신. 河東裴氏. 中晩唐時 憲宗, 목종(穆宗), 敬宗, 文宗 四朝의 重臣, 中書令을 역임했다.

(3) 생활 모습

1) 적전례(籍田禮)

황제가 농사의 모범을 보이는 적전례는 한 문제(漢 文帝) 전원(前元) 2년(前 178)에 시행했다는 기록이 있다. 이는 농업을 본업으로 중시하는 중농억상(重農抑商) 정책의 상징이었다.

당 태종은 정관 3년(629)에 적전례를 행하면서 농업의 신(神)인 염제 신농씨(炎帝 神農氏)[198]를 제사하였는데, 이것이 당나라 적전례(藉田禮)의 시작이었다.

2) 명절

○ 상사절(上巳節)

상사절은 음력 3월 상순(上旬)의 사일(巳日)이었으나 점차 3월 3일로 고정되었다. 이날 사람들은 친목모임을 갖거나(수계修禊), 동류수(東流水)에 세족(洗足)하여 사기(邪氣)를 제거하며, 끼리끼리 모여 답청(踏靑, 야유野遊)을 즐기거나 곡수(曲水)에 술잔을 띄우

---

198 신농씨(神農氏, 烈山氏, 炎帝) — 夏朝 이전에 생존. 문자로 정착된 것은 전국시대였다. 전설에 의하면, 百草를 맛보았으며(嘗) 백성에게 의약 치료와 농사를 가르쳤다. 火德으로 제당의 자리에 올랐기에 염제(炎帝)라 칭한다. 藥王, 五穀王(오곡왕), 五穀先帝, 神農大帝 등으로 호칭한다.

며 음주를 즐겼다.

　중국 관중(關中) 지역의 일기나 기온은 우리나라 남부지역과 매우 비슷하니, 음력 삼월 초라면 봄기운에 일기화창하고 개화(開花)하여 겨울에 움츠리고 하지 못했던 야외활동을 즐길 수 있는 시기이다. 따라서 상자절이 새봄의 축제로 자리를 잡았을 것이다.

　당나라 시절 장안의 행락 장소로는 행원(杏苑), 곡강(曲江)과 낙유원(樂游原, 대표적 유원지)을 꼽을 수 있다. 또 장안 부근의 유명 사찰도 사람들이 꽃놀이를 즐길 수 있는 장소였다.

　당나라의 사회 풍기(風氣)는 매우 개방적이었고, 경제적 번영과 함께 유락(遊樂)을 즐기는 분위기였다. 따라서 상사절에 사람들이 모여 놀이를 즐기거나 남녀 교제가 이뤄졌으니, 상사절은 누구나 기다리는 절일(節日)이었다.

　○ 한식(寒食)

　한식〔寒食 / 금화절(禁火節), 냉절(冷節), 백오절(百五節)〕날은 동지로부터 105일이 되는 날이다. 해마다 보통 청명(淸明)과 겹치거나 전후 1, 2일 차이가 난다.

　일반적으로 한식절은 개자추(介子推)의 죽음을 추념하는 날이다. 춘추시대 진(晉)나라의 공자(公子) 중이(重耳)는 모국에서 쫓겨나 19년을 방랑했다. 중이가 피로와 영양부족으로 쓰러졌을 때, 신하인 개자추는 자기 허벅지의 살을 베어 중이를 보살폈다.

중이가 진(晉)에 복귀했으니, 곧 춘추오패(五霸)의 한 사람인 진 문공(晉 文公, 재위 前 636−628)이다. 문공은 중이를 불러 우대하며 관직을 수여하려 했지만 개자추는 산서(山西)의 금산(綿山)에 은거하였다. 문공이 여러 번 사람을 보냈으나 개자추는 더욱 산속으로 숨었다. 문공은 산에서 나오게 하려고 산을 에워싸고 불을 질렀다. 그러나 개자추는 하산 대신 모친과 함께 불길 속에 남았다.

문공은 참으로 난감했다. 그래서 이날 온 백성들에게 불을 피우지 못하게 했다.

당나라에서는 한식날에 성묘하거나 유락을 금한 적도 있었다. 그러나 현종 개원 20년(732)에, 이미 습속으로 고정된 조상 성묘를 금할 수 없어 허용하면서 다만 유락을 금지하였다. 그러나 한식은 청명과 겹치는 호시절이라 성묘와 함께 봄날의 유락을 즐기는 날로 바뀌었다.

○ 중양절

매년 음력 9월 9일은 양(陽)의 극수(極數)인 9가 겹치기에 중양(重陽)이라 하였다.

한대(漢代) 이후 도가의 음양관(陰陽觀)으로 6은 음수(陰數), 9는 양(陽)으로 인식하여, 음력 9월 9일을 중구(重九) 또는 중양(重陽)이라 하였다. 그래서 9월 9일을 중양절(重陽節), 등고절(登高節), 또는 국화절(菊花節)이라고 부른다. 九九는 '구구(久久)'와 음이 같아(이를 해음諧音이라 한다) '장구(長久)' 하다는 뜻에서 조상의 제사를 지내고 노인들을 공경하는 여러 행사를 한다. 현재 중국에서는 법정 노년절(老年節)로 여러 경로행사를 열어 노년의 건강과 장수를 기원한다.

중국 민간신앙에서는 비장방(費長房)이 여남(汝南) 사람 환경(桓景)에게 역병을 피하는 방법으로 온 가족을 데리고 등고(登高)하게 했다는 이야기가 전해온다.

다음은 왕유(王維)의 시를 읽어보면 중양절의 풍습을 짐작할 수 있다.

〈9월 9일에 산동의 형제들을 그리다〉　〈九月九日憶山東兄弟〉

홀로 타향에서 나그네로 지내면서,　獨在異鄕爲異客
매번 명절에는 친척 생각이 갑절이다.　每逢佳節倍思親
멀리서도 알지니, 형제들 등고하여,　遙知兄弟登高處
수유 가지 꽂으며, 한 사람 빠졌구나!　遍揷茱萸少一人

어떤 시인의 느낌이나 감정이 다른 사람의 마음속에 있는 생각과 일치하거나 공유한다면, 읽는 사람의 마음은 시인에게 동화된다. 이 7언절구의 평이한 구어적(口語的) 표현은 진심을 담았기에 다른 사람에게 감동으로 전해진다.

이 시에서 왕유는 '고향 생각이 간절하며 고향 생각에 마음이 아프다'고 말하지 않았다. 산동의 내 형제들도 '내가 이곳 장안에 있다는 것을 알고 있을 것이다'라고만 말했다. 이 구어적 표현으로 친족 형제들과 왕유의 마음을 하나로 분명하게 이어놓아 제목과 완전하게 일치시켰다. 동시에 산동 형제들이 즐기는 모습이 저절로 연상되게 만들어 시의(詩意)를 한층 풍부하게 하였기에 멋지고 좋은 시가 되었다.

기왕에, 두보(杜甫)의 시 한 수를 더 감상하여 나쁠 것이 무엇이겠나!

〈산에 올라서〉　두보　　　　　　　〈登高〉

빠른 바람 높은 하늘, 원숭이 울음 애닯고,　風急天高猿嘯哀
파란 강가 흰 모래에 새들은 돌며 나른다.　渚清沙白鳥飛回
가없이 먼 곳에 낙엽은 쓸쓸히 지고,　　　無邊落木蕭蕭下
끝없는 장강은 넘실대며 흘러내린다.　　　不盡長江滾滾來
일만 리 객지에 서러운 가을, 늘 나그네니,　萬里悲秋常作客
한평생 병치레, 혼자서 높은 산에 올랐다.　百年多病獨登臺
가난에 고통 번민으로 흰머리만 많아졌고,　艱難苦恨繁霜鬢
지치고 힘든 요즈음엔 탁주잔도 끊었노라.　潦倒新停濁酒杯

두보가 등고하여 소회를 읊었는데, 그 기세가 호탕하면서도 마치 산수를 손바닥에 올려놓고 내려다보는 것 같은 느낌이 든다.
시인의 흰머리는 역경의 흔적이고, 나빠진 건강으로 탁주잔도 끊었다는 독백은 읽는 사람을 우울하게 한다. 중양절 이날에도 막걸리 한 잔 못 마실 질병과 가난—등고(登高)의 감회로는 정말 회색빛이다. 당나라의 한 시대뿐만 아니라 '칠언율시로는 역대 최고'라는 찬사가 조금도 과장이 아닐 것이다.

3) 오락

○ 장행(長行 / 雙陸, 雙六)

장행(長行)은 쌍륙(雙陸, 雙六)으로도 불린다. 두 사람이 탁자에 상하 12줄이 그려진 판을 놓고 마주 앉는다. 각각 12 또는 15개의 흑(黑), 백(白) 또는 황(黃), 흑색(黑色)의 말(馬, 棋子)을 상대편 쪽으로 모두 먼저 옮겨가기로 승패를 겨루는 놀이이다.

고천축(古天竺, 지금의 인도)의 파라새희(波羅塞戱)를 기초로 만들어졌다는데, 삼국시대 조조(曹操)의 아들 조식(曹植)이 처음 창안한 놀이라고 한다.

이 쌍륙은 당대(唐代), 오대(五代), 요(遼)와 금대(金代), 원대(元代)에 이르기까지 중국 상하의 모든 계층에서 크게 유행하였다. 당대의 무측천(武則天)이나 현종, 오대(五代) 후당(後唐)의 명종(明宗)까지도 이 놀이를 무척 즐겼다는 기록이 있다. 현종과 양귀비가 쌍륙을 노는데, 귀비가 이길 수가 없자 일부러 흰 앵무새가 쌍륙판의 말을 흩어버리게 했다는 이야기도 있다.

남송(南宋) 시대(1127-1279)에는 쌍륙의 규칙이나 포자격식(布子格式), 행마(行馬) 등을 종합 설명한 《보쌍(譜雙)》이라는 책이 저술되었다. 그러나 명청(明淸) 시대에는 마작이나 바둑, 장기의 성행으로 즐기는 사람이 점점 줄어, 청대 중기에는 그 놀이 방법마저 실전(失傳)되었다고 한다.

○ 발한호희(潑寒胡戲)

발한호희(潑寒胡戲, 潑은 뿌릴 발)는 서역에서 전래되어 겨울철에 옥외에서 행하는 집단 무악(舞樂)이다. 발한(潑寒)은 웃통을 벗은 채로 서로에게 찬물을 뿌린다는 뜻이다(乞寒). 이 집단 무악은 페르시아(Persia, 波斯)에서 전래되었는데, 북주(北周) 정제(靜帝) 대상(大象) 원년(579) 12월에 발한호희를 즐겼다는 기록이 있다.

이후 수와 당을 거치면서 이어졌다. 이 놀이는 매년 11월이나 12월에 많은 사람들이 모여 무악에 맞춰 춤을 추다가 서로에게 찬물을 뿌려 추위에 떨며 즐기는 집단 놀이이다.

당 중종 때 신룡(神龍) 원년(705)에, 중종은 동도 낙양에서 이 놀이를 구경했고, 경룡(景龍) 3년(709) 12월에도 장안에서 이 놀이를 구경했다는 기록이 있다.

이는 풍우순조(風雨順調)하여 풍수길경(豊收吉慶)하기를 기원하는 의미일 것이다.

4) 차의 보급

중국인들은 일상생활에서의 일곱 가지 필수품(開門七件事)으로 땔감, 쌀, 기름, 소금, 간장, 식초, 그리고 차(茶)를 꼽는다. 적어도 이 정도는 준비되어야 신혼살림도 시작할 수 있고 또 일상적인 하루가 시작될 수 있는데, 그중에 차(茶)가 들어있다는 것이 우리하고 크게 다른 점이다.

어찌 보면 중국인들이 인류의 식생활 내지 기호품에 가장 크게 기여한 것은 바로 이 차라고 할 수 있다.

차의 원산지는 중국 사천성(四川省)이나 운남성(雲南省) 일대라고 알려졌다. 지금은 세계의 많은 사람들이 차를 마시고 있지만, 중국에서 차가 음료로 일반화되기는 술(酒)보다 훨씬 늦었다.

처음에는 차가 약재로만 쓰였는데, 오랫동안 약재로 사용하다 보니 사람들은 차가 치료뿐만 아니라 열을 내리고 해갈에도 좋으며 정신을 맑게 하고 향과 맛이 좋아 음료품으로도 우수하다는 사실을 알게 되어, 당나라 때부터 사람들이 일상적으로 차를 마시게 되었다.

당(唐) 이전의 문헌에는 荼(씀바귀 도), 檟(가나무 가), 茗(차 싹 명), 荈(늦깎이 차 천)이 차의 뜻으로 쓰였다고 한다. 荼(도, 씀바귀 도, 귀신 이름 도)는 일종의 쓴 나물이다. 당대에는 荼와 茶가 음이 비슷하여 서로 혼용되었지만, '荼'에서 획을 하나 뺀 '茶' 자를 써서 마시는 차의 뜻으로만 전용했다.

차는 중국인들에게 일상생활의 일부였다. 당나라 때 이미 '양식 없이 3일을 지낼 수 있지만, 차 없이는 하루를 지낼 수 없다'는 말이 있을 정도였다.

그리고 당에서 차의 보급과 발전은 불교와 밀접한 관계가 있었다. 그래서 '茶禪一味(다선일미)', '飮茶坐禪(음다좌선)'의 풍조가 크게 유행하였다.

5) 다신 육우

다학(茶學)의 전문가인 육우〔陸羽, 733-804년, 자(字)는 홍점(鴻漸)〕는 '다성(茶聖)', '다선(茶仙)', '다신(茶神)'으로 불린다. 육우는 《다경(茶經)》을 저술하였는데, 이 책은 지금도 차(茶)의 고전으로 통한다.

육우의 일생은 역경의 연속이었다. 버려진 아이를 지나던 승려가 거두어 길렀다. 어린아이는 총명하여 아홉 살에 시를 짓고 불경과 유가의 경전을 두루 섭렵하였다. 어린 육우는 절에 살면서 많은 고생을 하였고, 학문과 문학에 성취한 바 있어 당시 최고의 명사였던 명필 안진경(顔眞卿)이나 안진경의 우인(友人)이며 은사(隱士)인 장지화(張志和) 등과 교유했다.

❖ '좋은 차는 미인과 같다'고 말한 소식(蘇軾, 동파)도 차를 무척이나 즐겼다고 한다. 실제로 좋은 차는 마음을 깨끗하고 정신을 맑게 해주며, 가슴을 시원하게 열어주고, 졸음을 쫓아주며 해갈에 도움이 된다.

그러나 좋은 차를 운치 있게 마시는 것은 그리 쉬운 일이 아니었다. 좋은 차를 마시는데 9가지 어려움(九難)이 있다고 하였으니, 차의 제조, 감별, 다기(茶器, 그릇), 불, 물, 굽기(炙), 가루 만들기(末), 끓이기, 마시기의 모두가 어렵다고 했다.

　차는 문인들에게 갈증을 해소시켜 주고 정신을 맑게 해줄 뿐만 아니라 정서생활과 품성 도야에 크게 이바지하였다. 좋은 차는 문인(文人)과 학사들에게 무한한 정취와 기쁨을 주었다. 차를 마실 때 객이 많으면 수선스럽고, 수선스러우면 아취가 없어진다고 했다.

　'차는 혼자 마시면 신선의 경지이며(神), 둘이 마시면 아주 좋고(勝), 서넛이 마시면 재미있고(趣), 대여섯이 마시면 무덤덤하고〔泛(범)〕, 7, 8명이면 그저 내주는 것이다〔施(시)〕.

제5부

당 문화의 융성

1. 당의 문화

(1) 당 문화의 특성

당나라의 휘황찬란한 문화는 진한(秦漢)과 위진남북조 시대 문화의 발전선상에서 출발하지만, 그 앞선 시대의 문화보다 훨씬 더 중요한 특성을 갖고 있다.

물론 당나라의 문화 역시 일정한 그 시대의 역사적 특징을 반영하지만, 그래도 당나라 문화에는 다른 시대 문화와는 크게 다른 특성을 찾아볼 수 있다.

첫째, 당나라 문화는 장기간의 분열을 마무리하고 통합하는 문화적 특성이 있다.

후한 말 삼국이 분열에 이어 서진(西晉)의 짧은 통일이 있었다. 그리고 이어지는 남북조 시대의 분열이 수(隋)에 의하여 완전 통일되지만 단명하였고, 양제의 폭정은 극심한 지방 반란을 초래하였다.

당나라는 위진남북조 시대의 분열을 통합한 성과를 바탕으로 지방 반란이라는 내부적 갈등도 수습 극복하였다. 뿐만 아니라 주변 다른 이민족 국가와의 갈등과 대립을 넘어 그 모두를 함께 교류하면서 정치와 경제, 문화면에서 수용과 통합을 이룩하였다.

둘째, 각기 다른 민족과 교류하면서 이민족의 문화를 폭넓게 수용하는 통합과정을 통하여 중국 문화의 다양성을 심화시켰고, 그 결과로 생명력이 보다 강한 새로운 문화를 창조하고 발전시켰다.

곧 당나라의 문화는 단순히 중원(中原)에 거주하는 한인(漢人)만의 문화에서 이민족과도 자연스럽게 뒤섞이며, 그런 문화를 수용하여 중국 문화 특성을 보다 넓게 심화(深化) 발전시켰다.

셋째, 당나라 문화는 이전 시대에 비하여 불교적 색채가 확실히 강하게 스며들었다. 당나라의 종교정책은 불교보다 도교(道敎)를 우위에 두었다. 그렇지만 문화 선반에 길친 불교의 영향력은 도교보다 더 막강하였다.

그리하여 불경(佛經)의 내용과 설화 등이 중국의 문학과 사상에 영향을 끼쳤고, 이외에도 불교음악과 회화(繪畵), 조각과 건축, 언어에 큰 영향을 주었다. 뿐만 아니라 중국인의 인생관과 민간신앙에도 깊숙이 파고 들었다. 그러다 보니 불교 교리는 당연히 도교 교리의 체계화와 내용에도 큰 영향을 주었다.

넷째, 당나라의 다양한 문화 흡수는 중국의 개방적 사회기풍을 조성케 하였다. 이제 당나라의 문화는 단순한 화하(華夏)의 전통문화가 아니라, 고유한 문화 바탕 위에 이국(異國)의 다양한 문화를 융합하여 새로운 문화를 창조하였다. 그래서 이러한 문화는 중국인의 의식구조를 보다 개방적으로 변화 발전시켰다.

그리고 당나라에는 불교뿐만 아니라 페르시아의 조로아스터교〔Zoroastrianism, 배화교(拜火敎)〕와 마니교〔摩尼敎, Manichaeism, 명존교(明尊敎), 이존교(二尊敎), 명교(明敎)〕, 경교(景敎)[199] 이외에도 회교〔回敎, 이슬람교, 이사란교(伊斯蘭敎)〕등이 들어와 자유롭게 포교 활동을 하였다.

수도 장안에는 각국에서 보내온 사절이 넘쳐났고, 외국의 유학생들이 머물며 공부하였다. 신라에서는 견당사(遣唐使)를 보냈고 신라에서 뽑혀온 숙위학생(宿衛學生)[200]이 당나라 국자감에서 두

---

[199] 경교(景敎, Nestorianism, 네스토리우스교) – 그리스도의 神性과 人性의 불일치를 주장한 네스토리우스(381–451)가 창시해 635년 당나라 장안(長安)에 도착한 선교사들을 통해 동양에 알려진 크리스트교의 한 종파.

[200] 숙위학생(宿衛學生) – 도당유학생(渡唐留學生) 또는 견당유학생(遣唐留學生)이라 일컬어지는데, 대개 당나라의 빈공과(賓貢科)에 합격한 문인들을 가리킨다. 고대의 중국과 그 주변 국가 간에는 조공(朝貢)을 비롯하여 청혼(請婚)·질자(質子)·국학 입학 등 다양한 교류가 있었다. 특히 국학(國子監) 입학은 왕권이 강화되고 유교정치가 발달한 당나라의 문호 개방 및 기미정책(羈縻政策)의 일환으로 장려되었다. 숙위학생은 당나라 국자감에서 공부했던

각을 나타내었다.

(2) 문화교류의 특징

당대(唐代)는 중국 역사에서 가장 개방적인 시대였다. 주변 국가와 문화교류가 아주 활발하였는데, 그 몇 가지 특징을 아래와 같이 요약할 수 있다.

첫째, 문화교류가 가장 활발했던 지역은 당나라 서쪽 곧 서역이었다. 서역(西域)을 통하여 중국의 견직물(사주絲綢, silk), 도자기, 차(茶)가 서방세계로 유출되었고, 동시에 서역의 산물이 대거 중국에 유입되었다.

서역 여러 특산 뿐만 아니라 음악, 무용, 의약, 종교, 과학기술도 중국에 전파되었다.

해로(海路)는 한대(漢代)부터 남쪽의 광주(廣州)를 통하여 동남아에서 인도에 이르는 해상 실크로드가 개척되었다. 그러나 경제

국비 유학생이다. 유학에 필요한 의복과 숙식·경비는 외국 유학생의 편의를 도모해주는 당나라에서, 서적 구입비는 신라에서 지급했다. 기간은 10년이며 숙위 학생의 신분은 신라 통일 초에는 진골(眞骨) 출신들이 대부분이었으나, 신라 말에는 6두품 이하 출신이 많았다. 821년(헌덕왕 13년), 김운경을 시작으로 신라 말까지 58명이 당나라의 과거인 빈공과(賓貢科)에 합격해 관직에 진출하기도 했다. 이 중 상당수는 최치원을 비롯한 6두품 이하였다. 이들은 신라로 돌아와 정치개혁을 외쳤으나 6두품이라는 신분 때문에 좌절을 겪었다.

문화 교류의 중심은 여전히 육상의 실크로드(사주지로絲綢之路)였다.

둘째, 문화교류의 내용을 볼 때, 실크로드를 통해 전래된 외래문화는 당나라의 경제와 물질생활을 더욱 풍부하게 하였다. 동시에 중국 제지술(製紙術)과 인쇄술의 서방 전래도 서구의 문화에 큰 영향을 끼쳤다.

셋째, 서역을 통해 전래된 문화와 당나라의 문화는 하나로 융합되었고 다시 동아시아에 전파되었다. 당나라의 문자와 음식, 복식, 음악, 유학, 종교, 법률, 건축, 서법(書法), 문학, 습속은 우리나라와 일본에 지대한 영향을 남겼다.

당시에 장안은 세계에서 가장 큰 국제화된 도시였다.

2. 불교와 도교

불교가 후한 초기 중국에 전래된 이후, 위진(魏晉) 시기에 착근(着根)하였으며, 남북조 시대에 크게 확산되었다. 그러나 중국의 전통적 관념과 배치되는 모순(矛盾)이 점차 첨예하게 대립하였다. 북조(北朝) 시기에 불교는 황권(皇權)과 동일시되면서 도교와 대립하였는데, 결국 위(魏) 태무제(太武帝)와 북주(北周) 무제(武帝) 때 불교는 크게 탄압을 받았다.

두 차례 탄압을 통하여 4만여 개 불교 사원이 철폐되었고, 3백만 명의 승려가 환속하였으니 불교로서는 심각한 타격을 입었다.

그러나 진시황의 분서갱유(焚書坑儒)가 유학을 멸절(滅絶)시키지 못했던 것처럼, 북조의 국가권력에 의한 불교 탄압으로 민간에 퍼진 불교를 없앨 수 없었다.

마치 칼로 물 베기(추도단수抽刀斷水)처럼 목적을 이룰 수 없었고, 그래서 수(隋)의 건국과 함께 불교는 다시 확산되었다. 수 문제(文帝) 재위(981-604) 20여 년에 전국에서 5천여 불사(佛寺)가 건립되었고, 불상 60여만 좌(座)가 조성되었으며, 승려가 23만여 명이나 되었다.

양제(煬帝) 또한 불교를 숭상하였고, 양제의 양주(揚州) 순행(巡幸)에 많은 승려와 비구니는 물론 도사(道士)도 수행하였다. 수나라가 멸망하고 당이 건국되자, 중국 불교에 황금시대가 도래하였다.

(1) 도교의 성립

도교는 중국의 민간신앙과 결합하여 중국에서 발생했고, 중국인들에게 가장 친근한 - 물론 신자도 가장 많은 - 종교라 할 수 있다. 도교는 불교보다도 늦게 형성되고 발전한 종교이다. 따라서 도교가 불교의 영향을 받은 것을 누구나 인정한다.

중국 고대의 귀신과 원시종교의 여러 관념, 방사(方士)들의 신선사상, 도가의 철학이 도교의 근원이라 할 수 있다.

후한(後漢) 순제(順帝, 서기 126－144 재위) 때, 장릉(張陵)이 오두미도(五斗米道)를 만들면서 노자(老子)를 교조(敎祖)로,《노자도덕경(老子道德經)》을 주요 경전으로 삼은 것이 도교의 시작이다. 후한 말 장각(張角)은 태평도(太平道)를 만들어 부적과 주문으로 병을 치유할 수 있다며 황건적(黃巾賊)의 난을 일으켰다.

도교의 철학적 이론 바탕은 노자와 장자의 노장사상이고, 거기에 중국인들의 여러 토속신앙과 음양오행설(陰陽五行說) 등이 융합된 종교라 할 수 있다. 이러한 도교는 위진남북조 시대에 종교로서의 기틀을 다지게 된다.

동진의 갈홍(葛洪, 283－363)은 연금술을 익히고, 연금술에 관한 저술과 아울러 부수적으로 의학을 연구하였는데, 명저《포박자(抱朴子)》내편과 외편을 저술하여 도교의 이론을 정립시켰다. 그리고 북위의 구겸지(寇謙之)는 교단을 조직하여 도교가 비로소 종교 조직을 갖추었다.

남조(南朝) 송(宋)에서 육수정(陸修靜, 406－477)은 도교의 경전 체계를 확립하면서 도교의 제천의식인 초제(醮祭)의 틀을 마련하여 도교의 발전에 기여하였다. 도교는 이후 여러 분파로 갈리면서 발전하지만 일반적으로 도교의 사원을 도관(道觀), 그리고 도교의 성직자를 도사〔道士, 여성일 경우 도고(道姑)〕라 부른다.

《노자도덕경》은 그 내용이 5천 자 정도여서《노자오천언》또는 《노자》, 《도덕진경(道德眞經)》 등 여러 가지로 불리운다. 전한 하상공(河上公)이 쓴 《노자장구(老子章句)》는 모두 81장으로 되어 있는데, 전반 37장을 도경(道經), 후반 44장을 덕경(德經)이라 한데서 통칭 《도덕경》이란 말이 나왔다고 한다.

《노자도덕경》은 본시 진(秦) 이전에 성립된 도가의 주요 저술인데, 도교에 의해 경전으로 받들어지기는 오두미도에서 모든 이에게 읽기를 권장한 데서 시작되었다고 한다.

《도덕경》의 중심 사상은 도(道)이다. 이는 도교 신앙의 핵심이며, 도교의 교의나 신선술 모두가 도에서부터 출발한다. 노자가 도라는 철학 범주를 언급한 것은 우주 본원을 탐색하기 위한 것이었고, 또 노자 자신도 그 문제의 해답을 제시하고 있다. 물론 그 해석이나 해답 자체는 매우 추상적이다.

《노자도덕경》의 첫 귀절은 '도를 도라 할 수 있는 것은 변함없는 도가 아니고, 이름을 붙일 수 있는 이름은 변함없는 이름이라 할 수 없다(道可道 非常道 名可名 非常名).'로 시작된다. 이는 진정 최선의 도란 어떻게 표현할 수 없는 것이고, 다만 그 존재만 알 수 있는 것이란 뜻으로 이해할 수 있다. 이는 퍽 신비주의적 기운이 농후한 표현이라 생각된다. 이어서 도란 '현묘하고도 또 현묘하여 모든 묘함의 출입문이라 할 수 있다' 고 하였다(《玄之又玄 衆妙之門, 노자도덕경》 제1장).

여기서 '玄之又玄(현지우현)'은 도의 불가사의한 기능을 표현한 말이라 할 수 있다. 우주 삼라만상의 모든 변화와 다양성의 근원이 도이고, 도의 형상은 캄캄한 깊은 골짜기처럼 현묘한 모습인데, 그런 현(玄)에서 모든 만물이 생성하고 또 변화하며 질서가 만들어지니, 그 현이야말로 모든 변화가 들고나는 출입문이라는 것이다.

노자가 말하는 도란 구체적으로 무엇인가? 정신적인 것인가? 아니면 물질적인 것인가? 이것은 2천여 년간 계속되어온 논제였다.

사실 도의 개념은《노자도덕경》그 자체 내에서도 일치하지 않는다. 때로는 주관적인 정신을 뜻하고 어떤 때는 물질을 의미하지만, 심원하고 현묘하며 모든 것의 근원 내지 바탕이라는 개념은 도교 이론가들에게 수용되어 도교의 가장 중요한 핵심이론이 되었다.

(2) 노자의 지위

당나라에서는 노자(老子)[201]를 받들고 신격화하였다. 노자는

---

201 老子 -《史記 老子韓非列傳》에 의하면, 노자는 楚나라 苦縣(고현, 今 河南省 동부 周口市 관할 鹿邑縣) 사람으로, 주 왕실의 守藏室史(도서관장 格)를 역임했다. 일찍이 공자가 노자를 찾아가 禮에 대해 물었다고 했으니, 노자는 공자보다 나이가 많았던 것 같다. 공자는 노자를 매우 존경하였고, 노자를 만나본 뒤 마치 龍과 같

당나라 황실의 '성스러운 조상(聖祖)'이며, '최고의 어른이신 하늘의 황제(太上玄元皇)'로 책봉되었다. 곧 노자는 당나라의 호국신(護國神)이 되었고, 도교의 세력은 크게 확장되었다.

당나라 황실에서는 분명히 정치적 목적으로 노자를 숭상하였다. 수(隋) 말기에 백성들 사이에서는 '양씨는 몰락하고 이씨가 흥성할 것(楊氏將下 李氏將興)'이며, '천도가 바뀌어 노자의 자손의 치세가 된다(天道將改, 將有老君子孫治世).'는 말이 널리 퍼졌다.

이연 부자는 이런 참언을 이용하여 인심을 거둬들이며 세력 확장을 꾀했고 실제적 효과가 있었다. 당조가 건국된 이후 당에서는 노자의 후예(後裔)를 자처하며 황실의 지위를 높이려 하였다. 그러나 이런 계산이 있었지만 도교를 적극 장려하지는 않았다.

고종은 도교를 숭상한 황제였다. 고종은 친히 박주〔亳州, 亳은 땅이름 박. 지금의 안휘성(安徽省) 서북의 박주시(亳州市). 옛 초군(譙郡)〕에 가서 태상노군묘(太上老君廟)를 참배하였고. 태상현원황제(太上玄元皇帝)의 칭호를 올렸고, 노자의 모친을 선천태후(先天太后)라 봉(封)하였다. 그리고 모든 왕공이나 신하들에게 《노자(老子)》[202]

다고 찬탄했다. 그 뒤 周 왕실이 쇠퇴하자, 그는 관직을 떠나 은둔생활을 하려고 했다. 그가 河南 함곡관을 지날 때, 關所를 지키던 尹喜(윤희)는 노자를 맞이하여 글을 남겨달라고 요청했다. 이에 노자는 후인들을 위하여 한 권의 글을 남겼는데, 바로 《老子道德經 / 五千言》이며, 그 뒤 행적은 알려진 바 없다고 한다.

202 《老子》-통칭 《老子道德經》, 今存 2권 81장. 曹魏의 王弼(왕필, 226-249년, 24세로 요절) 역주.

를 학습하라고 명령했고, 전국의 도시를 종정시(宗正寺)에서 관할토록 하여 도사의 지위를 황족 다음으로 끌어올렸다. 이는 순전히 정치적 계산과 목적에 따른 조치였다. 이로써 도교는 온 나라에 빠르게 유포, 발전하였다.

(3) 도교 수련 - 연단

당 현종은 도교를 열심히 신봉하였다. 그래서 현종 때 도교는 크게 융성했다. 도교를 가르침을 따라 수행하는 사람을 도사(道士)라 하고, 도교의 사원을 도관(道觀)이라 했는데, 현종 때 전국에 크고 작은 도관이 1,687개소였다는 기록이 있다.

당대(唐代) 유명한 도사로는 왕원지(王遠知), 반사정(潘師正), 사마승정(司馬丞貞) 등이 유명하였다.

불로장생(不老長生), 곧 무병불사(無病不死)는 고대인의 강한 희망이었다. '불사민(不死民)', '불사국(不死國)', '불사약(不死藥)', '불사초(不死草)' 란 말이 《산해경(山海經)》에 나오고 고대 중국인들은 이것이 존재한다고 믿었다.

고대의 방술(方術)에서 시작된 도교의 수련 방법 중 한 가지인 연단(煉丹)은 단사(丹砂)와 납(鉛), 유황(硫黃)이나 수은(水銀) 등등 광물질을 혼합하여 가열하여 제조한 선단(仙丹)을 복용하여 불로장생하는 것을 외단(外丹)이라 한다.

그리고 송대(宋代) 이후 우리 몸을 하나의 화로와 같다 생각하여 신체 내의 정기(精氣)를 강화하거나, 약물을 복용하거나, 정신을 수양하는 것을 내단(內丹)이라 하는데, 내단과 외단을 포함한 일체의 수련을 연단(鍊丹)이라 하였다.

중국 황제들은 자신이 불로장생하거나 신선이 되기를 희망했고, 그러한 욕구를 알고 있는 도사들은 과학적인 근거도 없는 선단의 제조와 복용을 권장하였다.

진시황은 불로초를 구하려 했고, 한 무제(武帝) 역시 신선이 되어 승천하기를 바랬다. 그러자 도사들은 이러한 황제의 뜻에 영합하며 선단의 제조와 복용을 권했다.

그러나 도사의 권유를 따랐던 황제들은 약물중독으로 목숨을 잃는 경우가 많았다.

(4) 불교와 도교의 대립

1) 불교와 도교의 논쟁

당이 건국되자, 조정에서는 불교와 도교(道敎)를 둘러싼 치열한 논쟁이 일어났다.

먼저 태사령(太史令)인 부혁(傅奕, 555–639)[203]은 불교의 융성이

---

203 부혁(傅奕, 555–639) – 北周, 隋, 唐 三朝에 출사. 당 초기 천문 역법을 담당하는 학자였다. 入官 전에는 道士로, 극렬한 배불론자(排佛論者)였으며, 高祖 재위 중에 太史令이었다.

'백성의 재물을 앗아가고 나라의 재물 비축을 저해한다'면서 전후 승려를 축출하고 탑사(塔寺)를 철폐해야 한다고 7차례에 걸쳐 상주하였다.

이에 불승인 법림(法琳)은 〈파사론(破邪論)〉을 지어 부혁의 주장을 반박하며 논쟁하였는데, 그 논쟁이 5년이나 지속되면서 결국 조정에서도 불교와 도교 정책에 대한 쟁론이 있었다.

조정에서 논의가 시작되자, 재상인 소우(蕭瑀)[204]가 먼저 태사령인 부혁을 지적하며 말했다.

"부처는 성인이고, 아무런 근거도 없이 성인을 비방할 수 없습니다. 부혁은 성인인 부처를 비방하였으니 부혁을 주살하기를 주청합니다."

소우의 어조는 단호하였는데, 당시 법림은 태자 건성(建成)의 지지를 받았고, 법림은 태자를 '호법보살(護法菩薩)'이라 칭송하고 있었다.

부혁은 당시 형세를 잘 파악하고 있으면서도 태연하게 말했다.

"성인(聖人)은 예(禮)를 준수합니다. 예는 재가(在家)해서는 부모를 모시고, 조정에서는 주군(主君)을 받드는 것입니다. 그러나

---

204 소우(蕭瑀, 575-648. 字는 時文) - 太子太保, 상서좌복야(尙書左僕射) 등 역임. 능연각(凌煙閣) 24공신의 한 사람.

불교에서는 출가하여 부처만 섬길 뿐 주군조차 섬기지 않으니, 이는 무부무군(無父無君)입니다. 소우는 다른 나라의 신민(臣民)이 아닌데도 이역에서 들어온 사설(邪說)을 받드니, 소우는 자신이 바로 무부무군을 실천하고 있습니다. 그런 소우가 어찌 조정에 충성을 다하겠습니까?"

부혁의 준엄한 주장에 소우는 할 말이 없이 고개를 수그린 채 "반불(反佛)하면 죽어 지옥에 떨어지는데!"만을 혼자 되뇌었다.

그러나 조신들은 소우에 동조하였고, 부혁의 주장에 동조하는 사람은 거의 없었다. 그런데도 고조는 부혁의 주장을 받아들이며, 금불(禁佛)하라는 조령을 반포하게 준비하라고 명령했다. 그러나 바로 그럴 즈음에 바로 현무문(玄武門)의 변(變)이 발생하였고, 고조는 전위(傳位)해야만 했다.

태종은 즉위한 뒤에 부혁을 불러 말했다.

"불리(佛理)는 매우 심오하다. 그리고 부처의 품덕을 배울만한 가치가 있으며 인과응보(因果應報)의 주장은 매우 영험하니 믿지 않을 수 있겠는가?"

그러자 부혁이 대답하였다.

"숭불(崇佛)과 사승(事僧)이 백성에게는 아무런 도움도 되지 않습니다. 그리고 국가에도 이점이 없습니다."

그런 주장에는 태종도 어느 정도 수긍하였다.

2) 노자 존중

당초 위진남북조 이래로 세족문벌(世族門閥)의 정치세력은 치명적 타격을 입었지만, 그래도 사회 관습적으로 문벌 세력은 여전히 막강하였다. 당 태종이 막강한 군사력을 가잔 관농(關隴) 집단[205]이라는 배경이 있었지만, 문벌을 따지자면 산동세족(山東世族)에는 비할 바가 못되었다. 그래서 보이지 않는 경시(輕視)를 당했기에, 태종은 자신의 가문을 높이는 방법으로 도교에서 떠받드는 '노자(老子, 李耳, 字는 聃, 聃은 귓바퀴 없을 담, 前 571 – 471?)'를 가문의 선조(家祖)로 인정하며 노자를 존숭하였다. 그리하여 나라나 관청의 모든 행사나 의식에서 도교와 함께, 도교의 성직자인 도사(道士)와 도고(道姑, 여자 도사)를 불승(佛僧)이나 비구니보다 우대하도록 조령(詔令)을 내렸었다.

그리고 수조(隋朝)에서는 불교와 도교를 동등하게 대우하였지만, 그래도 불교가 우세했었다. 그러나 당에서는 도교가 우선이었고 다음에 불교였기에, 도교에 대한 불승의 반대와 비방이 많

---

[205] 관(關)은 섬서성(陝西省)을 지칭하는 지역 명칭이고, 농(隴)은 감숙성(甘肅省) 지역을 의미하는 글자이다. 곧 長安 서쪽과 감숙성(蘭州, 天水, 酒泉 …) 지역에 거주하던 한인 귀족과 선비 귀족이 혼인으로 맺어진 집단을 관농집단이라 지칭하였고, 이들이 서위(西魏)와 북주(北周)를 통치했다. 이러한 전통은 隋 文帝 양견(楊堅)이나 唐 高祖 이연(李淵)에 이어졌는데, 곧 한인과 선비족의 결혼으로 형성된 이들이 수와 당을 지배하였다는 주장이다.

왔었다.

수당에 앞서 남조(南朝) 양(梁, 존속 502–557)나라의 화가 장승요(張僧繇)는 술 취한 승려 그림(〈취승도(醉僧圖)〉)을 그려 불승의 타락을 조롱하였다. 이를 걱정하던 불승들은 거금을 모아 당시 유명한 화가 염입본(閻立本)에게 술취한 도사 그림(〈취도도(醉道圖)〉)를 그리고, 이를 곳곳에 배포하여 도사의 행태를 비난하였다. 이런 저런 이유로 불교와 도교의 대립과 모순은 더욱 격화되었다.

태종의 도교를 우선한다는 조령에 많은 불승이 궁궐 앞에 모여 시위 또는 항의하는 일도 많았다. 앞서 말한 승려 법림은 태종을 알현하며 이씨 황실의 연원에 대하여 두 갈래가 있다고 말했다.
그 하나는 대군(代郡) 북쪽의 이씨로, 이들은 선비족(鮮卑族) 탁발부(拓跋部)의 후손이고, 다른 한 갈래는 관농의 이씨, 곧 노자를 배출한 이씨이며 지금 황실의 선조라는 주장을 폈다. 그러면서 노자의 부친은 거지(걸개乞丐)에 절름발이였고 귀바퀴(이타耳朶)도 없었으며, 한쪽 눈은 실명한 사람이라서 72세가 될 때까지 아내도 없었는데, 마을의 늙은 계집종과 사통하여 아들을 하나 얻었으니, 그 아들이 이담(李聃) 곧 노자라고 설명하였다. 그러면서 법림은 관농의 이씨가 아닌 대군(代郡), 곧 선비족을 조상으로 삼아야 더 영광이라는 뜻을 말했다.

그러자 태종은 대노하면서 황실의 조상을 비방하고 황제를 폄훼했으니 주살하지 않을 수 없다고 말했다.

그러면서 태종이 말했다.

"너는 불경을 읽고 관음보살을 외우니 칼도 너를 해치지 못할 것이다. 내가 7일간 말미를 줄 것이니 열심히 부처를 불러 네 몸을 살리도록 하라."

옥에 갇힌 법림은 눈앞이 캄캄하였다. 관음보살을 칠칠사십구 일 간을 외운들 어찌 칼날을 피할 수 있겠는가?

7일 날짜가 지나가 태종이 사람을 보내 물었다.

"너는 네 목숨을 살릴 방법을 찾았는가? 관음보살이 네 몸을 지켜줄 영험이 있을 것 같은가?"

그러자 법림이 말했다.

"저는 이레 동안 관음보살을 외우지 않고 오직 폐하의 가피(加被)만을 빌었습니다."

이를 전해 들은 태종이 다시 사람을 보내 물었다.

"내가 관음보살을 외우라고 명령했거늘, 왜 나를 부르고 외웠는가?"

"폐하의 공덕이 아주 높으시니, 폐하께서 바로 관음보살이십니다. 그래서 저는 폐하의 가호만을 빌었습니다."

결국 법림은 태종의 사면을 받아 풀려났다. 그러나 먼 지방의 절로 유배 가는 도중에 병사하였다.

태종은 노자를 선조로 받들며 불교보다 도교를 우대하였지만 불교에 대한 어떠한 탄압도 없었다.

3) 현장의 구법 활동

현장〔玄奘, 602-664, 속성(俗姓) 진(陳), 이름은 의(禕). 奘(클 장)〕은 중국 불교의 법상유식종(法相唯識宗)을 개창한 승려이다. 보통 삼장법사(三藏法師)로 알려졌으며 불경 번역에 공헌하였다. 그의 구술을 바탕으로 쓰여진 여행기《대당서역기(大唐西域記)》를 남겼다.

현장은 중국 고전소설《서유기(西遊記)》의 모델이 되었다. 소설 속의 삼장법사는 우유부단하고 줏대도 없으며, 좀 모자라는 캐릭터이나 손오공은 명철하고 용감하다.

현장(玄奘) 〈출처: 위키백과〉

그러나 실제 현장은 13세에 출가한 이후 군센 의지와 확실한 실천에 촌음(寸陰)을 아껴 열심히 탐구하고 실천하는 법사였다.

현장의 학식이 진보 향상되면서, 현장은 경전과 스승으로부터 전해온 교의(敎義)나 해석에 차이가 많고 불경 체계가 마구 뒤섞였으며, 번역(飜譯)의 오류가 많아 신뢰할 수 없다는 사실을 알았다.

이에 옛날 동진의 법현(法顯)[206]처럼 서쪽 천축국(天竺國)에 가서 본래의 불경을 연학(硏學)하여 의혹을 풀고 더 많은 불경을 얻어와야 한다고 결심하였다.

태종(太宗) 정관(貞觀) 3년(629), 28세의 현장은 몇 사람의 동료와 함께 조정에 나아가 서쪽으로 가서 불경을 구해오겠다고 주청하였다. 그때는 서역(西域)[207]은 안정되지 않았다 하여 태종은 허

---

[206] 법현〔法顯, 337－422, 俗姓 龔氏(공씨)〕－東晉과 劉宋의 高僧, 돈황(燉煌, 크게 융성한다는 의미)과 서역을 거쳐 파미르고원〔蔥嶺(총령)〕을 지나 북인도에 들어갔다. 법현은 중천축(中天竺)에서 3년을 머물며 범어(梵語)를 학습하고 인도의 동남쪽으로 나아갔으며 나중에 사자국(獅子國, 斯里蘭卡 스리랑카)에 들어가 다시 2년을 머무르고 여러 경전과 불화(佛畫)를 구하여 의희(義熙) 8년(412) 해로로 귀국길에 올라 지금의 山東省 靑島市에 도착했다. 귀국 후 建康(今 南京市)에 머물며 불경을 한역(漢譯)했다. 그 여행기로《法顯傳 / 佛國記》를 남겼다.

[207] 서역(西域)의 域은 國과 상통한다. 漢代의 서역은 돈황(燉煌)의 서

락하지 않았다. 그러자 현장의 동료들은 두려워하며 뒤로 빠졌지만, 현장은 홀로 의연히 장안을 떠나 서쪽으로 행했다.

현장은 하서주랑(河西走廊)²⁰⁸을 따라 서북쪽으로 나아가, 난주(蘭州)를 지나 양주〔涼州, 지금의 감숙성(甘肅省) 무위시(武威市)〕에 도착하였다. 당시 양주도독(涼州都督)은 현장의 서행(西行)을 허락하지 않으며, 장안으로 되돌아가라고 명령했다.

현장은 단호히 거절하며, 밤을 틈타 몰래 빠져나가 결국 옥문관(玉門關)을 지나 황량한 사막과 같은 8백 리 서역에 들어섰다. 길가에 뒹구는 인골과 말똥을 찾아 그곳이 길이라 생각하며 서쪽으로 나아갔다.

현장은 5년간 온갖 고생을 다하면서 구사일생으로 천축〔天竺,

쪽에 있는 관문인 옥문관(玉門關)과 양관(陽關)의 서쪽 지역을 지칭한다. 협의의 서역은 서역도호부(西域都護府)의 관할 지역이고, 廣義의 서역은 협의의 서역과 연관 있는 지역 모두를 포함한다. 반고(班固)의 《한서 서역전》 상권에는 28국, 하권에 25국, 총 53국에 대하여 국명과 거리, 호구, 군사, 관제, 물산 등을 설명하였다.

208 하서주랑(河西走廊) — 중국의 서북에서 동남 방향으로 이어지는 타리무(塔里木, 타림) 분지와 농서(隴西) 지역의 좁고도 긴 평원. 중국 관중 지역에서 서역으로 갈 때 반드시 지나가야 하는 황하(河) 서쪽(西)의 통로(走廊, 廊은 복도 랑). 그 지역에는 석양하(石羊河), 흑하(黑河), 소륵하(疏勒河)의 골짜기와 그 지류가 범람하여 형성된 평원으로 이루어진 땅이다. 그 길이는 동서 약 900km, 폭은 100km 정도이다. 행정구역상 모두 감숙성(甘肅省)에 해당되기에 감숙주랑(甘肅走廊)으로도 불린다.

신독(身毒), 인도(印度)에 대한 옛 명칭)에 도착하였다. 당시 인도는 동천축, 서, 남, 북, 중(中)의 5개 천축국으로 나누어져 있었다.

현장은 32세(633)에, 중천축 마게타국(摩揭陀國)의 나란타사(那爛陀寺)에 도착했다. 그 사찰은 천축 불교의 최고 학부였고 상주하는 승려가 4천여 명이었다.

현장은 거기에서 5년간 머물면서 불경을 공부했으며, 또 3년간에 5천축국의 각지를 여행하였다. 40세를 넘긴 현장의 학문은 최고봉에 이르렀다. 642년에, 곡녀성(曲女城)에서 열린 천축 불교 학술대회에서 현장의 강론은 명성을 크게 떨쳤고, 현장은 삼장법사(三藏法師)라는 칭호를 받았다. 이후 현장은 천축국에서 당삼장(唐三藏)으로 통칭되었다. 삼장은 불교의 경장(經藏), 율장(律藏), 논장(論藏)으로, 이는 불교 경전의 총칭이다.

이후 현장은 나란타사를 떠나 귀국길에 올랐고, 2년 세월을 거친 정관 19년(645) 6월에 장안에 도착하였다. 현장은 24필의 말과 낙타에 불경과 불상을 싣고 돌아왔다. 귀국 당시 태종은 고구려 원정을 출발하여 이미 낙양을 통과한 뒤였다. 현장은 28세에 출국하여 17년의 연학(研學)을 거치고 44세에 귀국하였다.

귀국 이후 현장은 19년 동안 3경에 취침하여 5경에 일어나며, 밤낮으로 불경 번역에 정진하여, 불경 15부 1,335권을 번역하였다. 현장은 자신이 평생을 바쳐 번역한 불경을 보관하기 위하여 장안 자은사(慈恩寺)에 대안탑(大雁塔, 高 64m)을 건축하였다. 현장은 그간 자신의 견문과 행적을 기록한 《대당서역기(大唐西域記)》

를 남겼다.

이 《대당서역기》는 당시 인도와 네팔(尼泊爾) 파키스탄(巴基斯坦) 뱅골(孟加拉) 지역의 역사 지리 연구의 중요한 자료이다. 현장은 천축국에서 아잔타석굴〔Ajanta Caves, 아전타석굴(阿旃陀石窟), 유네스코 세계문화유산〕도 참견하였다.

현장은 고종 재위 중인 664년에, 향년 63세로 입적(入寂)하였다.

4) 대자은사와 대안탑

대자은사(大慈恩寺)는 지금의 섬서성(陝西省) 서안시(西安市) 안탑구(雁塔區)에 있는 불교 사원이며, 그 절 안에 대안탑(大雁塔, 雁은 기러기 안)이 있다.

대자은사는 장안에 있었던 4개의 역경장(譯經場)의 하나였고, 중국 불교 법상유식종(法相唯識宗)의 본사(本寺)로 무종(武宗)의 대대적인 불교탄압과 폐사(廢寺)에도 살아남은 절이니, 이미 1,400년 가까운 역사를 지니고 있다.

이 절은 수대(隋代)에 무루사(無漏寺)였었는데, 당 고조(唐 高祖) 무덕(武德) 연간에 이미 폐기된 상태였다. 그러다가 태종 정관(貞觀) 22년(648), 당시 태자 이치(李治)가 모친 장손황후(長孫皇后)의 명복을 빌기 위하여 중수 개창하며 대자은사로 개창하였다. 조정에서는 현장법사를 주지로 임명하였다.

대안탑(大雁塔)[209]은 고종 652년에 대자은사의 서쪽 뜰에 있는 벽돌(塼, 벽돌 전)로 지은 4각 전탑이다. 이는 처음에 불경 보관 장소로 지은 탑이라서 최초에는 자은사 탑이었다.

이후 안탑(雁塔)이라 하였는데, 장안 천복사(薦福寺) 내의 소안탑(小雁塔)과 구별하기 위해 대안탑으로 불렀다. 현장법사는 여기서 불경 번역에 전념하였다.

이 탑은 5층의 전탑(높이 180尺)으로 이뤄졌는데, 측천무후 때 고도를 높여 개조하였고, 명 신종(明 神宗) 만력(萬曆) 연간(1604)에, 다시 높여 지금은 7층(194尺) 높이다.

당대 과거에서 진사과 급제자는 관례에 의거 황제가 주최하는 곡강의 연회(曲江宴)에 참석하고 다음에 자은사에 들어가 대안탑에 올라 자신의 이름을 벽에 기록하였다. 때문에 「안탑제명(雁塔題名)」은 '진사과 합격'이라는 뜻으로 통용되었다.

5) 회창의 법난

○ 불교탄압 – 삼무일종(三武一宗)의 법난

중국에서는 남조(南朝) 양(梁)의 소연(蕭衍, 무제, 재위 502–549)과 같이 자신의 몸을 부처에 공양하여, 곧 승(僧)이 되어 국정을 주재하던 극단적인 호불(好佛)의 황제도 있었지만, '삼무일종(三武一宗)의 법난(法難)'이라 하여 대대적인 4차례의 불교탄압이 있

---

209 대안탑(大雁塔) – '기러기(雁)를 묻고, 그 자리에 탑을 세운다.〔埋雁建塔(매안건탑)〕'에서 유래한 명칭이라고 한다.

었다.

삼무일종이란, 북위(北魏)의 태무제〔太武帝, 탁발도(拓跋燾)〕, 북주(北周)의 무제〔武帝, 우문옹(宇文邕)〕, 당의 무종〔武宗, 이염(李炎)〕, 그리고 오대(五代) 후주(後周)의 세종〔世宗, 시영(柴榮)〕을 지칭한다.

- 북위(北魏)의 태무제(太武帝)는 장강 이북의 중국을 통일 지배하면서 처음에는 불교를 신봉하다가 도사 구겸지(寇謙之)[210] 등의 영향을 받아 도교를 신봉하면서, 서기 440년에 연호를 태평진군(太平眞君)으로 바꾸면서 불교를 대대적으로 탄압하였다.

- 북주(北周)의 무제(武帝)는 서기 574년에서 578년까지 5년간 불교를 대대적으로 탄압하였는데, 처음에는 국가의 경제적 손실을 걱정하여 승려의 숫자를 줄이려고 탄압을 시작하였다. 북주 무제는 유불교(儒佛道)의 삼교(三敎) 토론을 통해 유학을 강조하는 국가 정책을 펴려 했었다.

- 당 무종(唐 武宗)의 불교탄압은 회창(會昌) 2년(842)에 시작하여 그가 죽는 846년까지 지속적으로 계속되었다. 이를 특히 무종의 연호를 따서 '會昌法難(회창법난)'이라 불교탄압 중 가장 폐해가 컸다고 한다.

---

210 구겸지(寇謙之, 365 – 448) – 天師道를 개창. 도교의 교단을 조직함. 최호의 도움으로 太武帝의 國師가 되었다.

● 오대(五代) 시대 후주(後周, 951-960년 존속)의 세종(世宗, 재위 954-959)은 부세(賦稅)와 병역 자원의 확보를 위하여 현덕(顯德) 2년(955)부터 사원을 정리하면서 승려를 환속시켰다.

○ 무종(武宗)의 멸불책(滅佛策)

당조(唐朝)는 도교를 국교(國敎)로 삼았었다. 고종은 노자를 태상현원황제(太上玄元皇帝)라고 추존했다. 그러나 고종(高宗), 무측천(武則天), 중종(中宗), 숙종(肅宗), 덕종(德宗), 헌종(憲宗), 의종(懿宗)과 희종(僖宗)의 8명 황제는 불사리(佛舍利, 佛骨)를 맞이하거나 참배 공양하였는데, 그런 행사를 할 때에는 온 나라가 들썩거렸다고 한다.

그러나 불교가 융성하면서, 농민이 승려가 되어 국역(國役)을 회피하고, 사원의 토지에 대해 과세를 할 수 없어 국고 손실이 많다는 이유로 폐불을 주장하는 논의가 그치지 않았다.[211]

무종이 즉위하는 회창(會昌) 원년(841)에, 전국에 4만여 개소의 크고 작은 불사(佛寺)가 있어 엄청난 토지를 소유하고 있었으니, 그런 승려를 '부귀화상(富貴和尙)' 또는 '공문의돈(空門猗頓)'[212]

---

211 한유 - 憲宗 元和 14년(819), 황제가 봉상(鳳翔)의 法門寺에 가서 석가의 사리(舍利)를 장안에 영접하려 하자, 한유는 이를 반대하는 〈諫迎佛骨表(간영불골표)〉를 올려 불교 숭상과 폐단을 극간하다가, 今 廣東省의 潮州刺史로 폄직을 당하였다.

212 공문의돈(空門猗頓) - 空門은 佛門. 의돈(猗頓, 생몰년 미상)은 魯國

이라 불렀다.

공문(空門)은 만사개공(萬事皆空)을 주장하는 불문(佛門)이고, 의돈(猗頓, 생졸년 미상)은 본래 노국(魯國)의 빈한한 서생(書生)으로 끼니를 잇기도 어려웠다. 그는 도주공(陶朱公) 범려(范蠡)를 찾아가 경상(經商)의 도(道)를 물었다. 그러자 범려는 속부(速富)가 되고 싶다면 목축을 하라고 말해주었다. 그래서 그 서생은 의지〔猗氏, 지금의 산서성(山西省) 임의현(臨猗縣)〕로 옮겨 우양(牛羊)을 길렀고, 십 년만에 거부(巨富)되었다. 그래서 사람들은 그를 의돈이라고 불렀다.

당시 불교사원의 융성과 비축한 재부를 보고 당시 사람들은 천하 재물의 7, 8은 부처의 재물이다(十分天下之財而佛有七八).' 라고 말했다.

그 시기에 불사의 융성과 승도(僧徒)의 폭증과는 반대로 국고는 나날이 말라갔고, 군비는 해마다 늘어났다.

문종이 당시 재상에게 말했다.

"옛날에 농부 한 명이 3명을 먹여살렸지만, 지금은 농부 한 명에 승려와 군사가 더 붙어서 5명을 먹여살려야 한다."

곧 숭불(崇佛)과 전쟁은 농민에게 재난 이상의 고통을 주었다. 그러니 호불(好佛)의 군주였던 문종(文宗, 827－840)조차 불교 융성

人, 戰國時期의 富商. 목축으로 떼돈을 벌었다.

에 따른 폐단을 잘 알고 있었다.

무종(841-846)이 즉위하는 841년에, 전국 민호(民戶)가 210만 호였는데 승려가 26만 명이었고 모든 사찰이 수천 내지 수만 무(畝)의 토지를 차지하며 그들 나름대로 독립적 경제체제를 구축하였고, 또 사원마다 자체 승병(僧兵)을 양성 보유하였다. 이에 사원에 대한 토지에는 부세를 징수할 수도 없고, 또 승병을 국가에서 통제나 동원할 수도 없었다.

무종은 처음부터 도교를 깊이 신봉하고, 도사(道士)들을 좋아하며 각종 도교 행사를 궁중에서 열기도 하였다. 당시 재상 이덕유(李德裕) 등이 불법(佛法)을 혐오했었는데, 황제와 재상의 합작으로 불교를 탄압하였다. 불교 4,600여 사원을 폐쇄하였고, 불교 관련 시설 4만여 곳을 파괴하였으며 승려 26만 명 이상을 환속(還俗)시켰다.

이런 불교탄압이 진행되었지만 불교의 싹을 완전히 없앨 수는 없었다. 장안과 낙양에는 몇 개소의 불사를 그대로 존치했고, 매주(州)에도 1, 2개소의 불사를 살려주었다. 거기에 대사(大寺)에 20명, 중급에 10명, 작은 절에는 5명까지 화상의 거주를 허용하였다.
이후 불교 세력은 위축되었지만 당이 멸망하고 오대(五代) 시절에 후량(後梁)에서 후한(後漢, 건국자 유지원, 존속 947-950)에 이르는 동안 불교는 점차 세력을 회복하였다. 그러다가 후주(後周, 건국자 곽위 존속, 951-960)의 세종(世宗, 재위 954-959)은 불교를 대대적으로 탄압하였다.

3. 과학의 발달

(1) 건축 – 조주의 석교

하북(河北) 지역 민요 〈소방우(小放牛)〉에 조주(趙州)의 돌다리 (石橋)[213]가 나온다.

〈잠깐 소를 풀어놓고〉	〈小放牛〉
조주의 다리를 누가 놓았나?	趙州橋什麼人兒修
옥석의 난간에 누가 왔었나?	玉石欄杆什麼人留
누가 나귀 타고 다리 지났나?	什麼人騎驢橋上走
강물 위 다리 누가 수레 건넜나?	什麼人推車軋了一道溝

---

[213] 조주교(趙州橋, 安濟橋) – 河北省 남부 石家莊市 조현(趙縣) 남쪽의 효하(洨河, xiáo hé)에 돌로 지어진 아치교(石拱橋, 일명 大石橋). 隋代 걸출한 공장(工匠)인 이춘(李春, 생몰, 사적 미상)이란 사람이 양제(煬帝) 大業 6년(605)에 완공했다.

조주의 석교는 노반이 놓았고,	趙州石橋魯班修
석의 난간엔 성인이 머물렀지.	玉石欄杆聖人留
장과로 나귀 타고 다리 지났고,	張果老騎驢橋上走
시왕은 수레 타고 강을 건넜다.	柴王爺推車軋了一道溝

현지에 전해오는 전설에 의하면, 노반(魯班)[214]이 석교를 다 지었을 때, 신선 장과로(張果老,張果)[215]가 작은 나귀 등에 뒤로 돌아

---

214 노반(魯班, 前 507년-?) - 희(姬)는 姓, 공수씨(公輸氏), 名은 班, 公輸盤, 公輸般. 春秋 末葉, 최고의 기술자. 중국 工匠의 祖師. 魯에서 출생, 활동, 만년에는 歷山(今 山東省 濟南市, 一名 千佛山)에 은거했다. 사다리, 톱, 목수용, 먹줄통, 우산 등을 발명했다고 한다. 모든 목수, 미장이는 물론 광대들에게도 존경받는 최고의 기술자. 각지에 魯班殿 또는 노반묘(魯班廟)가 존재한다. 최고의 전문가 앞에서, 達人 앞에서 어설픈 기량을 자랑하지 말라는 뜻으로 아래와 같은 속담이 있다.
「노반의 집 앞에서 도끼를 들고 솜씨 자랑하다(魯班門前弄大斧).」
「공자 집에 와서 효경을 읽다(孔子門前讀孝經).」「공자 집 문 앞에 와서 시문을 팔다(孔子門前賣詩文).」(공자 앞에서 문자 쓰기)「공자 앞에서 三字經을 외우지 말라(孔夫子面前莫背三字經).」

215 장과로(張果老) - 당나라의 도사였고, 이름은 장과(張果)였다. 늙을 노(老)자는 후세 사람들이 존칭으로 붙여준 것이다. 당 초기에 그는 장생비술(長生秘術)에 의해 이미 수백 세(?) 된 신선이었다. 당 현종의 사자가 그를 찾아가 입조(入朝)하라고 권하자, 장과로는 '나는 요(堯)임금 때인 병자(丙子)년에 태어났고, 벼슬은 시중(侍中)이었다.'고 말했다.《新唐書》「方伎傳」)
장과로의 말대로라면, 그는 그 당시에 이미 1300년을 살았다고

앉아 타고 다리로 다가왔다. 이어 뒤에는 시왕야〔柴王爺, 시영(柴榮)〕도 수레를 타고 나타났다.

　신선 장과로(張果老)와 시영(柴榮, 시왕야, 오대 후주의 세종, 재위 954–959) 두 신선은 그 다리가 얼마나 튼튼한지 시험해 보려고 했다. 장과로는 자신이 차고 다니는 주머니에 태양과 달을 넣었고, 시영은 수레에 오악 명산(五嶽 名山)을 얹었다. 두 신선의 나귀와 수레가 동시에 지나가니 다리가 약간 흔들렸다. 노반은 급히 다리 아래로 내려가 두 손으로 다리를 받쳤다. 물론 다리 위에는 당나귀 발굽 자국과 수레바퀴의 홈이 남았고 다리는 무사했다고 한다.

　중국인들은 이 석교를 세계 교량 건축사에서 최초의 아치 교량이라고 자랑한다. 교량이 워낙 튼튼하고 특별한 구조이기에 거기에 이런 전설이 만들어진 것은 탓할 필요가 없다.

　교량은 교각(橋脚)이 없는데, 교량 공간의 길이는 37m이고, 교량의 둥근 모양 상판의 남북 길이는 50.82m이고, 상판의 폭은

볼 수 있다. 그러나 요임금 때에 시중이라는 관직은 없었다. 장과로의 이런 이야기는 당시 현종의 총애를 받던 섭법선(葉法善, 葉은 성씨 섭)이란 도사의 입을 통해 더욱 황당해졌다고 한다. 섭법선은 '혼돈(混沌) 초기에 하얀 박쥐의 정령'이 장과로란 신선으로 변했다고 했다. 도교 측의 이런 설명을 듣고 그것을 믿는 사람이야 없겠지만, 허풍치고는 대단한 허풍이라고 할 수 있다.

9m이다. 아치 석교의 양쪽에는 다시 2개씩 작은 아치를 만들었는데, 이는 홍수로 교량이 넘칠 때 배수구 역할로 교량에 가해지는 압력을 상쇄하는 구조이다.

교량은 전체적으로 매우 안정되고 아름다운 모습이다. 현재 공학적 계산으로 이 교량은 700톤(噸)의 무게를 받을 수 있다고 한다.

또 이 교량의 남북은 점토질에 가까운 토양으로 별다른 내진(耐震) 설계가 없는데도, 1966년의 7.2의 강진에도(진앙은 조주교로부터 40km) 전혀 흔들리거나 변형이 없었다고 한다.

(2) 의학

중국에서 의원(醫員)의 사회적 지위는 낮았지만 인간의 생명을 다루기에 명의는 세인(世人)의 존경을 받았다. 편작〔扁鵲, 前 401-310년, 성(姓)은 진(秦), 이름은 월인(越人), 편작(扁鵲)은 작호(綽號)〕은 전국시대의 명의(名醫)이다.

화타(華佗, 145-208)와 동봉(董奉), 장중경〔張仲景, 150-219년, 이름은 기(機), 자(字)는 중경(仲景)〕을 '(후한) 건안 삼신의(三神醫)'라 칭한다. 또 전설상의 편작(扁鵲), 후한의 화타(華佗)와 장중경(張仲景), 명조(明朝)의 이시진(李時珍)을 고대 4대 명의라고 부른다. 송대 이후 의원(醫員)의 스승을 보통 편작(扁鵲)이라 통칭했다.

1) 명의 손사막

손사막(孫思邈, 581 – 682. 邈은 아득히 멀 막)은 많은 고사(故事)와 함께 잘 알려진 명의이다.

손사막은 북조의 서위(西魏)에서 출생하였는데, 뒷날 북주(北周)의 원로(元老)인 독고신(獨孤信)은 손사막을 성동(聖童)이라 불렀다. 손사막은 어려서 몸이 허약하였는데, 18세에 의학 공부에 뜻을 두었고 큰 성공을 거두었다. 손사막은 백가(百家)에 두루 통했는데, 특히 노자(老子)와 장주(莊周, 장자)에 밝았고 음양의 이치에도 달통하였다.

손사막(孫思邈) 〈출처: 위키백과〉
당대(唐代)의 명의 손사막(孫思邈)

손사막은 저명한 의원이라서 약왕(藥王)으로 불리고, 유명한 도사(道士)로 도교에서는 손사막을 '천의묘응광원선제진군(天醫妙應廣援善濟眞君)'이라 호칭하며 의신(醫神)으로 받든다.

'노화순청(爐火純靑)'이라는 성어가 있는데, 이는 도가(道家)에서 연단(煉丹)이 완성될 무렵에, 그 화로에 순청(純靑)의 불꽃이 나타난다는 뜻이다. 이는 학문과 기술, 공부가 완성될 경지에 도달했다는 뜻이다.

북주(北周)의 선제(宣帝)와 정제(靜帝), 수의 문제(文帝)와 당 태종과 고종 등이 손사막에게 관작을 수여하려 했지만 손사막은 모두 거절하였다. 손사막은 당 태종의 어의(御醫)가 되었고, 고종 상원(上元) 원년(674)에 칭병하며 산중에 숨었다. 이후 고종 영순(永淳) 원년(682)에 죽은 것으로 알려졌다.

전설에 의하면, 손사막은 사람의 뼈가 목에 걸린 호랑이를 치료해 주었고, 그 뒤에 호랑이는 손사막의 시자(侍子)가 되었다고 한다.

손사막은 어느 날 길에서 4인이 메고가는 작은 목관에서 떨어지는 핏물을 보았다. 손사막은 목관 뒤를 따라가는 노파에게 관의 시신을 보여달라고 말했다. 노파는 며느리가 출산 중에 죽었다고 말했다. 손사막이 진맥하니 가늘지만 아직 맥이 뛰고 있었다. 손사막은 경혈(經穴)을 찾아 침(針)을 놓았다. 이어 여인의 얼굴에 화색이 살아났고 눈을 떴다. 손사막은 태아를 받아냈다. 손사막의 침술로 두 생명을 구했다.

이를 본 주변 사람들은 손사막을 '사람을 살리는 신선(活神仙)'이라고 불렀다.

손사막은 어느날 배가 산처럼 커진 환자를 만났다. 손사막이

볼 때 요도가 막힌 배뇨장애 환자였다. 손사막은 가는 실파(細蔥) 줄기를 삽입하여 소변을 빼내어 사람을 살렸다.

또 어느날, 거한 두 사람이 서로 주먹질을 했는데, 한 사나이가 눈을 얻어맞아 익은 복숭아(桃)보다 더 크게 부어올라 오래도록 가라앉지 않는다는 환자를 보았다. 손사막은 개울에서 흔히 볼 수 있는 말거머리(마황螞蟥)를 잡아다가, 부어오른 환부에 붙여 피를 빨아먹게 하였고, 환자는 씻은 듯 나았다.

그리고 곡식의 껍질(왕겨)이나 밀기울(맥부麥麩)로 각기병(脚氣病)을 치료하는 방법을 알아냈고, 동물의 간장(肝臟)으로 야맹증(夜盲症)을 치료하였는데, 이런 치료는 오늘날에도 과학적 원리에 합당한 대중(對症) 의학으로 인정받고 있다.

이렇듯 손사막은 의학 서적에 기록된 처방이 아닌 생활에서 얻을 수 있고, 처분할 수 있는 치료법으로 많은 사람을 살렸다.

손사막은 의생(醫生)으로서 모든 환자를 똑같이 보았고, 똑같은 열성으로 치료하였다. 신분이나 빈부, 한인(漢人)이건 이민족을 막론하고 똑같이 치료하였으며(一視同仁), 원근과 한서(寒暑), 광풍이나 폭우를 불문하고 왕진을 다녔다. 자신을 찾아온 환자에게 숙식을 제공하였으며, 백계천방(百計千方)과 자비로 조조석석(朝朝夕夕)으로 십 년을 하루처럼 변함없이 치료하였다.

손사막은 일찍이 대의(大醫)의 정성(精誠)을 실천하였으니, 여기 정(精)은 의술의 고심(高深)이고, 성(誠)은 고상한 의덕(醫德)을 뜻했다. 곧 재덕겸비(才德兼備)이고 정성겸득(精誠兼得)이니, 이보다 더 고상한 의원이 누구이겠는가!

손사막은 70을 넘기면서 자신의 의술을 총정리하여 후생을 위한 의서를 편찬하였다. 곧《천금요방(千金要方)》이라 하였고, 1백 세에 다시《천금익방(千金翼方)》을 완성하였다. 익방은 요방에 대한 보충이지만 요방과 익방을 겸하는 것은 새가 두 날개로 날아가는 비익쌍비(比翼雙飛)와 같은 뜻이라 요약할 수 있다.

이 두 권에는 6,500여 개의 약 처방을 정리하였으니, 이는 수당 의학의 총집결이었다. 후세에 이 두 의서는《천금방》이라 불렸다.

(3) 역법

1) 이순풍 - 인덕력

이순풍(李淳風)[216]은 수 양제의 사감관(司監官)으로 천문성상(天文星象)과 역법(曆法) 및 수학에 능통했었다.

어느 날, 이순풍이 태종에게 말했다.

---

216 이순풍(李淳風, 602-670) - 唐朝 초기 관리. 天文學과 數學의 대가. 父親 이파(李播)는 隋朝의 지방관으로 근무하다가 관직을 버리고 도사가 되어 도호를 황관자(黃冠子)라 하였고 〈天文大象賦(천문대상부)〉를 지었다. 李淳風은 젊은 나이에 천태산(天台山, 浙江省 台州市 天台縣 경내. 주봉 華頂山은 해발 1,138m) 도학을 수련하였다. 그리고 隋 煬帝의 司監官이 되었다. 당이 건국한 뒤에 이순풍은 태사령(太史令)이 되었다.

"모월 모일 모시에 일식(日蝕)이 있을 것입니다."

태종이 믿지 못하고 말했다.

"만약 일식이 없다면 어떻게 하겠는가?"

"일식이 일어나지 않는다면, 신(臣)은 주군(主君)을 기망(欺妄)하였으니 죽어 마땅합니다."

태종은 이순풍이 말한 일시를 적어놓았다.

이순풍이 말한 시(時)가 되자, 태종이 말했다.

"시(時)가 되었지만 일식은 없다. 얼른 귀가하여 처자식과 결별하고 형을 받도록 하라."

그러자 이순풍이 말했다.

"아직 1각(刻)이 남았습니다."

그리고 일각을 더 기다리자, 하늘에서는 정확하게 일식이 시작되었다.

이순풍은 어려서부터 많은 책을 두루 읽었는데, 특히 천문과 수학에 대한 탐구가 정밀하고도 깊었다. 이순풍은 태종의 명을 받아 태사령(太史令) 휘하의 관원으로 천문을 연구하였다.

태종이 당시 유행하던 참언(讖言)「唐中弱(당중약), 有女武代王(유여무대왕).」이라는 내용을 묻자, 이순풍은 "무후(武后)가 칭제하고 황족을 몰살할 것이라." 예언했다.

이에 태종이 무비(武妃)를 죽이려 하자, 이순풍이 말했다.

"불가(不可)합니다. 폐하께서 무비를 살려주면 잠시 단절이야

되지만 결과적으로 사직(社稷)은 더 연장될 것입니다. 만약 죽여버리면 결국 남자의 속성으로 변하여 황족은 씨도 없이 사라질 것입니다."

태종은 이순풍의 말에 따랐다.

그런데 이는 사실 여부에 상당한 의문점이 있다. 태백성(太白星)이 낮에 보이면 '여주(女主)가 창(昌)한다'는 참서의 내용은 이때 처음 나온 말이 아니라 그 이전부터 전해온 것이다. 또 황족이 많이 살상당한다는 예측을 태종이 듣고서도 그대로 묵인하고 넘어갔다는 말도 믿기 어렵다.

나중에 무측천이 고종의 황후가 될 때에도 장손무기(長孫無忌) 등이 비기(秘記)의 내용을 근거로 반대했을 것인데, 아무런 반대가 없었다.

결국 이는 측천무후에 의하여 무주(武周)가 건국되고, 나중에 무후가 죽은 뒤에 지어낸 천명론(天命論)이라고 보아야 한다.

이순풍은 관상대의 측정 기구들이 옛날 북위(北魏) 시대의 유물이라 오류가 많아 정확한 관측이 어렵다며 새로운 기구를 만들어야 한다고 주청하였다. 그리고 몇 년의 연구 끝에 〈혼천황도의(渾天黃道儀)〉를 제작하였다.

이순풍은 정관 15년(641)에, 태사령의 부직(副職)인 태사승(太史丞)이 되었다.

이순풍은 조정에서 《진서(晉書)》를 편찬할 때 진서의 〈천문지

〈天文志〉, 〈율력지(律曆志)〉, 〈오행지(五行志)〉를 편찬하였다.

이어 이순풍은 정관 22년(648)에 태사령이 되어 고종 재위 중에도 계속 근무하였다. 고종 인덕(麟德) 2년(665)에 새 역법인 〈인덕력(麟德曆)〉을 제정하여 시행케 하였다.

이순풍은 고종 총장 3년(670), 69세에 죽었다. 이순풍은 《전장문물지(典章文物志)》와 《비각록(秘閣錄)》을 저술하였다. 《신당서(新唐書)》 열전 〈방기전(方技傳)〉 참고.

2) 장수의 대연력

당대(唐代)의 천문학 수준은 매우 높았고 인재도 많았으며, 또 계속 배출되었다.

당나라 천문학에서 가장 유명한 대가는 장수(張邃, 683-727)였다. 하북(河北)의 거록(鉅鹿) 출신이지만 장안에서 생활하였는데, 젊어서부터 천문 역법에 관한 공부를 좋아하였다.

당시 측천무후 시절에, 무측천의 친정 조카인 무삼사(武三思, ?-707)가 조정의 최고 실권사였다. 무삼사는 별다른 재능이나 학식이 없었다. 때문에 자신의 권위나 명성을 높여줄만한 인재가 필요했다. 이에 무삼사는 온갖 방법을(千方百計) 동원하여 장수와 교제하려 했다. 장수는 믿을 수 없는 무삼사가 언제 무슨 짓을 할지 걱정이 되어 숭산(崇山)[217]에 들어가 화상(和尙)이 되었고 법

---

[217] 숭산(崇山, 嵩山) - 河南省 중부, 登封市 서북에 위치한 五嶽 중 중

명을 일행(一行)이라 하였다. 후세에 보통 승일행(僧一行)으로 불렸다.

일행은 불사(佛寺)에 머물며 불경 번역 외에 천문과 역법의 연구에 몰입하였다. 일행은 절강(浙江) 천태산(天台山) 국청사(國清寺)에 수학(數學)에 정통한 불승이 있다는 말을 듣고 먼길을 찾아가 구학(求學)한 다음에, 뒷날 호북(湖北) 당양(當陽)의 옥천사(玉泉寺)로 돌아와 연구를 계속했다.

현종 개원 9년(721)에, 일행은 당시 준용하는 〈인덕력(麟德曆)〉이 천상(天象)과 실제가 불합한 것을 알고 이를 수정한 신력(新曆)을 연구하였다. 일행은 자오선(子午線)을 실측하였고 그에 따라 천문 관측을 위한 의기(儀器)인 황도유의(黃道游儀)와 수운혼의(水運渾儀)를 제작하였다.

황도유의는 일월성신(日月星辰)의 위치와 운행 정황을 관측하

악(中嶽). 少室山과 太室山으로 구분하지만 총 72봉. 최고봉 연천봉(連天峰)은 1,512m. '五嶽之尊이며 萬山之祖'라는 명성을 누린다. '世界地質公園'이며, 유, 불, 도교의 성지라 할 수 있다.
중국인들은 五行 사상과 깊은 연관 지어 五嶽을 꼽고 있는데, 오악이란 東岳으로 山東의 泰山(최고봉 1,533m), 西岳인 陝西省의 華山(2,194m), 中岳인 河南省의 嵩山(숭산, 1,491m), 北岳으로 山西省의 恒山(항산, 2,016m), 그리고 南岳으로 湖南省의 衡山(형산, 1,300m)을 말한다. 이 중에서 泰山은 五嶽의 으뜸(五嶽之長, 五嶽獨尊)으로 옛 이름은 岱山(대산) 또는 岱宗(대종)으로 불리었고, 山東省의 중앙부 泰安市에 자리하고 있으며, 태산의 주봉은 玉皇頂이다.

기 위한 기구였는데, 일행은 이를 이용하여 태양 운행에서 그 운행속도가 균일하지 않다는 사실을 밝혀냈다.

곧 동지 때에는 운행 속도가 빠르고, 하지 무렵에는 운행속도가 가장 느리다는 사실을 증명하였다. 이를 통하여 24절기의 정확한 일자를 추정할 수 있었다.

수운혼의는 흐르는 물의 동력으로 작동하는 혼의(渾儀)인데, 이를 통하여 정확한 시보(時報)를 제공하였다.

개원 12년(724), 일행은 자오선의 길이를 측정하여 자오선의 정확한 1도(度 351.27唐里 = 131.11km)를 측정하였다. 이는 현재 자오선 1도인 110.92km와 차이가 나지만, 당시에 이를 과학적으로 계산한 그의 아이디어와 실천력은 높이 평가받아야 한다.

개원 15년(727), 일행은 새로운 역법인 〈대연력(大衍曆)〉을 처음으로 제정하였다. 그러나 일행은 45세를 일기로 생을 마감하였고, 일행이 죽은 2년 뒤에 〈대연력〉을 정식 채용 실행하였다.

수당의 과학 수준은 그 이선과 비교하면 괄목할 만한 진전이 있었지만, 시가나 문학, 서법(書法), 회화의 눈부신 발전만 못하였다. 때문에 그 연구와 진보가 눈에 띄지 않을 뿐, 결코 과학적 연구와 성과가 침체하지는 않았다.

(4) 역사학

1) 서당의 역사 교과서 - 《통감》

역사는 현실을 비춰볼 수 있는 거울이다.

옛날 우리나라에 서당(書堂)에서도 중국 역사를 공부하였다.

서당의 교육 과정은 보통 《천자문(千字文)》 또는 《삼자경(三字經)》으로 기본 한자를 익히고, 다음으로 《계몽편(啓蒙篇)》 또는 《동몽선습(童蒙先習)》을 읽어 문장의 구조를 배운다. 그리고 보통 《통감(通鑑)》을 배우는데, '통감을 떼면 문리(文理)가 튼다' 고 하였다.

이 《통감》의 정식 명칭은 《자치통감절요(資治通鑑節要)》인데, 북송 사마광(司馬光, 1019-1086)의 방대한 역저(力著)인 《자치통감》의 내용을 간략히 연대순(편년체編年體)으로 재구성한 책이다.

사실 이 《통감절요》도 그 내용은 상당히 많다. 이는 중국 역사에 대한 기본 정리와 함께 재미 있고, 또 문장이 평이(平易)한 편이라서 학동들에게 필수 교육과정이 되었다.

이 《통감절요》를 1/4이나 1/3 정도 읽으면 한문의 문리가 트여, 다음으로 《소학(小學)》, 그리고 《효경(孝經)》과 《대학(大學)》을 뗀 다음에 《논어(論語)》를 읽고 다음에 《맹자(孟子)》를 외웠다.

옛날 시골 어른이 '겨우 《논어》를 읽었습니다' 라고 말했다면, 그는 《논어》 전체를 외우고 있다는 뜻이기에, 그런 말에 대한 답례는 '아! 그러시군요, 학문이 깊으십니다' 라고 하였다.

이는 필자의 경험이었다.

2) 사관 설치

역사 편찬 담당기관인 사관(史館)을 설치한 때는 당 태종 정관 3년(629)이었다. 남북조 시대에는 역사 편찬의 임무는 대개 비서성(秘書省)의 저작(著作) 담당 부서(曹)였는데, '사관(史館)'이라 통칭했다.

태종은 즉위한 지 얼마되지 않아 해결해야 할 정무(政務)가 산적했는데도, 역사 편찬의 중요성을 알고 있었기에 문하성의 부속기관으로 사관(史館)을 설치하고, 재상이 사서 편찬을 감수케 하였다. 이는 현종 개원 연간(713-741)에 중서성(中書省)이 관할하였다.

사관에 근무하는 사관(史官)으로는 4인의 수찬(修撰)이 있었는데, 그중 성실한 연장자를 뽑아 직관(直館)이라 불렀다. 천보(天寶, 742-755) 연간 이후에는 타 직무를 가신 사관(史官)도 수찬으로 불렀고, 처음 입관(入館)하는 사관을 직관이라 불렀다. 헌종(憲宗) 원화(元和) 6년(811)부터는 수찬 중 최고 1인을 판관사(判管事)라 하였다. 다시 애제(哀帝) 천우(天祐) 2년(905)에는 수찬을 수국사(修國史)로 높여 불렀다.

사관(史館)에 근무하는 관리로는 해서수(楷書手) 25인, 전서(典書) 4인 이외에도, 종이를 다루고 책을 제본하는 인원도 있었다.

사관은 없는 일을 지어낼 수 없고, 칭송할 수도 없으며, 악(惡)을 숨기지 않고 사실 그대로 직필하였다. 특히 천지일월(天地日月), 산천봉역(山川封域), 예악, 군사, 상훈(賞勳)과 주살(誅殺), 흥폐(興廢)에 관한 모든 사실은 기거주(起居注)나 시정기(時政記)에 근거하여 기록하였다. 역사적 사실은 일단 편년(編年)에 따라 기록하였다.

중국에서 역사를 기록하고 수사(修史)하는 훌륭한 전통은 당대(唐代)에 완비되었다. 당대(當代)의 역사를 기록하기, 그리고 전대(前代), 전조(前朝)의 역사를 편수하는 전통은 이후 청대(淸代)까지 면면히 이어졌다.

(5) 사학 명저

1) 이백약 - 《북제서》

이백약[李百藥, 565-648, 자(字)는 중규(重規)]은 정주(定州) 안평현[安平縣, 지금의 히북성 남부 형수시(衡水市) 안평현(安平縣)] 출신으로, 수당대의 사학가(史學家)이다. 어려서 매우 허약하여 아프지 말라는 뜻으로 백약(百藥)으로 이름 지었다고 한다.

수 문제 때, 이백약은 태자사인(太子舍人)과 동궁학사(東宮學士)로 출사하여, 양제 때 계주사마(桂州司馬) 등 지방관으로 근무했고, 당조(唐朝)에 들어와 중서사인(中書舍人), 예부시랑(禮部侍郎)과 산기상시(散騎常侍)가 되었다. 인품이 매우 경직(耿直, 耿은 빛날 경)

하고 태종에게 자주 간언을 올려 채납(採納)되었다.

이백약은 정관(貞觀) 원년(627)과 2년(628)에 황제의 명을 받아 부친 이덕림(李德林)이 기록한 여러 유고(遺稿)와 수조(隋朝) 사가(史家) 왕소(王劭)가 편년체로 편찬한 《제지(齊志)》를 참고하여 《제서(齊書)》 저술을 시작하였다. 이백약은 정관 10년(636)에 《제서》를 완성하였는데, 뒷날 송조(宋朝)에서 소자현(蕭子縣)의 《남제서(南齊書)》가 편찬되자 《북제서(北齊書)》로 바꿔 불렀다.

《북제서》는 기전체(紀傳體) 단대사(斷代史)로 〈기(紀)〉 8권, 〈열전(列傳)〉 42권, 총 50권인데, 북위(北魏)의 분열 10년 전부터 북위의 분열과 동위(東魏)의 성립, 동위를 대신한 북제(北齊)의 성립과 멸망까지 약 50년의 역사를 서술하였다. 동시기(同時期)를 다룬 정사로 《양서(梁書)》, 《진서(陳書)》, 《주서(周書)》, 《수서(隋書)》가 있다. 《북제서》는 24사(史)의 하나이다.

2) 요사렴-《양서》, 《진서》

요사렴(姚思廉, 557-637, 姚는 예쁠 요. 성씨)은 오흥〔吳興, 지금의 절강성(浙江省) 북부 호주시(湖州市)〕출신이다. 그의 부친 요찰(姚察)은 남조 진(陳)의 이부상서(吏部尙書)를 역임했는데, 양(梁)나라와 진(陳)나라의 역사를 편찬했으나 완성하지 못했다.

요사렴은 어려서부터 가학(家學)의 좋은 영향을 받았고 사서(史

書)를 읽으며 근학하였다. 진(陳)이 수(隋)에 병합되자 수나라에서 하급 관직을 전전했다. 요사렴은 양제에게 양과 진의 역사 편찬을 주청했고, 양제는 수락했다.

당이 건국된 뒤에 태종은 요사렴의 재학(才學)을 알고 진왕부(秦王府)의 문학으로 등용했다. 이어 진왕이 태자가 되자, 요사렴은 태자세마(太子洗馬)가 되었는데, 이때 이미 70세 노인이었다. 태종이 제위에 오르자, 요사렴은 홍문관(弘文館) 학사가 되었다.

태종이 신하에 명하여 남조의 여러 나라와 북주 및 수서(隋書)를 편찬할 때, 요사렴은 부친의 저술을 기초로 보완하여 정관 10년(636)에 《양서(梁書)》 55권(본기 5권, 열전 50권)과 《진서(陳書)》 36권(본기 6권, 열전 30권)을 완성하였다. 이때 요사렴은 이미 80세였다. 요사렴은 완성 다음 해에 천수를 누리고 죽었다. 요사렴은 《문사박요(文思博要)》를 저술하였지만 전하지 않는다.

3) 안사고 - 《한서》 주석

안사고(顔師古, 581-645)[218]는 《구당서(舊唐書) 안주전(顔籒傳)》

---

218 안사고(顔師古, 581-645) - 北齊 黃門侍郎 안지추(顔之推, 顔氏家訓의 저자)의 손자. 唐代 經學者, 歷史學者이다. 음악에도 조예가 깊어 〈梅花三弄 / 古 琴曲의 名〉의 편곡자이다. 부친은 안사로(顔思魯)는 당나라 건국 초기 中書侍郎, 秘書監, 弘文館學士 등을 역임했다. 貞觀 4년(630), 太宗은 顔師古에게 秘書省에서 五經을 考定케 하여 해체문자(楷體文字)로 《五經定本》을 편찬케 하였다.

에는 이름이 주(籒 전자 주. 篆字), 자(字)는 사고(師古)로 기록되었으나 《신당서(新唐書) 안사고전(顔師古傳)》에는 이름이 사고(師古)이고, 자가 주(籒)로 되어있다. 안사고는 옹주(雍州) 경조군 만년현(지금의 섬서성陝西省 서안시西安市) 출신이다. 북조 제(齊)의 황문시랑(黃門侍郞)인 안지추(顔之推, 531-590)의 손자로 당대의 경학자(經學者), 역사학자이다.

부친은 안사로(顔思魯)인데, 어려서부터 많은 독서로 훈고(訓詁)에 정통했다.

당(唐) 정관 4년(630)에, 태종은 안사고에게 비서성(秘書省)에 근무하며 오경(五經)을 바로잡게 하였는데, 안사고는 해서(楷書)로 《오경정본(五經定本)》을 편찬하였다. 뒷날 안사고는 태종의 태자인 이승건(李承乾)의 명을 받아 반고〔班固, 서기 32-92, 자(字)는 맹견(孟堅)〕의 《한서(漢書)》에 주석을 달았다. 안사고의 《한서》 주석은 지금도 그대로 통용되고 있다.

안사고는 비서감(秘書監)이 되었고, 정관 19년(645)에 태종의 고구려 원정에 참여했으나 원정 도중에 65세로 병사하였다.

4) 유지기-《사통》

유지기〔劉知幾, 661-721, 자(字)는 자현(子玄)〕는 고종 영륭(永隆) 원년(680) 20세에 진사과에 급제하여 여러 관직과 수국사(修國史) 등의 직책을 역임했다. 중종 경룡(景龍) 2년(708), 수국사직을 사직한 뒤 여러 저술에 종사하였는데,《유씨가승(劉氏家乘)》15권,《유씨보고(劉氏譜考)》3권, 역사 이론서인《사통(史通)》20권을 저술하였다.

또《예종실록(睿宗實錄)》10권, 자신의 문집인《유자현집(劉子玄集)》30권,《성족계록(姓族系錄)》2백 권,《당서(唐書)》80권,《고종실록(高宗系錄)》20권,《중종실록(中宗系錄)》20권,《측천황후실록(則天皇后系錄)》30권을 저술하였으나 지금은《사통(史通)》만 전한다.

유지기의《사통》은 당조(唐朝) 이전의 역사 서적에 관한 분석과 비평으로 중국 제일의 사가(史家) 이론에 관한 저술이다. 유지기는 사가(史家)가 지녀야 할 능력으로 사재(史才)와 사학(史學), 그리고 사식(史識)을 꼽았다. 유지기는 이 중 사식이 가장 어렵다고 말하면서 직필(直筆)을 강조하였으니(良史以實錄直書爲貴), 「악을 덮어둘 수 없으며(불엄악不掩惡), 그렇다고 선을 지어내서도 안 된다(不屬善).」고 하였다.

유지기는 「좋아해도 그 추한 꼴을 알아야 하고(愛而知其醜), 미워하더라도 그 선(善)을 알아야 한다(憎而知其善).」는 태도를 견지(堅持)하였다.

유지기는 사서 편찬을 도울 수 있는 10가지 보조 자료(十流)를 언급하였으니, 그것은 편기(編紀), 소록(小錄), 일사(逸事), 쇄언(瑣言), 군서(郡書, 지방 관아의 문서), 가사(家史), 별전(別傳), 잡기(雜記),

지리서(地理書), 도읍부(都邑簿) 등이다.

유지기는 서사(敍事)를 우선하여야 하나 그 기록은 간결 명확해야 하며 자료의 취사선택에서 여러 이설(異說)을 많이 열람은 하더라도 여러 잡언을 차단하며 재료의 진위(眞僞)를 잘 판단해야 한다고 강조하였다.

유지기의 《사통》은 무후(武后) 장안 2년(702) 경에 집필을 시작하여 중종 경룡(景龍) 4년(710)에 완성된 것으로 알려졌다. 《사통》은 사고전서(四庫全書) 중 사부(史部) 사평류(史評類)로 분류되었다.

유지기는 현종 개원 9년(721)에, 장남이 죄를 지어 유방(流放)되자 재상을 찾아가 하소하였는데, 현종이 이를 알고 대노하여 유지기를 지방의 속관으로 폄직시켰다. 유지기는 임지로 가는 도중에 61세로 병사하였다.

5) 두우-《통전》

두우〔杜佑, 735-812, 자(字)는 군경(君卿)〕는 명문인 경조 두씨(京兆 杜氏) 출신인데, 두예(杜預)[219]의 후손으로, 재상을 역임한 정치

---

[219] 두예〔杜預, 222-285, 字는 원개(元凱)〕 – 京兆郡 杜陵縣(今 陝西省 西安市) 출신. 曹魏 말기에서 西晉 前期 政治家, 장군, 學者였다. 그는 늘 《春秋》를 읽어 그의 별명이 「左傳癖(좌전벽)」이었으며 《春秋經傳集解》를 저술했다. 280년 군사를 이끌고 손오(孫吳)를 멸망시켜 삼국통일을 완성했다.

인이면서 역사학자였다.

두우는 18세에 음서의 혜택으로 관리가 되었고, 이후 덕종(德宗) 말년 무렵에 재상 겸 탁지사(度支使), 염철사(鹽鐵使)를 지내면서 순종(順宗)과 헌종(憲宗)의 두 황제를 섬겨 사도(司徒)가 되었으며, 기국공(岐國公)에 봉해졌다. 그리고 헌종(憲宗) 원화(元和) 7년(812) 6월에 태보(太保)로 치사(致仕)한 뒤, 11월에 78세의 천수를 누리고 죽었다.

두우는 안사의 난을 겪으면서 부국안민(富國安民)의 치술(治術)을 자신의 임무로 생각하였다.

두우는 대종(代宗) 대력(大歷) 원년(766)에, 《통전(通典)》을 편찬하기 시작하여 36년간의 집필을 거쳐 덕종(德宗) 정원(貞元) 17년(801)에 《통전》 2백 권을 완성하여 진상하였다.

《통전》은 식화(食貨), 선거(選擧, 과거科擧), 직관(職官), 예(禮)와 악(樂), 병(兵), 형(刑), 주군(州郡)과 변방(邊防) 등 9개 영역에 걸쳐 중국의 전장제도(典章制度)의 시작과 변천을 기록한 통사(通史)이다(총 200권).

상고(上古)로는 요순(堯舜)에서 시작하여 헌종 말년까지 서술 대상으로 삼았지만, 필요한 경우, 숙종과 대종(代宗) 연간의 사실도 기록하였는데, 이러한 제도와 그 운영에 관한 전인(前人)의 평의(平議)나 평론(評論), 그리고 자신의 견해도 수록하였다.

두우의 《통전》은 중국 역사 서술과 편찬의 새로운 체계와 전례를 개창(開創)하였다.

이와 함께 별도의 《이도요결(理道要訣)》 10권과 《관자지략(管子指略)》 2권이 있었지만 오래 전에 실전(失傳)되었다.

(6) 기타 명저

1) 이수소의 보학

이수소(李守素, ?-628?)의 조상 세대는 산동(山東)의 저명한 가문이었다. 당 고조 무덕(武德) 4년(621)에 이세민(李世民)은 왕세충(王世充) 세력을 평정하고, 이수소를 천책상장부 창조참군(倉曹參軍)에 임용했는데, 이수소는 그때 두여회(杜如晦), 방현령(房玄齡) 및 요사렴(姚思廉), 육덕명(陸德明), 공영달(孔穎達), 우세남(虞世南) 등과 동료로 근무하였다.

이수소는 뒷날 〈십팔학사사진도(十八學士寫眞圖)〉 제작에 참여했으며, 이세민과 함께 고대 전적(典籍)에 관하여 토론하고, 전대의 여러 기록에 대한 담론을 나눴다.

이수소는 특별이 보첩학(譜牒學)에 뛰어났는데, 동진(東晉)과 유송(劉宋) 이래로 전국 각지의 사족(士族) 및 공신과 권귀(權貴)는 물론 소수 민족의 세가대족(世家大族)에 대하여도 상세한 연구가 있어 많은 사람들이 이수소를 '걸어다니는 족보(行譜)'라고 불렀다.

2) 이길보 - 《원화군현도지》

이길보〔李吉甫, 758-814, 자(字)는 홍헌(弘憲)〕는 당(唐)의 관리이면서 학자였다. 이길보는 덕종 때 태상박사(太常博士)가 된 이후에 여러 관직과 지방관을 두루 역임하였나. 헌종 때 입조한 이후, 헌종 원화 6년에 재상의 반열에 올랐다.

이길보는 총명하면서도 배움에 힘쓰고 노력하여 학식이 연박(淵博)하였다. 이길보는 《원화군현도지(元和郡縣圖志)》를 편찬하였는데, 이는 중국에서 가장 오래된 지역별 인문지리서로 모두 목록 2권과 본서 40권이다.

이는 헌종 원화 8년(813) 이전, 전국 10도(道) 별 소속 부(府), 주(州), 현(縣)의 연혁(沿革)이나 역사, 지리에 관한 지리서이며 상세한 지도를 첨부하였다. 《원화군현도지》의 지도 부분은 지금 유실되었지만 본문 일부를 제외한 나머지가 전해온다.

참고로, 태종 정관(貞觀) 시기의 십도(十道)는 관내도(關內道), 하남도(河南道), 하동도(河東道), 하북도(河北道), 산남도(山南道), 농우도(隴右道), 회남도(淮南道), 강남도(江南道), 검남도〔劍南道, 사천성(四川省) 일대〕와 영남도(嶺南道)를 지칭한다. 이 10도를 근본으로 여기에 헌종 시기에 실제로 존재했던 47개 관찰사(觀察使)와 절도사(節度使)의 관할 구역(당시에 '道'라 호칭)의 지리와 연혁, 호구와 산천(山川), 공부(貢賦) 등을 상세히 서술하였다.

3) 당 행정법전 - 《대당육전》

《대당육전(大唐六典)》은 《당육전(唐六典)》으로 통칭하는데, 당조(唐朝)의 행정에 관련한 법전이다. 이는 현종의 어명에 의거 찬술(撰述)하였고, 이림보(李林甫) 등이 어명을 받아 주석을 달았지만 사실은 많은 집현원(集賢院) 학사(學士)들의 참여로, 개원 10년(722)부터 27년(739)까지 이뤄진 책을 다시 장열(張說), 소숭(蕭嵩), 장구령(張九齡) 등이 수정 보완하였으며 재상 이림보가 편찬 완료하여 진상한 법전이며, 이는 여러 제도의 원류와 운영에 관한, 현존 가장 오래된 회전(會典)이다.

《대당육전》은 총 30권의 전서(全書)인데, 그 세부 항목은

삼사(三師) ; 태사(太師), 태전(太傅), 태보(太保).

삼공(三公) ; 태위(太尉), 사도(司徒), 사공(司空).

삼성(三省) ; 상서성(尙書省), 문하성(門下省), 중서성(中書省) / 비서성(秘書省), 전중성(殿中省), 내시성(內侍省)을 합하여 6성.

육부(六部) ; 이부, 호부, 예부, 병부, 형부, 공부. 일대〔一臺, 어사대(御史臺)〕.

구시(九寺) ; 태상시(太常寺), 광록시(光祿寺), 위위시(衛尉寺), 종정시(宗正寺), 태복시(太僕寺), 대리시(大理寺), 홍려시(鴻臚寺), 사농시(司農寺), 태부시(太府寺).

오감(五監) ; 국자감(國子監), 소부감(少府監), 군기감(軍器監), 장작감(將作監), 도수감(都水監).

12위(衛) ; 좌우위(左右衛), 좌우효위(左右驍衛), 좌우무위(左右武

衛), 좌우위위(左右威衛), 좌우령군위(左右領軍衛), 좌우금오위(左右金吾衛), 좌우감문위(左右監門衛), 좌우천우위(左右千牛衛), 좌우우림군(左右羽林軍), 제위절충도위부(諸衛折衝都尉府).

동궁관속(東宮官屬) ; 태자삼사(太子三師), 태자삼소(太子三少), 태자첨사부(太子詹事府), 태자가령시(太子家令寺), 태자솔경시(太子率更寺), 태자복시(太子僕寺), 태자좌우위솔부(太子左右衛率府), 좌우솔부(左右率府), 친부(親府), 훈부(勳府), 익부(翊府), 태자좌우사어솔부(太子左右司禦率府), 태자좌우내솔부(太子左右內率府) 등이 있다.

이어 지방직관(地方職官)은 친왕부(親王府), 친사부(親事府), 장내부(帳內府), 친왕국(親王國), 공주읍사(公主邑司), 삼부도호주현관사(三府都護州縣官吏) 등에 관련한 여러 규정〔職官, 품계(品秩)와 질록〕을 상술하였다.

이는 당나라 정사 일반에 관련한 모든 법제를 설명했기에, 뒷날 두우(杜佑)의 《통전》과 《구당서》와 《신당서》 저술의 기본 사료가 되었다.

4. 예술의 발전

　중국 고대문화는 당대에 최고 수준에 이르렀다. 예술의 각 방면에 생기가 넘쳤고 현란한 꽃을 피웠으니, 시문(詩文)의 황금시대였고, 예술 창작도 정성(鼎盛) 시기였다.
　당대는 서예, 회화(繪畵), 음악, 복식(服飾), 금은공예 등 다방면에서 후대의 모범이 되었다.

(1) 서예

1) 태종의 서예 애호

　당 태종은 서법(書法, 서도書道)을 무척이나 좋아하였고, 또 배우는데도 열심이었다. 당 태종의 예서(隷書)는 상당한 수준이었다는 공인을 받고 있다. 태종은 특히 왕희지의 작품을 좋아하고 수집하였다고 한다.
　왕희지(王羲之, 303-361)[220]는 동진(東晉, 317년-420년 존속)의 위대한 서예가로, 그의 글씨는 한(漢)과 위(魏)의 질박한 서풍(書

---

[220] 왕희지〔王羲之, 303-361, 字는 逸少(일소)〕- 관직은 右軍將軍 역임, 王右軍으로 불렸다. 왕도(王導)의 조카. 서예가로 '書聖'으로 추앙받는다. 그는 위씨 부인(衛夫人)에게 사사받았다. 왕희지의 서법 진본은 하나도 실물이 전하지 않지만, 그의 작품〈蘭亭集序〉등은 후인의 모사품이다.

風)을 일변시켜, 미려하고 건강한 서체를 창건한 해(楷), 행(行), 초서(草書)의 전범(典範)이 되었다. 왕희지의 난정서(蘭亭序 / 난정시집서문)는 '천하제일(天下第一)의 행서(行書)'로 알려졌고, 왕희지는 '서성(書聖)'으로 추앙받는다.

왕희지의 관직이 우군장군(右軍將軍)이었기에 보통 '왕우군(王右軍)'으로 호칭된다. 왕희지는 벼슬에 연연하지 않고 회계(會稽)의 산음〔山陰, 절강성 북부 소흥시(紹興市)〕에 은거하며 서법을 연마하여 웅위(雄偉)하며 유려한 행서의 대가가 되었고, 나름대로 여러 서체를 개성있게 완성하여 서성(書聖)으로 불리었다.

당시 사람들은 왕희지의 글씨에 대하여 '떠도는 구름처럼 표연하면서 놀라 뛰는 용(龍)을 붙잡아 놓은 것 같다'고 평하였다. 왕희지의 서예작품으로는 〈난정집서(蘭亭集序)〉와 〈황정경(黃庭經)〉, 〈악의론(樂毅論)〉 등이 있다. 왕희지의 아들(7子) 왕헌지(王獻之)[221]도 서예로 이름을 날렸는데, '서성(書聖)'에 비해 '소성(小聖)'이라 불리었다.

왕희지의 면학과 노력은 '묵지(墨池)' 이야기를 통해 알 수 있

---

221 왕헌지(王獻之, 344-386, 字는 子敬) - 王羲之의 七子. 왕희지 아들 7명 모두가 아버지 이름의 '之' 字 돌림이라서 우리로서는 상당히 의아한 일이다. 東晉의 中書令 역임. 부친 왕희지와 함께 '二王'으로 호칭. 《세설신어(世說新語)》와 《晉書 王羲之傳》에 여러 일화(逸話)가 전한다.

다. 왕희지가 도사(道士)에게 〈황정경〉을 필사해주고 거위를 선물로 받았다는 이야기를 듣고, 이백은 〈왕우군(王右軍)〉이라는 시로 이 정경을 읊었다.

〈왕우군〉	이백	〈王右軍〉
우군은 천성이 청진하고,		右軍本淸眞
소탈해 속세를 벗어났다.		瀟灑出風塵
산음의 도사를 만났는데,		山陰過羽客
거위를 좋아한 손님을 반겼다.		愛此好鵝賓
종이를 펴놓고 도경을 쓰나니,		掃素寫道經
정묘한 필치는 입신의 경지다.		筆精妙入神
쓰고서 거위를 안고 가는데,		書罷籠鵝去
작별을 고해서 무얼 하리오!		何曾別主人

어느 날, 태종은 왕희지의 〈난정서(蘭亭序)〉 서첩을 보지 못했다며 울적해 했다고 한다. 왕희지와 그 아들과 벗들이 동진(東晉) 목제(穆帝) 영화(永和) 9년(353) 3월에 난정에 모여 계(禊)를 하면서 시를 지었고 그 서문을 왕희지가 썼다. 〈난정서〉는 총 324자의 서문으로, 그중에 '之'가 21번 들어있는데 모두 서체를 달리해서 썼으며, 이 서첩은 왕희지 행서의 최고봉으로 알려진 명품이었다.

수소문 끝에 왕희지의 7세손 지영(智永)은 승려가 되었고, 그 난정서첩을 지영의 제자인 변재화상(辯才和尙)이 갖고 있다는 것을 알아냈다. 당시 감찰어사이던 소익이란 사람이 변재화상을 찾아가 바둑을 두며 우정을 쌓은 다음 그 원본을 훔쳐다가 태종에게 바쳤다는 이야기가 전해지는데 하여튼 태종은 난정서첩 진본을 손에 넣었다.

태종은 즉시 당시의 명필인 우세남(虞世南), 저수량(褚遂良), 풍승소(馮承素), 구양순(歐陽詢) 등을 시켜 그 모사품을 많이 만들어 여러 사람들에게 나누어주었다. 그 모사품을 '당인모본(唐人摹本)'이라 하는데, 그중에서도 '신룡본(神龍本)'을 가장 알아준다고 한다.

〈난정서〉 원본은 태종이 죽으면서 부장품으로 넣었다. 그리하여 진품 〈난정서첩〉은 이 세상에 존재하지 않았다고 한다. 그런데 당 태종의 소릉(昭陵)은 오대(五代) 시대에 완전히 도굴을 당했는데, 그 이후 〈난정서〉가 출토되었다는 기록은 없다고 한다. 그러면서 진품은 태종의 아들 고종과 측천무후의 합장묘인 건릉(乾陵)에 부장되었을 것이라고 추측하고 있다.

2) 명필 - 우세남과 저수량

우세남(虞世南, 558-638)은 구양순(歐陽詢), 저수량(褚遂良), 설

직(薛稷)[222]과 함께 '초당사대가(初唐四大家)'에 꼽히는 명필이다. 태종 때 십팔학사(十八學士)의 한 사람이었고 능연각(凌烟閣) 24공신에도 포함되었다. 태종도 우세남의 덕행, 충직, 박학(博學), 문사(文詞), 서한(書翰, 서예)을 '오색(五絶)'이라며 칭찬하였다.

우세남이 편찬한 《북당서초(北堂書抄), 전 160권》은 중국에서 현존하는 당대 사대유서(四大類書)의 하나(類書, 백과사전 종류의 책)이며 현존하는 가장 오래된 전집이다. 현재 전해지는 우세남의 시로는 〈출새(出塞)〉, 〈결객소년장행(結客少年場行)〉, 〈원가행(怨歌行)〉 등이 유명하다.

당인(唐人)들을 서법에서 우세남을 남파(南派)라 부르고 구양순과 저수량을 북파(北派)로 구분하는데, 남파는 왕희지(王羲之)와 그 아들(7子)인 왕헌지(王獻之)를 조종으로 삼고, 북파는 필력(筆力)이 강경한 북위(北魏)의 서체를 법으로 삼는다.

저수량(褚遂良, 596-658)은 비록 북파의 2왕으로 불리지만 남북 양쪽의 특장(特長)을 융합한 득징을 보여주고 있다. 저수량은 특히 해서(楷書)에 뛰어났는데 온아(溫雅)하고 단려(端麗)한 운치가 있다. 저수량의 글씨로는 〈이궐불감비(伊闕佛龕碑)〉, 〈맹법사비(孟法師碑)〉, 〈방현령비(房玄齡碑)〉가 유명하고, 저수량의 행서

---

222 설직〔薛稷, 649-713, 字는 嗣通(사통) / 魏徵의 외손자〕- 初唐四家之一. 太平公主 편에 붙었기에, 현종의 배척을 받아 나중에 사사(賜死)되었다.

작품으로는 〈고수비(枯樹碑)〉, 〈임남정서(臨南亭序)〉가 있다.

3) 구양순

구양순(歐陽詢, 557-641, 구양은 복성)은 수말(隋末) 낭초(唐初)의 관원이지만, 관리보다는 당대 사대서법가(四大書法家)로 유명하며, 구양순의 해서(楷書)는 '해서의 완전한 모범(楷書極則)'이라는 명성을 누리고 있다.

구양순은 남조(南朝) 양(梁)나라에서 출생한 진조(陳朝)의 대사공(大司空)인 구양외(歐陽頠)의 손자였는데, 13살 때 광주자사(廣州刺史)인 부친 구양흘(歐陽紇)은 진(陳)에 반기를 들었다가 피살되었다. 구양순은 어린아이라서 형벌을 면했고, 부친의 친우인 중서령 강총(江總)에 의해 양육되었다. 강총은 구양순에게 경사(經史)와 서법(書法)을 가르쳤다.

구양순은 총민근학(聰敏勤學)하여 고금을 박람(博覽)하였고, 《사기(史記)》와 《한서(漢書)》, 《동관한기(東觀漢記)》[223]의 삼사(三史)에 박통하였다. 뒷날 수(隋)의 태상박사(太常博士)가 되었는데, 고조 이연(李淵)과는 제위에 오르기 전에 교제가 있어, 이연 칭제

---

223 《東觀漢記》-《東觀記》 143권. 기전체(紀傳體)로 후한에서 편찬된 官撰 史書-光武帝부터 영제(靈帝)까지 사실을 기록했다. 史館인 東觀(낙양궁궐洛邑宮殿의 장서각藏書處)에 史館이 있었다. 三國시대 이후, 《史記》, 《漢書》와 함께 三史라 일컬어졌으나, 唐代 이후 범엽(范曄)의 《後漢書》가 《東觀漢記》를 대신하였다.

후에 당(唐)의 급사중(給事中)이 되었다.

구양순의 서법은 왕희지(王羲之)를 모범으로 삼았다.

전해오는 이야기로는, 어느날 구양순이 말을 타고 외출하다가 길가에서 진대(晉代)의 서법명가(書法名家)인 색정(索靖, 239－303)의 석비(石碑)를 보았다. 구양순은 말을 탄 채로 자세히 읽어보고 출발했다. 그러나 곧 다시 돌아와 말에서 내려 다시 읽으며 글씨를 감상했다. 그러고서는 떠날 수가 없어 자리를 펴고 3일간 거듭 읽고 감상한 뒤에 떠났다고 한다. 구양순의 서법에 대한 치미(痴迷 : 미치광이처럼 열중하여 빠지다)가 이 정도였다.

구양순은 원숭이 비슷한 추남이었지만, 그의 글씨는 모든 사람이 갖고 싶어하는 보물이었고 누구든 구양순의 서찰을 받으면 가보로 여기면서 그 글씨를 본받으려 했다. 고조 무덕(武德) 연간(618－626)에 고구려에서는 구양순의 글씨를 얻고자 특별히 사신을 보냈다고 한다.

이에 고조가 감탄했다고 한다.

"구양순의 글씨를 본 사람이라면 누구나 그를 걸출한 외모(괴오魁梧)라고 생각할 것이다."

무덕(武德) 7년(624)에 구양순은 명을 받아 배구(裴矩), 진숙달(陳叔達)과 함께 《예문유취(藝文類聚)》 100권을 편찬하였고, 마친 뒤에 비단 100필을 상으로 받았다.

태종이 즉위한 뒤에 구양순은 태자솔경령(太子率更令)이 되었고, 85세에 사직하였다.

4) 안진경

요즈음 우리나라 사람도 서예를 배우면서 안진경(顏眞卿, 709-785)[224]의 서체를 기본으로 배운다고 한다. 당대에 서법의 대가로 안진경과 유공권(柳公權, 778-865)이 유명한데, 그들 서법의 특색

---

224 안진경(顏眞卿, 709-785, 字는 淸臣) - 盛唐의 名筆.《顏氏家訓》을 남긴 안지추(顏之推, 531-590?)의 5대손이다. 안진경은 歐陽詢(구양순), 柳公權(유공권), 趙孟頫(조맹부)와 함께 '중국 楷書(해서) 四大家로 유명하다. 보통 당나라의 歐陽詢(구양순), 顏眞卿(안진경), 柳公權(유공권), 元나라의 趙孟頫(조맹부)를 楷書四大家(해서4대가)'로 일컫는다.

구양순(557-641)은 왕희지의 필법을 본받고 익혀 자신만의 독특한 서체를 창안하여 태종의 인정을 받았다. 안진경(709-785)도 書聖이라는 명성을 누리면서 여러 관직을 두루 거쳤다. 지금 우리나라에서도 많은 사람들이 안진경의 글씨를 배우고 있으며, 안진경의 해서는 다음의 유공권(778-865)에게 영향을 끼쳤다.

안진경은 낭야(琅邪) 안씨인데, 顏之推(안지추, 531-591)의 5대손으로 본래 명문가 출신이었다. 안지추는 南朝의 梁(양)에서 隋朝에 걸쳐 벼슬을 하면서 유명한《안씨가훈(顏氏家訓)》을 남겼다 (2022년. 진기환 역, 明文堂 간행).《顏氏家訓》은 7권 20편으로 구성되어 있는데〈敎子〉,〈兄弟〉,〈治家〉,〈勉學〉,〈文學〉,〈養生〉등 인생과 가정생활 전반에 걸쳐 자신의 경험과 교훈을 말하고 있다. 특히 안지추는 가정교육에서 조기교육을 강조하였는데, '어렸을 때는 정신을 한데 모아 배울 수 있지만 성인이 되면 생각이 분산되어 학습이 쉽지 않다'고 말했다. 周樹人(魯迅, 루쉰)의 동생 周作人(1885-1967)은《顏氏家訓》에 매우 탄복하여 이 중 한 편을 직접 필사했다고 밝혔다.

을 「안근유골(顏筋柳骨)」이라고 말한다.

안진경 서법의 특색 안근(顏筋, 顏은 얼굴 안, 성씨, 筋 힘줄 근)은 그 글씨가 웅(雄), 강경(强硬), 혼(渾, 渾然), 후(厚, 厚朴)하여 마치 단단하고 강력한 허리띠로 졸라맨 것 같은 느낌을 받는다.

사실 '글씨는 바로 그 사람(書如其人)'이라는 말처럼 안진경의 글씨를 알려면 먼저 그 인품을 알아야 한다.

현종 천보 말년에, 안록산이 어양(漁陽)에서 황실에 반란을 일으켜 남하할 때(755) 하북(河北)의 여러 군현은 바람에 쓸리는 풀처럼 아무런 저항도 없었다.

이런 상황을 전해 들은 현종이 탄식하며 말했다.

"하북 24군(郡)에 한 사람의 충신도 없단 말인가!"

그런 절망 상황에서 평원태수〔平原太守, 평원은 지금의 산동성(山東省) 북부 덕주시(德州市) 일대〕가 거느린 군사가 안록산의 예봉과 맞서 싸워 이겼고, 이에 하북 17개 군에서 호응하며 평원태수를 맹주로 삼아 20만 대군으로 안록산에 맞서자, 반군은 수미(首尾)가 상응하지 못하고, 진군의 속도도 늦추며 우왕좌왕한다는 보고가 올라왔다.

현종은 기뻐하면서도 탄식하며 말했다.

"짐은 평원태수가 누구인지도 모르는데, 그가 이렇듯 의기를 드높이다니!"

그 평원태수는 바로 서법의 대가인 안진경으로 당시 46세였다.

안진경은 복성(復聖)인 안회(顔回)²²⁵의 후손으로 황제께 충성하고 애국하는 마음을 가진 사람이었다. 안진경은 안록산이 반란을 일으키기 전부터 그가 반역하리라는 것을 예견하면서, 비가 그치지 않고 내리는 것을 이유 삼아 성을 높이 수축하고 해자(垓字)를 깊이 팠다. 장정들을 뽑아 훈련시키고 창고에 군량을 가득 준비하면서 남몰래 만반의 준비를 다했다.

안록산은 안진경을 서생(書生)으로만 보고 안중에 두지도 않았다. 반란이 일어났을 때 하북의 군과 현들이 모두 함락되었으니, 평원군도 응당 투항했으리라 믿고 안진경에게 명령하여 군사를 거느리고 황하의 나루터를 지키라고 지시했다.

안진경은 거짓으로 그 명령을 받드는체하면서 뒤에서는 심복 밀사를 파견하여 여러 군에 통문(通文)을 돌리고 군사를 일으켜 역적을 토벌하자고 밀약하였다. 또 1만여 명의 용사를 모집하고 흐느끼며 대의를 선양하였더니 모두 분개하며 죽기로 싸우기를 다짐했다.

---

225 안회(顔回, 前 521-481, 字는 子淵, 顔子, 顔淵(안연)으로도 호칭) — 春秋 시대 魯國人(今 山東省 南部 濟寧市 관할 縣級 曲阜市). 孔子 72 門徒의 첫째. 孔門十哲 德行으로도 첫째. 漢代 이후로 안연은 72제자의 첫째 인물로 공자 제향 시에 늘 배향(配享)되었다. 成均館 大成殿에 공자의 配位에 4인을 四配라 하는데 復聖인 顔子(안자), 宗聖인 증자(曾子), 述聖(술성)인 공자의 손자 子思, 亞聖(아성)인 孟子(맹자)를 지칭한다. 말하자면, 聖人은 공자 한 사람이고, 四配는 성인에 준하는 경지라는 평가이다.

안록산의 부하 단자광은 그런 내용도 모르고 함부로 살해한 지방관의 수급을 가지고 겁을 주려고 했으나, 오히려 안진경에게 포박당하고 성 안에서 허리가 잘려 죽었다. 안진경은 그를 효수(梟首)했다. 그리고 안록산에 저항한 충신의 머리에 몸을 만들어 이어주고 염습해 목관에 넣어 장례를 치렀으며, 제사를 올리고 추모했다.

현종은 즉시 성지(聖旨)를 내려 안진경을 하북 채방사(採訪使)[226]로 승진시켜 평원군 일대의 일을 처리하게 하고, 장안에 올라와 배알하는 일을 면제시켜 주었다.

뒷날 송조(宋朝) 충신 문천상(文天祥)[227]은 평원군을 지나면서 시를 지어 안진경의 의기를 읊었다.

당나라 평원태수 안진경은,　　　　　　平原太守顔眞卿

---

226 채방사(採訪使) — 관직명. 觀察使, 일종의 감찰관. 군사와 행성을 감독하는 임무. 당대에는 부정기적으로 지방에 파견하는 감찰관. 唐 玄宗 開元 21년(733)에 採訪使를 처음 설치했다. 全稱은 「採訪處置使」 안사의 난 이후에는 절도사가 채방사의 관직을 겸임했다.

227 문천상(文天祥, 1236–1283) — 忠烈로 名傳後世, 元 포로가 되었을 때, 元 世祖가 高官厚祿으로 투항을 권유하였으나 끝까지 절조를 지켰다. 육수부(陸秀夫), 장세걸(張世傑)과 함께 '송말삼걸(宋末三傑)'로 칭송되는 漢族의 영웅이다.

장안의 현종도 그 이름을 몰랐다.	長安天子不知名
어느날 어양서 반역 북소리 들렸고,	一朝漁陽動鼙鼓
하수(河水)의 북쪽에 버티는 성이 없었다.	大河以北無堅城
안진경 형제가 분연히 병기 들었고,	君家兄弟奮戈起
이십칠 개 군현이 함께 연맹하였다.	二十七郡同連盟
안록산이 놀라며 군사를 나눠 보내나,	賊聞失色分軍還
군사로 장안과 낙양에 진격 못했다.	不敢長驅入兩京
현종 부자는 겨우 서쪽을 지켰으니,	明皇父子得西狩
숙종은 영무에서 의병을 일으켰다.	由是靈武起義兵
당조(唐朝)는 이광필, 곽자의의 도움으로,	唐家再造李郭力
역적무리 제압하고 권위를 지켰다.	逆賊牽制公威靈
슬프다! 상산의 적도에 혀가 잘렸고,	哀哉常山賊鉤舌
안진경은 불려갔고 의기 꺾지 않았다.	公歸朝廷氣不折
기구하고 억울하여 갈 수 없었으니,	崎嶇坎坷不得去
사조(四朝)의 황제를 모신 늙은 충절이다.	出入四朝老忠節
그해 겨우 안록산을 밀어내었으니,	當年幸脫安祿山
늙어 결국은 이희열의 모함받았다.	白首竟陷李希烈
어찌 희열이 진경을 죽일 수 있으랴,	希烈安能遽殺公
재상인 노기(盧杞)는 황제를 속였다.	宰相盧杞欺日月
반란한 도적들이 어디로 가겠는가?	亂臣賊子歸何所
망망한 중원 벌판을 태우는 불이다.	茫茫煙草中原土
안공이 육백 년 뒤 지금을 보신다면,	公視於今六百年

혁혁한 충정, 우뢰처럼 하늘 가른다.　　　忠精赫赫雷行天

　윗 시에서 '백수경함이희열(白首竟陷李希烈)'은 안진경이 숙종(肅宗, 재위 756－763년) 지덕(至德, 756－758) 연간에, 노구인데도 간악한 재상 노기(盧杞)[228]의 질투를 받아 반역한 이희열(李希烈)[229]을 회유하러 나갔었다. 그러나 결국 이희열에게 죽음을 당하는데, 그때 안진경은 77세였다.

　안진경의 글씨로 지금 70여 작품이 전한다. 그중 유명한 해서(楷書)의 명품으로 〈천복사다보탑비(千福寺多寶塔碑)〉, 〈동방삭화상찬비(東方朔畵像讚碑)〉, 〈마고선단비(麻姑仙壇碑)〉, 〈안유정가묘비(顏帷貞家廟碑)〉가 남아있다.

　그리고 안진경의 행서(行書) 명작으로는 〈제질계명문고(祭姪季明文稿)〉, 〈쟁좌위첩(爭座位帖)〉, 〈유중사첩(劉中使帖)〉 등등이다. 이런 작품은 안진경 사화 1200여 년이 넘도록 후인들이 모사(摹寫)하는 범본(範本)이 되었다.

　대해(大海)를 누비는 고래(鯨)를 사로잡을만한, 그 신력이 하늘을 찌를듯한 삼가(三家)의 명품으로 두보의 시(杜詩)와 한유의 문장(韓文), 그리고 안진경의 글씨(顏書)를 꼽는 사람이 있으니, 안진

---

228 노기(盧杞, ?－785년, 字는 子良)－唐 德宗 시기의 재상. 奸臣.

229 이희열(李希烈, ?－786년)－唐 德宗 재위 중 회서절도사(淮西節度使)인 李忠臣의 조카. 나중에 당에 반역하며 안진경에 투항을 요구하였다. 그러나 나중에 자신의 부장에게 속아 독살당했다.

경의 글씨가 중국 문화에서 어느 수준임을 미뤄 생각할 수 있다.

중국의 서법에서 왕희지(王羲之)가 신기원을 창립한 이후, 왕우군체가 서단(書壇)을 주도하였다. 당초(唐初)에 많은 명가가 배출되었지만 많은 사람들이 왕희지체의 모방에 열심이었다. 그러다가 안진경이 성당(盛唐)의 새 풍격(風格)을 체현(體現)하면서 당대의 서법을 뚜렷하게 세웠다. 이후 송대에도 여전히 안진경체가 유행하면서「학서(學書)는 당학안(當學顔)」이라는 말이 당연한 사실로 받아들여졌다.

5) 유공권

유공권〔柳公權, 778-865, 자(字)는 성현(誠懸)〕은 서예가로 시서〔侍書, 조정(朝廷) 서법 교사〕로 오래 근무하였고 나중에 태자소부(太子少傅)를 역임했다. 유공권은 해서(楷書)에 능했고 '유체(柳體)'를 창안하여 당조(唐朝) 해서(楷書)의 최후 완성자라는 평가를 받고 있다. 대표 작품으로는〈현비탑비(玄秘塔碑)〉,〈신책군비(神策軍碑)〉,〈송리첩 발(送梨帖 跋)〉등이 남아 전한다.

유공권은 헌종(憲宗) 원화(元和) 원년(806), 29세에 급제한 이후 목종(穆宗) 즉위 이후 우습유(右拾遺)와 한림시서학사(翰林侍書學士, 조정 서법 교사)가 되었다. 목종, 경종(敬宗), 문종(文宗) 삼조(三朝)를 거치면서 대서(侍書)직을 맡았으나 중용되지 못했다. 나중에 문종의 인정을 받았고, 선종(宣宗) 대중(大中) 2년(848)에 하동군공(河東郡公)의 작위를 받았으며, 854년에 태자 소부(少傅)가 되었다가 의종(懿宗) 함통(咸通) 6년(865)에 88세로 죽었다.

유공권은 늘 '글씨는 마음이니(用筆在心), 마음이 바르면 그 글씨도 바르다(心正則筆正).'라고 말했다. 유공권의 인품과 글씨가 상응하니 많은 사람의 존경을 받았다. 당시 사람들이 조상이나 부모를 위한 비문을 새기면서 '유공권의 글씨를 받지 못하면 불효라'고 말했다고 한다. 유공권은 대대로 고관을 지낸 가문이었고, 유공권의 글씨를 받는 사람이 많아 거만(巨萬)의 부(富)를 축적하였지만, 그 관리를 가노들에게 일임하였다. 때문에 그 가노들이 재물이나 금은 기물을 훔쳐 팔아도 굳이 신경쓰지 않았다.

어느 날, 가노가 집안의 금과 식기를 훔쳐 판 사실을 알았는데, 유공권은 웃으며 "은잔에 날개가 생겨 날아갔구나(銀杯化羽逸去了)." 말하고서는 더 추궁하지 않았다. 그러나 지필과 묵연(墨硯은 벼루 연), 그리고 서책(書冊) 만큼은 자신이 직접 챙기고 관리하였다.

(2) 회화

1) 염입본

당나라 초기, 형주(荊州)의 옛 사찰에 오래된 벽화가 있었는데,

벽화는 남조 양 무제 때의 유명한 궁정 화가 장승요(張僧繇, 479-?)의 작품이라고 널리 알려졌다.

어느 날, 장안에서 어떤 관원 한 사람이 내려와 절의 벽화를 둘러보고 말했다.

"처음부터 헛 명성이었군!"

그런데 그 다음 날, 그 관리가 다시 찾아와 어제 자신의 말이 너무 경솔했다고 생각했는지, 좀 더 세밀하게 벽화를 훑어보고 나서 말했다.

"확실히 요즈음 보기 힘든 대단한 솜씨구먼!"

그 사람은 다음 날 다시 와서 몇 번을 돌아보며 세세히 감상하였다.

그러면서 무엇인가 확실한 느낌을 받았는지, 크게 감탄하며 말했다.

"과연, 일대종사(一代宗師)야! 명불허전(名不虛傳)이야!"

그 사람은 아예 침구를 가져다가 벽화 아래 펴놓고, 십여 일간 보고 또 보다가 차마 발길을 떼지 못하듯, 아쉬워하며 떠나갔다.

그 사람은 바로 염입본이었다.

염입본(閻立本, 601-673)은 지금의 강소성(江蘇省) 소주(蘇州) 출신으로(일설에는 장안長安 만년현萬年縣 출신), 당대의 저명한 화가인데, 공부상서(工部尙書)를 거쳐 중종(中宗) 때 우승상(右丞相)에 올랐다. 그는 정무에도 능했지만 시문에도 매우 출색(出色)했으며, 일반 문인과 달리 회화에도 특별한 재주가 있었다. 염입본은 인물과 거마(車馬)를 잘 그렸고, 특히 역사적 인물 초상화에 뛰어났는데, 그가 그린 〈진부십팔학사(秦府十八學士)〉, 〈능연각(凌煙閣) 공신이십사인도(功臣二十四人圖)〉는 태종의 명에 의한 작품이었다. 그의 현존 작품으로는 〈보련도(步輦圖)〉, 〈고제왕도(古帝王圖)〉, 〈직공도(職貢圖)〉 등이 있다. 염입본의 가형인 염입덕(閻立德)과 함께 당시 화단(畫壇)의 빛나는 쌍성(雙星)이었다.

어느 날 태종은 여러 신하와 함께 궁중 연못에 뱃놀이를 즐겼다. 마침 한때의 새들이 날아와 이러 저리 날며 지저귀었다. 태종은 문신에게 시를 짓게 하면서 염입본을 불렀다.

당시 염입본은 주작낭중(主爵郎中)이었는데, 결코 중하급 직위는 아니었다. 염입본이 달려와 연못가에 부복(俯伏)하자, 환관들은 염입본을 화사(畫師)라 호칭하며 연못과 문신의 놀이와 새들을 잘 관찰한 뒤에 그림을 그리라는 어명을 전했다.

염입본은 그 순간 등에 식은땀이 날 정도로 모욕감을 느꼈다.

염입본은 돌아와 자식들에게 말했다.

"나는 어려서부터 독서에 매진하여 나의 학문과 문장이 같은 연배에 결코 뒤지지 않았다. 그러나 내가 그림을 그린다 하여 오늘 같이 부끄러운 일을 당했다. 너희들은 아예 그림을 배우지 말라!"

말은 그러하였지만 그의 그림을 좋아하는 습성은 이미 고정되었기에 고칠 수 없었다. 뒷날 우상(右相)의 지위에서 최고의 정책을 결단했었다.

당시 좌상 강각(姜恪)으로, 무장으로 명성이 자자했었기에 당시 사람들이 말했다.

"좌상은 사막에 무위를 떨쳤고(左相宣威沙漠), 우상은 화가로 명성을 떨치네!(右相馳譽丹靑)"

그러나 이 말에는 그림을 그리는 손재주에 대한 조롱의 뜻이 들어있었다.

염입본의 작품으로 지금까지도 매우 많은 명작이 전해온다. 그중 〈역대제왕도(歷代帝王圖)〉는 가장 많은 칭송을 받는다. 이 작품은 전한(前漢, 서한)에서 수조(隋朝)에 이르는 13명의 제왕을 그렸는데, 치적에 걸맞는 개성이 살아있듯 선명하게 드러난다.

이는 중국 고대 인물화에 이정표가 될 만한 수작이라 찬탄하지 않을 수가 없다. 그러나 이런 명작이 중국에 있지 않고 미국 보스턴(波士頓) 박물관에서 수장하고 있다.

염입본의 〈보련도(步輦圖)〉는 중국과 티벳의 장족(藏族), 토번(吐蕃) 간의 우호적 역사 사실을 그린 두루말이 그림이다(畵卷). 이는 장족의 사절이 장안에 와서 구혼하고 결혼하는 역사적 사실을 묘사하였는데, 태종이 사절을 접견하고 당실(唐室)의 먼 지손 종실녀(支孫 宗室女)인 문성공주(文成公主, 623-680)를 토번의 찬보 송찬간포(贊普松贊干布)에게 출가시키는 기록화이다. 이는 현재 북경 고궁박물원이 수장하고 있다.

특별히 재미있는 것은 염입본의 그림인 〈소익잠난정도(蕭翼賺蘭亭圖), 賺은 속일 잠〉이다. 이는 태종의 감찰어사였던 소익(蕭翼)이 서생(書生)으로 꾸미고 왕희지(王羲之)의 〈난정집서첩(蘭亭集序帖)〉을 갖고 있는 왕희지의 후손 지영(智永)의 제자인 변재화상(辨才和尙)을 찾아가 기회를 보아 황희지의 진품을 편취(騙取)하는 장면을 그린 것이다.

변재화상은 고담준론을 말하고, 서생으로 분장한 소익은 열심히 듣는척하면서 한 눈으로는 〈난정집서첩〉을 편취할 머리를 굴리는 교활한 사기꾼의 모습이 아주 사실적으로 그려졌다고 한다. 염입본의 이 그림은 요녕성(遼寧省) 박물관이 소장하고 있다.

그리고 〈북제교서도(北齊校書圖)〉와 〈취도도(醉道圖)〉도 염입본의 명작이다.

2) 오도자(오도현)

오도자〔吳道子, 685-758, 오도원(吳道元), 자(字)는 도자(道子), 後 개명 도현(道玄)〕는 '오생(吳生)'으로, 또는 '백대화성(百代畫聖)'으로도 불린다.

오도자의 회화 작품은 그 풍경이 매우 특이하다. 오도자가 그린 인물은 바람에 날리는 긴 옷이 세필(細筆)의 유려한 흐름으로 빽빽하고 세밀하게 그려져 있다.

오도자는 그와 서법을 함께 배우고 교유한 장욱(張旭)과 친밀하였다.

장욱(張旭, ?675-750 / 658-747, 자(字)는 백고(伯高))은 오군(吳郡) 오현(吳縣, 지금의 강소성 소주시) 사람이며 유명한 서법가로, 특히 초서(草書)를 잘 써서 '초성(草聖)' 이라 불렸다. 장욱은 현종(玄宗) 개원 연간에, 상숙위(常熟尉)와 금오장사(金吾長史)를 역임했기에 '장장사(張長史)' 라 호칭한다.

장욱은 호음(豪飮)으로 소문났었다. 장욱은 대취한 다음에 소리를 한바탕 지른 다음에야 붓을 들고 초서를 썼으며, 때로는 먹물을 머리에 뒤집에 쓴 채, 그 머리카락을 잡고 글씨를 썼기에, 장욱은 장전(張顚, 顚은 꼭대기 전, 넘어지다), 그리고 그의 초서를 '광초(狂草, 또는 顚草)' 라고 불렀다. 안진경과 오도자는 장욱한테 서법을 배웠다.

어느 날 낙양의 천궁사(天宮寺)에서 오도자와 장욱, 배민이 만났고, 불전각 앞에서 배민이 검무를 추는 동안, 오도자가 벽화를 그리고 장욱이 초서를 썼다고 한다. 이를 구경하러 낙양 사람이 모여들어 절에서 물을 뿌려도 물이 흐를 수가 없었다고 한다.

당조(唐朝)에서는 이백의 시, 장욱의 초서(草書), 그리고 장군 배민(裴旻)의 검무(劍舞)를 '삼절(三絶)' 이라 하였다. 이백도 배민에게 검무를 배운 적이 있었다.

오도자의 그림으로는 〈송자천왕도(送子天王圖) / 석가강생도(釋

迦降生圖)〉,〈팔십칠신선권(八十七神仙卷)〉,〈공자상(孔子像)〉 등이 널리 알려졌다.

3) 이사훈

이사훈〔李思訓, 651－718, 자(字)는 건현(建睍)〕은 초당(初唐)의 화가로, 성기〔成紀, 지금의 감숙성 진안(秦安)〕 출신으로 당 황실의 문중 사람이었다.

이사훈은 태조 이호(李虎)의 6자(子)인 이의(李禕)의 증손이었고, 원주장사(原州長史)인 이효빈(李孝斌)의 아들로 양부참군(揚府參軍) 이사회(李思誨, 이임보의 부친)의 형이었다. 그러니 현종 때 재상의 자리를 19년이나 역임한 이임보의 큰아버지였다.

이사훈은 측천무후의 박해를 받아 관직을 버리고 은거하다가 중종이 다시 즉위하면서 농서군공(隴西郡公)에 봉해졌지만 그 식읍은 겨우 2백 호였다고 한다.

이사훈은 산수화에 뛰어났는데, 특히 수석(樹石)과 계곡 경치 묘사에 뛰어났고, 조수(鳥獸)와 화목(花木)을 잘그렸으며 화제(畫題)로는 위진남북조 이래 구선방도(求仙訪道)의 내용(內容)과 신화 인물의 고사(故事)를 즐겨 그렸다. 그래서 이사훈은 '국조(國朝) 산수(山水) 제일(第一)'이라는 칭송을 들었고 중국 산수화에서 북종화(北宗畫)의 시조로 일컬어진다.

지금 북경 국립고궁박물원에 소장된 〈강범누각도(江帆樓閣圖)〉는 이사훈의 작품이라고 알려졌다.

이사훈의 아들 이소도(李昭道)는 가학(家學)을 계승하여 역시 화가로 이름이 났었다. 이사훈이 좌무위대장군(左武衛大將軍)을 역임했었기에, 이사훈은 '대리장군(大李將軍)' 아들 이소도를 '소이장군(小李將軍)'이라 호칭한다.

(3) 음악

1) 이원제자와 노랑신

중국의 연극업계를 이원행(梨園行)이라 하고, 연극배우를 이원제자(梨園弟子)라고 부른다. 이원은 당나라의 궁중 음악과 무용과 잡희(雜戲, 演劇)를 교육하고 관리하는 부서였다.

이원을 처음 설치한 현종은 대단한 풍류남아(風流男兒)였다. 현종은 음악에도 조예가 깊어 악공 300여 명을 이원에 모아 음악을 가르쳤는데, 음률이 틀리는 것을 정확히 지적해 내었다고 한다.

현종 자신도 악공과 같이 악기를 연주하며 연주가 잘못되면 바로잡아주었는데, 특히 북 연주에 일가견이 있었다고 한다. 개원 11년(723)에 이원에서 성수악(聖壽樂)을 연주했는데, 기녀들의 화려한 의상과 춤에 도취한 현종은 직접 무의(舞衣)를 입고 궁녀와 함께 춤을 추며 전체 가무를 지휘했다고 한다.

당시 음율의 최고 달인으로 알려진 이귀년(李龜年)[230]도 이원

---

[230] 이귀년(李龜年, 생졸년 미상) – 현종의 총애를 받았던 音樂家, 그 형

출신이었다. 이귀년은 노래를 잘할 뿐만 아니라 여러 악기를 잘 다뤄 현종의 사랑을 받았는데, 그 형제인 이팽년(李彭年)과 이학년(李鶴年)도 모두 유명했었다. 안사의 난 이후에 이귀년은 각지를 유랑했는데, 두보의 〈강남봉이귀년(江南逢李龜年)〉이란 시가 있다.

이원의 악공들은 민간에서 엄격한 선발 과정을 거친 뒤, 궁중에 들어가 학습 및 수련에만 전념하였기에 당시의 음악 수준을 크게 높였다.

이원과 이원제자란 말이 보편화되면서 당 현종은 음악과 가무와 연희의 신(神), 즉 이원신(梨園神)이 되었다고 한다. 이원신을

제인 이팽년(李彭年), 이학년(李鶴年)도 모두 유명했다. 이귀년은 이른 나이에 이원(梨園)에 들어갔는데, 노래를 잘했다. 여러 악기를 다룰줄 알았는데, 특히 필률(篳篥, 피리의 일종) 연주와 갈고(羯鼓) 연주에 뛰어나 현종의 인정을 받았으며 작곡에도 재능을 발휘하였다. 이귀년 형제들은 장안에 대저택을 차지하고 살았는데, 그 규모가 공후(公侯)의 저택을 능가했다. 안사의 난 이후 각지를 유랑하다가 대종 대력(大曆) 연간에 상담(湘潭)에서 병사한 것으로 알려졌다. 두보(杜甫)도 역경에 처해 유랑할 때 이귀년을 만나 〈江南逢李龜年〉 시를 지어 주었다.

그 시는 너무 유명하여 아래에 수록한다.

〈강남에서 이구년을 만나다〉　　〈江南逢李龜年〉
기왕의 저택에서 자주 만나보았고,　（岐王宅裏尋常見）
崔九의 집에서도 몇 번 들렀지요.　（崔九堂前幾度聞）
지금 막 강남의 멋진 풍경 속에서,　（正是江南好風景）
꽃 지는 시절에 다시 그대를 만났소.　（落花時節又逢君）

속칭 노랑신(老郞神)이라고도 한다. 노랑신의 모습은 얼굴이 흰 소년인데, 당 현종이라고 전해온다. 왜냐면 당 현종이 이원을 크게 일으켰기 때문이다. 노랑이란, 혹 노동(老童)이니 음악의 조사(祖師)로 그저 '젊은이'란 뜻이다. 중국인들은 '老'를 '少'의 애칭으로 쓴다.

또 현종은 늘 자신이 3남이었기에 삼랑(三郞)이라고 자칭했었다고 한다.

그는 이원에서 악공이나 무녀들을 연습시킬 때 능숙하지 못한 이들에게 "너희들은 좀 더 열심히 연습해야겠어! 이 삼랑의 체면을 깎아서야 되겠니?"라고 말했다고 한다.

중국의 연극은 지금도 지방에 따라 사용되는 악기와 창(唱)과 연기 방법이 크게 다르다. 따라서 그들이 생각하는 신(神)도 다를 수밖에 없다. 그러나 그중에서도 가장 보편적으로 알려진 신은 노랑신(老郞神), 곧 당명황(唐明皇, 현종)이다. 이는 이원이 당나라 이후에도 존속되었고, 또 현종이 진정으로 음악과 연기를 좋아하고 장려했기 때문일 것이다.

2) 조효손 – 아악 정리

조효손(祖孝孫, 562-631 / ?-624, 자(字)는 덕무(德懋))은 수(隋)와 당(唐)의 음악가. 음악 이전에 역산(曆算)과 수학(數學)에 정통하였다. 수 문제 개황(開皇) 연간에, 협률낭(協律郞)으로 아악과 관련한 율법(律法)을 제정하였다.

당이 건국된 뒤로 태상소경(太常少卿)으로 당의 아악(雅樂)을 제정했고, 궁녀(宮女)에게 음악을 교육했으나 성과를 거두지 못하자 태종의 문책을 받은 적도 있었다.

그러자 왕규(王珪)와 온언박(溫彦博)이 조효손을 변호하여 말했다.

"조효손은 전아한 학인인데 궁인들에게 음악을 교습하는 일은 적임이 아니었고, 배우는 사람이 부진하다 하여 가르친 사람을 문책하는 것은 옳지 않다고 생각합니다."

그러자 태종은 더욱 화를 냈고 왕규는 끝까지 조효손을 변호했다. 《신당서(新唐書)》에 입전되었다.

3) 악기

당대(唐代)에 궁정의 악기 종류는 매우 많았다. 본래 중국 재래의 전통 악기 이외에 주변 소수 민족, 특히 서역의 다양한 악기가 유입되어 궁정 음악은 물론 일반인의 유락(遊樂)과 함께 크게 유행하였다.

주요한 악기로는, 소(簫, 퉁소 소), 적(笛, 피리), 호(箎, chí, 긴 대나무 호), 축(柷), 어(敔, yǔ), 박판(拍板), 금(琴), 슬(瑟), 공(箜), 비파(琵琶), 공후(箜篌), 칠현(七絃), 훈(塤, 질그릇 나팔), 부(缶, 장군 부, 용기), 종(鐘), 순(錞, 상대하소上大下小인 종모양의 타악기), 우(于), 뇨(鐃, 징),

동발(銅鈸) 동고(銅鼓), 경(磬), 고(鼓, 북), 무박(撫拍) 등이 있었다.

4) 태공묘

현종 개원 19년(731)에, 조서(詔書)를 내려 서도와 동도(東都) 및 전국 주(州)에 태공묘(太公廟)를 설치하고, 장량(張良)을 배향(配享)하고 춘추로 제향을 올리게 하였다.

태공묘는 서주(西周) 건국을 주도한 강태공〔姜太公, 강상(姜尙)〕의 묘당(廟堂)이다. 이후 숙종은 강태공을 무성왕(武成王)에 추봉(追封)하였는데, 이는 문선왕(文宣王) 공자를 제사하는 문성왕묘(文宣王廟)의 제도를 따라 문무를 함께 존중한다는 의지라 볼 수 있다.

통치자라면 으레 문치(文治)와 무공(武功)을 병행해야 한다.

문치는 정치의 청명(淸明)을 성취하여 경제문화를 발달시키고, 사회의 안정과 나라의 번영을 이룩하는 수단이다. 때문에 문치, 곧 숭문(崇文)의 한 가지 방법으로 공자를 받들며 제사하여 백성의 교화(敎化)를 꾀했다.

그러나 문치를 강조하다 보면 문약(文弱)에 빠지게 되고, 문약하면 강토(疆土)의 개척이나 외침 저지와 국가보위가 어려울 것이다. 때문에 문약의 결점을 보완하기 위하여, 국위선양(國威宣揚)을 위해서 무공(武功)으로 나라를 반석에 올려 백성들의 존경을 받았던 무인(武人)을 모시며 그 정신을 배워야 할 필요성을 느끼게 된다.

그래서 현종은 주(周)의 개국공신이었고, 제후로서 본조(本朝)에 충성을 다바친 강태공을 받들려 했다. 그러면서 한(漢)의 개국공신이며 전략가가 명성을 누린 유후(留侯) 장량〔張良, 자(字)는 자방(子房)〕을 배향케 한 것이다. 문선왕묘(文宣王廟)와 무성왕묘(武成王廟)는 당나라 문치와 무공(武功) 이념의 표상(表象)이었다.

5. 문학의 융성

(1) 당대의 문풍

위진남북조(魏晉南北朝)가 약 370년간의 분열 시대를 통일한 수(隋)나라는 단명했다.

618년 건국된 당(唐)은 수나라 말기의 지방 봉기세력을 모두 격파하고 명실상부한 통일제국을 건설하였다.

당나라는 걸출한 황제 태종 이세민의 '정관(貞觀)의 치(治)'라는 모범적인 군주정치에 의거 안정과 번영을 구가하였으며, 정치적 발전과 경제의 발달에 힘입어 문화와 학술 등 여러 분야에서 다양한 성취(成就)를 이룩하였다.

이러한 정치적 안정은 문학의 융성으로 이어졌는데, 당대 문학은 찬란한 발전을 이룩하면서 그 이전 한(漢)의 문학 또 이후 송(宋), 명(明), 청(淸) 제국의 문학 이상으로 중국문학 발전에 획기적인 기여를 하였다.

당나라는 국세의 팽창에 따라 주변 국가의 문화가 당에 흘러들어 국제적 성격이 강한 문화적 특성을 보였는데, 이는 사상의 발달과 함께 문학 융성의 기초가 되었다.

당대에는 문학뿐만 아니라 문화 자체가 크게 통일 융합되었다. 태종이 수많은 전적을 수집하고 공영달(孔穎達)로 하여금 《오경정의(五經正義)》를 찬정(撰定)한 것은 학문의 통합을 추진한 것이었다.

태종(太宗)은 '수성이문(守成以文)'을 표방하며 십팔학사(十八學士)를 우대하였고, 홍문관(弘文館)을 설치하여 숭문(崇文)의 기풍을 진작하였다. 고종과 측천무후 역시 과거제도의 정비와 함께 문인(文人)을 등용하였고, 현종(玄宗)은 풍류 황제의 명성을 누리면서 이백(李白) 같은 시인을 우대하였다.

이후 역대의 황제들이 모두 문학을 애호하고 장려하였으니, 헌종(憲宗, 재위 806-820)은 백거이(白居易)를 발탁하였으며, 목종(穆宗, 재위 821-824)은 원진(元稹)의 시를 좋아하였다. 따라서 당대의 많은 관료와 문인들이 시인으로 그들의 작품을 남겼으며, 평민이나 부녀자들도 시작(詩作)을 남겼고, 서민문학도 전기(傳奇) 등 다양한 분야로 발달하였다.

또한 시부(詩賦)로 인재를 등용하는 과거제도의 정비와 시행은 전국에 크게 문풍을 일으켰다. '위에서 좋아하면(上有好者), 아래에서는 틀림없이 더 심해진다(下必有甚焉).' 는 말처럼, 태평성세에 일반 백성들도 문학을 즐겨 심취하였다. 그래서 빈한한 문인도 시문으로 명성을 얻어 관리로 특채되는 길이 열려있어, 당대 문학의 융성은 극히 자연스러운 결과였다.

이러한 문학의 융성은 '해마다 꽃은 비슷하게 피지만(年年歲歲花相似), 세월따라 사람은 같지 않다(歲歲年年人不同).' 라는 표현 그대로, 개성 있는 시인을 등장케 하였고 걸출한 문학작품의 양산으로 이어졌다.

(2) 당시의 융성

당시(唐詩)는 중국 시 문학의 최고 성취라고 자부하며 '중국은 시(詩)의 나라' 라고 자랑하는 중국인이 많다. 실제로 그만한 자부심을 인정할 수밖에 없을 정도로, 그들의 언어와 문화 속에 당시(唐詩)는 여전히 살아있다.

1) 당시 융성 원인

중국 고전 시가의 발전은 《시경(詩經)》과 《초사(楚辭)》에서 시작하여 오랜 시간의 성숙과 발전을 거쳐 당대에 이르러 최고로 발달하였다. 현재 전해오는 당인(唐人)의 시가(詩歌) 작품이 약 50,000수 정도이며, 시인으로 이름을 남긴 사람이 2,200명이 넘는다.

당시(唐詩)는 다양한 제재(題材)와 내용, 잘 정비된 체제와 형식, 감동을 선사하는 뛰어난 묘사와 표현, 그리고 최고의 풍격(風格)과 깊고도 원대한 영향력을 종합한다면, 중국인뿐만 아니라 한자 문화권의 여러 나라에서 문화적 자부심의 결정체라고 평가할 수 있다. 당시(唐詩)가 이룩한 이러한 성취에 따라 많은 사람들이 당시를 읽고 연구하며 고증과 품평에 힘썼다.

당시는 문학사적으로 《시경》 이후 고전 시가(詩歌)의 완성이라 할 수 있고, 이백(李白)과 두보(杜甫), 그리고 백거이(白居易)와 이상은(李商隱) 같은 천재 시인들이 독창적인 풍격을 창조하면서 시 발달에 크게 공헌하였다.

당시는 귀족이나 소수 문사(文士)들만의 전유물이 아니었고 문자를 습득한 모두의 관심사였다. 그리고 모든 이들이 당당히 자신의 작품을 공개할 수 있었으니, 그 대중성이야말로 이후 당시의 명성을 드높일 수 있었던 가장 큰 특성이라 할 수 있다.

이러한 당시의 발달은 당대 정치적 안정과 경제적 발달, 국제적 특성을 지닌 문화적 교류, 그리고 문학 자체적 발전의 필연적 결과라고 말할 수 있다.

당시의 전성(全盛) 원인으로 여러 가지를 생각할 수 있지만, 우선 한(漢) 이후 역대 왕조의 문치주의(文治主義) 정치에 힘입은 바가 크다. 문치주의 정책에 따라 어느 시대건 문인들이 정치와 문화의 주체로 활동하였다. 특히 당(唐)에서는 수(隋)에서 시작한 과거(科擧)제도의 확충에 따라 많은 문인들이 등용되었다.

과거 중에서도 특히 문예를 시험하는 진사과(進士科)의 경쟁이 심하였다. 그리하여 '50에 진사가 되었다면 젊은 편이고, 30에 명경과에 급제했다면 늙은 편이다(五十少進士, 三十老明經).'이란 말이 통했으니, 진사과 급제의 어려움을 짐작할 수 있다.

이러한 문치주의와 과거 중시에 따라 문인들의 사회적 지위가 향상되었고, 동시에 문인들 자신이 각고의 노력을 기울이기도 했다. 당대 대부분의 시인이 과거 급제와 관직을 경험하였지만 고적(高適)이나 백거이를 제외한 대부분의 시인들은 하위직에 머물렀다. 시인들은 지방관이나 절도사의 막료(幕僚)로 일했거나 수시로 폄직(貶職)되어 지방에 전출 또는 이동되어 시인들이 갖고 있던 이상을 실제로 실현하기에는 현실적 장벽이 높았다. 그러할수록 시인들의 좌절이나 감상이 깊어졌고 그 때문에 또한 우수한 시가 창출되기도 하였다.

그리고 문학으로서 시의 자체적 진화와 발전이 있었다. 이런 모든 결과의 종합으로서, 5언과 7언의 절구(絶句)와 율시(律詩)가 중심이 되는 근체시가 확립되었다. 사실 중국의 시는 근체시 이후 더 이상의 새로운 형식이 창조되지 않았다고 볼 수 있는데, 이는 그만큼 근체시가 체제와 격식(格式)에서 완벽하다는 의미일 것이다.

2) 당나라의 시 – 문학의 중심

중국에서는 각 시대를 대표하는 문학 형태로 '한문(漢文), 당시(唐詩), 송사(宋詞), 원곡(元曲), 명청소설(明淸小說)'이란 말이 있다. 곧 전, 후한 시대에는 고문(古文)이, 당(唐)에서는 시(詩), 송(宋)나라에서는 사(詞, 넓은 의미로 본다면, 시로 분류할 수 있다), 그리고 원대(元代)에서 서상기(西廂記)와 같은 희곡(戲曲)이 발달하였으며, 명과 청대에는 《사대기서(四大奇書)》나 《홍루몽(紅樓夢)》 같은 소설이 크게 발달하였다.

그러나 어느 시대에서든 문학의 중심인 시와 문장이었다. 특히 시는 재능을 가진 문인(文人)이 각고의 노력으로 창작할 수 있다고 믿었으며, 문인이라면 당연히 시문(詩文)에 박통해야 한다고 누구나 인정하고 있었다.

육조문학(六朝文學)의 뒤를 이은 당대 문학은 형식면에서도 완성되었고, 사상과 내용이 풍부해졌으며, 육조 문학의 경미한 폐풍을 교정할 수 있었다. 곧 당대 문학은 문질(文質)을 강조한 한(漢)·위(魏)의 문학과 문채(文彩)와 아름다움을 강조한 육조(六朝) 문학의 장점을 모두 흡수하여 문질(文質)이 빈빈(彬彬)하게 개화(開花)하였다.

당대 문학의 핵심은 시이다. 당시(唐詩)는 작품의 양뿐만 아니라 사상(思想), 제재(題材), 형식, 기교의 모든 면에서 최고의 경지를 이룩했다.

청(淸)나라 강희제(康熙帝) 때인 1706년에 편찬된《전당시(全唐詩)》에는 시인 2,200명의 작품 48,900수(목차만 12권, 전질은 900권에 달한다)가 수록되어 있다. 이는 그때까지 남아있는 작품을 수록한 것이기에 당대 시의 일부라고 생각해야 한다.

이러한 당시의 융성은 정치 경제의 발전과 문학 자체의 발전에 따른 필연이었다. 당대 초기 백 년간의 사회 경제적 안정과 발전의 결과로 일반 백성들의 생활은 풍족하고 부유하였다. 풍족한 생활은 문학뿐만 아니라 무용, 음악, 회화, 건축 등 각종 예술을 꽃피웠고, 이러한 예술은 그대로 시의 소재가 되어 시를 통해 그려졌다.

국내 치안의 안정과 대운하 등 교통의 발달은 시인들의 여행 욕구를 유발했고, 여행의 견문과 다양한 경험은 시의 내용을 한층 풍부하게 하였다. 그리하여 당시는 산수자연에 대한 묘사와 서정은 물론 인생의 전반적인 문제들이 시의 소재(素材)가 되어 독자들에게 보다 새로운 문학의 지평(地平)을 볼 수 있게 하였다.

당시의 번영은 시문학 자체의 발전과 역사적 발전의 결과라고 말할 수 있다. 4언 위주《시경(詩經)》의 시에서《초사(楚辭)》의 형식으로 발전한 이후 한대(漢代)에서 5언, 7언의 시가 발생하였고, 위진남북조(魏晉南北朝) 시대를 거치면서 내용과 형식은 점차로 완비되어 갔다.

그리하여 심약(沈約, 441–513)이 제창한 '사성팔병설(四聲八病

說)'은 당대 신체시(新體詩) 형성의 밑거름이 되었다. 당대에 완성된 신체시 이후 새로운 형식의 시는 출현하지 않았다. 곧 당시가 형식상 최고라는 뜻이다.

그리고 시인 계층의 폭이 매우 넓고 두터웠다. 또한 걸출한 시인이 당대처럼 많은 적이 없었다. 그리고 시인들의 노력도 이 시대만큼 열정적인 때가 없었다.

두보(杜甫)는 자신이 '위인성벽탐가구(爲人性癖耽佳句; 천성적으로 좋은 구절을 찾으려 노력하였다)', '어부경인사불휴(語不驚人死不休; 시어詩語로 사람을 놀라게 하지 못한다면 죽을 때까지 멈출 수 없다).'라는 말을 남기었는데, 이는 운(韻)과 평측(平仄)에 맞는 시어(詩語) 한 글자를 찾기 위해 시인이 얼마나 고심하는가를 단적으로 증명해 주고 있다.

이후 어느 시대에서도 당시 형식의 다양성을 뛰어넘지 못했다. 이백, 두보, 왕유, 유종원, 백거이 등 천재 시인들이 독창적인 풍격(風格)을 창출하였으며, 사상성과 예술성 등 모든 면에서 최고 완숙(完熟)의 경지에 도달하였다.

당대의 일부 시인들을 제외하고는 그 생애가 불명한 경우가 많다. 관직생활을 한 시인의 경우는 사서(史書)에 그 이름이 등장하고 연보가 만들어질 정도로 생애가 알려진 경우도 있지만, 관직 경력이 없는 경우 대부분 그 생애가 불분명하다는 아쉬움은 어쩔 수 없다.

3) 고체시와 근체시

중국의 시는 우선 고전시(古典詩)와 현대시(現代詩)로 대별할 수 있다.

현대시란, 특히 1919년 5·4 운동 이후 백화(白話)로 창작되었으며, 전통적 형식이나 운율(韻律)을 무시하고 유럽의 영향을 받은 자유로운 형식의 시를 지칭한다.

고전시는 중국 역사 시대 이후로 19세기 말엽까지 창작되고 읽혀진 모든 시를 포함한다. 이는 곧 중국에 서양의 문학사조가 영향을 끼치기 전까지라 할 수 있다.

이 고전시의 내용은 서정적이며, 분량은 아주 적지만 자수(字數) 행수(行數), 압운 등 일정한 격률〔格律, 작시(作詩)를 위한 규칙〕을 갖추고 있다. 중국인들은 지금도 일상 언어생활에서 이러한 옛 시가의 명구(名句)를 자연스레 사용하니, 곧 시와 생활의 일체화가 이루어졌다고 볼 수 있다.

이 고전 시가는 다시 고체시(古體詩)와 근체시(近體詩)로 대별한다. 고체시(古體詩, 고시라 통칭)는 《시경》의 시나 초사(楚辭), 악부시(樂府詩), 오언시(五言詩), 칠언시(七言詩) 등을 모두 포함하고 있다.

근체시란 당대(唐代)에 확실하게 형성된 절구(絶句)와 율시(律詩), 배율(排律, 10행 이상에 압운을 한 시)로 대별되는데, 모두 5언과 7언 두 종류로 나뉜다. 송대(宋代)에 크게 성행한 사(詞, 송사宋詞, 장단구長短句)도 근체시에 포함한다. 당이나 송대에도 악부시가 창작되었으며, 지금도 오언과 칠언의 율시가 창작되고 있으니, 시의 분류에서 고체시와 근체시는 시대에 따른 구분이 아니라 시의 격식에 따른 구분이다.

(3) 당시의 시대 구분

당시(唐詩)는 초당(初唐), 성당(盛唐), 중당(中唐), 만당(晚唐)의 4기로 구분하여 발전과정과 특색을 설명하는 것이 일반적이다.

이러한 4시기 구분은 대체적으로 역사적 실정에 부합하고, 또 편리한 구분법이기에 널리 사용되고 있다.

물론 학자에 따라 조금씩 연대가 틀리기도 하며, 또 성당에 속하거나 아니면 중당의 시인이라 하면서 소속을 달리하는 경우도 있음을 감안해야 한다.

일반적으로 명대(明代)의 고병〔高柄, 1350-1423, 호(號)는 만사(漫士)〕[231]의《당시품휘(唐詩品彙)》에 의한 분류가 가장 일반적으로 적용되고 있다.

① 초당(初唐, 618-712) : 당의 건국에서 당 현종 즉위 전까지

---

231 高柄(고병, 1350-1423)은 민중(閩中) 十才子의 한 사람이다.《당시품휘(唐詩品彙)》를 저술했다.「五古七古以王維爲名家, 五律七律五絶以王維爲正宗, 七絶以王維爲羽翼.」

남조 제(齊)와 양(梁)의 시풍을 계승하고 고체시의 형식과 기교가 규율화되면서 근체시가 성립되는 시기이다. 궁정시인 상관의(上官儀)를 비롯하여 왕발(王勃), 양형(楊炯), 노조린(盧照隣), 낙빈왕(駱賓王) 등 초당사걸(初唐四傑)과 심전기(沈佺期, 656?-713?)와 송지문(宋之問, 656-712) 등이 활약했고, 진자앙(陳子昂), 장구령(張九齡)도 등장하였다. 특히 심전기와 송지문은 5언율시의 기초를 확실하게 다져 이 시기 율시의 정형화(定型化)에 크게 공헌하였다.

② **성당(盛唐**, 713-765) : 현종(玄宗)에서 숙종(肅宗)을 거쳐 대종(代宗) 즉위 초

개원(開元)의 치를 지나 천보(天寶) 연간에 안사의 난(755-763)을 겪었지만 당의 최전성기라 할 수 있다. 이 시기는 현종의 '개원 연간의 성세(盛世, 713-741)'와 천보 연간(742-756)의 퇴폐기와 '안사의 난(755-763)' 기간에 해당된다.

이 시기는 번영과 파국을 함께 하고 있어 낭만적, 낙관적인 시풍이 있는가 하면, 전란의 참담한 사회를 묘사한 현실적이고 침울한 시풍도 있다. 이 시기에는 왕유(王維, 701-761)와 맹호연(孟浩然, 689-740) 같이 자연을 읊은 시인과 고적(高適, 702-765), 잠삼(岑參, 715-770)과 같은 변새(邊塞) 시인의 활약도 눈부시지만, 무엇보다도 이백(李白, 701-762)과 두보(杜甫, 712-770)가 활약했던 시기로 가히 당시(唐詩)의 전성기라 할 수 있다.

이백은 두보의 〈기이십이백이십운(寄李十二白二十韻)〉의 표현

그대로 '필락(筆落)에 경풍우(驚風雨)하고 시성(詩成)에 읍귀신(泣鬼神)하는' 천재 시인이며 시선(詩仙)이었다. 두보는 시성(詩聖)이라는 존칭과 함께 그의 시는, 곧 시사(詩史)라고 일컬어진다. 이외에도 왕유와 맹호연 같은 유명한 산수 시인과 변새(邊塞) 시인으로 왕창령(王昌齡) 또한 유명하였다.

③ 중당(中唐, 766-835) : 대종(代宗) 이후 문종(文宗, 재위 826-840)의 재위 연간

이 시기에도 걸출한 시인들이 많이 배출되었다. 노륜(盧綸, 748-799), 전기(錢起, 722-785) 등 대력십재자(大曆十才子)가 활동했고, 백거이(白居易, 772-846), 원진(元稹, 779-831)이 활약하였다. 또 고문운동을 전개하며 당송팔대가(唐宋八大家)에 속하는 한유(韓愈, 768-824)와 유종원(柳宗元, 773-819)도 시인으로 명성을 누렸고, 유우석(劉禹錫, 772-842), 이하(李賀, 791-817) 등도 명성을 남겼다.

④ 만당(晚唐, 836-907) : 문종(文宗, 827-840) 이후 당 멸망(907)까지

절도사의 발호와 환관의 전횡으로 정치가 크게 어지러웠고 황소(黃巢)의 난(亂, 875-884) 이후 당이 멸망에 이르는 시기이다.

이 시기에는 두목(杜牧, 803-852)과 이상은(李商隱, 812-858)이

유명하고, 피일휴(皮日休, 843-883), 두순학(杜荀鶴, 846-907) 등이 당 말기 농민의 참상을 시로 읊었다.

6. 시인 열전

(1) 초당의 시인

1) 초당의 시풍

서기 617년, 관농(關隴) 귀족집단[232]의 이연(李淵)과 이세민(李世民) 부자가 태원(太原)에서 기병하며, 수(隋) 문제(文帝) 양견(楊堅, 재위 581-604)의 손자인 양유(楊侑)를 허수아비 황제로 내세웠는데, 양제(煬帝, 이름은 양광, 재위 604-618)가 강도〔江都, 지금의 강소성(江蘇省) 남부 양주시(揚州市)〕에서 우문화급(于文化及)에게 시해 당하자, 이연은 양유의 선양을 받아 즉위하니, 이가 당 고조(唐 高祖)이다. 차남 이세민(李世民, 태종)은 무덕(武德) 7년(624)에, 전국

---

232 관농집단(關隴集團) — 關隴世族, 關隴貴族은 北朝의 西魏(서위), 北周(북주) 및 隋(수), 唐 시기에 關中(今 陝西省)과 농서(隴西, 今 甘肅省 동남)를 근거지로 하는 문벌세족(門閥世族)을 지칭한다. 이들은 胡漢 혼혈에 文武合一의 특성을 지녔고 당시 통치 계층의 상층부를 형성하였다.

의 반대 세력 평정을 완료하였다. 이어 이세민은 현무문(玄武門)의 변(變, 626)을 겪고 고조의 양위를 받아 즉위하며 '정관지치(貞觀之治)'의 서막을 열었다.

당 태종은 수나라 말기 농민의 봉기와 지방 반대세력을 성공적으로 진압했다. 태종은 '물이 배를 띄울 수도 있지만, 엎을 수도 있다.(水可載舟, 亦可覆舟. / 載는 실을 재, 띄우다. 覆은 뒤엎을 복)'는 현실의 교훈을 체험했기에, 사치와 낭비를 멀리하고 백성의 요역과 부세를 경감하는 정책을 폈는데, 그 실천 방안은 인재의 발탁과 등용이었고, 허심(虛心)으로 간언(諫言)을 받아들였다.

태종의 선정은 문풍(文風)에도 영향을 끼쳐 문질(文質)을 함께 중시하며, 남조(南朝; 송宋, 제齊, 양梁, 진조陳朝)의 화려한 시풍에 반대하였는데, 이는 건실한 사상 체제의 기초를 마련하는 계기가 되었다.

그렇지만 현실에서는 남조의 화려한 꾸밈을 중시하는 시풍이 일조일석에 바뀔 수 없었다. 예를 들어, 우세남(虞世南, 558－638)[233]은 남조와 수(隋)의 시단과 문단을 겪은 사람으로, 그의 시

---

233 우세남(虞世南, 字는 伯施) - 정치, 문학, 시인, 書法의 대가로, 歐陽詢(구양순), 褚遂良(저수량), 薛稷(설직)과 함께 '서법의 初唐 四大家'로 알려졌다. 그가 편찬한 《북당서초(北堂書鈔)》 160권은 唐代 四大 유서(類書, 백과사전)의 하나이며 《全唐詩》에 그의 시 1권이 들어있다.

풍이 당(唐)의 건국으로 바뀔 수는 없었다.

당 태종 자신도 적지 않은 궁체시(宮體詩)를 남겼다고 알려졌다. 남조 문풍의 영향이 강한 궁체시에는 여전히 유미주의적(唯美主義的)이고 형식주의적인 특색이 강했으며, 그 시가(詩歌)에는 장부(丈夫)다운 기질이 없었다.

초당 시기의 궁정시인으로는, 진숙달(陳叔達),[234] 우세남(虞世南), 양사도(楊師道),[235] 상관의(上官儀)[236] 등을 들 수 있다. 그들의

---

234 진숙달(陳叔達, 572-635) - 남조 陳의 왕족. 侍中, 都官尙書 역임. 入隋하여 大業 연간에 內史舍人 역임. 李淵의 포로가 되었고, 武德 연간에 黃門侍郞 역임. 武德 7년(624)에 구양순(歐陽詢), 배구(裴矩) 등과 함께 《藝文類聚(예문유취)》 100권을 편찬하였다. 태종 때 禮部尙書를 역임했다.

235 양사도(楊師道, ?-647) - 수나라 황족. 당 고조의 사위. 재상 역임.

236 上官儀〔상관의, 608-665, 字는 游韶(유소)〕- 陝州 陝縣(今 河南省 三門峽市 陝州區)人. 前漢 武帝, 昭帝 때 유명한 上官桀(상관걸)의 후손. 貞觀 연간에 進士. 太宗 재위 중 入仕, 일찍이 《晉書》의 편찬 작업에 참여. 문장으로 태종을 섬겼고, 高宗과 武皇后의 인정을 받아 나중에 재상의 반열에 올랐다. 그러나 고종 麟德(인덕) 원년(664)에, 태자 李忠(이충)의 모반으로 하옥, 옥사했다.
상관의의 詩는 應制詩가 많지만, 시가 부드럽고 婉媚(완미)하며, 修辭(수사)와 꾸밈에 치중하다 보니 시인의 감정 묘사나 생기가 부족한 병폐가 드러나는데, 이런 시풍을 특별히 상관체라 불렀다. 《入朝洛堤步月》을 상관의의 대표작으로 꼽기도 한다. 상관의는 六朝 이래 詩歌의 對偶(대우, 對句)를 종합하여 '六對' 또는 '八對'를 언급하였는데, 후세 율시의 형성과 발전에 기여하였다.

시작(詩作)은 응제(應制)나 수창(酬唱)을 한 작품이 많았으며, 화려하고 농염한 표현 위주로 귀족생활의 좁은 소재를 벗어나지 못했다.

그러면서도 일부 시인들은, 시가에는 예를 들어 위징(魏徵)의 〈술회(述懷)〉 같은 시가에서는 강건하고 장대한 포부를 표현하였지만, 아직은 새 시대의 풍조가 되지는 못했다.

조정에서 복무하며 옛 시풍에서 벗어나지 못한 궁정시인과 달리 승려인 왕범지(王梵志),[237] 한산(寒山)[238]과 습득(拾得) 같은 사람들은 통속적 시어로 새로운 시가를 창작하였고, 특히 왕적(王

---

[237] 王梵志(왕범지, 590?-660?)의 생졸년은 확실하지 않지만, 隋末唐初에 활동하였다. 왕범지는 詩僧(시승)으로, 原名은 梵天(범천)으로 알려졌지만 다른 행적은 미상이다. 그의 시가는 매우 쉬우면서도 해학의 멋이 있고 권선징악과 警世(경세)의 뜻이 깊다. 왕범지는 시에 속어를 잘 사용하여 통속시로 분류할 수 있기에 최초의 白話 시인이라 할 수 있다. 敦煌(돈황) 莫高窟(막고굴) 藏經洞(장경동) 안에서 왕범지의 시 필사본이 발견된 이후 널리 조명을 받게 되었다.

[238] 한산(寒山, 생졸년 미상) - 貞觀 연간 또는 唐 玄宗에서 代宗 시대에 생존했다는 長安 출신의 저명한 詩僧(시승)이다. 寒山(한산)과 拾得(습득), 豊干(풍간) 3인은 浙江省(절강성) 天台山(천태산) 國淸寺에 은거했는데, 이들을 '國淸三隱(국청삼은)' 이라 불렀다. 특히 한산과 습득은 중국 민간 신앙에서 부부에게 사랑과 애정을 주는 和合二仙(화합이선, 또는 和合二聖), 곧 사랑의 신으로 불린다.

績)의 질박한 시는 초당 시단에 이채로웠으며 그 명성이 널리 알려졌지만, 아직 시단의 새로운 풍조를 형성하지는 못했다.

초당의 유명한 궁정시인으로는 이교(李嶠), 최융(崔融), 소미도(蘇味道), 두심언(杜審言, 두보의 조부)이 있는데, 이들을 '문장사우(文章四友)'라 불렀다.
그리고 심전기(沈佺期), 송지문(宋之問) 등을 들 수 있는데, 이들 시작은 내용이 공허하여 수작(秀作)은 많지 않으나, 이들에 의해 7언율시(七言律詩)의 형식이 새로이 정비되기 시작했다. 특히 심전기와 송지문은 7언율시 형식 완성에 크게 공헌하였다고 인정받고 있다.

이후로 '초당사걸(初唐四傑)'로 통칭되는 노조린(盧照隣, 637-680?), 낙빈왕(駱賓王, 생졸년 미상 / 627-684?), 왕발(王勃, 648-675), 양형(楊炯, 650-692)이 활약한다. 이들은 조숙한 천재였으나 양형이 관직에 좀 있었고, 나머지는 모두 불우한 가운데 익사, 자살, 반란 가담과 도피 등 비극적 종말을 보았다.

노조린과 낙빈왕의 장편 시는 뒷날 이백의 칠언악부(七言樂府)나 두보의 사회비판 7언 배율(排律)의 서사시와 백거이(白居易)의 〈장한가(長恨歌)〉, 〈비파행(琵琶行)〉등 명작 탄생의 준비단계라는 의의를 갖고 있다. 결론적으로 초당 사걸(四傑)의 작품은 남조(南朝)

시풍을 완전히 벗어나지는 못했지만, 남조 시풍의 유행을 막고 새로운 시풍으로 발전하는 계기를 마련했다는 평가를 받고 있다.

이러한 변화의 기운은 당시(唐詩)의 새 기풍을 열었는데, 바로 진자앙(陳子昂)을 말한다. 진자앙 이후 당의 시풍은 일변하여 이후 당시(唐詩)의 극성기를 맞이할 준비를 마쳤다.

2) 문장사우

○ 이교(李嶠)

이교(李嶠, 645?-714?)는 조주(趙州, 지금의 하북성(河北省) 남부 형태시(邢台市) 관할 백향현(柏鄕縣)) 출신으로, 20세에 진사 급제한 뒤, 감찰어사 등 요직 역임. 무후(武后) 시(時) 재상의 반열에 올랐다. 현종으로부터 '진재자(眞才子)!' 라는 칭찬을 들을 정도로 상상이 풍부하였다.

이교는 왕발, 양형(楊炯)과 교제했고, 이어 두심언(杜審言), 최융(崔融), 소미도(蘇味道)와 함께 '문장사우(文章四友)'로 호칭되었으며, 노년에 원로 문인으로(文章宿老) 대우를 받았다. 그의 문집으로 《이교집(李嶠集)》이 있고, 〈단제시(單題詩)〉 120수가 전해온다.

○ 최융(崔融)

최융(崔融, 653-706. 融은 화합할 융)은 청하(淸河) 최씨로, 고종의봉(儀鳳) 원년(676)에 과거 급제했고, 국자사업(國子司業) 등 여러 관직을 역임했다. 중종 신룡(神龍) 2년(706)에 죽었다.《전당시(全唐詩)》68권에 그의 시가 수록되었다.

○ 소미도(蘇味道)

소미도(蘇味道, 648－705)는 고종 건봉(乾封, 666－667) 연간에 진사(進士)가 되었고, 무측천(武則天) 재위 중 여러 해 동안 재상으로 재직했는데, 아부와 봉영(奉迎, 맞장구치기)을 잘하였으며, 매사에 양단을 절충하며 모서리만을 조물락거리며 결단을 내리지 않아 「처사(處事)에 분명히 결단하지 않으면서, 만약 잘못되면 견책을 당하니, 양쪽 끝을 만지작거리기만 했다(處事不欲, 決斷明白, 若有錯誤, 必貽咎譴, 常模稜以持兩端可矣).」는 기록이 있다고 했다. 그래서 당시 사람들이 '서모릉(蘇模稜)'이라고 불렀다. 중종(中宗) 연간에, 장이지(張易之, ?－705) 형제에 아부하다가 폄직된 뒤에 죽었다. 젊었을 적에 문장으로 이름을 날려 이교(李嶠)와 함께 '소리(蘇李)'로 병칭되었다.

○ 두심언(杜審言)

두심언〔杜審言, 645?－708, 조적(祖籍) 양양(襄陽). 두보의 조부〕은 재화(才華)가 뛰어난 사람이었으나 재주를 믿고 오만한 데가 있었다고 한다. 젊은 날 이교(李嶠), 최융(崔融), 소미도(蘇味道)와 함께 '문장사우(文章四友)'라고 불렀다. 두심언은 고종 때(670) 진사에 급제한 뒤 습성 현위(隰城 縣尉)를 지냈다. 나중에 낙양승(洛陽丞)

이 되었다가, 무후(武后) 때는 길주(吉州) 사호참군(司戶參軍)으로 폄직되기도 하였다.

이 무렵 길주의 하급 관리인 곽약눌(郭若訥)과 장관(長官) 주계중(周季重)이 두심언을 모함하여 사죄(死罪)에 빼트리자, 두심언의 13살 아들 두병(杜幷)이 아버지를 위한 복수로 잠입해서 주계중을 찔렀지만, 두병은 현장에서 호위무사에게 잡혀죽었다.

그런데 부상을 당한 주계중이 죽기 바로 직전에 "두심언에게 그런 효자(孝子)가 있는 줄은 나는 모르고 있었으며, 곽약눌이 나에게 거짓말을 했다."고 말했다.

이는 당시에 큰 사건으로, 이 소식을 전해들은 측천무후가 두심언을 불러 만났고, 두심언의 시를 높이 평가해 주었다.

두심언의 시는 사경(寫景)과 창화(唱和) 및 응제(應制, 천자의 조서나 명령에 따라 글을 지어 올림, 왕공의 명에 의한 글은 응교라 한다.) 작품들이 많은데, 특히 오언율시에 뛰어났었다.

두심언의 차남이 두한(杜閑)인데, 두한은 바로 두보(杜甫, 712-770)의 부친이다. 두보는 두심언의 장손이었으니, 두보도 "내 할아버지의 시는 예부터 제일이었다(吾祖詩冠古)."고 말했다.

두심언은 근체시의 형성과 발전에 크게 기여하여 '오언율시의 기초를 놓은 시인'으로 평가받고 있다. 두보는 이러한 조부의 유전자를 물려받았을 것이다.

3) 초당사걸

○ 노조린(盧照隣)

노조린〔盧照隣, 637-680?, 호(號)는 유우자(幽憂子)〕은 유주(幽州) 범양현〔范陽縣, 지금의 하북성(河北省) 직할 탁주시(涿州市)〕 출신으로, 오랜 질병(丹藥중독, 일종의 수은중독에 따른 인한 사지마비)으로 고통받았는데, 고종 함형(咸亨) 4년(673), 장안에서 양병(養病)할 때, 명의인 손사막(孫思邈)이 성심으로 치료했으나 '울분과 분노가 쌓여 근본적 치유가 불가한 병'이라 말했다고 한다. 노조린은 〈오비문(五悲文)〉과 〈석질문(釋疾文)〉을 지어 자신의 비통(悲痛)을 묘사한 뒤 강에 투신하였다.

노조린은 장시(長詩)와 변려문(騈麗文), 가행체(歌行體) 시가에 뛰어났으며, 그 의경(意境)이 청려(淸麗)하고 심원하다는 평을 들었다. 《노승지집(盧昇之集)》 7권과 《유우자집(幽憂子集)》 7권을 남겼고, 《전당시(全唐詩)》에는 그의 시가 2권으로 편집되었다.

○ 낙빈왕(駱賓王)

낙빈왕〔駱賓王, 생졸년 미상, 駱은 낙타 낙, 자(字)는 관광(觀光)〕은 한미(寒微)한 출신이지만 7살에 거위를 보고 시를 지을 정도의 신동이었다. 당 고종 의봉(儀鳳) 3년(678)에, 낙빈왕은 시어사(侍御史)가 되었지만 다른 사람의 무고에 의해 감옥에 갇혀있다가 나중에 방면되어 지방관인 임해현승(臨海縣丞, 현령의 부직副職)이 되었기에,

낙빈왕을 '낙림해(駱臨海)'라고도 부른다.

낙빈왕이 7살에 지었다는 〈영아(詠鵝), 鵝는 거위 아〉는 다음과 같다. 이 시는 중국의 할아버지들이 손자가 말을 배울 때부터 들려주는 시라고 한다.

어(鵝, é)! 어! 어! (거위 울음소리)	鵝! 鵝! 鵝
굽은 목으로 하늘 보고 노래를 하네.	曲項向天歌
하얀 깃털은 푸른 물 위에 떠있고,	白毛浮綠水
붉은 발바닥 맑은 물결을 헤치네.	紅掌撥淸波

이 시가 전하는 특별한 메시지는 없다. 7살 어린아이의 시에서 그런 것을 기대한다면 어른의 잘못된 인식이다. 하지만 이 시는 7살 동심을 아무 꾸밈없이 표현했고, 또 기발한 착상으로 그리고 자신과 연관하여 사물을 인식하는 어린이의 세계를 그대로 보여 주고 있다.

거위의 울음소리는 그대로 그 이름이 되었으니, 울음소리이면서 어린아이가 거위를 불렀다. 그리고 그 굽은 목을 보고 하늘을 향해 노래한다고 생각하였다. 깃털의 흰색(白), 물색(靑), 그리고 붉은 발바닥(紅)의 색조가 선명하고, 발로 물결을 튕긴다(撥)고 본 것은 어린아이의 놀이의 세계이다.

낙빈왕은 반항적인 천재 시인이었다. 684년 서경업(徐敬業, 당태종을 도운 서세적의 손자. 서세적은 사성을 받아 이적으로 개명)이 측천무후를 토벌하자고 거병하였는데, 그때의 격문 〈위서경업토무조격(爲徐敬業討武曌檄)〉을 낙빈왕이 지었다. 격문을 읽어본 측천무후가 감탄하면서 '재상은 왜 이런 사람을 미리 등용하지 못하여 반역에 동조하게 했느냐?'며 꾸짖었다는 이야기는 유명하다.

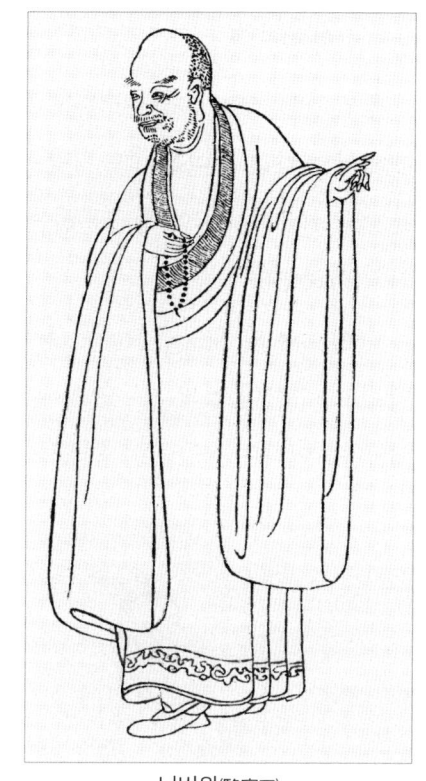

낙빈왕(駱賓王)

서경업의 반란이 실패로 끝난 뒤 낙빈왕은 어디로 숨었고, 언제 죽었는지 알려지지 않았다.

낙빈왕의 시는 제재(題材)가 광범위하면서도 청신하며, 재주는 많고 지위는 낮은 데에 따른 격정과 불만을 느낄 수 있으며 필력은 웅건하다는 평을 받았다. 그의 〈제경편(帝京篇)〉은 당 초기에 보기 드문 장편시이다.

○ 왕발(王勃)

왕발〔王勃, 650-676?, 자(字)는 자안(子安)〕은 왕발의 생졸 연도에 대해서는 약간의 이설이 있지만, 그는 아까운 나이 27세에 교지(交趾, 지금 월남 북부 지역)에 근무하는 부친을 뵈러 바닷길을 여행하다가 익사하였다.

수신(水神)의 도움을 받아 〈등왕각시(滕王閣詩)〉를 지어 이름을 날렸고, 수신이 일찍 거두었기에 어업 종사자들은 왕발을 '수선왕(水仙王)'이라며 신앙처럼 숭배하고 있다.

왕발의 할아버지 왕통(王通)은 수(隋)나라 양제(煬帝) 때의 대유(大儒)이었다. 왕발은 어려서부터 매우 총명하여 6살에 글을 지은 신동이었고, 14살에 과거에 급제하여 조산랑(朝散郎)이라는 관직을 받았다. 그러나 고재박학(高才博學)한 젊은이로 그 재주를 믿고 오만한 데가 많아 관직생활은 순탄치 못했다.

왕발(王勃) 〈출처: 위키백과〉

왕발은 뛰어난 천재였으니 먹물을 많이 갈아놓고 누워있다가 갑자기 일어나 시를 써 내려가면서 한 자도 고쳐 쓰질 않았기에 그를 '복고(腹稿)'라 불렀다.

이는 '뱃속에 글이 들어있다'는 뜻이다.

어떤 이인(異人)이 왕발의 관상을 보고 말했다.

"당신의 신명(神明)은 강하나 골격이 허약하고, 기(氣)는 청수(淸秀)하나 신체는 파리하며, 뇌골(腦骨)이 함몰되었고, 눈의 정기가 온전치 못하며, 이삭은 패지만 결실(結實)하지 못하니, 끝내 대귀(大貴)하지는 못할 것이요(秀而不實, 終無大貴矣)."

이인(異人)의 예언 그대로 왕발은 단명했다. 왕발의 시에는 이별이나 고향을 그리는 정감을 표현한 시가 많으며, 오언율시나 오언절구에 우수한 작품이 많다.

○ 양형(楊炯)

양형(楊炯, 650-692, 炯은 빛날 형)은, 지금의 섬서성(陝西省) 동남 화음시(華陰市) 출신으로, 당 고종 현경(顯慶) 6년(661)에 겨우 11살에 과거에 급제하여 신동으로 소문이 났다. 여러 하급 직책을 역임하였는데, 무후(武后) 때, 그의 숙부가 서경업(徐敬業)의 반란에 관여하였기에, 양형은 재주[梓州, 지금의 사천성(四川省) 동북부 면양시(綿陽市) 관할의 삼태현(三台縣)] 사법참군(司法參軍)으로 좌천되었다. 나중에 영천(盈川) 현령을 끝으로 죽었기에, 양형을 양영천(楊盈川)이라 부르고, 그의 시집《영천집》이 전해온다.

양형은 자신이 '초당사걸'로 일컬어진다는 말을 듣고서 "나는 노조린 앞에 있는 것이 부끄럽고, 왕발의 뒤에 불리는 것은 치욕이다(吾愧在盧前恥居王後)."라고 말했다.

양형은 변새시를 통해 격앙 강개한 감정을 잘 표현하였다.

4) 초당의 다른 시인

○ 심전기(沈佺期)

심전기(沈佺期, 650?-714?)는 고종 상원(上元) 2년(675)에 진사가 되어 측천무후 때 고공원외랑(考功員外郞)으로 근무하면서 뇌물을 받아 옥에 들어갔다가 나와 복직하여 급사중(給事中)에 올랐다가 중종 때, 지금은 월남 땅이 된 곳에 유배되기도 했었다.

심전기는 오언율시에 능했고, 송지문과 함께 이름을 날린 궁정시인(宮廷詩人)으로 문학사에서는 '침송(沈宋)'으로 불린다. 그의 시는 남조(南朝) 양(梁)과 진(陳)의 화려하고 염려(艶麗)한 기풍이 있어 궁체(宮體) 시풍(詩風)을 벗어나지는 못했지만, 신체시(新體詩)의 발전에 공헌했고 오언율시의 기초 확립에 기여한 인물로 평가되고 있다.

○ 송지문(宋之問)

송지문(宋之問, 656?-712)은 그의 생질 유희이(劉希夷)와 함께 고종 상원(上元) 2년(675)에 진사과에 급제하였다. 송지문은 낙주

참군(洛州參軍), 상방감승(尙方監丞) 등 여러 관직을 전전했는데, 측천무후의 총애를 받던 장이지(張易之)의 변기(便器)를 받들며 시중들었다 하여 '천하추기행(天下醜其行, 천하가 그의 행동을 추하게 생각하다)' 하다고 알려진 사람이다.

705년, 측천무후가 퇴위하자 장이지, 장창종 형제도 피살당했고 장이지에 아부했던 송지문도 폄직된다.

중종 2차 재위 중(705-710)에는 다시 태평공주(太平公主)에 아부하면서 지공거(知貢擧)에 올랐으나 뇌물을 받아먹은 것이 탄로되어 월주장사(越州長史, 지금의 광동성 지역)로 폄직되었다. 예종(睿宗)이 재즉위(710)하면서 흠주〔欽州, 지금의 광동성(廣東省) 흠현〕로 유배되었다가 현종이 즉위하는 선천(先天) 원년(712)에 사약을 받고 죽었다.

오언율시에 능했다고 하지만 하여튼 좀 지저분한 인격의 소유자로 알려졌다.

○ 진자앙(陳子昂)

진자앙(陳子昂, 661-702)은 지방 호족 출신으로, 부유했고 호협의 기질이 있었다.[239] 거란 토벌에 참가하기도 했었는데, 38세 때

---

239 진자앙의 豪氣(호기) – 진자앙이 장안에 처음 왔을 때, 진자앙의 文才를 알아주는 사람이 없었다. 진자앙이 사람들이 모여있어 가보니, 마침 胡琴(호금)을 파는데 그 값이 천금이라고 하였다. 진자앙은 가격을 흥정하지도 않고 즉석에서 그 호금을 샀다. 사

관직을 버리고 귀향했다. 나중에 진자앙의 재산을 탐낸 현령이 그를 모함하여 결국 43세에 옥사하였다.

중국문학사에서 시문의 경향이 한쪽으로 흐를 때 복고적인 주장이 나오곤 했었다. 이는 문학의 정도(正道)를 회복하려는 자정(自淨) 노력이라 생각할 수 있다. 진자앙은 육조(六朝)시대의 경박하고 화려한 시풍을 일소하고 새로운 내용과 현실을 반영하는 시문학을 강조하였는데, 실제로 그의 시풍은 질박하고 기골이 강하게 드러난다.

진자앙의 〈감우(感遇)〉 시 38편은 매우 유명한 작품이다. 초당사걸(初唐四傑)의 작품은 남조(南朝)의 시풍을 완전히 벗어나지는 못했지만, 이들과 진자앙의 시는 당시(唐詩)에 새 생명력을 불어넣어 당시(唐詩) 발전의 토대를 구축했다는 평가를 받고 있다.

람들이 웅성거리자, 진자앙이 말했다. "내일 천 냥짜리 명금을 연주할 것이니 와서 구경해 주십시오."
진자앙은 숙소를 설명해 주고 자리를 떴다. 다음 날, 사람들이 많이 모이자, 진자앙은 호금을 들고 말했다. "나는 호금을 탈 줄도 모릅니다." 그러면서 진자앙은 즉석에서 거금의 호금을 부수어버렸다. 사람들이 웅성대자, 진자앙이 말했다. "여러분들이 정말로 보아야 할 것은 이 시입니다." 그리고서는 자신의 시를 쓴 종이를 여러 사람들에게 모두 나누어 주었다. 진자앙의 이름은 그날로 장안에 널리 퍼졌다. 진자앙은 세속적 客氣(객기)로 사람들을 휘어잡을 수 있는 능력이 있었다. 진자앙은 변방에서도 근무했는데, 지금의 북경 지역에 근무하면서 자신의 큰 뜻을 시로 표현하였다.

한유(韓愈)는 '진자앙부터 나라의 문장이 흥성하고 높아졌다(國朝盛文章, 子昻始高踏).'고 말했다.

(2) 성당의 시인

1) 성당의 시풍

성당(盛唐)은 현종의 치세 기간인 개원, 천보 연간(713-756)과 안록산-사사명의 난(755-763)을 포함한 50여 년간을 지칭한다. 이 시기는 당의 역사에서 태평성세와 내부 전란, 곧 번영과 쇠퇴를 함께 겪은 시기였다.

이 시기에 개원지치(開元之治)의 안정과 번영, 그리고 천보 연간의 정치적 쇠퇴와 타락, 사회 기강의 문란 등을 경험했고 안사의 난(755-763)을 겪으면서 당 제국은 번영에서 쇠퇴로 확실하게 전환했다.

따라서 이 시기에는 진취적이고 낭만적이면서도 활기찬 문학 풍조와 함께 시대의 타락을 걱정하는 우울한 시풍이 형성되었다.

이 시기의 시인들은 보통의 사족(士族) 출신으로, 그 성분을 바탕으로 자신의 언어로 자신의 사상과 감정을 거침없이 표현하였다. 이 시기의 시인들은 과거시험을 통해 입신양명(立身揚名)을 추구하였지만 경제적 번영에 힘입어 각지를 자유롭게 여행하며 방랑자의 심경을 노래하고, 고관의 막료가 되어 각지를 돌면서 그 풍경과 서민생활을 자유로운 소재로 표현 서술하여 시의 사상과 내용이 중국 역사의 그 어느 시기보다도 다채롭고 풍부하였다. 이 과정에서 서민의 어려운 생활과 관리들의 횡포에 대한 염려와 분노를 직설적으로 표현하는 사회시(社會詩)의 출현과 발전이 있었다.

이런 성당의 시는 시인들이 태평과 혼란, 번영과 암흑의 시대 전환에 따라 감개(感慨)와 애상(哀傷)을 체험하였기에 시의 주제가 한층 확대되고 비장(悲壯)해졌다. 그러면서 형식과 내용이 함께 발전 충실해져서 성당시의 전성시대를 맞이하며 발전케 하였다.

성당을 대표하는 시인은, 이백과 두보와 왕유를 우선 꼽아야 한다. 이들에 대해 시선(詩仙), 시성(詩聖), 시불(詩佛)이라는 칭송도 그렇지만 이들이 동시대에 존재했다는 자체가 하나의 경이(驚異)라고 말해야 한다. 그리고 잠삼(岑參), 고적(高適), 왕창령(王昌齡) 등의 변새시, 맹호연(孟浩然), 저광희(儲光羲), 기무잠(綦毋潛) 등의 산수자연시를 성당(盛唐) 시절 당시(唐詩)의 큰 줄거리로 파악할 수 있다.

당의 영토 확장과 주변 이민족과의 관계에서 국경지역에서의 충돌과 전쟁은 당시(唐詩)에서 변새시(邊塞詩)라는 특별한 주제와 내용이 형성되어 발전하였다.

변새지방의 풍경과 생활, 병영 생활과 병졸의 애환은 《시경》에서부터, 한(漢), 위(魏), 남북조(南北朝)의 악부시에 이르기까지 끊임없이 창작되었으며, 초당 시기에도 읊어졌지만 특히 성당 시기에 극성하였다.

일반 시인들은 과거 급제 후, 자신의 출로를 찾기 위하여 변경의 절도사나 장군의 막료로 근무하는 경우가 많았다. 그러다 보니 시인들은 자신의 체험을 시로 창작했으며, 그런 시가 여러 사람에게 알려지며 공감하게 되었기에 더 많은 가작이 계속 뒤를 이었다.

변새시의 일반적 특징은 주로 5언이나 7언의 가행체(歌行體)로 창작되었다. 성당 시절에 율시(律詩)의 완성과 발전이 이루어졌지만, 율시는 그 창작에 제약이 많아 변경의 웅장한 자연환경이나 상황 묘사에 적합하지 않았다.

변새시는 변경의 자연환경, 이국의 정취(情趣), 비장한 전투 장면과 병졸의 애환과 향수, 후방에 남은 가족의 그리움과 염려를 주제로 다루고 있다. 때문에 변새시는 호방하고 힘차며, 때로는 낭만적이고 진취적이며 남아(男兒)다웠다.

성당의 산수자연시(山水自然詩)는 자연의 아름다운 풍경과 전원생활, 자연 속에 묻혀 자신을 되돌아보며 자신만의 즐거움에 탐익하는 내용을 주제로 삼았다. 이런 사연시는 위신(魏晉) 이후의 남조 송(宋)에 이르면서 도연명(陶淵明)과 사령운(謝靈運)에 의해 수준 높게 발전했으나 이후 그들을 계승한 대가의 출현은 없었다.

그러다가 성당에 이르러 하나의 유파로 확실하게 자리잡았다. 이런 산수자연시의 유파 형성과 발전은 당대(唐代) 도교의 발전과 그에 따른 은일(隱逸) 풍조와 관련이 깊다. 은일의 풍조가 관직을 얻기 위한 수단으로 변질되는 경우도 있었지만, 대체적으로 도사와 은일의 철학과 처세는 긍정적 평가를 받았다. 따라서 산수전원 생활의 묘사는 시인이면 누구든 관심을 갖고 창작하였고, 시의 주요한 소재(素材)가 되었다.

산수전원시는 일반적으로 5언 위주이며, 고시(古詩)의 형식과 율시의 형식으로도 많이 창작되었다. 시풍은 대체적으로 고아청담(古雅淸淡)하며 질박하였다. 이런 유파의 시인들은 청정한적(淸淨閑寂)한 전원생활을 영위하였으나 사회와 민생의 질곡(桎梏)에 대한 관심이나 열정은 상대적으로 적었다. 당대 산수자연시의 대표적 시인을 꼽으라면 누구든지 왕유와 맹호연을 꼽는다.

2) 맹호연

맹호연〔孟浩然, 689?-740, 호(號)는 녹문처사(鹿門處士)〕은 호(浩)라는 이름보다는 그의 자(字) 호연(浩然)으로 통칭된다. 당대(唐代) 양주(襄州) 양양〔襄陽, 지금의 호북성(湖北省) 북부 양양시(襄陽市), 하남성(河南省)과 연접〕때문에 '맹양양(孟襄陽)'으로 불리기도 한다. 맹호연과 왕유를 나란히 '왕맹(王孟)'이라 부른다. 맹호연은 배적(裴迪)과도 교유했다.

맹호연은 젊은 시절 각지를 유랑했었다. 당 현종 재위 시에 장안에 와서 벼슬길을 찾았으나 뜻을 이루지 못했다. 개원 25년(737), 장구령(張九齡)이 형주자사(荊州長史)로 근무하면서, 한때 막료로 데리고 있었지만, 맹호연은 곧 옛집으로 돌아왔다. 뒷날 왕창령(王昌齡)이 양양(襄陽)을 유람하면서 맹호연을 찾아가 호탕하게 술을 마셨고, 얼마 후 맹호연은 병사했다.

맹호연의 시가(詩歌)는 대부분이 5구 단편(短篇)이며, 제재는 거의 산수전원이나 은일 생활을 묘사하였다. 장구령은 왕유, 이백, 장구령과 교유하면서 도연명(陶淵明), 사령운(謝靈運), 사조(謝朓)의 시풍을 이어갔기에 성당(盛唐) 산수시인(山水詩人)이라는 명성을 누렸다. 《맹호연집(孟浩然集)》에는 그의 시 약 260수가 전한다.

송(宋) 계민부(計敏夫)는 《당시기사(唐詩記事)》에서 '맹호연의 시는 속에 기골(氣骨)이 있으면서도 나타난 모습이 맑고 부드럽다. 또 그의 기풍이나 정신이 밝게 퍼진다. 특히 그의 오언시는 천하에서 가장 좋다고 칭찬한다.(浩然骨貌淑淸. 風神散朗. 五言詩 天下稱其盡善.)'고 평했다.

3) 왕유 – 시불

○ 시에 그림(詩中畵)

〈산중〉	〈山中〉
형계 흰 돌이 드러나 보이고,	荊溪白石出
추운 날 붉은 단풍도 드물다.	天寒紅葉稀
산길에 본디 비도 안 왔는데,	山路天無雨
떠도는 푸른 氣 옷에 스민다.	空翠濕人衣

소동파(蘇東坡, 소식, 1037-1101)는 왕유의 이 시에 대해 '시중화(詩中畵)'라고 했다. 위의 시에는 흰색과 붉은색이 선명하다. 그리고 산속의 푸른 기운이 내 옷에 스며들 것 같다고 하였으니, 실체가 없는 공중의 푸름을 옷에 물들여 시각으로 느끼게 했고, 또 만져질 것 같은 촉각으로 전환시켰다.

이는 일종의 통감(通感)이라고 할 수 있다. 이 시는 초겨울 산속의 공기마냥 신선하고도 청량하여 왕유의 뛰어난 심미의식(審美意識)을 직접 느낄 수 있다.

왕유는 조숙한 천재였다. 시서화(詩書畵)는 물론 음악에도 보통 사람이 생각할 수도 없는 그런 경지에 이르렀다. 그런 천재성에 불교신앙을 바탕으로 검소하게 생활하면서 자연을 관조했으며 자신을 성찰하였다. 왕유의 시는 그림이며, 그의 그림은 시라는 평을 들었다.

당(唐, 618-907) 290년간은 중국 시가(詩歌)의 황금 시기였으니, 최고의 대가들이 출현하여 활약하였으며 수많은 명작이 창작되고 애송(愛誦)되었다. 당시(唐詩) 황금시대는 이백과 두보, 그리고 왕유가 활동했던 현종(玄宗) 개원(713-741)과 천보(天寶, 742-756) 연간인 8세기 전반이었다.

이 시기에 표일(飄逸)한 이백, 침울(沈鬱)한 두보, 청아(淸雅)한 맹호연, 정치(精緻)한 왕유, 진솔(眞率)한 저광희(儲光羲), 비장(悲壯)한 고적(高適)과 잠삼(岑參) 등이 활약했으니, 가히 당시(唐詩)의 최전성기라 할 수 있었다.

　당시를 대표하는 시선(詩仙)이며 시협(詩俠)이라 부르는 이백(李白, 701-762), 시성(詩聖)으며, 그의 시는 시사(詩史)라는 별호로 불리는 두보(杜甫, 712-770), 그리고 도연명(陶淵明)과 사령운(謝靈運)의 산수전원시의 전통을 이어 최고의 경지로 끌어올렸으며, 시불(詩佛)이라 불리는 왕유(王維, 699?-761 / 701?-761)가 함께 생존했었다는 그 자체가 경이(驚異)였다.

　밤하늘을 빛내는 그 수많은 별들, 그중에서 가장 큰 빛인 이백과 두보 시의 우열을 논하는 자체가 난센스다. 이백과 두보가 없다면 왕유가 최고라는 말에도 동의할 수 없다. 시인은 우열이 아니라 그 시의 개성으로 말해야 한다.

　그냥 '당시(唐詩)를 삼분천하(三分天下)하여 이백(仙), 두보(聖), 왕유(佛)가 하나씩 나눠가졌다'고는 말할 수 있다.

　〇 시불(詩佛) 왕유(王維)

　왕유의 시는 《전당시(全唐詩)》 125-128권에, 315제(題) 386수가 전해온다.

　성당(盛唐)의 현종(玄宗) 시대(재위 712-756)는 별만큼이나 많은 시인들이 빛을 내며 문운(文運)이 크게 융성한 시기였다. 그 시기에 왕유는 이백(李白, 701-762)과 두보(杜甫, 712-770)와 함께 시단의 큰 별이었다. 호탕한 이백을 시선(詩仙), 유가적 사상을 바탕으로 사실적이고 현세적이었던 두보를 시성(詩聖)이라며, 그의 시

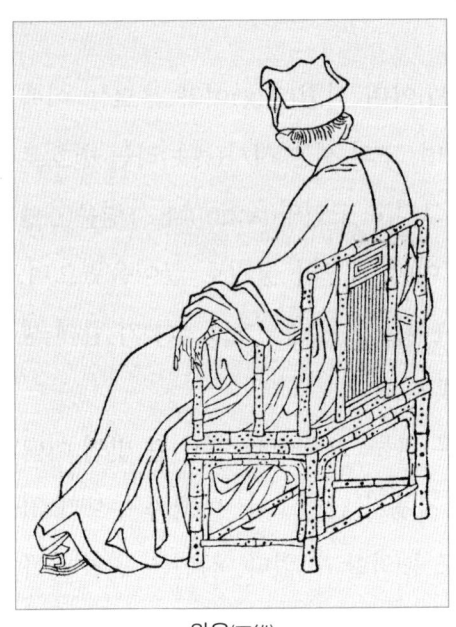

왕유(王維)

시불 왕유(王維)《晚笑堂竹壯畫傳(만소당죽장화전)》

를 시사(詩史)라고 한다. 그리고 불심을 바탕으로 천재적 언어감각과 내면적 성찰로 산수전원시의 전통을 계승 발전시킨 왕유를 보통 시불(詩佛)이라 부른다.

많은 사람들은 '이두(李杜)가 없었다면 마힐(摩詰, 왕유의 字)이 최고' 라는 말을 하는데, 시의 고하(高下)를 습관처럼 논하는 사람들에게도 이백과 두보의 우열을 판별해야 할 이유도 없거니와 판별도 불가능한 일이다. 그렇다면 왕유 역시 이두와 개성의 차이를 말할 수 있지만 꼭 그 우열을 따질 수는 없을 것이다.

왕유는 이두(李杜)와는 다른, 시가의 새 경계를 개척하고 성취하였다.

산수시의 조예와 시가의 신운(神韻)을 논한다면, 왕유의 시는 이두와 마찬가지로 가장 존중받을만한 전범(典範)이며 의경(意境)의 새로운 개척이라고 말할 수 있다.

이백과 두보는 10여 세 차이가 있지만 같이 여행을 했고 서로 시를 주고받았다. 왕유와 이백은 나이가 비슷했는데, 두 사람의 왕래나 시의 증답(贈答)은 없었다고 알려졌다.

그러나 왕유와 두보는 함께 숙종(肅宗, 재위 756–762)을 섬기면서 시를 주고받았다. 두보는 '왕유는 명성이 난 지 오래다'며 왕유의 명성을 인정했으며, 명성이 경기(京畿)에 널리 알려졌음을 칭송하였다.[240]

뒷날 당 대종(唐 代宗, 재위 762–779)은 왕유의 동생 왕진〔王縉, 자(字)는 하경(夏卿)〕이 올린 왕유문집 《왕우승집(王右丞集)》을 받고 직접 조서를 내려 왕유를 '천하문종(天下文宗, 천하 문장의 우두머리)'이라고 칭찬하였다.[241] 제왕의 인정이 재예(才藝)와 능력을 측정하는 기준이 될 수는 없지만 살아서 세인(世人)의 인정과 그 시문이 알려지지 않았더라면 제왕의 이러한 평가도 없었을 것이다.

왕유는 소년 시절에 장안(長安)에 이사하였고 유학하면서 시서화(詩書畵)는 물론 뛰어난 음악적 재능으로 일찍부터 왕공(王公) 사이에 널리 알려졌었다. 한때 제주(濟州)에 폄직되었던 시기 외

---

240 杜甫〈奉贈王中允維〉(五律) – '中允聲名久 如今契闊深. 共傳收庾信, 不比得陳琳. –'(中允은 太子中允. 왕유의 관직명)
杜甫〈解悶〉十二首 중 제8首 (七絶) – '不見高人王右丞 藍田丘壑自長吟. 最傳秀句寰區滿 未絶風流相國能.'
241 〈代宗皇帝批答手勅〉. "勅. 卿之伯氏, 天下文宗, 位歷先朝, 名高希代 –"

에는 주로 장안에서 생활하였기에 그의 문명(文名)은 날로 융성했다. 왕유는 율시(律詩)의 기초를 다졌다고 알려진 심전기(沈佺期)와 송지문(宋之問, 656?-712) 이후의 대시인으로 알려졌으며, 당시에 왕창령(王昌齡), 저광희(儲光羲, 706?-760), 최호(崔顥, 704?-754) 등과 함께 개원(開元) 시단을 대표했었다. 이렇듯 장안에서 관직과 은거를 계속하면서 문명(文名)을 누린 왕유의 행운은 이백이나 두보보다 훨씬 나았다.

이백이 한때 현종의 적극적인 장려를 받았지만 이백의 일생 전체로 볼 때는 짧은 기간이었고 인생의 대부분을 장안 이외의 지역에서 떠돌았다. 또 두보는 일생 동안 실패와 좌절 속에 각지를 유랑했고, 장안에 머물 적에도 그 생활은 여전히 어려웠으며 개원(開元, 713-741)과 천보(天寶, 742-756) 연간에 두보의 문명은 널리 알려지지도 않았다. 특히 안사의 난 이후 두보가 겪은 가난과 고생은 후세 독자들에게도 슬픔이었다.

이렇게 비교한다면, 왕유의 일생은 비교적 순탄하였고 자신의 큰 뜻을 펴지 못했다지만 그 생활은 여유롭고 평온하였다.

　ㅇ 왕유의 음악과 그림, 지조

왕유는 조숙한 천재였다.

《신당서(新唐書) 문예전(文藝傳)》의 〈왕유전(王維傳)〉에 '왕유는 9세에 글을 지을 줄 알아 아우 진(縉)과 함께 이름이 났었고 우애가 좋았으며 … 초서와 예서에 뛰어났고 그림을 잘 그려 개원과 천보 연간에 명성이 높아 권세가 귀인들이 상객으로 대우하였는데, 영왕(寧王), 설왕(薛王) 등 여러 왕이 사우(師友)로 대접하였다.'[242]라고 기록되었다.

왕유는 음악에도 조예가 깊었다. 왕유는 그림(奏樂圖)을 보고 무슨 곡을 연주 중인가를 알아맞혔다고 한다.[243] 왕유 자신도 악기 연주에 재능을 보였고 악곡을 지었다. 왕유의 시가 중 악부제인 〈送元二使安西 / 一名 渭城曲〉은 당시의 대중가요로 송대(宋代)까지 유행했다는 사실만으로도 그의 음악적 재능이 얼마나 뛰어났는가를 알 수 있다.

왕유는 그림에 남다른 재주가 있었다. 왕유는 자신이 '전세(前世)에 사객(詞客)이 아니었다면 틀림없이 화원(畵員)이었을 것이라.'고 말했다.[244]

왕유의 그림으로, 지금 전하는 작품은 매우 적고 작품의 진위도 확실하지 않지만, 그간의 여러 기록을 볼 때 신운(神韻)이 넘치

---

242 《新唐書 文藝傳》列傳 第127. 王維, 字摩詰. 九歲知屬辭, 與弟縉齊名, 資孝友. … 維工草隸, 善畫, 名盛於開元, 天寶間, 豪英貴人虛左以迎, 寧,薛諸王待若師友. 畫思入神, 至山水準遠, 雲勢石色, 繪工以爲天機所到, 學者不及也.

243 《舊唐書 文苑傳》王維傳－… 人有得〈奏樂圖〉, 不知其名, 維視之曰, "〈霓裳〉第三疊一拍也." 好事者集樂工按之, 一無差, 咸服其精思.

244 '… 宿世謬詞客 前身應畫師. 不能捨餘習 偶被世人知. …' 王維〈題輞川圖〉

는 작품이었다고 짐작할 수 있다.

 북송의 대시인이며 시, 서, 화에 두루 능했던 소식(蘇軾, 동파거사(東坡居士), 1036-1101)은 왕유가 그렸다는 봉상(鳳翔) 개원사(開元寺)의 벽화를 보고 크게 감탄하였으며, 소식은 왕유를 평하여 '마힐(摩詰, 왕유)의 시를 음미하면 시 속에 그림이 있고, 마힐의 그림을 보면 그림 속에 시가 있다(味摩詰之詩, 詩中有畵, 觀摩詰之畵, 畵中有詩).'[245]라고 하였다. 일반적으로 왕유는 '남종산수화(南宗山水畵)의 개조(開祖)'라고 일컬어지고 있다.[246]

 사실 아무리 당(唐)의 성세(盛世)이었다지만, 왕유와 같은 전방위의 예술가를 찾기는 쉽지 않다. 어쩌면 이렇듯 다양하고 걸출한 예술가적 기질이 있었기에 현실에서 출세나 경쟁에서는 부진할 수밖에 없었을 것이다. 진사과 합격 후(721) 첫 관직에서 폄직을 당하여, 지금의 산동성(山東省) 제남시(濟南市)에서 6년이나 장

---

245 〈東坡題跋·書摩詰藍田烟雨圖〉

246 중국 산수화의 北派(北宗畵)는 唐代 화가 李思訓(이사훈, 651-716. 李林甫의 큰아버지)에서 시작하여 宋代의 畵家 李唐, 馬遠, 夏圭 등이 계승 발전시켰다. 南派(南宗畵)는 王維를 濫觴(남상, 시작)으로 하여 宋代 畵家 米芾(미불)에 이어져 水墨山水로 발전하였다. 왕유는 산수화뿐만 아니라 人物, 佛畵, 花竹의 그림에도 능했는데, 특히 산수화의 새로운 경지를 개척하여 '南宗畵之祖'로 추앙받고 있다. 明代의 화가 董其昌(동기창)은 중국 문인화의 시조로 왕유를 꼽았다.

안에 복귀를 기다렸으나 희망을 포기하고 관직을 사임할 수밖에 없었다(727). 그리고 숭산(嵩山)과 종남산(終南山)에 은거하다가 장구령의 천거로 우습유(右拾遺)에 임용되었다(개원 22년, 734).

이후 왕유는 두보와 같은 그런 심한 역경은 없었지만 그렇다고 순풍을 탄 관직생활은 결코 아니었다. 중년 이후 이임보(李林甫)가 정권을 장악하고 있을 때 여러 가지 압제를 받았지만, 그렇다고 벼슬을 버리지 않고 반관반은(半官半隱)의 생활을 계속하였다. 왕유는 안록산의 난에 위직(僞職)을 받아 고초를 겪기도 했지만 숙종의 인정을 받았는데, 나중에 가장 높이 오른 직책은 상서우승(尙書右丞)이었으니, 곧 상서(尙書, 6부의 장관)의 보좌관이었다.

이 때문에 왕유는 후인들이 왕우승(王右丞)이라 호칭한다. 왕유는 권귀(權貴)에 고개를 숙일 수 없다는 이백과 같은 광적인 오기(傲氣)[247]도 없었으며, 도연명처럼 하찮은 녹봉 때문에 허리를 굽힐 수 없다며 관직을 사임하지도 않았다.[248] 그만큼 왕유에게는 연약한 일면이 있었다. 그렇다 하여 누구도 왕유가 그의 고결한 지조를 버렸다고 말할 사람은 이 세상에 없을 것이다.

왕유는 모친 최씨의 영향으로 불가(佛家)에 귀의하였고, 형제가 모두 부처를 받들며 항상 소찬을 들고 육식이 아닌 채식을 했으며, 무늬 놓은 옷을 입지도 않았다. 왕유의 만년이 비교적 평온

---

247 '－. 安能摧眉折腰事權貴, 使我不得開心眼.' 李白, 〈夢遊天姥吟留別〉.

248 '我豈能爲五斗米折腰向鄕里小兒－' 〈宋書 隱逸傳〉.

했지만 그렇다고 상심할 일이 없었겠는가? 그러나 왕유는 불문에 귀의하고 의지했기에 그런 상심을 삭일 수 있었다.[249]

왕유는 성당 시절의 대시인으로서 자신의 고결한 지조를 끝까지 지켰기에 그 사후에도 명성을 누렸다. 그런 지조를 지킬 수 있었던 것은, 그의 예술적 재능과 함께 산수에 은거하면서 또 불문(佛門)에 귀의하여 온유한 성품을 기르며 금욕에 가까운 절제로 자연을 즐길 수 있었기에 가능했을 것이다.

○ 왕유 시의 특색

왕유의 시는 그 형식에서 4언과 5언, 7언고시와 근체시(近體詩, 절구, 율시)는 물론 6언절구까지 모든 형식을 다 망라하고 있다. 그만큼 왕유는 시인으로서 이백이나 두보에 뒤지지 않았으며, 이두(李杜)와 마찬가지로 시제(詩題)의 다양성과 개성 있는 표현으로 그의 다재다능한 시재(詩才)를 유감없이 발휘하였다.

왕유의 시에 대하여 '5고(五古)와 7고(七古)는 왕유를 명가로 꼽는다. 5율(五律)과 7율(七律)과 5색(五絶)은 왕유를 정종(正宗)으로 삼는다. 또 7색(七絶)은 왕유를 우익(羽翼)으로 여긴다.'는 평가가 있다.

왕유의 오언절구도 매우 뛰어났으니 〈녹채(鹿柴)〉의 '공산불견인(空山不見人)', 〈죽리관(竹里館)〉의 '독좌유황리(獨坐幽篁裏)',

---

249 '一. 一生幾許傷心事 不向空門何處銷.' 王維, 〈歎白髮〉.

〈신이오(辛夷塢)〉의 '목말부용화(木末芙蓉花)', 〈조명간(鳥鳴澗)〉의 '인한계화락(人閑桂花落)' 4구가 아주 묘구(妙句)라고 인정받고 있으며, 왕유의 '가주맹진하(家住孟津河)'로 시작되는 〈잡시〉 3수는 동진(東晉)과 남조 송(南朝 宋)의 민가풍(民歌風)에 가깝다는 평가를 받고 있다.

왕유의 7율로 많은 사람들이, 특히 수작으로 평가받는 시는 〈수곽급사(酬郭給事)〉의 '금리소종관사만(禁裏疎鐘官舍晚), 성중제조리인희(省中啼鳥吏人稀).' 연(聯)과 〈망천별업(輞川別業)〉의 '부도동산향일년(不到東山向一年), 귀래재급종춘전(歸來才及種春田).'의 연(聯)은 담백(淡白) 자연(自然)의 표현이 우수하고, 〈적우망천장작(積雨輞川莊作)〉은 필세가 막힘이 없으며, 〈작주여배적(酌酒與裴迪)〉은 일기가성(一氣可成)의 강개(慷慨)가 엄정(嚴整)하다는 평가를 받고 있다.

왕유의 7언절구는 편수가 많지 않지만 모든 작품이 세인의 상찬(賞讚)을 받고 있다. 〈위성곡(渭城曲)〉은 천고의 절창(絶唱)으로 당의 백거이(白居易)나 북송의 소식(蘇軾, 동파) 등이 극찬하였다. 그리고 〈송심자복귀강동(送沈子福歸江東)〉의 '유유상사사춘색(惟有相思似春色), 강남강북송군귀(江南江北送君歸).'는 시인의 정의(情誼)와 산수 경관(景觀)을 하나로 절묘하게 융합하였다.

왕유의 〈소년행(少年行)〉(4수)의 '상봉의기위군음(相逢意氣爲君飮), 개마고루수류변(繫馬高樓垂柳邊).'은 성당의 기상을 가장 잘 표출하였으며, 〈희제망천별업(戲題輞川別業)〉의 '유조불지부수절

(柳條拂地不須折), 송수피운종경장(松樹披雲從更長).'구절은 기승전결(起承轉結)의 4구가 모두 완벽한 대구(對句)로 짜여졌다.

오언고시는 시인의 감정이나 정서를 확실하게 표현할 수 있다는 장점이 있으나, 오언율시만큼 아름다운 가작(佳作)은 많지 않다. 왕유의 〈종남별업(終南別業)〉, 〈위천전가(渭川田家)〉, 〈춘중전원작(春中田園作)〉은 많은 사람들이 5율 못지않은 명작이라고 인정하고 있다.

그리고 〈송기무잠낙제환향(送綦毋潛落第還鄕)〉의 '오모적부용(吾謀適不用), 물위지음희(勿謂知音稀).'구절이나 〈송장오귀산(送張五歸山)〉의 '당역사관거(當亦辭官去), 기령심사위(豈令心事違).' 같은 구절은 사령운(謝靈運)의 시구보다 더 청신하다는 평가를 받고 있으며, 〈증배십적(贈裴十迪)〉 같은 작품은 도연명의 시풍에 가깝다고 한다.

칠언고시는 고적(高適), 잠삼(岑參), 이기(李頎)[250] 등이 함께 거명되지만 왕유의 7고(古)는 이기(李頎)에 미치지 못한다는 평가가 있다.

왕유의 4언 시에 〈수제공견과(酬諸公見過)〉가 있는데, 이는 초사(楚辭)의 〈구가(九歌)〉를 본떴는데, 우수한 시재(詩才)를 표출했지만 특히 뛰어나지는 않다는 평가가 있다.

---

[250] 왕유는 李頎(이기), 綦毋潛(기무잠), 高適(고적), 錢起(전기), 丘爲(구위), 杜甫(두보) 등과 시인으로 교유하며 화답하였다.

후세 사람들은 왕유의 산수전원시를 높이 평가하는데, 이는 왕유가 관직 초기에 겪은 오랜 폄직과 실의 속에 장기간 은거의 산물이라 할 수 있다. 물론 거기에는 타고난 문학적 소질 외에 그의 회화를 통해 사물을 보는 미적 감각과 음악적 재능, 그리고 선심(禪心)의 수행에 의해 높은 수준의 산수전원시 창작이 가능했다고 볼 수 있다.

왕유 산수시의 일반적 특징은 정적(精寂)이다. 시인은 자신과 자연산수를 정적 속에 완전히 하나로 융합하였다. 왕유의 시에는 성당(盛唐)의 시대 풍조를 느낄 수 있고 적극적인 사명감이나 이상의 실현하고자 하는 기상, 웅장한 산천의 기세를 묘사한 〈한강임범(漢江臨泛)〉 같은 산수시도 있다. 그러나 전체적으로 왕유의 산수시는 정적 속에 소극적인 인생관을 표출하고 있다.

4) 하지장

하지장〔賀知章, 659-744, 자(字)는 계진(季眞), 만년 호(號)는 사명광객(四明狂客)〕은 월주(越州) 영흥〔永興, 지금의 절강성(浙江省) 항주시(杭州市) 소산구(蕭山區)〕 출신.

하지장은 어려서부터 문명(文名)이 있었고, 측천무후 때(695) 진사가 되어 국자감 사문박사(四門博士)를 거쳐 태상박사(太常博士)를 역임했다. 현종 개원 13년(710), 예부시랑 겸 집현원 학사가 되었다가 태자빈객(太子賓客), 검교공부시랑(檢校工部侍郎), 비서감(秘書監) 등의 관직을 차례로 역임하였다.

하지장은 서법(書法)에도 매우 뛰어나 초서와 예서에 능했고 '종필여비(縱筆如飛), 분이불갈(奔而不竭)'이라는 평을 들었으며, 또 다른 명필인 장욱(張旭)과 사돈관계였기에 당시 사람들이 '하장(賀張)'이라 불렀다.

하지장의 전해오는 시는 많지 않으니 《전당시(全唐詩)》에 20수가 전한다. 〈영류(詠柳)〉, 〈회향우서(回鄕偶書)〉가 대표작이다. 하지장은 이백(李白, 701-762)의 시재(詩才)를 제일 먼저 알아주었고 연령을 초월하여 깊은 교류를 했던 사람이었다.

이백이 고향 사천(四川)을 떠나와 각지를 유랑하다가 장안에 처음 도착한 뒤, 하지장을 만나 자신의 〈촉도난(蜀道難)〉을 보여주었다.

하지장은 이백의 시를 읽고 바로 '그대는 이 세상 사람이 아니네(公非人世之人也). 태백성의 정령이 아닌가?(可不是太白星精耶)'라고 감탄했다. 이어 '그대는 인간 세계에 유배된 신선이요(子謫仙人也).'라고 말했다. 이런 사실은 이백(李白)의 시에 사실대로 묘사되었다. 이후 이백은 '이적선(李謫仙)'이며 '시선(詩仙)'이라 불리게 된다.

이백은 하지장이 죽은 뒤 〈대주역하감(對酒憶賀監)〉(술을 대하고 하賀 비서감을 생각하다) 오언율시 2수를 지었고, 또 나중에 위의 〈중억(重憶)〉이라는 추모시를 지었다. 이백은 〈대주역하감〉의 서문에서 '태자빈객인 하공(賀公)을 장안의 자극궁에서 처음 만났는데 나를 적선인(謫仙人)이라 불렀고, 이어 금거북(金龜)이를 풀어주고 술을 사서 즐겼다. 그분이 죽은 뒤에 술을 대하니 슬프고 감회가 있어 이 시를 지었다.'고 하였다.

본래 내 마음을 알아주는 사람에게 이야기를 한다(有話說給知己人). 그리고 지기(知己)를 만난다면 천 마디 이야기도 오히려 적다(人逢知己千言少).

인생에서 얻기 어려운 것은 한 사람의 진정한 친구(人生難得一知己)이고, 한 사람의 지기를 얻는다면 죽어도 여한이 없다(得一知己 雖死不憾). 그러기에 시인 왕발(王勃)도 '이 세상에 마음이 통하는 친구가 있다면(海內存知己), 천리 밖이라도 바로 이웃에 사는 것과 같다(天涯若比隣).'고 읊었다. 본래 '지사(志士)는 자신을 알아주는 사람을 위해 죽을 수 있고(士爲知己者死), 여자는 자신을 기쁘게 해주는 사람을 위하여 화장을 한다(女爲悅己者容).'고 하였다.

천재 시인 이백도 자신의 능력을 인정하고, 나이 어린 자신에게 진심으로 대해준 하지장이 고마울 수밖에 없을 것이다.

5) 이백

○ 시선(詩仙) 이백(李白)의 생평(生平)

이백(李白, 701–762)의 자(字)는 태백(太白)이고, 호(號)는 청련거사(青蓮居士)이다. 시선(詩仙), 적선인(謫仙人), 주선(酒仙)이라는 별칭 외에도 '시협(詩俠)'이라는 별호도 가끔 볼 수 있다. 이백은 두보와 함께 중국인들이 공인하는 최고의 시인으로, 보통 '이두(李杜)'라 병칭한다.

이백은 중국인들에게 널리 알려진 만큼 이백에 관한 많은 전설이 만들어졌고, 또 그의 시구절은 중국인의 일상용어가 되었다. 그의 시는 마치 하늘을 나는 천마(天馬)와 같고 행운유수(行雲流水)처럼 활달하고 자유로우며, 주체할 수 없이 넘쳐나는 재기(才氣)와 낭만, 천부(天賦)의 화려한 언사(言辭)가 모든 작품에 가득하다. 이백의 시는 《전당시》의 161권 – 180권에 수록되어 있으며, 《이태백집(李太白集)》이 전해온다.

그러나 이백의 생애는 그 기록에 애매한 부분이 많고, 그의 사상도 복잡다단(複雜多端)하여 그의 작품을 전체적으로 조감(鳥瞰)하거나 이해하기가 쉽지 않다.

실제로 산이 어지간한 크기일 때, 그 산의 전모나 특장을 알 수 있고 또 설명도 할 수 있다. 그러나 아주 큰 산은 그 전모를 파악하기가 쉽지 않다.

필자는 서울 북한산을 마치 답사하듯 기록하며 1년 동안 20여 차례 집중적으로 오르내렸다. 그랬더니 어느 정도 골짜기마다 다른 모습이 눈에 들어오고, 또 계곡마다 다른 특징을 파악할 수 있었다. 그러나 지리산은 몇 차례 종주도 해보았지만 지리산에 대하여 안다고 말을 할 수가 없었다. 북한산과 비교될 수 없는 큰

산이기에 지리산에 대한 탐사를 일찌감치 포기해 버렸다.

사실 이백의 시산(詩山)은 너무 높고 크며 계곡마다 경관이 달라 전체를 조감하거나 특장을 파악하고 나 나름대로 무엇이라고, 또 어떻다고 종합하거나 요약할 수가 없다. 물론 이는 필자의 공부와 연학(硏學)이 부족한 탓이지만, 이백은 그만큼 위대하면서 다양하여 전모를 파악하기가 쉽지 않다.

이백의 조적(祖籍)은 농서(隴西) 성기현〔成紀縣, 지금의 감숙성(甘肅省) 동남부 천수시(天水市) 진안현(秦安縣)〕으로 알려졌다. 이백은 측천무후(則天武后)가 집권하던 장안(長安) 원년(701)에 검남도(劍南道) 면주〔綿州, 지금의 사천성(四川省) 북부 면양시(綿陽市) 관할 강유시(江油市)〕에서 출생한 것으로 알려졌는데, 그가 성기(成紀)에서 태어나 5세 때 사천(四川)으로 이주했다는 주장도 있다. 이백의 부친은 성공한 대상인(大商人)이었고, 모친은 꿈에 장경성(長庚星)을 보고 이백을 출산했다는 이야기가 전한다.

이백은 어려서 글을 배웠을 것이고, 소년 시절에는 제자시(諸子書)와 사서(史書)를 공부하면서도 검술과 기서(奇書)와 신선(神仙)에 관심을 가졌고 사마상여(司馬相如)처럼 부(賦)도 지었다(十五觀奇書, 做賦凌相如). 이러한 광범위한 독서는 그의 자유분방한 사상의 밑바탕이 되었으며 후세에 시가 창작에 많은 영향을 주었다.

이백은 소년시절에 검술을 좋아했고 협객들과 어울렸으며, 은

거생활에도 흥미를 느껴 한때 산속에 들어가 도사와 함께 은거도 했다. 청년 시절 은거와 협객을 좋아하는 이런 양면성은 이백의 또 다른 개성이라 할 수 있다.

이백은 25세를 전후하여 사천(四川)을 떠나 각지를 유람하였다. 이백은 이 무렵 지금의 호북성(湖北省), 호남성(湖南省), 강소성(江蘇省), 절강성(浙江省) 등지를 유람하며 명산과 고적, 도관(道觀)과 불사(佛寺)를 두루 찾았다. 물론 그런 여행에서 많은 사람과 사귀었고 협객과 어울렸고 호방하게 음주를 즐겼다. 27세경에, 지금의 호북성(湖北省) 중동부 효감시(孝感市) 관할 안륙현(安陸縣)에서 재상을 역임한 허어사(許圉師)의 손녀와 결혼하여 약 10년간 머물다가 이후 다시 각지를 유람하였다. 이백은, 지금의 산서성(山西省)과 산동성(山東省) 지역도 유람했으며, 공소부(孔巢父) 등 여러 은사(隱士)와 조래산(徂徠山)에 은거하며 '죽계육일(竹溪六逸)'이라 자처한 적도 있었다.

이백은 다시 강남 일대를 유람한 뒤 장안에 들어왔다. 이백은 강릉(江陵)에서 도사 사마정(司馬禎)을 만났다. 이백은 자신의 시고(詩稿)를 보여주며 가르침을 청했다.

사마정은 이백이 기우(氣宇)가 헌앙(軒昂)하고 비범한 자질에 놀라움을 금치 못하며, 이백에 대해 '유선풍도골(有仙風道骨)하니 가히 팔극지표(八極之表)를 신유(神遊)할 수 있으리라.'고 말했다.

이는 이백이 선근(仙根)을 타고 났다는 의미이다. 이후 이백은 그야말로 '붕정만리(鵬程萬里)'의 유람을 계속한다. 이백은 신선같이 천하를 유랑하면서 시를 지었으니, 이백을 '시선(詩仙)'이라 불렀던 것은 아주 적합한 호칭이라고 생각한다.

이백은 그때 명장 곽자의(郭子儀, 697-781)와 사귀었고 나중에 장안에 들어와 하지장(賀知章)의 천거로 현종(玄宗)을 알현했고, 천보(天寶) 원년(742)에 한림공봉(翰林供奉)이 되었다.

현종에게 총애를 받으며 권력을 장악하고 있던 환관 '고력사(高力士)가 이백의 신발을 벗겨주고 양귀비에게 먹을 갈게 했다(力士脫靴, 貴妃硏墨).'는 이야기는 이백의 호방한 성격과 통제 받을 수 없는 그 개성, 그리고 황제 앞에서도 주눅 들지 않는 당당함을 증명한다.

이백은 이후에 이 무렵 장안에서 두보와 고적(高適)을 만나 교유한다.

이백은 안사의 난(安史之亂, 天寶之亂. 755-763)이 일어난 뒤 756년 12월, 현종의 아들 영왕(永王) 이린(李璘, ?720-757년, 현종의 16子)의 막료로 일하는데, 영왕이 모반을 꾀한다 하여 숙종(肅宗)에게 피살되었고, 이백 또한 체포되어 옥에 갇히게 된다. 다행히 곽자의(郭子儀)가 극력 변호하여 사형을 면하고, 야랑〔夜郎, 지금의 귀주성(貴州省) 중부 안순시(安順市) 부근〕으로 유배된다.

유배 도중, 759년 3월에 무산(巫山)을 지나면서 사면(赦免)되었다는 소식을 듣는다. 이백은 즉시 배를 돌려 금릉(金陵)을 향하게 된다. 이때 이백은 59세의 만년이었다.

| 〈새벽에 백제성을 출발하다〉 | 〈早發白帝城〉 |

아침에 붉은 구름 사이로 백제성을 떠나,　　朝辭白帝彩雲間
천 리나 되는 강릉 길을 하루에 도착했다.　　千里江陵一日還
양쪽 언덕에 원숭이 울음 그치지 않고,　　　兩岸猿聲啼不住
배는 가볍게 벌써 만 겹 산을 지났다.　　　　輕舟已過萬重山

　이 시는 사면을 받은 기쁜 마음으로 금릉을 향해 내려가며 지은 시이다.
　백제성(白帝城)은, 지금 중경시(重慶市) 동부 장강(長江)의 북안, 봉절현(奉節縣)으로부터 8km 지점에, 전에는 구당협(瞿塘峽)을 내려다보는 지점이었으나 지금은 삼협대패(三峽大壩, Sānxiá Dam) 때문에 수위가 높아져 강 가운데의 섬이 되었다.
　천리강릉－백제성에서 장강을 따라 의창(宜昌)과 형주(荊州)를 거쳐 강릉(江陵)까지는 1,200리 길이라 하였다. 이토록 먼 거리를, 강물 흐름이 아주 급하고 또 순풍이 불었기에 시속 3~40km로 배가 나아가야 늦은 밤에 강릉에 도착했을 것으로 추정된다.
　'양안원성제부주(兩岸猿聲啼不住)'는 이백의 빠른 배가 내려가는 동안 이산 저산의 원숭이 울음이 계속 들려온다는 뜻이다. 어떤 호사가(好事家)는 원숭이는 장강 남안(南岸)에서만 살고, 북안(北岸)에는 원숭이가 살지 않으니 '양안(兩岸)'이란 표현이 틀렸다고 주장하는 사람이 있다. 그러나 사실이 그렇다 하더라도 강폭이 매우 좁고 메아리도 있는데, 남북쪽 어디서 들려오는지 구분할 수 없었을 것이다.

이 시는 시인의 기행(紀行)을 적은 시이기에 특별히 깊은 뜻은 없고 경쾌하고 가벼운 기분으로 감상할 수 있다. 기구(起句)에서는 출발지와 출발 시간의 아름다움으로 제목을 설명하였다. 차구(次句)에서는 목적지 강릉까지 걸린 시간을 말하여 감탄을 자아내게 하였다.

3, 4구는 원숭이 울음 속에서 첩첩산중을 뚫고 흐르는 장강의 모습을 연상케 해준다. 시를 읽는 사람도 시인과 같이 배를 타고 가는 느낌이 들 정도이다. 이 시는 '역대 칠언절구 중 제일(歷代七絶第一)'이라는 찬사를 듣는 명작이다.

○ 종횡무진 천마(天馬)

이백은 젊어서부터 명산과 고적, 은사(隱士)와 도사 등을 즐겨 찾았으며, 실제로 신선술(神仙術)이나 연단(煉丹)을 수련하였기에 이백의 시에는 유선(游仙)이나 구선(求仙)과 관련한 내용이 많이 있다. 신선과 유관한 환상적 내용이니 자연을 읊은 시에도 도가적(道家的) 사상이 많이 들어 있다. 때문에 이백을 도가적 시인으로 생각할 수도 있지만, 그렇다고 이백이 도가사상으로만 일관하지는 않았다.

이백 역시 정치와 관련하여 제세안민(濟世安民)하고, 중국을 침략하는 이민족을 격퇴하며 부국강병(富國强兵)을 성취해야 한다는 포부와 이상을 갖고 있었다. 그리하여 이백은 전진(前秦)의 침략을 격퇴한 동진(東晉)의 명장 사안(謝安)이나 역사적으로 유명한 제갈량(諸葛亮), 장량(張良), 한신(韓信) 등을 흠모하는 내용의 시도 많은데, 이는 이백이 전통적 유가사상도 갖고 있었다는 뜻이다. 이렇듯, 유가와 도가의 사상이 복합한 사상은 그의 천재성에 바탕을 두고 있다고 봐야 한다.

두뇌가 비상하고, 사려가 깊으며, 박문강기(博聞强記)한 천재는 어느 한 가지 사상으로 그의 지적 욕구를 충족할 수가 없다. 그렇지만 유가적 공명(功名)이나 제세안민의 포부가 실현 불가하다는 현실을 이백도 알고 있었기에, 그는 도가사상에 더욱 탐닉하면서 한편으로는 호방하고 초탈(超脫)한 유람과 분방(奔放)하고 낭만적(浪漫的) 자유를 마음껏 향유하였다. 그의 이러한 생활은 시에도 그대로 반영되어 시의 형식적 구애(拘碍)를 벗어나 파격(破格)의 시가 어느 시인보다도 많았다.

이백의 시는 절구(絶句)와 고시(古詩), 특히 악부시(樂府詩)에 뛰어난 수작(秀作)이 많은데, 그렇다고 이백의 율시(律詩)가 우수하지 않다는 뜻은 아니다. 이백의 악부시는 한(漢)이나 위(魏), 육조(六朝) 시대 민가(民歌)의 제목을 많이 차용하였는데, 내용으로는 5언과 7언의 고시(古詩)가 많기에 상대적으로 율시(律詩)는 많지 않다. 이는 두보와 비교되는 내용인데, 율시가 적은 이유는 그의 문학이 복고적인 경향도 있지만, 그보다는 율시의 격률(格律)에 얽매이기를 싫어했기 때문일 것이다.

이백의 그 많은 시작(詩作)은 유선시(遊仙詩), 산수시(山水詩), 변새시(邊塞詩), 염정시(艶情詩), 궁체시(宮體詩) 등 다양하게 분류할 수 있으며, 이백의 시풍(詩風)은 호방(豪放), 표일(飄逸), 청담(淸淡), 청신(淸新), 염려(艶麗) 등 다양하여 보통 사람의 기준으로 분류나 정의하기가 쉽지 않다.

때로는 가장 평이(平易)하게, 때로는 고전(古典)의 어려운 전고(典故)를 시에 자연스럽게 사용하여 그의 해박한 지식을 우리에게 보여주기도 한다.

하여튼 이백의 천재성은 이백보다 앞서 살았던 도연명(陶淵明), 맹호연(孟浩然), 잠삼(岑參), 고적(高適)의 모든 장점을 모두 아울렀다고 말할 수 있다.

이백의 시를 읽다 보면, 그의 자유분방(自由奔放)과 기상천외(奇想天外), 종횡무진(縱橫無盡)의 상상력과 표현에 감탄하지 않을 수 없다. 한마디로 보통 사람으로서는 도저히 제어할 수 없는 천마(天馬)와 같다는 느낌과 감탄뿐이다. 그러니 이백의 시를 깊이 파고들어 연학(硏學)이 깊은 사람이 느낄 때의 감동이 어떨지 짐작할 수 있다.

○ 이백과 술

이백은 강남의 금릉(金陵)이나 양주(揚州) 일대를 유람하며 술을 즐겼다. 때문에 장강 일대에는 '태백주가(太白酒家)', '태백유풍(太白遺風)' 등 이백을 상호로 내건 크고 작은 주점들이 많다고 한다.

지금의 안휘성(安徽省) 동남부에 위치한 선성(宣城)이라는 곳에서 이백은 우리에게 감동을 주는 시를 남겼다.

이백은 이전에 지금의 북경 지역인 유주(幽州)를 여행하다가 호환(虎患)을 당한 기씨(紀氏) 성을 가진 노인을 구원해 준 적이 있었다. 이 기수(紀叟, 기씨 노인)는 나중에 선성에서 주점을 내고 술을 빚어 팔면서 옛 은혜를 갚으려 이백을 찾고 있었다.

마침 어느 날, 이백은 장강 하류 지역을 유람하다 우연히 술집에 들렸는데, 바로 기씨 노인의 주점이었다. 기씨 노인은 반가워 눈물을 흘리면서 최고 좋은 술로 이백을 모셨다.

이후 이런 소문이 퍼져 많은 사람들이 기씨 노인의 술집에 와서 이백의 시를 읽으며 술을 마셨다. 기씨 노인의 술집은 〈태백주가(太白酒家)〉라 불리면서 날마다 번창했다.

일 년 뒤, 이백이 다시 찾아왔을 때 기씨 노인은 죽고 없었다. 이백은 노인과 술과 옛일을 회상하며 망자(亡者)를 위한 시를 지었다.

기씨 노인이 술이야 빚겠지만, 내가 없으니 '누구에게 팔겠느냐?'는 물음으로 그 애도의 정을 다 표현하였다. 이런 평범한 노인을 애도하는 이백의 아름다운 정이 진정한 휴머니즘일 것이다. 또 이 점이 바로 시인 이백의 위대함이다.

이백의 명성이 한창 무르익었을 때, 경주〔涇州, 涇은 통할 경, 지금의 안휘성(安徽省) 동남부 선성시(宣城市) 관할 경현(涇縣)〕에 왕륜(汪

倫)이란 사람이 있었다. 왕륜은 호탕한 성격에 의리를 알고 재물을 쓸 줄 아는 사나이로, 이백의 명성을 듣고 흠모하며 꼭 만나보고 싶었다.

왕륜은 어느 날, 이백이 선성(宣城) 일대를 유람 중이라는 소식을 들었다.

왕륜은 자신의 지인을 통하여 이백에게 초청하는 글을 보냈다.

"귀공(貴公)께서는 경치 좋은 곳에 유람하시길 좋아하십니까? 우리 이곳에 '십리(十里)의 도화(桃花)'가 있습니다. 공께서는 애주(愛酒)하신다 하니, 우리 이곳에는 '만가(萬家)의 주점(酒店)'이 있습니다."

이백은 서신을 받았지만 모르는 이름이었다. 그러나 예의를 갖춘 서신이고 '십리도화(十里桃花)'와 '만가주점(萬家酒店)'이 있다니 좋을 것이라 생각했다. 이백은 본래 떠도는 나그네이니, 고향과 타향을 어찌 구분하겠는가? '단사주인능취객(但使主人能醉客; 다만 주인이 객을 취하게만 한다면), 부지하처시타(不知何處是他; 어디가 타향인지 알지 못하겠네!)'이 아닌가?

이백은 기분 좋게 곧바로 왕륜을 찾아왔고, 왕륜은 이백을 환대하였다. 이백이 '십리 길의 도화'를 보러 가자고 말하자, 왕륜이 말했다. "이곳 도화담(桃花潭)은 그 주위가 십 리이기에 십리도화(十里桃花)라고 부릅니다. 그리고 우리 마을 술집 주인이 만씨(萬氏)라서 우리는 만가주점(萬家酒店)이라 부릅니다."

십 리에 걸쳐 도화가 피어 있는 길을 걷고, 여러 주점을 돌아가며 술을 마시겠다는 이백의 예상은 크게 빗나갔다. 이백은 웃을 수밖에 없었다.

그러나 왕륜의 환대는 극진했다. 그동안 준비해 두었던 가장 좋은 술과 음식으로 이백을 즐겁게 했다. 이백은 고담준론을 나누고 시를 이야기하며, 매일 인근의 경치 좋은 곳에서 즐겁게 지냈다. 54세의 이백은 이때(754), 〈과왕씨별업(過汪氏別業)〉 2수를 지었다.

이백은 왕륜의 진심 어린 환대에 크게 감명을 받았다. 이어 이백은 왕륜과 헤어져야만 했다. 이백이 배를 타고 떠나려는 순간 갑자기 마을 사람들의 답가(踏歌, 踏은 밟을 답) 노랫소리가 들렸다. 이백이 강 언덕을 바라보니 온 마을 사람들이 모두 나와 줄을 지어 서서 발로 장단을 맞추며 이백을 환송하는 노래를 부르는 모습을 보았다.

이백은 너무 감동해서 배를 멈추고 눈물을 흘리며 〈증왕륜(贈汪倫)〉 시를 지어 왕륜에게 주었다.

〈왕륜에게 주다〉	〈贈汪倫〉
이백이 배를 타고 떠나려 하는데,	李白乘舟將欲行
갑자기 언덕에서 답가 소리 들렸네.	忽聞岸上踏歌聲
도화연 깊이가 천여 자라 하지만,	桃花潭水深千尺
왕륜의 나를 보내는 정보다 못하리.	不及汪倫送我情

이 한 수로 왕륜이란 이름은 영원히 남았고, '도화담수(桃花潭水)'는 이별의 정을 뜻하는 성어(成語)로 사용되기 시작했다. 뒤에 그곳 사람들은 그곳에 작해루(酌海樓), 문창각(文昌閣)을 지어 이백을 추모했으며, 또 '답가양안(踏歌兩岸)'이란 말이 생겼다.

지금도 경현(涇縣)의 도화담엔 이백을 그리는 사람들이 계속 찾아오고 있다 하니, 말하자면 '스토리텔링'으로 성공한 관광지라고 할 수 있다.

이백의 〈월하독작(月下獨酌)〉은 모두 4수이다. 이백은 달과 술을 사랑한 시인이었다. 밤하늘에 뜬 달은 만인에게 모두 골고루 빛을 주는 평등한 존재이기에, 곧 희망과 낭만의 대상이었다.

시선(詩仙)이며 주선(酒仙)이기에 이백은 자주 달을 노래했다. 특히 술 취하기 전에는(醒時) 같이 즐기다가 취하면 각자 흩어진다(醒時同交歡 醉後各分散)는 구절은 맑고 높은 교유를 상징한다.

청(淸)의 심덕잠(沈德潛)은 그의 《낭시별재(唐詩別裁)》에서 '힘들이지 않고 입에서 나오는 대로 읊은 시로 하늘의 맑은 울림처럼 순수하다. 이런 시를 사람들은 쉽게 배우지 못하리라(脫口而出 純乎天籟. 此種詩 人不易學).'고 하였다.

「君不見 黃河之水天上來」로 시작되는 〈장진주(將進酒)〉는 한마디로 후련하게 내려쓴 명시(名詩)이다. 규격도 음률도 따지지 않은 자유형의 시(詩)로 호탕방일(浩蕩放逸)한 이백의 특성이 잘 나타난 시다. '황하의 물이 하늘에서 쏟아져 바다에 들지만 되돌아가지 않는다(黃河之水天上來, 奔流到海不復回).'라는 대자연의 대범(大凡)한 진리를 내걸고, 속세의 수심(愁心)을 후련히 씻어 버리고자 했다.

이 시는 크게 2단으로 짜여 있다. 전반은 '인생득의수진환(人生得意須盡歡)'이 주제이다. 이 주제를 위하여 거대한 황하의 자연 섭리와 미약한 인생의 백발을 언급하였다. 그리고 마음껏 마시자고 강조하였다.

후반은 잠부자(岑夫子)와 단구생(丹邱生)의 이름을 부르는 것으로 시작한다. 성현(聖賢)인들 죽으면 그뿐이니 이 술을 권하면서 오화마(五花馬)와 천금구(千金裘)라도 팔아 미주(美酒)로 바꿔 만고(萬古)의 근심을 녹여 없애야 한다고 끝을 맺었다.

언덕이 있다 하여 천리마가 달리기를 멈추는가? 결코 어디에도 매일 수 없는 이백의 호기(豪氣)에 광음고가(狂飮高歌)하는 이백의 모습이 그려진다. 이런 시를 이백이 '뜻을 펼 수 없었던 현실에 대하여 울분을 토로했다'는 도식적(圖式的) 해석에는 결코 동의할 수 없다.

본래 술 취한 '꿈속의 천지(天地)는 넓기만 하고(夢裏乾坤大), 술병 속의 세월은 잘도 간다(壺中日月長).'는 말처럼 취중(醉中)에 별유천지(別有天地)거늘, 어찌 울분을 삭이려 술을 마시겠는가?

송(宋) 구양수(歐陽修)의 〈취옹정기(醉翁亭記)〉에 '취옹의 뜻은 술에 있지 아니하다(醉翁之意不在酒).'라고 한 말은 술 취한 척하는 사람이나 술을 마시면서 다른 뜻을 찾는 사람이지, 술을 정말 좋아하는, 그야말로 진정한 주객(酒客)을 뜻하지는 않는다. 주객은 술 자체를 즐긴다.

본래 '기쁠 때 술(喜酒), 울적할 때 차(悶茶), 화날 때 담배(生氣的烟)'라 하였고, 담배와 술은 네 것 내 것을 가리지 않는다(烟酒不分家). 그리고 술과 여색, 돈과 재물은 사람마다 다 좋아한다(酒色錢財人人愛).

그러다 보니 술이 지나치면 말이 많고(酒多話多), 말이 많으면 실패도 많다(話多錯多). '술 취한 군자는 없다(酒後無君子)'하였으니, 우리말에서도 '술 취한 개'라고 하지 않는가? 하여튼 세상살이에 교제가 중요하다지만, 술과 고기로 사귄 친구는 오래 가지 않고(酒肉朋友一世無), 술잔에 빠져 죽은 사람은(酒杯裏淹死的人), 바다에 빠져 죽은 사람보다 오히려 더 많다(比人海的還要多).

위와 같은 이유로 술을 멀리하는 사람이라면, 그 사람은 정말로 무슨 재미로 살겠는가?

여색에 미혹되지 않으면 참된 군자이지만(見色不迷眞君子), 술을 보고도 마시지 않는다면 대장부가 아니다(見酒不飮非丈夫). 서로 만나 술 한 잔도 없이 그냥 헤어진다면(相逢不飮空歸

去), 마을 입구에 핀 도화라도 그를 비웃으리라(洞口桃花也笑人).

오늘 이 저녁에 술이 있다면 오늘 취하고(今夕有酒今夕醉), 내일 걱정거리가 생긴다면 내일 걱정하리라(明日愁來明日愁). 술을 마실 때는 그냥 술만 마셔야 한다(得飮酒時且飮酒). 다른 일은 생각하지 말자는 말이다. 한 잔 술로 모든 걱정거리를 풀고(一飮解百結). 술 두 잔에 온갖 근심을 잊는다(再飮破百憂)고 하였다.

하여튼 '술이 지기(知己)를 만나면 1천 잔도 많지 않다(酒逢知己千杯少).'고 하였다. 이백이 지기와 백호음(百壺飮)하고 공산(空山)에 누우니 '천지(天地)가 곧 금침(衾枕)이라'는 뜻을 알 수 있지 않은가?

인생이란 한판의 바둑과 같아(人生好似一盤棋), 정해진 승패는 없다. 그러니 인생의 성패에 목을 매달 필요는 없지 않은가?

백 살 늙은이의 한평생이(人生百歲翁) 마치 바람 한 번에 날려지는 꽃과도 같다(似花飛一陣風). 사실 인생을 마칠 때, 되돌아보면 천지는 모두 빈 것이며, 인생도 모두 환영(幻影)이다(天地皆空, 人生皆幻). 인생은 꿈과 같고, 꿈은 인생과 같다(人生如夢, 夢如人生). 아니면 인생 한 살이란 한바탕의 큰 꿈이다(人生一世 大夢一場).

하여튼 술 취한 꿈속의 하늘과 땅은 넓기만 하고(夢裏乾坤大), 술병 속의 세월은 잘도 간다(壺中日月長). 한마디로 '취중별유천지(醉中別有天地)'가 아니겠는가?

○ 이백과 달(月)

앞서 이백의 〈월하독작(月下獨酌)〉과 〈장진주(將進酒)〉에서도 보았듯이, 이백은 술을 정말 좋아했다. 밝은 대낮에 마시는 술보다 달을 보면서 마시면 훨씬 운치가 있다.

이백의 음주는 '광음(狂飮)'이란 표현이 더 좋을 것이다. 광음은 난폭한 폭음(暴飮)이 아니다. 광음은 술이 너무 좋아서 또 술 마시는 자리가 정말 흥겨워서, 그리고 술을 함께 하는 사람들을 진정 좋아하기에 마음껏 크게 마시는 술이다. 그러한 이백이 어찌 달을 좋아하지 않을 수 있겠는가?

중국인들은 하늘의 달을 '월(月, yuè)'이라 쓰지만, 보통 '월량(月亮, yuèliang)'이라고 말한다. 누구에게나 똑같이 어둠을 밝혀주는 달이기에, 중국인들에게 달은 고상(高尙)함과 공명정대(公明正大)의 상징이다.

'적선인(謫仙人, 인간 땅에 유배된 신선)'은 이보다 더 이백을 잘 표현한 말이 없을 것이다. 시선(詩仙)이니 시협(詩俠)도 좋은 뜻이지만, 하늘에 살아야 할 선인이 인간 세상에 유배되어 보통 인간들의 속세에서 선인(仙人)답게 일생을 살았다. 그러나 적선(謫仙)의 만년은 불우했다.

이백은 숙종 보응(寶應) 원년(762)에, 족숙(族叔)으로 자신보다 나이가 어리지만 당도(當涂) 현령이며 명필로 알려진 이양빙(李陽冰)을 찾아가 의지한다. 거기서 병이 깊어 다시 일어나지 못하고 이양빙에게 시고(詩稿)를 정리해달라고 부탁한 뒤에 죽는다. 이양빙은 이백의 시를 모은 《초당집(草堂集)》의 서문에서 이백이 병사했다고 분명히 기록하였다. 서문에는 이백이 임종할 무렵, 초고 1만여 편이 있었다고 했지만, 지금 전하는 것은 약 1천여 편의 시와 약간의 산문이 남아있다.

그러나 중국인들은 이백의 평범한 병사(病死)를 믿고 싶지 않았을 것이다.

전해오는 이야기로, 이백은 '궁금포(宮錦袍)를 입고 채석강(采石江)에 유람하면서 당당히 온 세상을 압도하듯 마음껏 흥에 겨워 술을 마셨는데, 취해서 달을 건지려 물속에 뛰어들었다가 죽었다.'고 한다.

이를 '남월낙수(攬月落水)'라고 하며, 지금의 안휘성 마안산시(馬鞍山市) 채석기(采石磯)란 곳이 바로 이백이 달을 건지려 했던 곳이라고 한다. 송나라의 홍매(洪邁)도 그의 《용재수필(容齋隨筆)》에서 같은 이야기를 기록하였는데, 다만 이야기 앞에 '세속언(世俗言)'이라는 말을 첨가하였다.

하여튼 중국인들이나 술을 좋아하는 사람들은 '객지에서 쓸쓸한 병사(病死)'보다는 '술에 취해 물속의 달을 건지려 했던 낭만적 죽음'으로 이백을 기억하고 싶었을 것이다.

6) 고적

고적〔高適, 706-765, 자(字)는 달부〕은 당의 변새(邊塞, 변방의 요새 지역) 시인으로, 잠삼(岑參)과 함께 '고잠(高岑)'으로 병칭된다. 고적은 매우 궁곤(窮困)하게 출생하여 빌어먹으며 생활한 적도 있었다고 한다.

현종 천보(天寶) 8년(749)에, 봉구현위(封丘縣尉)로 관직에 들어선 뒤 주로 변방에서 생활하였다. 고적은 비교적 늦게 시를 짓기 시작했다고 하는데, 변방의 생활이나 병졸들의 감정, 젊은 부녀자들의 소회를 그린 작품이 많다.

고적은 숙종을 거쳐 대종(代宗, 763-779) 때 서천절도사(西川節度使)가 되었는데, 광덕(廣德) 원년(763) 이후, 토번(吐蕃)의 공격이 있었고, 고적은 자신의 병력을 거느리고 출전하였으나 성공을 거두지 못했다. 그래도 나중에 형부시랑(刑部侍郎)과 좌산기상시(左散騎常侍)를 역임하였는데, 관직 생활이 가장 순탄했다고 알려진 시인(詩人)이다.

고직은 이백, 두보와 교우하였으며 그의 시는 강개, 호방하며 기상이 높아 기골(氣骨)을 겸비하였다는 평가를 받는다. 고적은 악부시 형식을 즐겨 채용하였는데, 그의 작품을 모은 《고상시집(高常詩集)》이 전한다.

7) 왕창령

왕창령(王昌齡, 698-756?)은 현종 개원(開元) 15년(727)에, 진사과에 합격하여 관직을 시작했으나 순탄하지 못했다. 그는 고적(高適), 왕지환(王之渙)과 함께 광활한 변경의 풍경을 잘 묘사하여 변새시에 뛰어났었다.

안록산의 난(755-763)이 일어났을 때 고향으로 피난하다가 피살당했다. 그는 7언시에도 뛰어났는데, 그의 시 180여 수가 남아 전한다. 그중 〈출새(出塞)〉, 〈종군행(從軍行)〉과 같은 변새시와 〈채련곡(采蓮曲)〉, 〈월녀(越女)〉 등 여인 생활을 묘사한 시가 널리 알려졌다.

《구(舊), 신당서(新唐書)》에 입전되었다.

왕창령의 다음 칠언절구 시는 우리가 꼭 기억해야 하기에 아래에 소개한다.

〈부용루에서 신점을 보내다〉(1/2) 〈芙蓉樓送辛漸 二首〉(其 一)

찬비가 온강에 내리는 밤에 吳에 도착하여,	寒雨連江夜入吳
아침에 친우를 보내니 초의 산도 외롭도다.	平明送客楚山孤
낙양의 벗들이 만약 내 안부 묻는다면,	洛陽親友如相問
한 조각 깨끗한 마음 옥호에 있다 해주오.	一片冰心在玉壺

이 시는 송별시인데, 송별의 정경에 대한 묘사가 없고 시인 자

신의 이야기에 자신의 감정, 그리고 자신에 대한 부탁을 하고 있다. 그러나 시 전체에서 깨끗하고 참된 우정을 느낄 수 있다.

'일편빙심재옥호(一片冰心在玉壺)' – 이 구절이 천하의 명구(名句)이다. 친우를 생각하는 순수한 마음을 더 이상 어떻게 표현하겠는가? 이 구절을 두고 시인이 벼슬에 대한 미련을 버렸다고 해석하는 것은 매사를 관직과 연관 지어 생각하는 병이 살아난 것이다. 그냥 친우에 대한 우정 – '잡된 마음 없고 깨끗하다' 로 해석하면 끝이 아닌가?

왕창령은 우정을 무척이나 소중히 여긴 시인이었다. 그의 송별시나 유별시(留別詩)를 보면, 우정을 중히 여기는 구절이 많고 또 제각각 특색을 달리하였다.

우정을 소중히 여기는 그 이별의 정 또한 멀어진 거리만큼이나 끝없이 이어질 것이다. 이 절구도 짧은 구절이나 그 사연은 많고 길며 또 깊다.

우리가 걸어가야 할 인생의 행로, 헤어지는 이별의 길 – 모두가 무정한 것처럼 보인다. 그러나 길이 있기에 또 만날 수 있지 않은가? 그러니 길이 무정하다지만 되려 유정하지 않은가?(道是無情却有情)

8) 두보

두보(杜甫, 712–770)의 자(字)는 자미(子美), 호(號)는 소릉야노

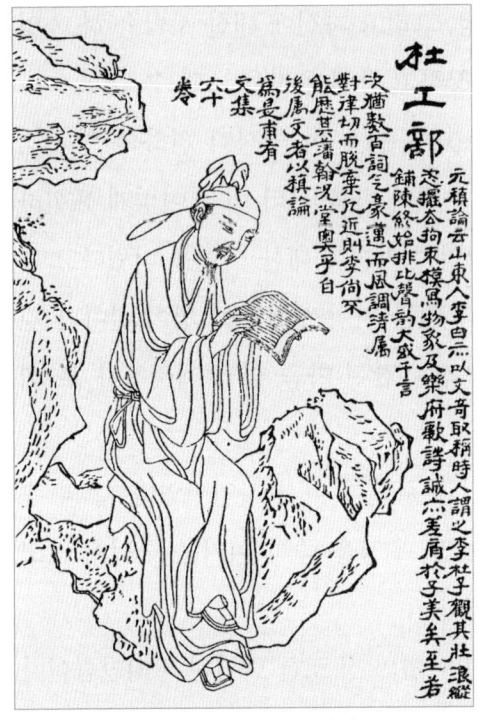

두보(杜甫) 〈출처: 위키백과〉
두공부(杜工部)의 그림

(少陵野老), 또는 두릉야객(杜陵野客), 두릉포의(杜陵布衣)이다. 두보는 경조두씨(京兆杜氏)의 한 갈래인데, 당조(唐朝)에서 경조두씨는 보통 두릉인(杜陵人)[251]이라 통했다. 두보는 좌습유(左拾遺) 검교공부원외랑(檢校工部員外郎)을 역임했고, 뒷날 성도(成都)의 초당(草堂)에 은거했었다.

그래서 두보는 두습유(杜拾遺), 두공부(杜工部), 또는 두소릉(杜少陵), 두초당(杜草堂)으로도 불렀다.

---

251 두릉(杜陵)은 漢 선제(宣帝, 劉詢) 孝宣 王皇后와 許平君(恭哀皇后)의 능원이다. 당나라의 재상인 두여회(杜如晦, 태종의 명 재상, 능연각 凌煙閣 24공신의 한 사람). 두우(杜佑), 재상 역임, 《通典》의 저자. 두목(杜牧, 晚唐 詩人) 등이 모두 두릉인으로 알려졌다.

○ 두보의 일생 – 시성(詩聖), 시사(詩史)

두보(杜甫)는 현실주의적 시인으로, 그의 시는 사회(社會)의 실제를 기록하였다는 평가를 받고 있다.

서진(西晉)의 장군으로 삼국의 손오(孫吳, 동오)를 멸망시켰으며, 좌전벽(左傳癖,《춘추좌씨전》에 몰입한 사람)이었던 두예(杜預)의 13세 후손이 바로 두보이다.

두보의 조부 두심언(杜審彦)은 측천무후 시기의 유명한 정치인이면서 시인이었다. 중국문학사에서는 두심언, 이교(李嶠), 최융(崔融), 소미도(蘇味道)를 '문장사우(文章四友)'라 칭한다.

두보의 부친 두한(杜閑)은 낮은 지방관을 역임했지만, 두보 대에 와서는 거의 몰락한 가문이었다. 두보는 하남(河南) 공현[鞏縣, 지금 하남성 중부 정주시(鄭州市) 관할 공의시(鞏義市)]에서 태어났는데, 조적(祖籍)은 지금의 호북성(湖北省) 양양(襄陽)이다.

두심언(杜審言, 645?–708)은 재화(才華)가 뛰어난 사람이었으나 재주를 믿고 오만한 데가 있었다고 한다. 두심언은 고종 때(670) 진사에 급제한 뒤, 습성 현위(隰城 縣尉)를 지냈다. 나중에 낙양승(洛陽丞)이 되었다가 무후 때는 길주(吉州) 사호참군(司戶參軍)으로 폄직되기도 하였다.

이 무렵 길주의 하급 관리인 곽약눌(郭若訥)과 그 상관인 주계중(周季重)이 두심언을 모함하여 사죄(死罪)에 빠트리자, 두심언의 13살된 장남 두병(杜幷, 두보의 큰아버지인 셈)이 아버지를 위한 복수를 하려고 잠입해서 주계중을 찔렀고, 두병은 현장에서 호위무사에게 잡혀 죽었다.

그런데 부상을 당한 주계중이 죽기 바로 직전에 "두심언에게 그런 효자(孝子)가 있는 줄은 나는 모르고 있었으며, 곽약눌이 나에게 거짓말을 했다."고 말했다.

이는 당시에 큰 사건으로 이 소식을 전해들은 측천무후가 두심언을 불러 만났고 두심언의 시를 높이 평가해 주었다.

두보는 어려서부터 호학하였는데, 7세에 시를 읊었던 조숙한 수재였다고 한다. 두보는 당 현종 천보 연간(742–756)에, 장안에서 진사과에 응시하였으나 낙제한 뒤에, 8, 9년간이나 제(齊)와 노(魯) 지역을 유랑했고, 이백이나 고적 등과 교유했는데 〈망악(望嶽)〉, 〈음중팔선가(飮中八仙歌)〉 등은 이 시기의 작품이다.

천보 11년(752), 그의 나이 40세에 참군 벼슬에 나갔다가 천보 15년에 안록산이 장안을 차지하였고, 숙종이 영무(靈武)에서 즉위하자(756), 두보는 숙종이 있는 곳을 찾아가 배알하여 좌습유(左拾遺)에 임명되었다. 숙종 건원(乾元) 원년(758), 안록산의 부장(部將)인 사사명(史思明)의 반란이 계속되면서 엄무(嚴武)[252]가 촉(蜀)

---

[252] 엄무(嚴武, 726–765) – 숙종 乾元 원년(758), 안록산과 史思明의 반란이 계속되었는데, 嚴武(엄무)는 蜀을 평정하고 촉 지역의 검남절도사(檢南節度使)로 있으면서 두보를 검교공부원외랑으로 초빙하였다. 두보는 친우 엄무의 도움과 후원 아래 成都 서쪽 교외 浣花溪(완화계)에 초당을 짓고 일생 중 가장 평온한 시기를 보냈

을 평정하고 두보를 검교공부원외랑(檢校工部員外郞)으로 초빙하였다.

뒷날 두보는 친우 엄무의 도움과 후원 아래 성도(成都) 서쪽 교외의 완화계(浣花溪)에 초당을 짓고 일생 중 가장 평온한 시기를 보냈다. 그러나 두보는 실의와 곤궁 속에 시름하다가 대종(代宗) 대력 5년(770)에, 상강(湘江)의 배 안에서 당뇨병으로 급작스런 죽음을 맞이하니, 향년 59세였다.

두보는 좌습유(左拾遺), 검교공부원외랑을 역임했기에 후세에 두습유(杜拾遺) 또는 두공부(杜工部)라고 불린다. 또 장안 성 밖 소릉(少陵)에 초당을 짓고 거주한 적이 있어 두소릉(杜少陵)이라고도 불린다.

두보는 11세 연상인 이백과 함께 '이두(李杜)'라고 병칭되는데, 또 다른 만당(晩唐)의 시인 이상은(李商隱)과 두목(杜牧)은 '소이두(小李杜)'라 하여 구별한다. 두보와 두목(杜牧, 803–852)은 먼 종친이라서 두보를 노두(老杜)라 불리기도 한다.

두보의 시는 약 1,500수가 전해오고, 그의 시집으로《두공부집(杜工部集)》이 있다. 이백을 시선(詩仙)이라 부르기에, 두보는 '시

다. 엄무는 나중에 吐蕃(토번)을 토벌한 공로가 있어 檢校吏部尚書가 되었고 鄭國公에 봉해졌었다. 엄무는 무장이지만 시를 알았고 성격이 매우 거칠고 폭정을 했었다지만, 두보를 잘 도와주었던 사람으로 알려졌다.

성(詩聖)'으로 존경을 받고 있으며, 그의 시는 곧 당시(當時)의 역사적 사실을 기록한 것과 같아 '시사(詩史)'라고 부르기도 한다.

현존하는 두보의 시 약 1,500수는 다음과 같이 4시기로 구분할 수 있다.

1) 독서하고 유람하던 시기(35세 이전)

두보는 지금의 강서성, 절강성(浙江省, 저장성) 일대와 산동성 북부와 하북성 남부 지역을 두루 유랑했고, 낙양에서 과거에 응시하였으나 낙제했다. 낙양에서 11세 연상인 이백을 만나 깊은 우의(友誼)를 다졌는데, 이백에게 시를 지어 증정했었다. 또 고적(高適)을 만나 3인이 양(梁)과 송(宋, 지금의 하남성(河南省) 개봉시(開封市), 상구시(商丘市) 일대)을 유랑하다가 제주(齊州)에서 헤어졌는데 이후 다시 만나지 못했다.

2) 장안(長安)에서 힘들게 지내던 시기(35세-44세까지)

두보는 장안에 와서 현종에게 부(賦)를 지어 올리기도 하고 유명인에게 시를 증여하면서 어떻게든 인정을 받고 벼슬길에 나서려고 애쓰며 어려운 생활을 이어간다. 나중에 참군이라는 말직을 얻지만 이 시기에 사회 실상을 고발하는 시를 많이 창작했다. 두보는 당시 시정(時政)을 비평하고 권귀(權貴)의 행태를 풍자하는 〈병거행(兵車行)〉과 〈여인행(麗人行)〉 등 장편을 지었는데, 그중에서도 〈자경부봉선현영회오백자(自京赴奉先縣咏懷五百字)〉가 가장 유명하다.

3) 안록산 난의 와중에서 벼슬하기(45세—48세)

안사의 난이 일어나고 동관(潼關)이 함락되자, 두보는 가족을 두고 혼자 영무(靈武)로 새로 즉위한 숙종을 찾아간다. 그 도중에 반군에게 사로잡혀 장안에 압송되었는데, 혼란한 장안의 모습을 목격하고 관군의 패퇴 소식을 들으면서 〈월야(月夜)〉, 〈춘망(春望)〉, 〈애강두(哀江頭)〉 등의 시를 남긴다. 두보는 장안을 탈출하여 봉상(鳳翔)의 행재소(行在所)에 가서 숙종을 알현한다. 그리고 좌습유(左拾遺)의 벼슬을 받는다. 그러나 재상(宰相)인 방관(房琯)의 일로 충언(忠言)과 직간(直諫)을 올렸지만 오히려 화주(華州) 사공참군(司功參軍)으로 강등된다. 이 시기에 그가 목도한 바를 바탕으로 〈삼리(三吏)〉, 〈삼별(三別)〉 등 불후의 명작을 남긴다.

4) 서남쪽 지방을 떠돌던 시기(48세—59세까지)

안사의 난 중에 관군(官軍)이 상주(相州)에서 대패하였고 관중(關中)에 대기근이 들자, 두보는 화주(華州)의 사공참군 직책을 버리고 가족을 데리고 진주〔秦州, 지금의 감숙성(甘肅省) 동남부 천수시(天水市) 관할 진안현(秦安縣)〕나 동곡〔同谷, 지금의 감숙성(甘肅省) 남부 농남시(隴南詩) 관할 예현(禮縣) 일대〕 등지를 떠돌다가 성도(成都)에 들어와 친우인 엄무(嚴武)의 도움을 받아 초당을 짓고 잠시나

마 비교적 안정된 생활을 했었다. 이때가 어찌보면 두보의 만년에서 가장 행복한 시기였었다.

엄무가 입조한 뒤 바로 촉(蜀)의 군벌인 서지도(徐知道)가 난을 일으킨다(762). 두보는 난을 피해 재주〔梓州, 지금의 사천성(四川省) 북부 면양시(綿陽市) 관할 삼태현(三台縣)〕, 낭주〔閬州, 지금의 사천성 동북부 남충시(南充市) 관할 낭중시(閬中市)〕 일대를 떠돌았고 서지도는 그 부장(部將)에게 피살된다.

다시 성도(成都)로 돌아온 두보의 생활은 어려웠다. 엄무는 765년에 죽었고, 두보는 다시 이곳저곳을 떠돌았다. 기주(夔州)에서 2년을 보내고 호북, 호남 일대를 떠돌았는데, 이 시기에 두보는 〈수함견심(水檻遣心)〉, 〈춘야희우(春夜喜雨)〉, 〈모옥위추풍소파가(茅屋爲秋風所破歌)〉, 〈병귤(病橘)〉, 〈등루(登樓)〉, 〈촉상(蜀相)〉, 〈문관군하남하북(聞官軍河南河北)〉, 〈등고(登高)〉, 〈추흥(秋興)〉, 〈삼절구(三絶句)〉, 〈세안행(歲晏行)〉 등 수백 수의 시를 남겼다. 두보 시의 약 70 % 정도가 이 시기의 작품인데, 많은 시들이 안사의 난 전후 20여 년간의 사회 모습을 묘사하고 있다. 그래서 두보의 시를 시사(詩史)라 부를 수 있는 것이다.

객지를 일정한 생업도 없이 떠돌던 두보는 상강(湘江)의 나룻배 안에서 59세로 770년에 병사한다.

○ 두보의 가난

〈떠도는 밤중에 회포를 적다〉　　　　　　〈旅夜書懷〉

작은 풀 미풍에 흔들리는 강 언덕에,	細草微風岸
높이 돛 세우고 홀로 밤배를 대었다.	危檣獨夜舟
별빛 드리우는 들판은 끝없이 넓고,	星垂平野闊
달은 떠오르고 강물은 크게 흐른다.	月湧大江流
명성이 어찌 문장이 좋아야만 하는가?	名豈文章著
벼슬은 늙고 병들어 이제 그만두었다.	官因老病休
떠도는 이 몸은 무엇과 같겠나?	飄飄何所似
하늘과 땅 사이 한 마리 물새로다.	天地一沙鷗

이 시는 대략 대종(代宗) 영태(永泰) 원년(765)에, 가족을 거느리고 성도 초당을 떠나 배를 타고 동쪽으로 흘러가며, 운안〔雲安, 지금의 중경시(重慶市) 동부 운양현(雲陽縣)〕에서 지은 것이라고 알려졌다.

수련(首聯)은 두보의 배를 중심으로 한 근경(近景)을 묘사하였다. '평야(平野)는 활(闊)하고 성(星)은 수(垂)하며, 대강(大江)은 유(流)하는데 월(月)은 용(湧)한다.'는 뜻인데, 이를 어순을 바꾸어서 참신하면서도 힘찬 절창(絶唱)을 만들어내었다. 똑같은 말도 시인의 손을 거치면 새롭게 변한다. 그래서 시인은 언어의 마술사라고 한다. 물론 그런 표현을 만들어내려고 시인은 고심을 해야 한다.

함련(頷聯, 頷은 턱 함)은 배에서 바라보는 원경(遠景)을 묘사하였고, 미련(尾聯)의 표표(飄飄)는 정처도 없이 떠도는 모양이다. 두보는 자신을 '일사구(一沙鷗)' 라 표현하였는데, 이는 수련(首聯)의 '독(獨)' 과 상응(相應)한다.

곤궁과 실의에 찬 두보의 한숨에 읽는 사람도 가슴이 미어지는 것 같다. 두보는 자기의 신세가 강가에 홀로 된 물새와 같다고 했는데, 어쩌면 자신이 물새보다 더 불쌍하다고 느꼈을 것이다. 직업도 재산도 없는 두보에게 하루하루 끼니 때우기는 고통의 연속이었을 것이다.

중국 속담에 '들판의 참새가 쌓아둔 양식이 없지만 천지는 넓다(野雀無糧天地廣).' 라는 말이 있다. 또 '섣달에 눈이 쌓여도 참새는 굶어죽지 않는다(臘月下雪餓不死麻雀).' 고 하는 속담처럼, 참새나 물새는 적어도 배를 곯지는 않는다.

이 시를 읽으면서 착하디착한 시인이 이런 곤궁에 처해야 하는가를 자꾸 생각한다. 시인과 가난은 형제간인가? 시인은 본디(固), 원래부터 가난한가(窮)? 아니면 시인은 당연히(固) 가난해야(窮) 하는가?

본래 '가난이란 선비의 일상이다(貧者士之常).' 라고 스스로 위안하고 지내는 경우도 많다. 그러나 '젊어 가난은 가난이라 할 것도 없지만(少年受貧不算貧), 노년에 가난해지면 가난이 사람을 죽인다(老年受貧貧死人).' 라고 하였다. 또 '젊은이의 고생은 지나가는 바람이지만(後生苦風吹過), 늙은이의 고생은 진짜 고생이다(老年苦眞個苦).'

늙은 두보의 가난이기에 가슴이 더 아프다.

우리말 '가난'의 원말은 간난(艱難)이다. 경제적인 궁핍 이외에 질병으로 인한 고생도 가난의 한 모습이다. 시인의 흰머리는 역경의 흔적이고, 나빠진 건강으로 독주(濁酒) 잔도 끊었다는 두보의 독백은 읽는 사람을 우울하게 한다.

중양절 이날에도 막걸리 한잔 못 마실 질병과 가난 – 등고(登高)의 감회로는 정말 회색빛이다.

〈악양루에 올라〉	〈登岳陽樓〉
옛날 동정호 소문을 들었는데,	昔聞洞庭水
오늘 악양의 누각에 올랐다.	今上岳陽樓
오초(吳楚)의 땅은 동남으로 트였고,	吳楚東南坼
천지의 밤낮은 여기서 떠오른다.	乾坤日夜浮
친척과 친구는 아무 소식 없고,	親朋無一字
늙고 병들어 배 한 척에 의지한다.	老病有孤舟
전마(戰馬)는 관산의 북으로 간다는데,	戎馬關山北
난간에 기대니 눈물 콧물 흐른다.	憑軒涕泗流

악양루(岳陽樓)는, 지금의 호남성(湖南省) 동북단 악양시 악양고성(岳陽古城)의 서문 위에 자리 잡고 있는 강남 사대명루(四大名樓)의 하나이다. 두보는 대종 대력 3년(768, 죽기 2년 전)에 악양루를 찾았다.

전반의 4구는 악양루에 오른 과정과 자연경관을 묘사했다. 후반 4구는 시인의 심경을 읊었는데, '일구일곡(一句一哭)'이 아닌 것이 없다.

'친붕무일자(親朋無一字)' - 아마 이 구절을 쓰면서 두보는 눈물을 흘렸을 것이다. '노병유고주(老病有孤舟)'는 늙고 병든 두보에게는 배 한 척만 있다. 무(無)로는 그리움을, 유(有)로는 가난을 그려내었다. 곧 무소식(無消息)의 그리움과 유고주(有孤舟)의 빈곤은 두보의 현실을 극명하게 나타내주고 있다.

이런 명구는 천자문만 배웠어도 읽을 수 있지만 아무나 쓸 수 있는 문장이 아니다. 이 구절에서 두보는 설움이 가슴까지 차올랐으리라!

이 시는 산수 자연의 경관을 소재로 하였지만, 시인이 겪은 역경이 그의 산수시를 슬픔으로 색칠하였다. 몸에 밴 가난이고 슬픔인데, 어찌 환하게 웃고 호탕하게 큰소리를 치며 세밀하고 끈적끈적한 묘사를 할 수 있겠는가?

부귀와 빈천은 이미 팔자에 정해진 것(富貴貧賤 命中前定)이라지만, 사람이 가난하면 큰 뜻을 못 가진다(人貧志短)고 하였다. 말이 수척하면 털만 길어 보이고(馬瘦毛長마수모장), 사람은 궁하면 의지도 짧다(人窮志短)는 말도 있다. 그러기에 보통 사람들은 가난에 굴복한다.

두보의 시를 읽으면서 왜 이런 생각이 떠오르는 것일까? 두보의 뜻과 안목이 좁다는 뜻은 결코 아니다. 다만 두보에게 주어진 빈궁(貧窮)이 두보를 슬프게 했으니, 시인에 대한 연민의 정이 가슴에 차오른다.

두보는 대종 대력 5년(770), 59세에 죽는다.

○ 두보의 문학관(文學觀)

시인에게 '문장은 영원히 계속될 일(文章千古事)'이며, 인생사의 '득실은 시 한 편으로 헤아릴 수 있다(得失寸心知).'는 말이 있는데, 이는 시와 문학의 영원한 가치와 효용성을 잘 표현한 말일 것이다.

시인이 경물(景物)을 보면 시정(詩情)이 나오고, 그런 시정을 자신의 뜻에 바탕을 두고 외부로 표출한 것이 바로 시이다. 그래서 '시는 시인의 뜻(詩言志)'이라고 말한다.

당대(唐代)의 악부시는 악부의 옛 제목을 따라 짓거나 악부 형식으로 새로운 시를 짓는 것이 많았다. 두보에 이르러서는 악부 형식으로 새로 창작하는 악부시가 나왔는데, 〈어인행(麗人行)〉, 〈단청인(丹靑引)〉, 〈모옥위추풍소파가(茅屋爲秋風所破歌)〉 등은 고시(古詩) 풍격으로 창작한 악부시로, 시가의 풍유(諷諭) 정신을 강조하면서 점차 악부의 음악적 성분은 소멸되었다.

근체시(近體詩)는 금체시(今體詩), 혹은 격률시(格律詩)라고 부른다. 고체시(古體詩)에 대한 상대적인 의미로 붙은 이름이다. 근체시의 형태적 특성을 격율(格律)이라고 한다. 이러한 격율에 의해 창작된 시를 율시라고 하는데, 율은 용병(用兵)의 기율(紀律)이나 형법의 법률처럼 결코 어겨서는 안 된다는 의미를 담고 있다.

근체시는 남조(南朝) 제(齊)나라 무제(武帝)의 연호인 영명(永明, 483-493) 연간에 시작되었다고 하여, 이를 영명체(永明體)라고도 부른다. 이러한 율시가 당대(唐代)에 완성이 된 것은 한대(漢代) 이후 시문학 자체 발전의 결과라 할 수 있다.

당(唐) 이전에 심약(沈約), 유신(庾信) 등이 선구자로 기초를 만들어주었다. 초당사걸(初唐四傑)의 시는 성조(聲調)나 대우(對偶)에서 거의 근체시에 가깝다는 평가를 받고 있는데, 당대의 심전기(沈佺期), 송지문(宋之問)에 의해 완성된 뒤, 두보에 의해 꽃피웠다.

두보의 시에서 절구(絶句)는 그 작품 수가 매우 적은데, 특히 오언절구는 30여 수 정도라고 한다. 칠언절구 역시 100여 수에 불과하기에 두보는 절구에 많은 관심을 갖지 않았다고 말할 수 있다.

그러나 두보의 절구를 통해서 시인의 감정을 공감할 수 있고, 또 절구의 연작시(連作詩)를 통해 두보 사상의 일부를 분명히 파악할 수도 있다.

두보는 율시나 장편서사시를 통해 자신의 신념이나 주장을 분명히 드러내었다고 말할 수 있다. 특히 정치적 혼란이 무고한 백성들에게 얼마나 심각한가를 절구를 통해서도 생생하게 묘사하였다.

ㅇ 이백(李白)과 두보(杜甫)의 비교

성당(盛唐) 시단의 일월(日月)과 같았던 이백(李白, 701 – 762)과 두보(杜甫, 712 – 770)는 제각각 다른 개성을 가지고 서로를 걱정하는 우정을 간직했었다. 두 사람이 약 10년 차이로 태어나고 죽었다는 것도, 두 사람의 인생 역정이 비슷하면서도 차이가 나는 것도, 그리고 시풍(詩風) 등 모든 면에서 서로 비교가 되기에 여기에 한번 정리를 할 필요가 있다.

우선 두 사람이 발휘한 시단(詩壇)에서의 광채는 한유(韓愈)가 말한 '이두문장(李杜文章)은 재광염만장(在光焰萬丈)이라' 는 말처럼 거성이었으며, 여기에 시불(詩佛) 왕유(王維, ?700 – 761)가 근접하여 기타 군성(群星)과 함께 성당(盛唐)의 시단은 당시(唐詩)의 최전성기였음을 먼저 염두에 두어야 한다.

ㅇ 선조(先祖) – 이백의 선조는 뚜렷하게 내세울 것이 별로 없고, 언제, 왜 입촉(入蜀)하였는가도 불분명한 유랑민의 후예였으며, 싱공한 내상인의 가문에서 성장한 이백에게는 협객의 기질도 있었다.

두보의 먼 조상은 서진(西晉)의 장수로써 손권이 세운 오(吳)를 멸망시킨 두예(杜預, 222 – 285)였다. 두예는 평소 학문을 좋아해 좌구명(左丘明)의 《춘추좌씨전(春秋左氏傳)》을 틈만 나면 읽었고, 행군 중에도 사람을 시켜 말 앞에서 《좌전》을 읽게 하였다. 이에 사람들은 두예를 '춘추좌씨전에 푹 빠졌다' 는 뜻으로, '좌전벽

(左傳癖)'이라고 불렀다.

두보의 조부인 두심언(杜審言)은 측천무후 시대에 관료이면서 시인으로 이름이 났고 부친 두한(杜閑)은 지방관을 역임했다. 이렇듯 두보는 그 혈통에 유가(儒家)의 기질과 철학이 있었고 조상의 내력에 자부심을 갖고 있었다.

○ 재능 - 둘 다 타고난 재주가 있었다. 이백은 5세에 6갑(甲)을 외우고, 10세에 백가서(百家書)를 보았으며, 15세에 둔갑(遁甲)에 관한 기서(奇書)를 읽고 사마상여(司馬相如)만큼 부(賦)를 잘 지었다는 조숙한 천재였다.

두보 또한 조숙하고 문재(文才)를 타고났었다. 이백은 그 기질이 호탕(浩蕩)하고 표일(飄逸)하여 풍류의 기질이 농후하였고, 두보는 독서와 사색 속에 진지하게 각고면려(刻苦勉勵)하는 기질이었다고 요약할 수 있다. 때문에 이백은 형식을 벗어난 고체시에서 빛을 발하며 천재성을 발휘하였고, 두보는 율시의 주옥(珠玉)을 가다듬었다.

○ 환경 - 이백과 두보 두 사람 모두 젊어서 각지를 유랑했다. 젊은 날의 유랑은 시인으로서의 기초 자양분을 습득할 수 있는 기회였다. 뒤에 이백은 감음(酣飮)하고 종주(縱酒)하며 방약무인(傍若無人)한 듯 천상천하를 휘젓고 놀았으며 재물의 소중함을 몰랐을 정도로 호사(豪奢)하였다.

그러나 두보의 가세는 일찍부터 기울어 경제적인 어려움에 봉착했었고, 낙제의 고배를 마셔야 했으며, 방랑과 질병 속에서 가족을 데리고 유랑하면서 늘 초조(焦燥)하고 오뇌(懊惱)했다.

성선(成仙)하고 싶은 방랑객 기질 속에 탈속한 시풍을 가졌던 이백과 우세우민(憂世憂民) 속에서 침울한 애상(哀傷)의 시를 썼던 두보는 이러한 환경의 차이가 있었다.

o 사상과 성격 – 이백은 노장(老壯)사상을 바탕으로 깔고 있으면서도 향락적인 기질이 있었고, 두보는 유가사상에 박애주의자였다고 말할 수 있다. 이백이 이기적이고 지적이며 동적이었다면, 두보는 이타적이며 요산(樂山)하는 인자(仁者)의 기질을 발현하였다. 이백은 자신의 인생을 천지(天地)라는 역려(逆旅, 여관)를 잠시 들렀다가는 나그네로 보았지만, 두보는 조그만 분수에 만족할 수 있는 안정을 희구하며 힘들게 살아야만 했다. 때문에 자기만큼이나 고통을 받는 서민들의 애환을 자신의 애환으로 느끼며 그 아픔을 사실대로 기록하러 애를 썼다.

이백이나 두보 모두 안록산의 난을 겪었다. 이백은 방관자적 입장을 견지하였고, 두보는 어떻게든 국가를 위해 봉사할 수 있는 기회를 찾으려 노력했지만, 위대한 시인에게 관직은 어울리지 않는 옷과 같았다.

o 시풍(詩風) – 이백은 귀족들의 부화(浮華)한 생활을 겪어도

보았고 현종(玄宗)이나 권귀(權貴)를 위한 봉사도 경험했지만, 두보는 오로지 평민들의 삶을 소재로 시를 썼다. 이백이 낭만적이고 유미주의적(唯美主義的)이고 퇴폐적인 상상이나 주관적 감정이나 기분을 읊었다면, 두보는 인도주의적 사고와 사회의 일면을 사실적, 객관적으로 기록하는 시를 썼다.

이백의 시에 술과 여인의 아름다움을 그리고 낭만적 연애의 감정을 유감없이 표현했다면, 두보는 굶주림이나 질고(疾苦)를 시의 주제로 삼았고 여인과의 연애 감정을 토로한 시는 찾아볼 수가 없다. 이백은 그 천재성을 바탕으로 단숨에 즉석에서 완성하는 일기가성(一氣呵成)의 호매(豪邁)하고 청일(淸逸)한 시를 쓴데 비해, 두보는 인력(人力)으로 조탁(彫琢)하고 공을 들여 시 한 수, 한 수를 완성했다고 말할 수 있다.

전해오는 이야기에 의하면,

두보의 시작(詩作)은 매우 열심이면서도 성실하여 조금도 빈틈이 없었다. 시 한 수를 지으면서도 계속 읽고 또 읽으며 마음에 흡족할 때까지 수정에 보완을 거듭하였다. 두보의 초옥(草屋)이 바람에 날려 지붕이 없어졌던 그런 상황에서도 두보는 소리 내어 외며 시 짓기에 열중이었다.

어느 날 두보가 시를 짓고 잠시 밖을 나와 보니 주산(朱山)이란 곳에 사는 친우 한 사람이 망연히 앉아있었다.

두보가 언제 왔느냐? 왜 안 들어왔느냐고 물었을 때, 그 친구가 말했다.

"시를 하도 열심히 외기에 시흥을 깰 수 없어 잠시 기다렸을 뿐이요. 그런데 형장(兄丈)께서는 독서파만권(讀書破萬卷)하였기에 하필여유신(下筆如有神)할텐데, 어찌 시 한 수를 위해 그리 고생을 하시오?"

그러자 두보가 웃으면서 말했다.

"도야성령존저물(陶冶性靈存底物; 성령을 도야하여 사물을 철저히 탐구하고), 신시개파자장음(新詩開罷自長吟; 새 시를 시작하고 마치면서 오래 읊다)해야 합니다. 또 위인성벽탐가구(爲人性癖探佳句; 내 사람됨이 좀 괴벽하여 좋은 구절을 탐하다)하다 보니, 어불경인사불휴(語不驚人死不休; 시어가 사람을 놀래게 못한다면 죽더라도 그칠 수 없다)하는 것입니다."

'독서파만권(讀書破萬卷), 하필여유신(下筆如有神).'은 두보의 〈증위좌승장이십이운(贈韋左丞丈二十二韻)〉에 나오는 구절이니, 이는 두보가 독서와 학문을 바탕으로 정확하면서도 신운(神韻)이 깃든 시를 지으려 노력했다는 뜻이다.

그리고 '도이성령존저물(陶冶性靈存底物), 신시개파자장음(新詩開罷自長吟).'은 두보의 〈혜민(解悶), 기오(其五)〉의 구절이고 '위인성벽탐가구(爲人性癖探佳句), 어불경인사불휴(語不驚人死不休)'는 두보의 〈강상치수여해세(江上值水如海勢), 요단술(聊短述)〉의 첫 구절이다.

이를 본다면, 두보는 학문적 바탕 위에 부단한 노력으로 그의 시를 신성(神聖)의 경지에 끌어올렸다고 볼 수 있다. 후세 사람들이 두보를 시성(詩聖)으로 존경하면서 두보의 시를 즐겨 읽는 것은 두보의 이런 성실한 과정을 거쳤기 때문일 것이다.

그리고 이러한 노력은 이백이 그의 천재성을 바탕으로 '이백일두시백편(李白一斗詩百篇)'과는 본질적으로 다른 것이다.

이러한 이백과 두보는 누가 더 어떻다는 우열(優劣)을 비교할 수가 없다. 두보가 이백만큼 그렇게 호탕할 수도 없고, 이백은 두보처럼 침울할 수 없는 기질이었으며, 이백의 〈촉도난(蜀道難)〉이나 〈장진주(將進酒)〉 같은 시를 두보에게서 기대할 수 없으며, 이백에게 〈병거행(兵車行)〉 같은 시를 써보라고 권유할 수는 없었을 것이다.

이백은 두보보다 11년 연상이었다. 두 사람은 천보 3년(744)에 낙양(洛陽)에서 교유했고, 또 하남(河南)과 산동(山東)의 각지를 함께 여행했다. 당시 이백은 44세로 잘 알려진 호탕한 시인이었다. 한편 두보는 33세로 초라하지만 진지한 선비 기질의 시인이었다. 그 후 두보는 이백에 대한 시를 약 40여 편이나 남겼다.

한편 기구한 삶의 길을 걸었던 이백도 두보를 회상하는 시를 5~6편 정도 남겼다. 안록산(安祿山)의 난이 일어나자, 이백은 현종의 16번째 아들 영왕(永王) 이린(李璘)을 옹립하려는 세력에 가담했다가 반역죄로 몰려서 건원 원년(758)에 야랑〔夜郎, 지금 귀주성(貴州省) 지역)으로 유배되었다가 건원 2년 봄에 풀려났다.

한편 두보는 나이 48세로 진주(秦州, 지금의 감숙성(甘肅省) 동남부 천수시(天水市)]로 피신해서 가난에 쪼달리고 있었다. 두보는 이백이 이미 봄에 풀려났다는 소식을 듣지 못하고, 꿈에 이백을 보고 〈몽이백(夢李白)〉이란 시를 지었다.

물론 오언율시 〈천말회이백(天末懷李白)〉도 같이 감상하여야 한다. 두보의 시에서 〈춘일억이백(春日憶李白)〉, 〈증이백(贈李白)〉, 〈기이백(寄李白)〉, 〈동일유회이백(冬日有懷李白)〉 등은 두보가 이백을 그리워하는 시다.

한편 이백이 두보를 생각하고 지은 시로는 〈요사증두보궐(堯祠贈杜補闕)〉, 〈사구성하기두보(沙丘城下寄杜甫)〉, 〈노군동석문송두이보(魯郡東石門送杜二甫)〉, 〈희증두보(戲贈杜甫)〉 등이 있다.

9) 잠삼

잠삼(岑參, Cén Shēn, 715-770. 岑은 봉우리 잠, 參은 별이름 삼)은 재상이었던 잠문본(岑文本)의 증손으로, 고적(高適)과 함께 당대(唐代) 변새시(邊塞詩)의 대표적인 시인이다.

어려서 가난했지만 경사(經史)를 공부하고 20세에 장안에 와서 벼슬을 구했으나 얻지 못하고 장안과 낙양 사이를 방랑했다. 현종 천보 3년(744), 30세에 진사과에 합격하여 병조참군(兵曹參軍)의 관직을 얻었고, 천보 8년에 안서사진절도사(安西四鎭節度使)인 고선지(高仙芝)의 막부 서기가 되어 안서(安西)에 부임하니, 이것이 잠삼의 첫 번째 출새(出塞)이다. 이후 몇 차례에 걸쳐 총 6년여 동안 국경지역에 근무하였다. 나중에 가주자사(嘉州刺史)를 역임하였기에 '잠가주(岑嘉州)'라고 부르기도 한다.

잠삼 시는 경치와 감회에 대한 서술이 뛰어나고 웅혼한 기풍을 느낄 수 있다. 그의 시 400여 수가 현존하는데, 그중 70여 수가 변새시이다.

參의 우리말 표기에 대하여, cān은 參(참여할 참), cēn은 參(층날 참), shēn은 參(별이름 삼, 인삼 삼)이다. 중문(中文)에서 岑Cén 參Shēn으로 표기하니 우리말 '잠삼'으로 기록한다.

10) 최호

최호(崔顥, 704?-754)의 자(字)나 호(號)는 전해오지 않는다. 최호는 현종 개원 11년(723) 진사(進士)가 되었고, 천보 연간에 사훈원외랑(司勳員外郎)을 역임하였다.

현존하는 시는 겨우 14여 수이고, 가장 유명한 시는 물론 〈황학루(黃鶴樓)〉이다.

〈황학루〉　　　　　　　　　　　〈黃鶴樓〉

옛사람은 황학을 타고 가버렸고,　　昔人已乘黃鶴去
여기엔 덩그러니 황학루만 남았다.　此地空餘黃鶴樓
황학은 한번 가고 또 오지 않는데,　黃鶴一去不復返

백운만 천년 내내 유유히 떠있다.	白雲千載空悠悠
맑은 강물 한양의 나무가 비치고,	晴川歷歷漢陽樹
앵무 섬에 방초만 무성히 자랐다.	芳草萋萋鸚鵡洲
지는 해에 고향 땅은 어디인가?	日暮鄉關何處是
안개 낀 강가에 나그네 서글프다.	煙波江上使人愁

남송(南宋)의 문학비평가인 엄우〔嚴羽, ?-1245?, 자(字)는 단구(丹邱)〕는 《창랑시화(滄浪詩話)》에서 최호의 〈황학루(黃鶴樓)〉를 '당인(唐人)의 칠언율시 중 제일' 이라고 칭찬하였다.

최호의 재주는 비상하였으나 음주와 도박을 즐겨, 그의 품행은 재주에 걸맞지 못했다고 한다. 소년 시절에는 규정(閨情)을 소재로 한 시가 많아 부염(浮艶)하고 경박한 느낌이었으나, 뒤에 변새(邊塞)를 여행한 뒤로는 시풍이 웅혼분방(雄渾奔放)해졌으며 각지를 유랑하면서 시에 몰두하여 사람이 수척해질 정도였다고 한다.

최호가 무창(武昌)을 여행하고 황학루에 올라 〈황학루〉를 지었는데, 뒷날 이백(李白)이 와서 최호의 시를 읽고서는 '안전유경도부득(眼前有景道不得; 눈앞에 경치를 보고도 말로 할 수 없는데), 최호제시재상두(崔顥題詩在上頭; 최호의 시는 머리 위에 있도다).' 라 감탄하고서 시를 짓지 못했다는 유명한 이야기가 전해온다.

황학루는 지금의 호북성(湖北省) 무한시(武漢市) 황학산(黃鶴山)에 있는 누각이다. 강남 4대 명루(名樓)의 하나로, 모두 5층에 높이가 50.4m라고 한다. 삼국시대 오(吳)의 손권(孫權) 황무(黃武) 2

년(223)에 처음 지어진 이후 계속 중건되었는데, 지금의 건물은 1985년에 중수한 것이다.

왕자안(王子安)이라는 신선이 황학을 타고 자주 들렀다는 이야기와 비문위(費文褘)라는 사람이 여기서 황학을 타고 승천했다는 이야기가 전해온다. 또 팔선(八仙)의 한 사람이며 검선(劍仙), 주선(酒仙), 색선(色仙)인 여동빈(呂洞賓)이 황학을 타고 여기서 자주 술을 마셨다는 이야기도 널리 알려졌다.

이백은 황학루에서 최호의 시에 감탄하고 시를 짓지 못했지만, 대신 금릉 봉황대에 와서 〈등금릉봉황대(登金陵鳳凰臺)〉를 지었다고 하는 이야기도 이미 널리 알려졌다. 금릉(金陵)은 지금 강소성(江蘇省) 남부 남경(南京)이고, 남경 봉황산에 봉황대의 옛 자취가 남아 있다고 한다.

(3) 중당의 시인

1) 중당의 시풍

안사의 난(755-763)이 끝난 뒤 이어지는 중당(中唐)은 약 70년간인데, 대종(代宗) 대력(大曆, 766-779)에서 덕종(德宗, 재위 779-805) 재위 연간을 포함한 대력기(大曆期)와 헌종(憲宗, 재위 805-820)의 연호인 원화(元和) 연간(806-820)과 목종(穆宗), 경종(敬

宗), 문종(文宗, 재위 826-840)의 일부 기간을 포함하는 원화기(元和期)로 대별할 수 있다.

대력기는 성당(盛唐)에서 중당(中唐)으로의 과도기에 해당하는데, 이 기간에 대력십재자(大曆十才子)라 일컬어지는 10명의 시인이 있었다.

《신당서(新唐書)》에 기재된 10인은 이단(李端), 노륜(盧綸), 사공서(司空曙), 전기(錢起), 경위(耿諱), 길중부(吉中孚), 묘발(苗發), 하후심(夏侯審), 한굉(韓翃), 최동(崔洞) 등이다.

대개 이단, 노륜, 사공서, 전기, 경위 등은 공통적으로 포함되고 있으나 다른 사람은 들쑥날쑥하다.

이들은 5, 7언의 절구와 율시를 많이 창작했지만, 공허한 내용에 형식미만을 추구하여 가작은 거의 없다.

대력기의 시인으로 전기(錢起)가 가장 중요한 인물이다.

중당의 시인 중, 위응물(韋應物), 대숙륜(戴叔倫), 유장경(劉長卿) 등은 왕유(王維)와 맹호연(孟浩然)의 산수전원시 전통을 이어받아 좋은 작품을 남겼다.

그리고 원결(元結)과 고황(顧況) 등은 두보의 사회시(社會詩)를 이어, 그 당시 사회 현실을 묘사한 작품을 남겼다.

중당 후반기에 속하는 원화기(元和期)의 시단은 활기에 찼는데, 그 대표적 인물은 한유(韓愈)와 백거이(白居易)이다.

한유는 당송팔대가(唐宋八大家)의 한 사람이고 고문 운동의 주창자로 널리 알려졌는데, 시인으로서도 중요한 지위를 차지하고 있으며, 만당(晚唐)의 시단에도 큰 영향을 끼쳤는데, 맹교(孟郊), 가도(賈島), 노동(盧仝) 등은 한유의 직계 제자라 부를 수 있을 만큼 영향을 받았다. 한유는 시작(詩作)에서 두보의 특장(特長)을 계승하여 표현의 예술성을 강조하였다.

백거이(白居易) 역시 두보 사회시의 전통을 계승하여 사회의 모순을 고발하는 시를 창작하여 대중화에 노력하였다. 백거이는 신악부(新樂府) 시를 지어 널리 보급시켰는데, 백거이의 절친인 원진(元稹)의 활동과 영향이 컸다. 그리고 장적(張籍), 왕건(王建), 이신(李紳) 등도 시를 통한 사회문제를 제기하며 또 확대시켰다.

한유와 함께 고문의 대가로 알려진 유종원(柳宗元)도 시인으로서 독보적인 위치를 누리고 있다. 유종원은 산수시를 많이 지었는데, 그 시풍은 왕유, 맹호연, 위응물의 시풍을 닮았다. 그리고 유종원과 과거 급제 동기인 유우석(劉禹錫)은 민가풍(民歌風)의 서정시를 많이 지어 이름이 널리 알려졌다.

이하(李賀)는 귀재(鬼才)라는 별호로 알려질 만큼 유명하며, 요절한 시인으로 중당의 마지막을 장식했다. 이하는 환상적이고 기괴한 아름다움을 시로 표현하였는데, 전고(典故)를 많이 사용하여 읽기에 평이하지는 않지만 그의 천재성이 충분히 발휘된 가작을 남겼다.

전제적으로 보아 중당의 시인으로 한유와 백거이가 성당의 이백과 두보만큼의 지위를 이었다고 말할 수 있는데, 그렇다고 그 아류(亞流)란 뜻은 절대 아니다.

중당의 시단은 성당의 시단만큼 개성이 뚜렷한 많은 시인들이 활동했고, 그들의 작품 역시 성당의 시작(詩作)만큼 가치와 의의가 있다. 중당이 성당만 못하다는 일방적인 평가는 결코 쉽게 말할 수 없다고 생각된다.

2) 위응물

위응물〔韋應物, 736-830?, 자(字)는 의박(義博)〕은 경조군(京兆郡) 두릉현〔杜陵縣, 지금의 섬서성(陝西省) 서안시(西安市) 장안구(長安區)〕 출신으로, 측천무후 때 재상이었던 위령의(韋令儀)의 손자이다. 위응물은 현종 천보 연간(750)에 음보(蔭補)로 황제의 근시(近侍) 무사인 삼위랑(三衛郞)이 되어 거의 불량배와 같은 행동으로 백성들을 괴롭혀 원성을 듣기도 했다.

안사의 난 중에 현종이 촉으로 피난가면서 위응물은 실직했고, 주변 사람들의 따가운 시선을 견뎌야 했다. 동서양을 막론하고 '낭자회두금불환〔浪子回頭金不換; 부랑자가 개심(改心)하면 황금으로도 바꾸지 않는다〕'는 말처럼 이후 착실하게 독서하면서 행실을 고쳤다.

그리하여 대종이 즉위하자(763) 낙양승(洛陽丞)이 되었고, 이후 덕종 건중(建中) 4년(783)에 저주자사(滁州刺史)를 거쳐, 덕종 정원(貞元) 원년(785)에 강주자사(江州刺史)로 자리를 옮겼고, 이어 정원 6년(790)에 소주(蘇州)자사를 그만두고, 소주(蘇州) 성외의 영정사(永定寺)에 거주하다가 거기서 죽었다는데, 졸년을 상고할 수는 없지만 90세 가까이 살았다고 한다.

위응물은 '위강주(韋江州)', '위소주(韋蘇州)'로 불리는데, 그의 시풍은 왕유와 가깝고 언사가 간결하며, 산수경관을 읊은 시가 많다. 《당시삼백수(唐詩三百首)》에는 위응물의 시가 무려 12수나 수록되었다.

송나라의 소식(蘇軾)은 위응물 시에 대하여 아래와 같은 아주 인상적인 평가를 남겼다.

「낙천장단삼천수(樂天長短三千首; 백락천의 5언7언의 3천 수보다), 각애위랑오언시(却愛韋郞五言詩; 오히려 위응물의 오언시를 좋아한다).」

3) 설도

설도(薛濤, 768?-831, 濤는 큰 물결 도)는 당나라 제일의 여류 시인이다.[253]

설도의 자(字)는 홍도(洪度, 또는 굉도(宏度))이고, 장안에서 출생하여 아버지 설운(薛鄖)의 관직에 따라 촉(蜀)으로 왔고 부친 사후에 성도(成都)에서 생활하다가 죽었다.

설도는 촉에 온 절도사나 여러 관리들과 왕래하였는데, 그때의 명사(名士)라 할 수 있는 원진(元稹), 우승유(牛僧孺), 장적(張籍), 백

---

[253] 唐代의 이야(李冶), 설도(薛濤), 어현기(魚玄機), 유채춘(劉采春)을 보통 四大女流詩人으로 손꼽는다.

거이(白居易), 영호초(令狐楚), 유우석(劉禹錫), 장호(張祜) 등이 설도와 시를 주고받았다. 그중에서도 열 살 정도 연하인 원진과의 교정(交情)이 가장 도타웠다고 한다. 설도가 살았던 중국 사천 성도(成都)에 지금은 망강루(望江樓) 공원이 있고, 거기에 설도(薛濤) 기념관이 있다고 한다.

설도(薛濤)

성도(成都)에서 부친을 잃은 설도는 모친과 곤궁하게 살았다. 설도가 열여섯이 되자, 타고난 자색(姿色)이 있고 시를 짓고 음률에 뛰어났기에 악적(樂籍)에 이름을 올릴 수밖에 없었다.

덕종 정원(貞元) 연간(785-804)에, 검남서천(劍南西川) 절도사인 위고(韋皐)는 설도를 아끼고 좋아하였는데, 매번 잔치나 유연(遊宴)에 절도사 관아로 불러 시를 짓게 하였다. 그러면서 설도에게 '교서(校書)'라는 관직을 내려달라는 표문을 조정에 올렸으나, 조정에서는 '전례가 없다'며 인준하지 않았다. 그렇지만 그 이후 설도는 '설교서(薛校書)'로 불리었다.

위고가 죽은 뒤 성도에 부임한 무원형(武元衡)은 설도의 명성을 듣고 설도를 악적에서 빼주었다. 설도가 기녀의 신분에서 벗어났지만, 이미 미모와 명성은 널리 알려졌기에 당시 촉에 부임하는 절도사, 막부 관료, 귀인과 공자(公子), 문인이나 선사(禪師)와 도사(道士)들의 내방이 끊이지 않았다. 그중에서도 시인 원진과의 로맨스가 가장 널리 알려졌지만 설도는 시인으로서 고독한 생을 마감했다.

설도의 시는 특히 청려(淸麗)하다는 평가를 받고 있는데, 〈송우인(送友人)〉, 〈모란(牡丹)〉 등이 유명하다. 이 시들은 명(明)·고병(高柄)이 편찬한 흠정사고전서(欽定四庫全書) 중 44권 《당시품휘(唐詩品彙)》에 실려 있다.

4) 유우석

유우석[劉禹錫, 772-842, 자(字)는 몽득(夢得)]은 당나라의 저명한 시인이며, 중당 문학을 대표하는 인물의 한 사람이다. 덕종 정원 9년(793)에, 유종원(柳宗元)과 함께 진사에 급제하여 이름을 날렸다. 이후 감찰어사를 지낸 뒤 왕숙문(王叔文)의 천거를 받아 요직을 역임하였으나, 33세 때인 805년 순종(順宗)의 선양에 따라 왕숙문이 실각되면서 그도 낭주[郎州, 지금의 호북성(湖北省) 북부 상덕시(常德市)] 사마(司馬)로 폄직되어 10년을 지내야만 했다.

이후 광동(廣東) 지방에서 지방관을 역임한 뒤 문종(文宗) 태화

(太和) 2년(828), 장안으로 돌아와 태자빈객(太子賓客)을 역임하였기에 '유빈객(劉賓客)'이라고도 부르고, 검교예부상서(檢校禮部尙書)와 비서감의 허함(虛銜)을 받았기에 '비서유상서(秘書劉尙書)'라고도 부른다. 그러나 다시 정치적 소용돌이에 휘말려 좌천되어 지방관으로 떠돌아야만 했다. 유우석은 특별한 능력을 가진 시인이며 문재(文才)였으나 너무 솔직하거나 아니면 경박한 일면이 있었다고 한다.

유우석(劉禹錫)
유우석상(劉禹錫像),《만소당죽장화전(晩笑堂竹壯畫傳)》

　유우석의 시풍은 질박하지만 웅혼하고 상쾌하며 호탕한 기운이 있어 친우 백거이는 유우석을 '시호(詩豪)'라고 지칭하면서 '유우석의 시는 신이 보호하고 지지한다(劉君詩 在處有神物護持).'고 말했다. 유우석과 백거이는 함께 '유백(劉白)'으로 불리었다. 또 원진 등과 함께 시와 음악, 문자와 음악의 융화를 꾀했기에 많은 사람들이 즐겨 그의 시를 외었다고 한다.

지금 그의 시 약 800여 수가 전해지는데 서민들의 생활모습과 영사(咏史), 회고(懷古), 서정(抒情)을 읊은 명작이 많고, 우정을 중시하여 많은 사람들이 그를 좋아하였다고 한다. 특히 〈유지사(柳枝詞)〉, 〈죽지사(竹枝詞)〉, 〈양류지사(楊柳枝詞)〉 등은 민가적(民歌的)이어서 널리 불렸다.

그의 산문 〈누실명(陋室銘)〉은 우리나라에서도 유명한 글이다. 짧은 명문(名文)이기에 아래에 수록한다.

「山不在高, 有仙則名. 水不在深, 有龍則靈. 斯是陋室, 惟吾德馨. 苔痕上階綠, 草色入簾靑. 談笑有鴻儒, 往來無白丁. 可以調素琴, 閱金經. 無絲竹之亂耳, 無案牘之勞形. 南陽諸葛廬, 西蜀子雲亭. 孔子云, 何陋之有.」

5) 백거이

중당의 대표 시인 백거이[白居易, 772-846, 자(字)는 낙천(樂天). 호(號)는 향산거사(香山居士), 취음선생(醉吟先生)]의 조적(祖籍)은 산서(山西) 태원(太原)으로 호족(胡族)의 후예라고 한다. 지금의 하남성(河南省) 성도(省都)인 정주시(鄭州市) 관할 신정시(新鄭市)에서 출생하였다. 백거이가 활동하던 시기는 안사의 난 이후 사회 풍조가 바뀌어 낮은 계층 출신도 고관으로 승진할 수 있는 기회가 열려진 시대였다. 때문에 백거이가 중앙 정부의 고관까지 승진할 수 있었다.

백거이는 덕종 정원 16년(800)에, 진사과에 급제한 뒤 한림학사, 좌습유(左拾遺) 등을 역임하였다. 백거이는 우이(牛李)당쟁에 휘말리지는 않았지만, 한때 충주자사〔忠州刺史, 지금의 중경시(重慶市) 충현(忠縣)〕로 좌천되었다가 복귀하여 형부상서 등을 역임하고 75세에 죽었다.

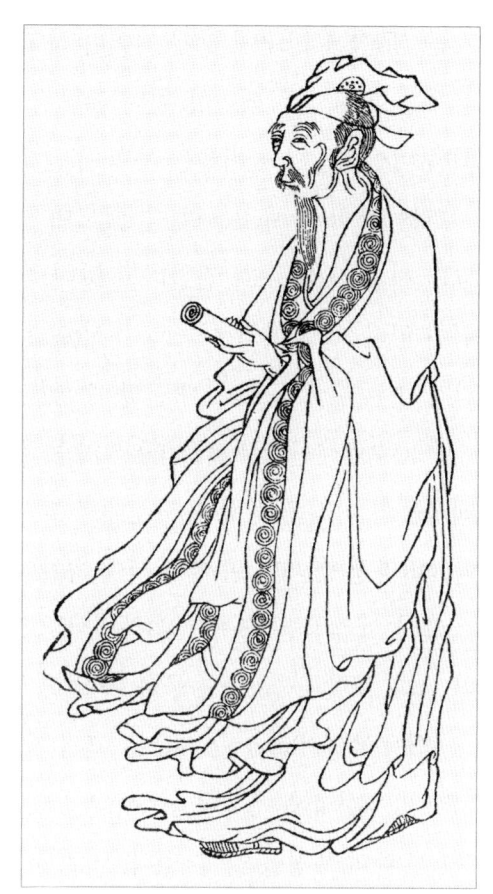

백거이(白居易) 〈출처: 위키백과〉
두루말이를 들고 있는 노인

백거이는 신악부(新樂府) 운동을 주창하면서 문학은 실생활과 유리될 수 없다고 주장하였다. 그는 문학의 사회적 작용을 중시하여 예술을 위한 문학이 아니라 인간과 사회를 위한 문학을 해야 한다고 주장하였다.

곧 '문장은 시대에 맞게 지어야 하고(文章合爲時而著), 시가는 실제를 위해 창작되어야 한다(詩歌合爲事而作).'라면서 실질을 떠나 미사여구나 늘어놓는 문학에 반대하였다.

그는 특히 장시(長詩)에 능했으며 중당을 대표하는 시인으로 그의 시 3,000여 수가 전한다고 하니, 다작(多作)의 작가임에는 틀림이 없다. 백거이의 시는 풍유시(諷諭詩), 한적시(閑寂詩), 그리고 감상시(感傷詩) 등으로 대별할 수 있다. 백거이의 〈진중음(秦中吟)〉 10수와 〈신악부(新樂府)〉 50수는 풍유시의 대표작으로, 당시 백성들의 어려운 생활을 사실대로 묘사하였다. 〈장한가(長恨歌)〉와 〈비파행(琵琶行)〉은 감상시에 속한다.

그의 시 작품은 평이(平易)하면서도 인정(人情)에 가까워 어린이나 노파, 보졸(步卒) 등 누구나 다 읽고 감상할 수 있다고 하였다.

〈취음선생전(醉吟先生傳)〉은 그의 자서전이라 할 수 있고, 그의 가장 유명한 산문은 〈여원구서(與元九書)〉인데, 그와 원진(元稹, 원구元九)과의 우정을 알 수 있다. 거기에 나오는 '뜻을 펴게 되면 천하를 모두 구제하고(達則兼濟天下달즉겸제천하), 뜻이 막힌다면 홀로 선을 실천할 것이다(窮則獨善其身궁즉독선기신).'라는 말은 그의 인생철학이라 할 수 있다.

백거이와 문학적 동지인 원진을 나란히 '원백(元白)'이라 칭한다. 동시에 백거이는 유우석(劉禹錫)과도 창화(唱和)한 시가 매우 많은데, 사람들은 '백류(白劉)'라 병칭한다.

○ 불후의 명구(名句)

〈詩題 '古原草'로 송별하다〉	〈賦得古原草送別〉
무성하게 자란 벌판의 풀,	離離原上草
해마다 한번 죽었다 살아난다.	一歲一枯榮
들불에 타도 아니 없어지고,	野火燒不盡
봄바람 불면 다시 살아난다.	春風吹又生
방초는 멀리 옛길을 덮어버려,	遠芳侵古道
푸르른 빛은 옛 성에 닿았구나.	晴翠接荒城
지금 떠나는 그대를 보내나니,	又送王孫去
우거진 풀에 이별만 가득하다.	萋萋滿別情

이 시는 백거이가 16세에 지었다고 하는데 믿을 수 있겠는가? 믿기지 않겠지만 사실이다. 이 시는 실제로 이러한 이별을 겪은 시인의 경험이 아니라 순수한 창작이다. 그러니 더 놀라울 수밖에 없다.

백거이가 16세 때 과거에 응시하러 장안에 와서 이 시를 가지고 당시 장안의 명사로 저작랑(著作郞)이며 시인인 고황(顧況, 725-814?)을 만나려 했다. 고황은 백거이의 명함을 보고서 "장안은 쌀값(白)이 너무 비싸 살기가(居) 쉽지 않다(弗易)."라고 말했다.

그러나 앞의 4구를 읽고서는 "이런 재주를 가졌으면 쉽게 살기가 어렵지 않지!(有才如此 居易不難)"이라며 감탄했다고 한다.

'일세일고영(一歲一枯榮)'은 비단 풀만이 아니라 인간에게도 해당되는 천리(天理)가 아니겠는가? 인생의 영화(榮華)와 몰락은 말라죽는 풀보다 더 비극적이다. 그리고 3, 4구에 표현된 '춘풍취우생(春風吹又生)' – 야초(野草)의 완강한 생명력은 천고전송(千古傳誦)의 명구(名句)이다.

특히 혁명이나 큰 거사를 선동할 때, 이 구절은 어느 표현보다도 더 선동적이며 모든 사람들에게 자신감을 불어넣어 준다.

5, 6구의 고도(古道)와 황성(荒城)은 이별의 아픔을 드러내기 위한 배경 그림으로 등장했고, 8구의 처처(萋萋)는 수련(首聯)의 '이리(離離)'를 받으면서 '무성한 풀'을 바라보며 슬픔을 연상하는 극적인 반전을 이룬다.

「야화소부진(野火燒不盡), 춘풍취우생(春風吹又生)」 – 들풀의 강인한 생명력을 표현한 이 구절이 오늘날까지 혁명가들에게 가장 좋은 말로 회자(膾炙)될 줄은 아마 백거이도 몰랐을 것이다.

중국에서는 농민들의 봉기(起義), 군대의 반란, 종교적 소요, 왕조 전복을 위한 역성혁명(易姓革命) 등이 계속되었다. 그때마다 농민이나 다수의 군중을 선동할만한 글귀나 명문장이 필요했다. 이는 최근 현대사에서 국민당과 공산당의 혁명투쟁에서도 마찬가지였다.

'작은 불티 하나가 넓은 들판을 태울 수 있다(星星之火 可以燎原).'는 말은 작은 실수가 큰 화근을 초래하거나 미세한 세력이 엄청나게 커지다는 뜻으로, 주로 혁명과 같은 상황을 표현할 때 사용하는 말이다(성성星星은 부싯돌을 서로 부딪쳤을 때 튀는 불씨를 말한다).

또 요원열화(燎原烈火)는 '불타는 넓은 들판의 뜨거운 불길'이란 뜻으로, '맹렬한 기세'를 의미한다. 그리고 '인다역량대(人多力量大; 사람이 많으면 역량이 크고), 시다화염고(柴多火焰高; 땔감이 많으면 화염도 높다).'면서 여러 사람의 적극적 참여를 유도한다.

그리고 '소석두능타파대항(小石頭能打破大缸; 작은 돌멩이가 큰 항아리를 깨뜨리고), 일석격기천층랑(一石激起千層浪; 돌 하나가 천 겹의 물결을 일으킨다).'이라며 선동하기도 한다. 어느 정도 분위기가 무르익으면 '산우욕래풍만루(山雨欲來風滿樓; 산속에 비가 오려 하니 누각에 바람이 가득하다)〈당 시인 허혼(許渾)의 시구(詩句)〉'라는 말로 큰 사건이 터지기 전의 긴장 상황을 표현한다.

○ 백거이(白居易)의 풍류

백거이는 당의 시인 중에서 장수했으며 관운도 비교적 평탄했었다. 그 시운(時運)이나 시적 재능은 타고났다고 보아야 한다. 시인으로서 유명도를 따지자면 이백이나 두보, 그리고 왕유 수준에서 백거이를 꼽아야 할 것이다. 무엇보다도 그의 시가 평범한 것 같으면서 읽기 쉽기에 누구나 즐겨 감상할 수 있다는 점도 꼭 기억해야 한다.

백거이는 평생 술을 즐겨 많이도 마셨기에, 술에 대한 이런저런 이야기도 많다. 때문에 우선 술자리 이야기부터 시작하려 한다.

〈유씨 열아홉째에게 묻다〉　　〈問劉十九〉

개미가 동동 뜨는 새로 담근 술,　　綠蟻新醅酒
붉은 진흙의 작은 화로도 있다네!　紅泥小火爐
저녁 되면서 눈이 내릴 날씨인데,　晚來天欲雪
한 잔 마시러 오겠나, 아니 오겠나?　能飮一杯無

이 시는 친우를 술자리에 초청하는 시이다.

비오는 날이나 눈이 내리는 날이면 으레 술 생각이 나게 되어 있다. 유십구(劉十九)라는 벗은 백거이가 강주(江州)에 좌천되었을 때 자주 어울렸다. 같은 시기에 쓴 〈유십구동숙(劉十九同宿)〉이라는 시를 보면 함께 놀고 마시는 사이였다.

녹의(綠蟻)는 맑은 술 위에 동동 뜨는 쌀알이다. 겨울이라서 방 안에 붉은 작은 화로를 준비해서 술을 데운다. 겨울에는 술을 적당히 데워서 마셔야 취기도 빨리 오른다.

이 시는 원화(元和) 12년(817), 백거이가 강주(江州)에서 지은 시라고 알려졌다. 당시 그는 강주에 좌천되었으며 나이는 46세였으니, 그 나이에서 붓을 잡으면 시가 쏟아지는 경지에 이르렀을 것이고 쉽게 써 내려갔지만, 묘미를 다 갖추었고 거의 삼매경에 이르렀다는 느낌이 온다.

시인들은 대개 술을 좋아하였다. 우선 이백과 두보에 대한 언급은 그만두고서라도 도연명도 술을 좋아하였지만 경제적으로 여유가 없어 좋은 술을 마시지 못하고, 그것도 농부나 나무하는 사람들과 논두렁이나 나무 그늘 아래서 마셨다.

그러나 백거이는 벼슬자리도 괜찮았고 가산(家産)도 있어 집에서 담근 좋은 술을 어린 가기(歌妓)나 노비의 시중을 받으며 상류 명사인 배도(裴度)나 유우석, 원진 등과 어울려 마셨다.

백거이의 친우가 이런 시를 전달받았다면, 그 누가 멈칫거리거나 거절했겠는가?

백거이는 자신의 집에 가기(歌妓)를 두고 술을 즐길 정도였다.

백거이 집의 번소(樊素)라는 가기는 노래를 잘했고, 소만(小蠻)이라는 가기는 춤에 뛰어났었다. 그래서 백거이는 '앵도번소구(櫻桃樊素口; 앵도는 번소의 입), 양류소만요(楊柳小蠻腰; 버들은 소만의 허리).'라고 말했었다. 백거이가 나이를 들어가면서 소민은 더욱 풍만하고 요염해졌기에 백거이가 이를 시로 읊었다.

〈버들가지〉　　　　　　　　〈楊柳枝〉

봄바람에 흔들리는 버들 수만 가지,　　一樹春風萬萬枝
연노란 색 가지는 명주보다 부드럽다.　嫩於金色軟於絲

영풍땅 서쪽의 구석 황량한 뜰 안에,　　永豊西角荒園裏
아무도 없는데 종일 누구에 기대나?　　盡日無人屬阿誰

이 시는 그 예쁘고 날씬하여 사랑을 받던 소만의 허리나 자태도 이제 나이가 드니 사람들의 관심에서 멀어진다는 뜻이 들어 있다.

당 선종(宣宗) 재위 중(847-860)에, 궁중에서 가기들이 이 시를 노래로 부르자, 선종이 누구의 시이며 영풍이 어디냐고 물었다. 옆에서 백거이의 시이며 영풍은 낙양의 마을 이름이라고 말하자 선종은 낙양에 가서 그 버드나무 가지를 꺾어다 심으라고 분부했다고 한다.

백거이가 시인이고 풍류 기질이 있기에 술과 여자를 좋아했다고 볼 수도 있지만, 어쩌면 그것이 인간의 숨길 수 없는 본성이 아니겠는가?

사실 풍류와는 상관없이 술과 여색, 돈과 재물은 사람마다 다 좋아하지만(酒色錢財人人愛), 그중에서도 술과 여색은 사람을 다치게 하고 일을 그르친다(酒色傷人酒色誤事). 아무리 덩치가 작은 사람일지라도 '술이 들어갈 창자는 바다만큼이나 넓고(酒腸寬似海), 여색을 탐하는 마음은 하늘만큼 크다(色膽大如天).' 그리고 술잔에 빠져 죽은 사람은(酒杯裏淹死的人), 바다에 빠져 죽은 사람보다 오히려 더 많다(比大海的還要多).

그렇다 하여 이런 이유로 술을 안 먹는다면 그 사람은 거의 바보이다. 술이 지기를 만나면 천 잔도 많지 않다(酒逢知己千杯少). 그리고 오늘 이 저녁에 술이 있다면 오늘 취해야 하고(今夕有酒今夕醉), 내일의 걱정거리는 내일 걱정하면 된다(明日愁來明日愁).

세상을 살아가는 것이 다 그렇고, 최소한의 윤리란 것도 별것 아니다. 내 행동 내가 책임지면 된다. 내가 빚은 탁주를 내가 마시고(自釀的苦酒自己喝), 내가 심어 기른 쓴 과일도 내가 먹으면 된다(自栽的苦果自己吃). 내가 지은 나의 업보는 내 술을 내가 마시듯 내가 책임지면 된다. 그러면 최소한 남에게 폐를 끼치지는 않을 것이니, 이것이 곧 바른 생활이며 낙천(樂天)이 아니겠는가?

여기서 백거이의 정서를 느낄 수 있는 칠언절구를 한 수 더 감상해야 한다.

〈대림사의 복숭아 꽃〉	〈大林寺桃花〉
속세 사월 꽃들은 모두 다 졌는데,	人間四月芳菲盡
산속 절간 도화는 이제 막 피었네.	山寺桃花始盛開
봄이 간데 찾지를 못해 늘 아쉽더니,	長恨春歸無覓處
여기 슬쩍 숨어있다는 줄 몰랐었네.	不知轉入此中來

사람들이 사는 평지와 산속 절의 풍광(風光)이 이리 다른 줄을

시인도 몰랐기에 놀라움이 담겨 있는 시이다. 백거이가 원화 12년(817) 46세에, 강주사마(江州司馬)로 근무할 때 여산(廬山)에 있는 상대림사(上大林寺)에서 지은 시로 알려졌는데, 노년에 가까워도 풍부한 감정을 지닌 시인의 마음을 느낄 수 있는 시이다.

백거이와 문학적 동지인 원진을 나란히 '원백(元白)'이라 칭하며, 유우석(劉禹錫)과 창화(唱和)한 시가 매우 많은데 사람들은 '백류(白劉)'라 병칭한다. 노년의 백거이가 유우석과 술을 마시고 읊은 시가 있다.

〈몽득과 한가히 술 마시고 다음을 기약하다〉
〈與夢得沽酒閑吟且約後期〉

젊었을 적에도 생계 걱정을 아니했거늘,	少時猶不憂生計
늙어서 누군들 어찌 술값을 아까워하랴?	老後誰能惜酒錢
둘이서 일만 냥에 술 한 말을 마셔대는데,	共把十千沽一斗
서로가 바라보니 칠십에서 셋이 모자란다.	相看七十欠三年
한가히 술잔을 세어 가며 경사를 논하고,	閑征雅令窮經史
취해서 읊는 시를 들으니 풍악보다 좋구나!	醉聽淸吟勝管弦
나중에 국화 피고 집에 담근 술 익으면,	更待菊黃家醞熟
그대와 함께 취해 같이 기분 좋으리라.	共君一醉一陶然

제목의 몽득(夢得)은 유우석(劉禹錫, 772-842)의 자(字)이고, 유우석과 백거이는 동갑이었다. 둘다 시나 문장으로서는 서로 조금

도 양보하지 않을 정도로 뛰어난 수재들이었으며, 시풍도 비슷했기에 둘이 친우가 되기에 딱 맞았을 것이다. 또 백거이는 원진과의 우정도 매우 돈독했었다.

6) 원진

백거이(白居易)와 나란한 명성을 누린 원진〔元稹, 779-831, 자(字)는 미지(微之)〕은 낙양인(洛陽人)이며, 배행(排行)이 9번째이므로 원구(元九)라고도 부른다. 백거이의 명문장인 〈여원구서(與元九書)〉는 원진에게 보낸 장문의 편지글이다. 원진은 백거이와 함께 '신악부(新樂府)' 운동을 제창하였기에 대개의 경우 백거이와 나란히 '원백(元白)'으로 불린다.

원진과 백거이는 거의 30년간 친교를 맺고 있으면서 시가의

원진(元稹) 〈출처: 위키백과〉

통속화와 대중화를 주창하여 대중의 환영을 받았으며, 이들의 이러한 시풍을 특히 당 헌종의 연호를 따서 원화체(元和體)라고 불렀다.

원진은 8세에 아버지를 여의고 모친을 따라 봉상현(鳳翔縣)의 외가에서 성장하였다. 15세인 덕종 정원 9년(793)에 급제하여 교서랑(校書郎)이 되었다.

정원 15년(799) 하중부(河中府)에 근무하였고, 원화 5년(810)에 환관과 싸운 일로 강릉부(江陵府)로 폄직되었다. 관직 생활의 풍파를 겪으면서 과거 시험관인 지제고(知制誥)를 역임하며 조서(詔書)의 초안을 마련하는 일도 하다가 목종(穆宗) 때 재상의 자리에 올랐으나, 배도(裴度)[254]와 뜻이 맞지 않아 지방 군(郡)의 자사로 나가기도 했다. 나중에 무창군절도사로 임지에서 죽었다.

○ 원진의 사랑

원진은 염시(艶詩)와 도망시(悼亡詩)를 잘 지었는데, 정의(情意)가 진지하여 자못 감동을 준다. 이신(李紳)[255]에 화답한 〈신제악

---

[254] 배도(裴度, 765-839, 字는 中立) - 中晚唐 時 憲宗, 목종(穆宗), 敬宗, 文宗 四朝 重臣. 中書令 역임했다.

[255] 이신(李紳, 772-846)의 자는 공수(公垂)로 신장이 작아 '短李'라는 별명으로 불렸지만 元稹(원진), 白居易와 함께 新樂府 운동을 주창한 문인이었다. 이신은 젊어 부친의 임지를 따라 강남의 무석(無錫)에서 살다가 元和 원년(809) 진사에 급제한 뒤 여러 관직을 순탄하게 역임하고, 원화 말년에 中書舍人으로 있다가 지방관을 거쳐 武宗 會昌 연간에 재상의 반열에 올랐던 사람이다.

부(新題樂府)〉 12수와 〈고제악부(古題樂府)〉 19수는 모두 사회 현실을 반영하고 있는 시이다. 이 밖에 장편의 악부시 〈연창궁사(連昌宮詞)〉는 노인의 입을 빌려 안사의 난 전후 사회 상황과 권귀(權貴)들의 황음부패를 묘사하였다.

하여튼 품행이란 면에서 볼 때 문제가 있었던 것은 사실이고, 특히 여색에 대해서는 후세인들의 도덕적 질책을 받기도 했다.

원진은 전기(傳奇) 소설 〈앵앵전(鶯鶯傳)〉의 작가로도 유명하다. 원진이 자신의 여성 편력을 변명하기 위해 썼다는 전기(傳奇)인 〈앵앵전〉은 '〈회진기(會眞記)〉'라고도 불리는데, 뒷날 왕실보(王實甫)의 원곡(元曲) 〈서상기(西廂記)〉의 원전이 되었다.

그의 저서로 《원씨장경집(元氏長慶集)》 60권이 있다.

원진은 첫 아내인 최앵앵(崔鶯鶯)을 버리고 25세에 그때 공부상서(工部尙書)인 위하경(韋夏卿)의 딸 위혜총(韋蕙叢, 당시 20세)과 결혼하였다. 당시에 원진은 문명(文名)도 없었고 낮은 관직에 있었지만 당시 두 사람의 애정은 매우 도타웠다고 한다.

많은 책에서 위씨(韋氏)를 첫 번째 부인이라 하였는데, 이는 사실과 다를 수 있다. 15세에 과거에 급제하여 벼슬길에 나아간 사람이 25세 때에 처음으로 위씨와 결혼했다는 것은 당시 일반적 사회적 통념으로 납득이 어렵다.

근인(近人) 진인각〔陳寅恪, 1890–1969, 중화민국 청화대학국학원(淸華大學國學院) 4대 도사(導師)의 한 사람〕의 지적대로 최초의 본처 최앵앵(崔鶯鶯, 원진의 전기 중의 여주인공 이름)을 버리고 위씨(韋氏)와 재혼하였을 것이다.

명문 권세가의 딸인 위혜총은 원화 4년(809)에 27세의 나이로 세상을 뜨는데, 원진은 하남에서 관직 생활을 하느라 장례를 치르러 올 수도 없어서 매우 가슴 아파했다고 한다. 그러나 이후 원진의 벼슬길은 비교적 순탄했다. 원진이 사랑했던 부인을 애도하는 시는 매우 절절하여 죽은 아내를 그리는 도망시(悼亡詩)로는 아주 우수하다는 평가를 받고 있다.

아래의 시는 그러한 위씨 부인에 대한 추모시라 할 수 있다.

〈슬픈 회포를 보내다〉　　　　　　〈遣悲懷 三首〉(其 一)

사공의 사랑을 받던 막내딸이었는데,　　謝公最小偏憐女
검루에게 시집와 모든 것이 힘들었지요.　嫁與黔婁百事乖
내 옷이 없다고 자신의 옷상자를 뒤졌고　顧我無衣搜藎篋
날 위해 술을 사려고 금비녀를 뽑았지요.　泥他沽酒拔金釵
나물로 배를 채우며 콩잎도 맛있다 했고,　野蔬充膳甘長藿
낙엽이 땔감이라 고목을 쳐다보았지요.　落葉添薪仰古槐
오늘엔 나의 녹봉이 십만 전이 넘으니,　　今日俸錢過十萬
그대를 위해 제사하고 또 재를 올린다오.　與君營奠復營齋

이 시의 전 6구는 모두 죽은 부인 위씨에 대한 칭송이다. 수련에서는 명문대가였지만 미관말직이고 가난한 자신과 결혼하고서 힘들게 살았다는 총론을 서술하였다.

이 시에 나오는 '사공(謝公)'은 동진(東晉)의 명사인 진군(陳郡) 사씨(謝氏)의 사안(謝安, 320-385, 자(字)는 안석(安石), 동진 최고의 정치가이며 군사전략가. '동산재기(東山再起)'의 주인공)이다. 사안은 자기 형의 막내딸, 그러니까 조카가 영특하여 특히 귀여워하고 아껴주며 보살펴 주었다고 한다. 여기서는 그런 형제 관계를 정확히 따지지 않고 그냥 사안의 어린 막내딸로 표현했다.

이는 원진이 자신의 죽은 부인 위씨가 명문가 출신임을 암시한 구절이다. 그리고 검루(黔婁)는 춘추시대 제국(齊國)의 가난했으나 명성이 있던 고사(高士)인데, 원진은 자신을 검루와 같다고 생각하였다.

시에서는 자신에게 헌신하느라고 당신은 옷을 팔고 금비녀도 뽑아주었다는 구체적 사례를 들었고, 음식과 요리에도 그토록 고생한 일을 묘사하며 눈물을 흘렸다. 그리고 마지막에서는 이제는 생활이 많이 좋아졌다며, 지금의 부귀를 같이 누리지 못하는 아쉬움을 표하면서 당신을 위해 제사는 물론 재를 올린다며 시를 마무리했다.

그러나 원진이 죽은 부인 위씨를 진심으로 사랑했고 그리워했어도 혼자 살 수는 없었다. 원앙새는 짝을 잃으면 영원히 다른 짝을 찾지 않는다(鴛鴦失偶 永不重交)고 한다. 아내가 죽은 뒤 30여 년을 혼자 지냈던 시불(詩佛) 왕유(王維)와는 체질이 달랐던 것 같다.

원진은 계실(繼室)로 배씨(裴氏)를 맞이하였고, 촉(蜀)에서는 연상인 설도(薛濤)라는 유명한 기녀이면서 재자가인(才子佳人)인 시인을 만나 아름다운 사랑을 연출했다.

〈슬픈 회포를 보내다〉	〈遣悲懷 三首〉(其 二)
옛날 죽은 다음의 일을 농담을 했었는데,	昔日戲言身後意
오늘 모든 일들이 눈에 그대로 보인다오.	今朝皆到眼前來
입던 옷을 보이는 대로 남에게 주었지만,	衣裳已施行看盡
반짇고릴 차마 열 수 없어 그대로 있다오.	針線猶存未忍開
지난 정을 생각하면 하인들이 안쓰럽다가	尚想舊情憐婢僕
그런 꿈에 보이면 지전(紙錢)을 태워 보낸다오.	也曾因夢送錢財
이런 한이야 사람마다 다 있다고 알지만,	誠知此恨人人有
가난했던 부부라서 모든 일이 서글펐다오.	貧賤夫妻百事哀

1수에서는 생활상의 어려움, 곧 '백사괴(百事乖)'를 묘사하였지만, 여기서는 모든 일이 슬프다는, 곧 '백사애(百事哀)'를 말하고 있다. 1수에서는 옛 전고(典故)가 인용되었으나 2수에서는 전고가 없이 일상생활의 추억을 말해 애닳음(哀)을 더하고 있다.

'빈천부처백사애(貧賤夫妻百事哀; 가난한 부부는 모든 일이 애처롭다)'는 중국인들의 속담처럼 인용하는 말인데 '조강지처불하당(糟糠之妻不下堂)'이라는 속언(俗言)과 뜻이 상통하는 말이다.

사실 부부는 인연이다(夫妻是緣). 좋은 인연이든 나쁜 인연이

든(善緣惡緣), 인연이 없었으면 결혼하지 않았을 것이다(無緣不娶). '백세의 인연이 있기에 같은 배를 타고 건너며(百世修來同船渡), 천세의 인연이 있어야 한 베개를 베고 잘 수 있다(千世修來共枕眠).'는 말처럼 부부의 인연은 특별하다.

서로의 차갑고 뜨거운 것을 아는 사이가 바로 부부이며(知冷知熱是夫妻), 부부의 은혜와 사랑은 쓰고도 달다(夫妻恩愛苦也甛). 부부는 한 얼굴이다(夫妻一個臉)란 말처럼, 태도나 관점이 같으며 부부는 같은 복을 누린다(夫妻是福齊). 그러기에 젊어서 부부가 늙어서는 친구이며(少年夫妻老來伴), 사랑하는 부부는 대부분 장수한다(恩愛夫妻多長壽).

'집이 가난하면 어진 아내를 생각한다(家貧思良妻)'고 하였으니, 어려운 가정일수록 아내가 현명해야 한다. 어진 처가 있으면 남편에게 화가 없고(妻賢夫禍少), 가정에 어진 아내가 없다면 반드시 의외의 재난을 당한다(家無賢妻必遭橫禍).

'시골마을 부부는 언제나 같이 다닌다(村裏夫妻 步步相隨).'는 말의 정경을 생각해 볼 필요가 있다. 논으로, 밭으로 부부가 한 줄로 따라다니면서 농사를 짓는 그 마음은 가난을 함께 이기자는 의지일 것이다. 때문에 '역경의 친구(患難朋友), 고생할 때 부부(艱苦夫妻)라.'고 하였다.

'가난한 집에서는 온갖 일이 모두 어렵게 되지만(貧家百事百難做), 부잣집에서는 귀신을 부려 맷돌을 돌린다(富家差得鬼推磨).'고 하였다. 아내가 현명하면 살림이 좋아지는 것은(妻賢家

道興) 사실이다. 그러기에 빈천할 때 사귄 친구를 잊을 수가 없는 것이고(貧賤之知不可忘), 고생을 같이한 아내를 버릴 수 없는 것이다(糟糠之妻不下堂).

〈슬픈 회포를 보내다〉	〈遣悲懷三首〉(其三)
한가히 앉아서 그대 그리면 나도 슬플뿐,	閒坐悲君亦自悲
한평생 백 년이 모두 얼마나 오래되겠소?	百年都是幾多時
등유가 무자는 끝내 운명이라 알았고,	鄧攸無子尋知命
반악의 도망시 부질없는 글이겠지요.	潘岳悼亡猶費詞
동혈에 함께 묻히기를 어찌 바라리오,	同穴窅冥何所望
다르게 사니 인연으로 만나기도 어렵다오.	他生緣會更難期
다만 밤새워 언제나 뜬 눈으로 지내면서,	惟將終夜長開眼
평생 근심하며 지낸 당신께 보답하리다.	報答平生未展眉

이 시를 통해서 원진과 위씨(韋氏) 사이에서는 남은 혈육이 없었음을 알 수 있다.

등유(鄧攸, ?-326)는 서진-동진 시대에 걸쳐 살았던 사람으로, '영가의 난'을 당해 가족을 데리고 남(南)으로 피난하면서 죽은 동생의 아들, 곧 조카를 살리기 위해 친자식을 버렸으나(舍子保侄) 끝내 자식을 다시 얻지 못했다고 한다. 곧 '등유처럼 착한 사람도 자식을 못 두었다면 천명일 것이라.'며 자신과 위씨 사이에 자식이 없음을 위로하는 뜻이 있다.

그리고 반악(潘岳, 247-300)은 보통 반안(潘安)이라 부르는 서진(西晉)의 시인이다. 반악은 유명한 미남자로 《세설신어(細說新語)》에 의하면, 반악이 외출할 때마다 도성 안의 부녀자들이 반악을 보려고 수레에 몰려들며 과일을 주어 과일이 수레에 가득 찼다는 '척과영거(擲果盈車)'의 주인공이다. 또 으레 미남자를 말할 때는 '반안지모(潘安之貌)'라고 한다. 반악은 여러 관직을 역임하다가 서진(西晉)의 '팔왕의 난' 때 피살됐다.

여기에 나오는 '장개안(長開眼; 언제나 눈을 뜨고 있겠다)'이라는 말도 설명이 필요한 말이다. 홀아비 환(鰥, 老而無妻)과 홀어미 과(寡, 老而無夫)는 보통 쓰는 말이다. 그런데 환(鰥)의 환어(鰥魚)는 특히 '홀로 있기를 좋아하며 근심 때문에 눈을 감지 못한다는 전설 속의 민물고기'이다. 본래 모든 물고기는 눈을 감지 않는다. 원진이 '늘 눈을 뜨고 있겠다'라는 말은 평생을 홀아비로 지내겠다는 다짐이지만, 단지 이 시를 지을 때의 생각뿐이었다.

'지키지 못할 약속'을 하는 사람은 언제나 '약속할 때는 지키겠다는 마음이 있었다'라고 변명을 한다. 원진의 진실 여부를 따지려 한다면 그 또한 부질없는 일이 아니겠는가? 원진은 다만 시인으로서 사랑했던 아내의 죽음을 슬퍼하는 시를 지었다.

1수는 죽은 아내의 살아 있을 때를 회상하며 슬퍼했다. 2수에서는 아내의 죽음 이후의 그리움을 절절하게 묘사하였다. 3수는 '이 또한 운명이 아니겠소! 같이 묻히기도 어렵고, 살아 있는 사람처럼 다시 만나기도 어렵지만 평생 당신을 그리겠소.'라면서 변함없는 사랑을 다짐하고 있다.

　어차피 죽음이 부부를 갈라놓는 것은 정한 이치이고, 젊어서 보낸 아내에 대한 그리움은 더 절절한 것이다. 아내를 보낸 애통한 감정을 시로 읊은 도망시(悼亡詩)가 많은 것은 사실이지만, 이원진의 시가 많이 읽혀진 것은 그 짜임이 훌륭하기 때문일 것이다.

　죽은 아내는 평생 어려운 살림을 하다 보니 근심이 많았을 것이고 그러니 미간을 펴지 못했다〔未展眉(미전미)〕. - 이는 다시 1수의 '백사괴(百事乖)'로 다시 이어진다. 그리고 그 다음은 제 2수의 '백사애(百事哀)'에 이어진다. 인생사가 순환한다면 슬픔 또한 순환할 것이다.

　하여튼 부부간 사랑보다 더한 사랑은 없다지만(至愛莫過於夫妻), 부부는 사랑하는 원수(夫妻是個寃家)라고도 말한다.

7) 이하

　이하(李賀, 790-816)의 자(字)는 장길(長吉)이고, 하남 복창현〔福昌縣, 지금의 하남성(河南省) 낙양시(洛陽市) 관할 의양현(宜陽縣)〕사람으로, 창곡(昌谷)이란 곳에 살았기에 '이창곡(李昌谷)'으로 불리기도 한다. 요절한 천재 시인으로 보통 '시귀(詩鬼)'라 불린다. 이하는 이백과 비슷한 천재이기에 '태백을 선재(仙才)라 한다면 장길

(長吉)은 '귀재(鬼才)'라는 의미로 해석할 수 있다.

이하는 장안에서 겨우 3년간 봉예랑(奉禮郎)이라는 말직에 근무한 뒤 각지를 유람하고 고향의 남원(南園)에 돌아와 살다가 27살이라는 아까운 나이에 병사하였다.

이하는 어려서부터 신동으로 소문났었는데, 그는 좋은 시를 얻기 위해 부단히 노력하는 '고음(苦吟)'을 지속하였다. 건강이 좋지 않은데도 스스로 '밤새 날이 밝을 때까지 시를 읊었다(吟詩一夜東方白).'고 하였고, 나귀를 타고 다니면서 좋은 구절이 떠오르면 즉시 써서 비단 주머니에 넣었다. 그리고 집에 돌아와서는 비단 주머니를 꺼내 시를 완성하곤 했었다.

그리하여 그 모친이 "이 아이는 제 속마음을 모두 토해내야만

이하(李賀, 790-816) 〈출처: 위키백과〉

그만둘 것이라(是兒要當嘔出心乃已爾).'고 하였다.

이하는 젊은이지만 시간을 무척 아꼈다. 어쩌면 그의 타고난 명줄이 짧았기에 그러했는지도 모른다.

이하가 언젠가 탄식하였다.

"내 나이 이십이 되도록 뜻을 얻지 못했으니, 일생이 수심(愁心) 속에 오동잎처럼 질까 걱정이다(我年二十不得意, 一生愁心, 謝如梧葉矣)."

전해오는 이야기로는, 그가 27살에 죽을 때 대낮인데 붉은 비단옷을 입은 사람이 붉은 용이 끄는 수레를 타고 이하 앞에 나타나서는 '상제(上帝)께서 백옥의 누각을 새로 만들고 시를 지을 이하를 데려오라 하셨기에 모시러 왔다.'고 말했다고 한다.

당시(當時) 문단은 한유, 유종원, 백거이, 원진 등이 주도하였다. 이하는 한유를 만나 자신의 〈안문태수행(雁門太守行)〉을 보여주고 인정을 받았다. 한유의 천거로 진사과에 응시하였으나 피휘(避諱) 문제로 응시를 포기했다.

이하의 부친이 이진숙(李晋肅, 晋jìn 肅sù)인데, 그 발음이 進jìn 士shì와 비슷하다는 희한한 논리가 문제되었다.

이하는 독특한 개성적 시풍으로 일가를 이루었는데, 이하는 초사(楚辭)의 낭만주의 정신과 한위(漢魏) 시대의 악부(樂府)와 남조(南朝) 염체시(艶體詩)의 전통을 섭취, 바탕으로 자신의 풍부한 상상력과 언어를 자유자재로 구사하여, 기이하면서도 환상적인 시를 지었다. 그는 귀신, 망혼(亡魂)을 즐겨 노래하여 '시귀(詩鬼)'라는 별호로도 불린다. 이하의 이러한 감각적이고 상징적인 표현 기법은 이상은(李商隱) 등 만당(晚唐)의 시인에게 영향을 주었다.

회재불우(懷才不遇)는 이하 시의 중요한 주제이다. 이하가 겪은 현실 속의 좌절과 좋지 않은 건강에 무상한 세월에 따른 우울과 고통을 시로 표현하였다.

이하의 시에서 볼 수 있는 뛰어난 상상력은 천재의 환상과도 같아 보통 사람의 생각을 초월하였다. 그리고 이하는 언어와 의상(意象)의 새로움을 추구하였는데, 적절한 고자(古字)와 벽자(僻字)를 활용하여 읽는 사람에게 심리적으로 자극을 주었으며, 때로는 암울한 시어(詩語)를 자주 사용하였다.

이하의 시는 짜임새가 특별하고 구상(構想)의 도약(跳躍)이 뛰어난 특색도 보여준다. 하여튼 이하의 시는 보통 사람과 달리 내심의 정서와 감각, 환상을 자연스럽게 표현했다고 요약할 수 있다.

현재 그의 시는 200여 수가 전하는데, 〈안문태수행(雁門太守行)〉, 〈김동선인사한가(金銅仙人辭漢歌)〉 등이 널리 알려졌고, 〈노부채옥가(老夫采玉歌)〉는 빈민의 가난과 고통의 생활을 묘사하였으며, 〈추래(秋來)〉는 그의 독특한 개성을 엿볼 수 있는 수작이다.

(4) 만당의 시인

1) 만당의 시풍

일반적으로 만당(晚唐)은 문종(文宗, 재위 826-840)의 개성(開成, 836-840) 이후 약 70여 년으로, 역사적으로는 당 제국의 완전 쇠퇴 및 멸망 시기에 해당한다.

이 시기에 당나라는 내부적으로 궁궐 환관의 발호, 지역 절도사 등 군벌의 상호 충돌과 독자 세력의 형성, 황소(黃巢)의 난(875-884) 등을 거치면서 조정의 정치 기강은 완전히 이완(弛緩)되었다가, 결국 절도사 출신 주전충(朱全忠)에게 멸망되었다(907).

이 시기는 중당 시기 한유나 백거이 등의 질박, 강건한 시풍(詩風)이 일변하여 염려(艶麗) 화려(華麗)한 시풍이 한때 크게 퍼졌던 시기였다. 시단뿐만 아니라 산문 분야에서도 화려한 수식(修飾)을 중히 여기는 변려문〔騈儷文, 병려(騈儷)〕이 다시 유행하였으니, 곧 유미주의적(唯美主義的) 문학이 우세하였다.

따라서 만당의 시단은 다른 시기보다 서정적이고 감상적이며 탐미(耽美的) 성격이 두드러졌다. 중당의 원진, 백거이는 문학의 가치를 '사회의 교화' 라는 효용성을 강조하였지만, 만당의 시인들은 자신의 개인적 감정을 중시하고, 고민의 표출에 중점을 두었으며 문학의 미적 가치를 추구하고 중시하였다.

만당의 대표적 시인은 두목과 이상은인데, 그들에게서 이런 특징을 쉽게 찾아볼 수 있다. 이들은 문학의 예술적 성취를 위하여 문자의 조탁(彫琢)과 음률(音律)의 조화, 대구(對句)와 전고(典故)의 빈번한 사용 등 형식적 면에 많은 노력을 기울여 당시(唐詩)의 예술성을 크게 제고(提高)하였다.

그러나 만당의 시풍은 표면적인 수식(修飾)과 화려한 시구를 너무 추구하여 궁체시 풍의 염려(艷麗)한 시가 나오게 되었으니, 한악(韓偓)[256]과 온정균(溫庭筠)이 그 대표적 인물이라 할 수 있다.

만당 시단의 또 하나의 특징은, 다수의 시인의 등장을 들 수 있다. 관직에 진출하여 이름을 남기지 못한, 곧 관직에 진출하지는 못했어도 시를 창작하고 감상할 시인 계층의 확대와 그들의 작품 속에 아주 훌륭한 가구(佳句)가 많았다. 이러한 상황은 성당(盛唐) 이후 중당을 거치면서 시의 보급과 창작이 무명의 은자나 승려, 농민과 부녀자 계층까지 보급 확산된 결과라 할 수 있다. 《전당시(全唐詩)》에는 만당의 많은 시인들의 작품을 수록했고, 이어 당(唐) 멸망 이후 5대10국의 시인들 작품을 수록하여 만당 시단의

---

[256] 韓偓(한아, 844-914?, 偓은 신선 이름 악, 韓渥으로도 쓴다)의 字는 致堯(치요), 玉山樵人(옥산초인)이라 자호했다. 昭宗 龍紀 원년(889), 진사가 된 뒤에 兵部侍郎과 翰林學士 등을 역임하였다. 당을 멸망시킨 절도사 朱全忠과의 알력으로 폄직되었다가 나중에 복관되었으나 관직에 나가지 않았다.
그는 이상은(李商隱)의 同壻(동서)인 한첨(韓瞻)의 아들로, 일찍부터 이상은으로부터 인정도 받았고 지도(指導)도 받았다. 염려(艷麗)한 詩作이 많고 時亂을 걱정하며 애국충정(愛國衷情)의 시도 썼다. 그의 시집으로 《香奩集(향렴집)》이 전한다.

영역을 확대하였다.

2) 두목

두목(杜牧)
《만소당죽장화전(晩笑堂竹莊畵傳)》

두목〔杜牧, 803-852, 자(字)는 목지(牧之)〕은 장안(長安) 사람이다. 역사 이론서인 《통전(通典)》의 저자이면서 재상을 역임한 두우(杜佑, 735-812, 자(字)는 군경(君卿), 경조(京兆) 만년현(萬年睍) 출신)의 손자이지만, 그가 10여 세에 부친이 죽어 어렵게 생활하였다고 한다.

두목은 26세에 진사가 되어 홍문관 교서랑(校書郎)을 지내고 한때 절도사 우승유(牛僧孺)의 막료로 일했으며, 황주(黃州), 목주(睦州), 호주자사(湖州刺史)를 역임하고 중서사인(中書舍人)으로 관직을 마감하였다.

두목은 가인미주(佳人美酒)와 화류취미(花柳趣味)를 마음껏 즐겼던 풍류재자(風流才子)로 알려졌지만, 그는 원래 강직한 성격과 고매한 정치적 포부를 가지고 있었다.

두목은 병서(兵書)에 주석을 달기도 했으며, 부세(賦稅)와 치란(治亂)에 대한 정론문(政論文)을 짓기도 하였다. 지방관으로 오래 근무하면서 그의 포부를 펼 기회도 없었기에 실의 속에 강남의 아름다운 풍경에 취해 살았다.

그가 활동하던 시기는 당(唐)의 국세가 날로 쇠약해지던 시기였으니 재주는 뛰어났으나 시대를 잘못 만난 격이었다. 때문에 그의 시에는 우울한 정서와 인생에 대한 감상이 강하게 나타나 있다. 두목은 두보에 비하여 '소두(小杜)' 라 부르는데, 두목은 칠언절구에 특히 뛰어났다.

두목의 고시(古詩)는 호방하고 씩씩하며 칠언절구와 율시는 정취가 호탕하면서도 건실하다. 특히 역사적 사실을 읊은 영사시(詠史詩)는 자신의 감개(感慨)를 유감없이 발휘한 우수작으로 널리 애송되고 있는데, 〈아방궁부(阿房宮賦)〉, 〈제오강정정(題烏江亭停)〉, 〈박진회(泊秦淮)〉 등은 그의 영사시(詠史詩) 중 대표작이라 할 수 있다.

두목은 그의 자(字)를 써서 보통 '두목지(杜牧之)' 라 호칭하는데, 그가 장안(長安)의 번천(樊川) 남쪽에 별장을 짓고 살기도 했기에 '두번천(杜樊川)' 이라고도 부른다. 또 위대한 시성(詩聖) 두보는 두목에게 먼 종친이라서 두보는 노두(老杜), 두목은 소두(小杜)

라 불리기도 한다.

두보가 율시에 뛰어났다면, 두목은 칠언절구에 특히 뛰어났다. 이백과 두보를 '이두(李杜)'라고 병칭하는 것처럼, 이상은과 두목은 '소이두(小李杜)'라 한다.

두목은 상업과 교통, 환락의 중심지인 양주(揚州)에서 강서관찰사의 막료로, 또 회남절도사(淮南節度使) 우승유(牛僧孺, 779-848)의 막료로 총 9년간을 강남 일대에서 근무했었다.

두목은 명문가의 풍류남아로 젊은 30대 시절 주색에 탐닉(耽溺)했었다. 그 시절은 낙백(落魄)하여 술통을 싣고 다녔다 했으니, 술을 좋아하면서 회재불우(懷才不遇)라는 생각만으로 원대한 포부를 잊었고, 초요(楚腰, 여인의 가느다란 허리)와 장중경(掌中輕, 날렵한 여인)이 두목의 관심사였던 시절이었다.

이 시기에 젊은 두목은 시가와 음주, 향락의 생활이었는데, 자신은 이를 '남가일몽(南柯一夢)'처럼 '양주몽(揚州夢)이라' 하였다.

미남자였던 두목은 50세로 일생을 마감하였는데, 죽기 전에 자신의 묘지명(墓誌銘)을 쓰고, 자신의 많은 시고(詩稿)를 불태웠다고 한다. 그의 시정(詩情)은 호매(豪邁)하고, 시어(詩語)는 솔직하여 사람들을 놀라게 했다. 두목의 시는 '구리 구슬이 동판 위를 구르듯, 준마가 언덕을 내달리는 듯(如銅丸走坂, 駿馬注坡) 했다.'는 평이 있다.

3) 이상은

이상은〔李商隱, 813-858, 자(字)는 의산(義山), 호(號)는 옥계생(玉谿生), 또는 번남생(樊南生)〕은 만당(晚唐)의 시인을 대표한다. 그 시문의 가치를 평가하여 두목(杜牧)과 함께 '소이두(小李杜)라 칭한다(대리두大李杜는 이백과 두보)'. 또 온정균(溫庭筠)과 함께 '온이(溫李)' 라고도 부른다. 당시(唐詩)의 교과서라 할 수 있는 《당시삼백수(唐詩三百首)》에도 이상은의 시 24수가 실려 있어 두보 – 이백 – 왕유에 이어 4위를 차지하고 있다.

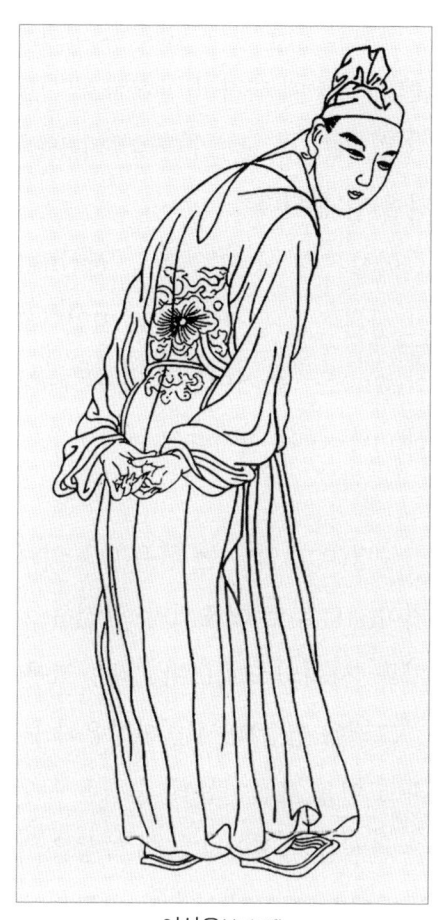

이상은(李商隱)
《만소당죽장화전(晚笑堂竹莊畫傳)》

이상은은 우선 그의 이름이 갖는 뜻을 생각해 보면, 그 이름을 오래 기억할 수 있다. 한 고조 유방(劉邦)은 여후(呂后) 소생의 장자(長子)를 폐하고 척부인(戚夫人) 소생의 여의(如意)를 태자로 삼으려 하자, 다급한 여후(呂后)는 장량(張良)과 상의한다.

장량은 여후에게 '상산(商山)의 사호(四皓)'를 초치하라고 일러준다. 나중에 태자가 상산사호와 함께 고조를 뵙자, 고조는 '우익이성(羽翼已成, 날개가 다 갖추어졌다)' 했다면서 태자를 바꾸려던 생각을 접게 된다.

이상은은 이 고사에서 '상산(商山)의 은자(隱者)'라는 뜻을 따와 상은(商隱)을 이름으로 지었다고 한다. 그리고 그의 자(字) 의산(義山)은 '은거이능행의(隱居而能行義)'의 의(義)와 상산(商山)의 산(山)을 묶은 것이라고 한다.

중당(中唐)의 시는 한유(韓愈)와 유종원(柳宗元), 원진(元稹)과 백거이(白居易)로 대표되며, 강건하고 질박한 시풍이었고 문학의 가치를 '사회의 교화(敎化)'라는 효용성을 강조하는 입장이었다.

그러나 만당의 시는 이상은과 두목으로 대표되며, 개인의 감정과 고민을 표출하는데 중심을 두었으며, 문학의 미적 가치에 많은 관심을 가졌었다고 그 특성을 요약할 수 있다.

만당은 정치적으로 당의 급격한 쇠락 시기였다. 절도사 등 군벌, 곧 번진의 할거는 계속되었고, 환관들에 의하여 황제가 옹립되고 폐위되었으며 우이 당쟁은 격화되었다. 이러한 현실에 적극적으로 참여하거나 개선할 수도 없었기에 시인들은 문학의 예술적 성취에 주력하게 된다. 그리하여 문자의 조탁(彫琢)과 음률의 조화를 강조하며, 대구(對句)와 빈번한 전고(典故)의 사용 등 형식을 많이 강조하게 된다.

　이상은의 시의 특징 중 한 가지는 애정과 우수를 노래한 작품이 많다는 것이다. 그 이전에 남녀의 애정을 주제로 읊은 시가 거의 없었으나 이상은에 의해 문학적 향기가 높은 작품이 나온 것은 특기할 만하다.

　이상은의 애정시의 제목은 거의 〈무제(無題)〉이다.

　이상은 시의 특장(特長)은 상징과 은유의 표현기법이 우수하며 전고의 운용이 능숙하다는 점을 들 수 있다. 또한 자구가 정련(精鍊)되고 화려하다 할 수 있으니, 이상 3가지 특장이 하나로 어울려 함축적이고 완곡하며 우아한 시경(詩境)을 연출하고 있으나 난해하다는 평가를 면할 수는 없다.

　여기서 이상은(李商隱) 하면 떠오르는 시 한 수를 감상해야 한다.

〈밤비 오는데 북쪽에 보내다〉　　　〈夜雨寄北〉

그대는 돌아올 날을 묻지만 기약할 수 없고,	君問歸期未有期
파산의 밤비에 가을 빗물이 연못에 넘친다.	巴山夜雨漲秋池
언제 함께 서창에서 촛불의 심지를 자르며,	何當共剪西窗燭
밤비 오던 파산의 옛이야기를 하겠는가?	卻話巴山夜雨時

　고증에 의하면, 선종(宣宗) 대중(大中) 5년(851)에 이상은이 우인(友人)에게 보낸 시로 알려졌지만, 제목이 〈야우기내(夜雨寄內)〉

라고 쓴 책도 있어 아내에게 보내는 시로 읽혀지기도 한다.

파산(巴山)은 중국 서남부의 큰 산맥으로 파령(巴嶺)이라고도 하는데, 이상은이 근무하는 파촉(巴蜀)의 동주(東川) 일대, 곧 사천성(四川省) 동남부의 산악지대를 말한다. 성도(成都, 청두) 일대를 촉(蜀), 그리고 중경시(重慶市, 충칭) 일대를 파(巴)라고도 한다.

시는 그리움이다. 그리움이 없다면 누가 다른 사람에게 시를 보내겠는가? 죽은 아내가 그리워 마치 편지를 쓰듯 시를 보낼 수 있다. 이는 순수한 그리움일 것이다.

첫 구절은 받을 사람을 말했다. 2구는 쓸쓸함이고, 3구는 그리움이며, 4구는 희망 사항이다. 시인은 그런 날이 오기를 기다리는데, 이것도 그리움의 표현 방법이다.

이 시를 부부간의 그리움을 그렸다고 생각하면 느낌은 더욱 애절하다.

첫 구절은 언제 돌아올 것인가를 물었고 기약할 수 없다고 하였으니, 모두 지나간 일 – 과거 시제이다. 그런데 승구(承句)는 지금 현재의 묘사이니, 지금 밤비 속에서 그리워하고 있다. 전구(轉句)는 시인의 희망이니 미래의 그날을 기다린다. 그리고 마지막 구절은 절묘하다. 분명 미래의 희망을 그렸지만 '파산야우(巴山夜雨)'의 지금을 추억으로 만들었다. '卻(도리어, 오히려)' – 이 글자 하나는 여의봉처럼 주인공을 현실(비 오는 이 밤) – 미래(만나 이야기하는 그날에) – 과거(비가 내리던 지난 날)로 돌리는 역할을 했다.

〈파산야우〉는 매우 낭만적이고 시적이다. 짧은 절구에 두 번이나 나오는 '巴山夜雨'는 궁벽한 산속에 내리는 밤비를 강조한 것이리라. 파산야우하면 누구나 이상은을 그리고 이상은의 사랑을 떠올린다. 그리움은 참 애절한 감정이다.

4) 온정균

온정균(溫庭筠, 812-870?, 본명 기(岐). 자(字)는 비경(飛卿). 筠은 대나무 균)은 태원(太原) 출신이다. 만당의 유명한 시인인데, 그를 보통 화간파 사인(花間派 詞人)이라 부른다.

온정균은 대개의 문인이 그러했던 것처럼 어려서부터 호학하며 시사(詩詞)에 능했다. 또 권귀(權貴)를 희롱하며 금기를 일부러 범하는 성격이었기에 '유재무행(有才無行; 재주는 좋으나 행실이 좋지 않다)'이라는 말을 들어야만 했다. 외모가 못생긴 쪽으로 특이하여 '온종규(溫鐘馗, 종규는 역귀(疫鬼)를 몰아내는 무시무시한 神)'라 불리기도 했다.

온정균은 영호도(令狐綯, 영호는 복성)의 아들 영호호(令狐滈)와 절친했고 늘 상부(相府)에 출입하였다. 나중에는 영호호의 미움을 받았고, 과거에 여러 번 실패하였기에 관직은 겨우 국자감조교(國子監助敎)에 그쳤다.

온정균은 음률에 정통하여 음악가로 인정될 정도였고, 그 사풍

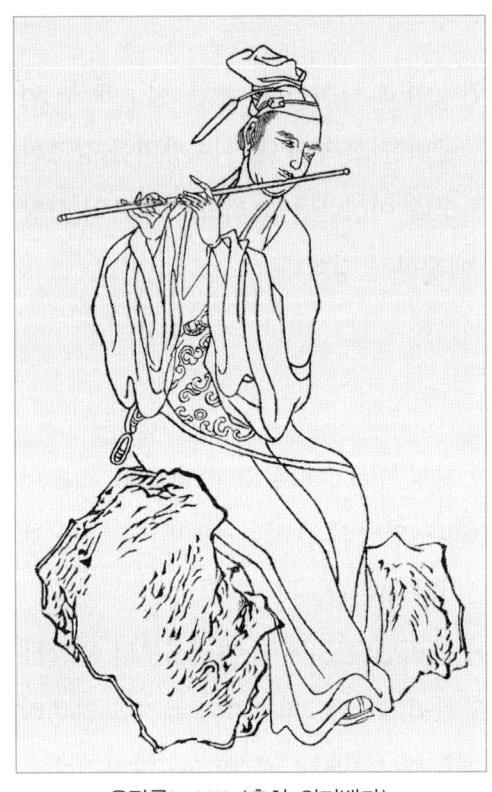
온정균(溫庭筠) 〈출처: 위키백과〉

(詞風)은 농기염려(濃綺豔麗)한 기풍이 역력하다. 그 무렵의 이상은, 난성식(段成式)과 함께 이름을 날렸는데, 이들 3인의 형제 배행(排行)이 모두 16째이고, 이들의 문장 스타일 – 기려(綺麗)하면서도 유미주의적 시풍 – 을 '3인의 16번째'라는 뜻으로 '삼십육체(三十六體)'라는 별칭으로 부르기도 한다.

    온정균과 이상은 두 사람만을 지칭할 때는 특별히 '온이(溫李)'라고 부른다. 물론 이상은과 온정균의 차이도 엄연하다. 이상은은 적지 않은 영사시(詠史詩)를 통해 농민들의 고통을 고발하는 시를 지었지만 온정균은 그런 경향이 없었다.

    온정균 시의 특징은 색채감이 진하고, 사구(詞句)가 화려하며 대구(對句)가 교묘하다. 그의 산수시, 회고시, 객수(客愁)를 읊은 시는 감개가 크고 청신하며 대범하다는 평을 듣는다. 온정균은 시인보다는 다음 송대(宋代)에 크게 성행한 사(詞, 송사)의 작가로 인식되고 중요한 지위를 차지하고 있다.

온정균은 재주가 많고 똑똑하였지만 동시에 주색잡기에도 일가견을 가졌었다. 때문에 그의 품행과 그 예술적 성취를 함께 평가할 수는 없지만, 그의 시가 기녀들 사이에 인기가 높았던 것은 사실이다.

온정균의 관직 생활이 불우했던 것은 그의 성격과도 무관하지는 않을 것이다. 매사를 좀 삐딱하게 보는 성격이 천성적이라면 그것도 어쩔 수 없는 것이다. 좋게 말하면 '비판적인 건전 사고'이지만 실제로는 '열등의식이나 불평불만의 또 다른 표출'일 수도 있다.

당 선종(宣宗, 재위 847-860)은 미복으로 장안 시내 잠행을 즐겼다고 한다. 어느 날, 평복으로 잠행을 나온 선종과 온정균이 객점에서 마주쳤다. 온정균은 황제를 본 일도 없었지만 실제로 전에 보았다 하더라도 객점에서 만나니 못 알아볼 수도 있었을 것이다.

하여튼 온정균은 좋은 옷에 은은한 기품이 흐르는 객인을 보고 약간 질투를 느꼈던 것 같다.

온정균이 다짜고짜 물었다.

"뭐하시는 분이요? 사마(司馬)나 장사(長史) 같은 소관(小官)인 것 같은데?"

그러자 선종은 아니라고 대답했다.

그러자 온정균이 또 말했다.

"그렇다면 문학이나 찬군(參軍), 아니면 주부(主簿)나 현위(縣尉)가 틀림없겠군!"

그러자 선종은 "그렇지 않습니다."라고 말하면서 자리를 떴다.

좋은 옷을 입고 풍채가 있어 보이면 자기가 모르는 고관일 수도 있는데, 그런 상대방에게 미관말직의 관직명을 대면서 확인하려고 물어보는 것은 일종의 심술이거나 아니면 상대방을 무시하려는 행위이다.

뒷날 온정균이 방성[方城, 지금 하남성(河南省)의 지명]의 현위(縣尉)로 폄직될 때, 그가 받은 조서에는 다음과 같은 내용의 글이 쓰여 있었다고 한다.

「공문(孔門) 제자들은 덕행(德行)을 제일로 치고 문학을 말기(末技)라 생각했다. 너의 덕행은 취할 것이 없는데, 문장이 좋다 하여 어디에 쓰겠는가? 뛰어난 재주를 가진 것은 확실하지만 지금 적당히 쓸만한 인물은 아니로다.」

온정균은 자신이 황제를 희롱했었다는 사실을 그때서야 깨달았다고 한다. 그러다 보니 그는 객지를 많이 떠돌았다. 그가 나그네로 떠돌며 지은 기행(紀行)의 시는 명품(名品)이라 아니할 수 없다.

5) 피일휴와 육구몽과 두순학

피일휴(皮日休, 840?-883)의 자(字)는 처음엔 일소(逸少)였다가 나중에 습미(襲美)라 하였고, 자호(自號)는 녹문자(鹿門子), 한기포의(閒氣布衣), 또는 취음선생(醉吟先生)이다. 출신이 빈한하였으나 의종(懿宗) 함통(咸通) 8년(867)에 급제한 뒤 뒷날 태상박사(太常博士)가 되었다. 희종(僖宗) 때 황소의 난(875-884)이 있었는데, 피일휴가 황소의 편에 자발적으로 가담했는지, 또 황소에 의해 피살 여부 등 여러 의논이 분분하다.

그의 시는 백거이 신악부(新樂府)의 영향을 받아 당 말기 사회 실상을 고발하고 민생의 질고를 묘사한 시를 많이 지었는데, 400여 수의 시가 전해온다.

육구몽(陸龜蒙, ?-881)의 자(字)는 노망(魯望)이고, 소주(蘇州) 오현(吳縣) 사람으로, 강호산인(江湖散人) 또는 보리선생(甫里先生), 천수자(天隨子)라 자호(自號)하였다. 진사과에 급제하지 못하고 호주(湖州)와 소주(蘇州)의 종사(從事)로 근무하였다. 나중에 관직을 버리고 고향 소주 보리(甫里)에 은거하며 차밭을 일구고 독서하며 낚시를 즐겼고, 피일휴 등과 유산완수(遊山玩水)하며 음주음시(飮酒吟詩)하였기에 세상에서 '피륙(皮陸)'이라 병칭했다.

두순학(杜荀鶴, 846?-907)의 자(字)는 언지(彦之)이고, 호는 구화산인(九華山人)이다. 두목(杜牧)이 버린 첩의 소생으로 알려졌는데, 배행(排行)이 제15라서 보통 '두십오(杜十五)'라고 부른다. 어려서부터 호학했지만 46세에 겨우 진사가 되었다.

오대(五代)의 후량(後梁) 태조(太祖, 주전충)가 당을 멸망시킨 뒤 한림학사(翰林學士)에 임명하였으나 겨우 5일 만에 죽었다고 한다.

두순학의 시는 장적(張籍)이나 백거이를 계승했다고 볼 수 있는데, 시어(詩語)가 평이(平易)하고 통속적이며 시의(詩意)가 명료(明瞭)하다고 평할 수 있다.

두순학의 시는 300여 편이 전해오는데, 5언과 7언의 율시가 우수하다. 그의 시는 당 말기의 혼란과 현실을 묘사한 내용이 많은데, 황소의 난 이후 당 사회상을 잘 반영하고 있다.

그의 시집으로《당풍집(唐風集)》3권이 있다. 두순학의 시는 《전당시(全唐詩)》691~693권에 수록되었다.

6) 화예부인의 슬픔

당말의 시풍은 그대로 오대(五代)에 이어진다. 당대(唐代)의 문학사를 공부하듯, 당나라의 기라성 같은 시인들의 족적을 훑어보았지만 여기서 끝내려 하니 허전한 마음을 금할 수 없다. 마지막으로, 당대의 시인은 아니지만, 아름다운 여인의 시 한 수를 읽어 당대 시인의 열전을 마치려 한다. 필자만이라도 그녀의 비통한 마음을 위로해줄 필요가 있다고 생각한다.

화예부인 서씨(花蕊夫人 徐氏, ?-976. 蕊는 꽃술 예, 꽃의 암술과 수술)는 오대십국 시대 10국 중 후촉(後蜀)의 후주(後主) 맹창(孟昶)의 총비(寵妃)로 자색이 미염(美艷)하여 혜비(慧妃)라 불렀다. 《전당시》에는 '맹창비(孟昶妃)'로 기록되었다.

화예부인은 부용화(芙蓉花)와 모란화(牡丹花)를 좋아하였기에, 맹창(孟昶)은 후촉의 도성인 성도(成都, 청뚜)에 모란을 대량으로 심게 하였는데, 성도의 모란은 낙양의 모란보다 더 좋다는 말과 함께, 성도는 부용성(芙蓉城)이라고 불렀다. 화예부인은 아주 총명했고 지혜도 뛰어났으며 시문에도 능했다.

맹창은 나중에 주

화예부인(花蕊夫人)
후촉(後蜀) 화예부인(花蕊夫人), 《백미신영도전(百美新詠圖傳)》

색에 탐닉했다. 후촉 광정(廣政) 30년(965), 맹창은 조광윤(趙匡胤)의 북송(北宋, 조송趙宋)에 투항했다. 이때 화예부인이 이 시를 지었다. 14만 명의 대군이 얌전하게 갑옷을 벗고 병기를 버릴 때, 화예부인은 '갱무일개시남아(更無一個是男兒)'라고 하였다. 맹창은 물론 대신(大臣), 장군 모두 부끄러웠을 것이다.

〈나라 멸망을 읊다〉	〈述國亡詩〉
군왕께서 성벽 위에 항복 깃발을 세울 때,	君王城上豎降旗
깊은 궁궐에 있던 제가 어찌 알겠습니까?	妾在深宮哪得知
십사만 장졸이 모두 함께 갑옷을 벗을 때,	十四萬人齊解甲
정말로 대장부 사내가 한 명도 없었나요?	更無一個是男兒

전설에 의하면, 화예부인은 송 태조 조광윤의 후비가 되었지만, 맹창을 잊지 못하여 맹창이 활 쏘는 그림을 그려놓고 제사를 몰래 지냈다.

나중에 조광윤이 그림을 보고 누구냐고 묻자, 화예부인은 '장선(張仙)이란 신선인데, 아들을 점지하는 신(神, 송자지신送子之神)으로, 촉인(蜀人)은 모두 알고 있다.'고 거짓말을 했고, 조광윤은 더 이상 추궁하지 않았다.

이 이야기가 민간에 널리 퍼졌고, 맹창은 지금도 아들을 점지해주는 신으로 숭배된다.

7. 산문散文과 고문古文 운동

당대(唐代)의 산문(散文) 또한 당대 문학의 두드러진 특성의 하나이다.

당대에 성행했던 문장은 사륙변려체(四六騈麗體, 병려騈儷)[257]의 문장이었다. 사륙변려체란 문장의 구절을 4자구, 또는 6자구로 구절을 깨끗하게 조율하면서 대구(對句)를 많이 써서 수식성(修飾性)을 한층 강조하는 문장이다. 또한 변려문은 대구뿐만 아니라 전고(典故)를 많이 사용하고, 문사(文辭)가 화사미려(華奢美麗)하며 음조의 조화를 추구하였다. 때문에 문기(文氣)가 미약하고 문맥이 산만하며 문의(文義)가 확실치 않다는 병폐를 면할 수 없었다.

초당사걸(初唐四傑)인 왕발, 양형, 노조린, 낙빈왕이 6조(朝)의 이러한 유풍을 따랐고 '문장사우(文章四友)'인 최융(崔融), 소미도(蘇味道), 두심언(杜審言, 두보의 조부), 이교(李嶠) 또한 수식적인 명문으로 이름을 누렸다. 이런 문장의 기풍은 성당으로 이어졌기에 사륙변려체 문장의 융성을 초래하였다.

그간에 진자앙(陳子昂)의 고문 숭상이 없지는 않았으나 이백과

---

[257] 四六騈麗體(사륙변려체) - 四六文, 騈文(변문), 騈儷(병려) 혹은 騈體(변체)라고도 표기. 고대 특별한 文體의 하나. 句式에 四字 혹은 六字(四六句)의 대구로 지은 문장. 예술적 기교를 중시, 寫景(사경)에는 적당하나 敘事(서사)에는 부적합한 문장 형식이다. 王勃(왕발)의 〈滕王閣序(등왕각서)〉는 대표적인 사륙문이다.

두보가 당시(唐詩)의 혁신을 완성하였듯이, 중당(中唐)에 들어 한유(韓愈)와 유종원(柳宗元)이 고문 부흥을 주창하면서 형식적인 문장을 배제하며 기골(奇骨) 있는 내용으로 선진(先秦)의 고문을 따르자고 주창하였다.

당(唐)은 안사의 난 이후 모든 면에서 심각한 퇴조 현상을 보였다. 절도사의 막강한 세력과 그들의 발호, 이민족의 빈번한 침략, 무능한 황제 밑에서 날뛰는 간신배와 환관들, 착취와 중세에 시달리다 못해 유랑하는 농민들, 이런 틈을 이용하여 불교와 노장사상의 유행과 유가사상의 퇴조가 눈에 확실하게 보이는 시대였었다.

한유(韓愈)는 이러한 때에 불교와 노장사상을 배격하며 공자와 맹자의 도(道)를 높여 사회질서를 확립하면서 문란한 정치를 바로 세우고자 했다. 한유는 맹자 이후 단절된 유가의 정통을 이을 사람이 바로 자신이라는 강한 자부심을 가지고 '문장은 도를 담아야 하고(文以載道), 문학은 도(道)를 밝히는 도구(文以明道)라.' 고 생각하였다. 한유는 양한(兩漢)의 글이 아니면 읽지를 않고 성인(聖人)의 뜻이 아니면 감히 마음에 담아두지 않았으며, 고문을 통해 성인의 도를 깨우쳐야 한다고 주장하였다.

유종원(柳宗元)은 유명한 문장가로 한유와 함께 당송팔대가의 한 사람이다. 유종원은 '문이명도(文以明道)'라 하면서 유학사상뿐만 아니라 불교와 노장(老莊)사상까지 폭넓게 수용하면서 도(道)와 함께 문장 자체도 중요하다고 강조하였다.

유종원의 명문장으로는 〈봉건론(封建論)〉 같은 이지적이고 논리적인 논설문이 있고, 〈종수곽탁타전(種樹郭橐駝傳)〉, 〈재인전(梓人傳)〉 같은 전기문(傳奇文), 〈포사자설(捕蛇者說)〉, 〈삼계(三戒)〉로 통칭되는 우언문(寓言文)은 당시의 탐관오리들의 탐욕과 무능을 비판하고 있다. 그가 영주(永州)의 산수에 노닐면서 지은 〈영주팔기(永州八記)〉는 매우 유명한 산문(散文)이다.

1) 한유

○ 한유의 일생 요약

한유(韓愈, 768-824)의 자(字)는 퇴지(退之)이다. 출생지는 하남(河南) 하양〔河陽, 지금의 하남성(河南省) 초작시(焦作市) 관할 맹주시(孟州市)〕이고, 조적(祖籍)은 창려군〔昌黎郡, 지금의 요녕성(遼寧省) 숭서부 금주시(錦州市) 관할 의현(義縣), 산해관(山海關) 외, 금주지북(錦州之北)〕이기에 자칭 창려 한유(昌黎 韓愈)라 하였고, 사람들은 한창려(韓昌黎)라고 불렀다.

만년에 이부시랑(吏部侍郎)을 역임했기에 '한리부(韓吏部)'라 하며, 시호가 문공(文公)이기에 '한문공(韓文公)'이라고도 지칭한다. 또 유종원과 함께 당시의 고문운동을 주도했기에 두 사람을 한유

한유(韓愈)
《만소당죽장화전(晚笑堂竹莊畫傳)》

(韓柳)라 병칭한다. 한유는 산문과 시에서 골고루 유명하며, 그의 문집으로 《창려선생집(昌黎先生集)》이 있다.

한유는 한대(漢代) 제후(諸侯) 한왕신(韓王信, 회음후 한신이 아님)의 후예로, 부친은 한중경(韓仲卿)이었다. 한유가 3살 무렵에 부모 모두 돌아가셨기에, 큰형 한회(韓會)와 형수의 손에 양육되었다.

한유는 7세에 독서를 시작하여 13세에 문장을 지었다. 한유는 "전고(前古)의 흥망을 읽고 생각해 보았고, 당세(當世)의 득실(得失)을 모두 유념하였다."라고 말한 적도 있다.

과거에는 3번 실패한 뒤에 덕종 정원(貞元) 8년(792)에 진사 급제하였지만 이부(吏部)의 시험에는 3차례나 합격하지 못했기에

'고관(考官)에게 창피를 당했다(爲考官所辱)'고 말했다.

한유는 덕종 정원 12년(796)에 절도사의 속관으로 근무하였고, 정원 17년(801)에야 국자감사문박사(國子監四門博士)가 되었고, 정원 19년(803)에 유명한 〈사설(師說)〉을 지었다. 그리고 감찰어사(監察御史)에 임용되었는데, 국척(國戚)인 경조윤 이실(京兆尹 李實)을 탄핵했다가 양산(陽山) 현령으로 폄직되었지만 백성의 존경을 받았다. 그런데 그해에 조카 한노성(韓老成)이 세상을 뜨자, 한유는 〈제십이랑문(祭十二郞文)〉을 지어 애도하였다.

영정(永貞) 원년(805) 8월, 헌종(憲宗)이 즉위했고 천하에 사면령을 내렸고, 한유는 지방관을 전전하였다. 헌종 원화(元和) 6년(811), 국자박사(國子博士)가 되어 〈진학해(進學解)〉를 지었고, 예부낭중(禮部郞中)으로 발탁되었다. 815년에, 형부시랑(刑部侍郞)으로 승진하였고 〈평회서비(平淮西碑)〉를 세웠다. 한유는 형부시랑 재직중인 원화(元和) 14년(819)에, 헌종의 석가의 사리를 영접하는 것을 반대하는 〈간영불골표(諫迎佛骨表)〉를 올렸다가 지금의 광동성(廣東省)의 조주자사(潮州刺史)로 폄직되었다. 한유는 조주에서 치민흥학(治民興學)에 힘썼고, 유명한 〈제악어문(祭鱷魚文)〉을 지었다.

한유는 목종(穆宗) 즉위(821) 후에 장안으로 돌아와 국자감 제주(祭酒, 국립대학장)와 병부시랑과 이부시랑(吏部侍郞)과 경조윤 겸 어사대부(御史大夫)로 근무하였다. 이어 목종 장경(長慶) 4년(824)에 병고로 사직한 뒤, 12월에 57세로 별세하였다.

○ 한유의 문장

한유는 문학을 '도(道)를 밝히는 도구(文以載道)'로 보았고, 유교의 도덕을 담고 있지 않는 문장은 가치가 없으며, 세상의 교화에 도움이 되지 않는 문학은 쓸모가 없다고 주장하였다. 한유는 자신이 고문을 배우고 쓰는 것은, 유가의 도를 배우고 실천하는 데 목적이 있다고 하였다.

한유의 이러한 문학론에 의거하여 한유의 문장은 내용도 풍부하고 형식도 다양하여 여러 문체에 두루 통달하였으며, 새로운 것을 힘써 구하면서도 구상이 기이하고 웅장하며 기세가 당당하면서도 사상과 감정이 풍부한 명문장을 많이 지었다.

한유의 문장으로는 불교와 노장사상을 비판하며 유가의 도를 밝히는 문장이 많은데, 〈사설(師說)〉, 〈원성(原性)〉, 〈원도(原道)〉,[258] 〈간영불골표(諫迎佛骨表)〉, 〈진학해(進學解)〉, 〈송궁문(送窮文)〉, 〈유자후묘지명(柳子厚墓志銘)〉 등은 우리에게도 잘 알려진 명문장이다. 한유는 유종원과 함께 당송팔대가(唐宋八大家)로 손꼽히고 있다.

한유의 많은 산문 중에서 〈원도(原道)〉와 〈원성(原性)〉은 유가사상의 확립에 기여한 명문장이고, 〈사설(師說)〉은 한유가 덕종 정원 17년(801)에 국자사문박사(國子四門博士)로 근무하면서 스승의 역할과 교육원론을 논한 논설이고, 〈진학해(進學解)〉는 헌종

---

258 〈原人〉,〈原性〉,〈原道〉의 原은 근본, 근원을 따지다. 論하다.

원화 6년(811)에 국자박사로 근무할 때 지은 글로 논리가 확실하여 매우 설득력이 있는 명문장이다.

한유의 〈제십이랑문(祭十二郎文)〉은 조카를 위한 제문(祭文)인데, 제갈량의 〈출사표(出師表)〉, 삼국시대 이밀(李密)[259]의 〈진정표(陳情表)〉와 함께 중국의 3대 서정문(抒情文)으로 평가되고 있다. 그밖에 〈쟁신론(爭臣論)〉, 〈간영불골표(諫迎佛骨表)〉와 조주(潮州)로 좌천되어 지었다는 〈제악어문(祭鰐魚文)〉도 잘 알려진 명문이다.

○ 한유의 시문(詩文)

한유는 중당(中唐)에서 백거이와 함께 시단의 영수로 독특한

---

[259] 이밀(李密, 224−287, 字는 令伯)−촉한과 西晉의 관원. 晉에서는 漢中郡 太守 역임. 이밀은 어려서 부친을 여의고, 모친은 개가했다. 이밀은 할머니 유씨(劉氏)의 손에 양육되었다. 어려서부터 好學하여 스승 초주(譙周) 문하에서 《春秋左氏傳》을 전공하였다. 뒷날 正史 《三國志》를 저술한 진수(陳壽)와 함께 초주의 제자로 가까웠다. 그가 晉에 출사하자, 무제 사마염은 泰始 3년(267) 태자를 책봉하고, 이밀에게 태자세마(太子洗馬)의 관직을 수여하며 출사케 하였다. 그러나 이밀은 조모가 살아계시는 동안 출사할 수 없다는 뜻으로 〈陳情表〉를 올렸고, 사마염은 감동하여 수락하였다. 그러면서 노비 2명을 하사하였고, 군현에서는 노모의 선식(膳食) 비용을 지급케 하였다. 이밀의 〈陳情表〉는 서정문(抒情文)의 걸작인데 「이밀의 진정표를 읽고서도 눈물을 흘리지 않는 사람은 틀림없이 불효할 것이다.(讀李密陳情表而不流淚者, 其人必不孝.)」라는 말이 있다.

시풍을 확립하였다. 한유의 시는 문장에서 처럼 복고적 기풍이 강하게 나타나고 있다. 한유의 시는 종래와 다른 새로운 표현을 중시하였고, 남들이 잘 사용하지 않는 문자를 사용하여 기이한 시어(詩語)를 많이 사용하였다.

때문에 그의 시는 '기험괴벽(奇險怪僻)'하다는 평과 함께 대상물을 세밀히 묘사하고 설득하려는 뜻을 담고 있기에, 그의 시는 '산문적(散文的)'이라는 평가도 받고 있다.

하여튼 한유의 영향을 받은 시인으로 맹교(孟郊),[260] 가도(賈島)[261]가 유명하고 노동(盧仝)[262]과 이하(李賀)도 그의 영향을 받았다.

---

[260] 孟郊(맹교, 751-814, 字는 東野) – 가난하고 불우했던 詩人이다. 현존 詩歌 500여 수가 전하는데, 五言古詩가 많고 律詩는 하나도 없으며 〈游子吟(유자음)〉이 대표작이라 할 수 있다.
맹교는 46세에 진사에 급제하였는데, 4년간 관직에 임용되질 못하다가 겨우 溧陽縣尉(율양현위)라는 지방 관직에 임용되었다. 임지로 떠나는 맹교에게 한유는 〈送孟東野序〉라는 名文으로 위로해 주었으니 그 불운이 어느 정도였는지 알 수 있다.
맹교는 평생 곤궁 속에 불우한 생활을 하였지만 世俗을 쫓지는 않았다. 맹교의 많은 작품들이 자신의 곤궁한 생활과 그에 따른 불평을 토로했다. 맹교는 일찍이 '惡詩皆得官 好詩抱空山(惡詩를 짓는 사람들은 모두 벼슬을 하지만, 好詩를 짓는 사람은 산에 은거한다).'라고 우수를 읊었다.

[261] 賈島(가도, 779-843) – 字는 浪先〔閬先(낭선)〕으로, 范陽〔범양, 今 河北省 탁주시(涿州市)〕사람이다. 賈島는 貧寒하여 일찍이 승려가 되어 法號를 無本이라 했었다. 그가 낙양에서 韓愈의 행차와 부딪칠 때는 승려의 오후 외출이 금지되던 때였다고 한다. 가도는

2) 유종원

당송팔대가의 한 사람인 유종원〔柳宗元, 773－819, 자(字)는 자후(子厚)〕은 하동군인〔河東郡人, 지금의, 산서성(山西省) 서남부 영제시(永濟市)〕으로 당대의 저명한 문학가, 사상가, 당송팔대가의 한 사람이다.

저명한 작품인 《영주팔기(永州八記)》 등 600여 편의 문장을 후

한유의 가르침을 받아가며 환속하여 과거에 여러 번 응시하였으나 급제하지 못하다가 穆宗 長慶 2년(822)에 진사과에 급제하였다. 이후 관직생활은 불우했다. 賈島는 이른바 '苦吟派(고음파)' 시인이다. 가도는 오언율시에 뛰어났으며, 가도의 시는 意境이 孤苦荒凉(고고황량)하다는 평을 듣는다. 姚合(요합, 779?－846)과 賈島(가도)는 친우였고, 시풍도 비슷하여 후세에 '姚賈(요가)'라 함께 지칭하였으며, '姚賈詩派'라고도 부른다.

262 盧仝(노동, 795－835, 號는 玉川子, 仝은 한가지 同) － 初唐四傑의 한 사람인 盧照鄰(노조린)의 후손이다. 어려서부터 文名이 있었지만 20세 이전에 嵩山(숭산) 아래 少室山에 은거하면서 벼슬하지 않았다. 뒷날 한유로부터 詩才를 인정받고 낙양에 거주하였다. 文宗 大和 9년(835)에, 朝臣들이 환관에 의해 대량 학살되는 甘露之變(감로지변)이라는 정변이 일어난다. 노동은 재상 겸 領江南榷茶使(영강남각다사)인 王涯(왕애)의 집에 손님으로 머물다가 환관들에게 살해되었다.

그의 詩風은 奇詭險怪(기궤험괴)하여 사람들이 '盧仝體'라고 부른다. 다만 악부시는 李益과 비슷하고, 근체시는 孟郊(맹교)와 서로 같다고 하였다. 그의 시집 《玉川子詩集》이 전한다. 《全唐詩》 387권 수록.

유종원(柳宗元) 〈출처: 위키백과〉

세인들이 편집한 《유하동집(柳河東集)》이 있다. 유주자사(柳州刺史)를 역임했기에 '유유주(柳柳州)'라고도 하며 한유(韓愈)와 함께 고문운동(古文運動)의 영도자로 '한유(韓柳)'라 병칭한다.

유종원은 대종(代宗) 대력(大曆) 8년(773)에, 장안에서 출생하였고 부친의 관직을 따라 각지를 옮겨 다녔다. 793년에, 21세의 유종원은 진사에 급제하여 크게 명성을 떨쳤다. 그러나 부친이 작고하자, 상을 마치고 관직에 나가지만 관로는 순탄치 않았으며 첫 부인도 병사한다.

그 후 805년에 덕종이 죽고 황태자 이송(李誦)이 즉위하니, 이가 순종(順宗)이다. 순종은 영정(永貞)으로 개원하고 왕숙문(王叔文)을 등용하여 여러 개혁을 시도한다. 혁신적인 유종원은 왕숙문과 정견을 같이하고 개혁에 동참하는데, 이때 유종원과 한태(韓泰), 유우석(劉禹錫), 진간(陳諫) 등이 젊은 혁신그룹을 형성한다. 그러나 순종이 중풍에 걸려 친정을 펴지 못하자, 왕숙문 등이 정권을 장악하고 혁신정책을 더욱 과감하게 펴는데, 이를 역사에서는 영정혁신(永貞革新)이라 부른다.

그러나 영정혁신은 그 반대세력과 환관세력에 의해 저지당하고 순종은 제위를 태자에게 물려주는데, 이를 영정내선(永貞內禪)이라 부른다. 결국 영정개혁은 6개월의 혁신으로 끝나고 개혁에 참여했던 젊은 세력들은 각 지방의 사마(司馬)라는 낮은 한직으로 밀려난다. 유종원 또한 영주〔永州, 지금의 호남성(湖南省) 남부 영주시(永州市)〕의 사마로 좌천되는데, 이때 좌천당한 8인을 특별히 '8사마(司馬)'라 부른다.

결국 유종원의 정치적 포부는 영영 좌절된다. 대신 유종원은 영주(永州)에서 10년을 거주하면서 많은 시문을 창작한다. 유종원은 헌종 815년에 장안에 올라왔다가 다시 먼 남쪽의 유주〔柳州, 지금의 광서성(廣西省) 중북부 유주시(柳州市)〕자사로 발령을 받는다. 819년에, 유종원은 대사면을 받지만 유주(柳州)에서 47세의 아까운 나이에 생을 마감한다.

유종원은 문장의 도(道)도 중요하지만 문(文) 자체도 중요하다고 강조하였다. 유종원은 문장이 아니라면 도가 전해지지 않는다고 강조하였다. 곧 문(文)의 정신과 함께 형식으로시의 문채도 중요한 것으로 보았다. 한유가 유가사상만을 강조하였으나 유종원은 불교나 노장사상 또 제자백가의 학설도 취해야 한다고 주장하였다.

유종원의 명문장으로서 〈봉건론(封建論)〉, 〈포사자설(捕蛇者說)〉, 〈비설(羆說), 羆는 큰곰 비〉, 〈부판전(蝜蝂傳)〉과 〈영주팔기(永州八記)〉와 같은 산수유기(山水遊記)가 우수하고, 또 〈삼계(三戒)〉와 같은 우언문(寓言文)도 많은 사람들이 즐겨 읽는 글이다.

유종원은 하늘로부터 받은 재능이 절륜(絶倫)하고, 문장이 탁월, 위대하여 동년배들이 모두 유종원을 추앙하였다. 유종원의 시는 어의(語義)가 심절(深切)하여 간고(簡古)한 속에서도 섬세, 농염하며, 담백하면서 청량한 멋이 있어 다른 사람들이 따라갈 수 없는 경지였다.

여기서 시 한 수를 비디오 보듯 감상하면 유종원의 모습이 떠오른다.

〈늙은 어부〉　　유종원　　　〈漁翁〉

늙은 어부 저녁 무렵 서암에서 잠자고,　漁翁夜傍西巖宿
새벽 맑은 상강 물길어 초죽을 태운다.　曉汲清湘燃楚竹
안개 걷혀 해가 올라도 사람은 안뵈고,　煙銷日出不見人
어여차! 한 소리에 산수가 푸르렀다.　　欸乃一聲山水綠
돌아보니 하늘 끝서 가까이 오는데,　　迴看天際下中流
바위에는 무심한 구름 뒤를 따른다.　　巖上無心雲相逐

우리나라 고등학교 한문 교과서에도 수록될 만큼 평이하지만 아주 유명한 시이다. 유종원이 805년 영정혁신(永貞革新)이라는 정치 소용돌이에 휘말려, 지금 호남성(湖南省)의 서남쪽 광동성(廣東省)과 접경하고 있는 영주(永州)의 사마로 폄직되었는데, 33세에 67세의 노모를 모시고 부임했는데 거처가 없어 용흥사(龍興

寺)라는 절에서 살았다고 한다. 영주는 상강(湘江)의 상류에 속하여 물이 깨끗했을 것이다.

어옹(漁翁)을 그림 속의 한가운데 배치한 뒤 그 주변을 시간에 따라 묘사하였다.

저녁-밤-새벽-아침-한낮으로 시간이 흘러가면서, 어옹은 배를 댄 다음에-잠자고-물 길어 밥 짓고-어옹이 떠나 안 보이고-그곳엔 구름만 떠있다는 시각적 묘사에 뛰어난 정경을 보여준다.

모든 것이 정지되어 움직임이 없는 것 같지만 사실은 모든 것이 다 움직였다. 시인은 그런 어옹의 모습을 무심히 바라보고 있다. 유종원의 이런 묘사가 가능한 것은, 시인의 외공(外功)은 물론 내공의 실력이 있기 때문이다. 곧 자연과 인간을 일치시키며 살았기에 이런 표현이 가능할 것이다.

일반적으로 유종원의 시는 도연명(陶淵明)의 아래에 있고, 위응물(韋應物)보다 위에 있다고 한다. 힌유(韓愈)의 호방(豪放), 기험(崎險)한 맛은 유종원보다 앞서지만, 온려(溫麗) 정심(精深)한 맛은 유종원에 미치지 못한다는 평이 있다.

8. 민간 문학

당대의 민간 문학 역시 내용이 풍부하며 다양한 형식으로 발전하였다. 현존하는 당대의 민간 가요는 수량이 많지 않으나 민중의 예술적 창조력과 질박한 서정을 잘 표현하고 있다.

당대의 변문(變文)은 불교 포교를 목적으로 창작되었는데, 불경의 고사(故事)뿐만 아니라 중국의 역사 이야기나 민간 전설 등 다양한 소재를 다루고 있어 뒷날 화본(話本), 탄사(彈詞) 등 강창(講唱) 문학의 발달에 크게 기여하였다.

당대의 소설은 육조 지괴(志怪) 소설을 이어받아 전기소설(傳奇小說)로 발전하였다. 내용도 귀신 이야기 중심에서 인간 중심으로 소재가 바뀌었으며 창작된 이야기로써 근대적 의미의 소설적 요소를 다 갖추며 발전하였다.

심기제(沈旣濟)의 〈침중기(沈中記)〉 원진(元稹)의 〈앵앵전(鶯鶯傳)〉, 백행간(白行簡)의 〈이왜전(李娃傳)〉 등의 작품이 잘 알려졌다. 이러한 당대의 전기는 송대의 화본소설(話本小說)과 원대(元代)의 희곡 발전에 영향을 주었다.

당대에는 사(詞)가 출현하고 창작이 되었는데, 당말(唐末) 오대(五代)에 많은 사(詞) 작가들이 출현하면서 화간파(花間派)가 형성되어 송대의 송사(宋詞) 발전의 토대를 마련하였다.

9. 전기소설

전기(傳奇)는 당대(唐代)에 시작된 허구를 바탕으로 한 문언(文言, 구어口語의 상대적인 말) 단편소설인데, 당대의 소설문학을 지칭한다. 당대의 전기는 육조 이래 신괴소설(神怪小說)을 계승하면서 초당(初唐) 시절부터 창작되었고, 중당(中唐) 시기에 크게 성행하였다가 송대(宋代)에는 쇠락하였다.

전기소설의 제재(題材)는 애정, 지괴(志怪), 호협(豪俠), 역사의 4개 분야로 대별할 수 있다.

당대 전기소설의 대표적 작품으로는, 초당 시기 왕도(王度)의 《고경기(古鏡記)》, 무명씨의 《보강총백원전(補江總白猿傳)》이 유명하다.

그리고 중당 시기에는 심기제(沈旣濟)[263]의 《침중기(枕中記)》, 《임씨전(任氏傳)》이 유명했다. 《침중기》는 가난한 노씨(盧氏) 서생이 한단(邯鄲)의 객점에서 여옹(呂翁)이라는 사람을 만났고, 그간 준 목침을 베고 잠들었다가 깨어나면서 인생의 도(道)를 깨달았다는 이야기이다.

---

[263] 심기제(沈旣濟, 생졸년 미상) – 蘇州 吳郡人. 여러 책에 박통하였고 史筆에 뛰어났다. 덕종 建中 2년(780), 양염(楊炎)이 재상일 적에 추천을 받아 좌습유(左拾遺)가 되었고, 史館의 수찬(修撰)이 되어 《建中實錄》 10권을 저술했다. 양염이 실각되자, 심기제는 지방 말단 관리로 폄직되었다가 나중에 禮部 員外郎이 되었다.

그리고 원진(元稹)의《회진기(會眞記), 일명 최앵앵전(崔鶯鶯傳)》이 잘 알려졌다. 또한 장방(蔣防)의《곽소옥전(霍小玉傳)》, 백행간(白行簡)²⁶⁴의《이왜전(李娃傳)》, 이공좌(李公佐)²⁶⁵의《남가태수전(南柯太守傳)》또 진홍(陳鴻)의《장한가전(長恨歌傳)》, 두광정(杜光庭)의《규염객전(虯髥客傳)》등이 있다.

전형적인 전기(傳奇)의 내용은 일반 필기소설(筆記小說)과는 같지 않다. 전기에는 복잡한 정절(情節)이 깔려 있고 그 묘사가 곡절(曲折)하니, 사실적인 기록이 아니고 의식적인 창작이다. 이는 중국 단편소설의 원형이라 할 수 있으며, 많은 이야기의 소재가 되었으며 후대의 소설과 희곡(戲曲)에 크나큰 영향을 주었다.

참고로, 이공좌의《남가태수전(南柯太守傳)》내용을 요약한다.

주인공 순우분(淳于棼, 순우는 복성)은 술을 좋아하고 협객 기질에 무예가 뛰어나 회남(淮南)절도사의 부장(副將)이 되었으나, 술

---

264 백행간(白行簡, 776-826) - 유명한 시인 백거이(白居易)의 동생. 憲宗 元和 2년(807)에 진사 급제하여 秘書省 校書郎이 되었고, 여러 관직을 역임하였다. 유명한 전기소설《李娃傳(이왜전), 예쁜 왜》등 명편을 남겼다. 그의 문집 10권을 남겼는데, 文辭가 간이(簡易)하여 백거이의 풍모를 볼 수 있다.

265 이공자(李公佐, 대략 770-850) - 덕종 貞元 13년(797)에 소상(瀟湘)을 유람. 헌종 元和 연간에 지방관 역임. 면직 - 元和 6년(811) 江西從事 역임. 白行簡의 친우.《南柯太守傳(남가태수전)》,《謝小娥傳(사소아전)》,《廬江馮媼傳(여강풍온전)》등의 작품을 창작하였다.

때문에 일을 그르치자 관직을 버렸다. 정원(貞元) 7년 9월 어느 날, 순우분은 객점에서 대취했고 병으로 쓰러졌다. 그러자 순우분의 벗 두 사람이 순우분을 집으로 데려와 침상에 눕혔다.

순우분은 술을 더 달라 하여 반잔을 마시다가 어느 새 잠이 들었다.

그때 홀연히 집안에 있는 홰나무(괴수槐樹)로부터 대괴안국(大槐安國)의 사자 2인이 순우분을 모시러 왔고, 순우분은 사자를 따라 대괴안국에 들어가 출사(出仕)했다.

순우분은 대괴안국의 금지공주(金枝公主)와 결혼했고, 20여 년간 영화를 누렸다. 순우분은 남가군(南柯郡, 柯는 나뭇가지 가) 태수가 되어 선정을 베풀었고 조정에서도 명성이 높았다. 순우분은 금지공주와 5남 2녀를 낳고 길렀으며, 아들은 모두 벼슬에 올랐고, 딸은 모두 왕공과 결혼하였다. 순우분의 영화는 휘황찬란하였다.

그런데 마침 이웃나라에서 남가군을 침략했고, 순우분은 분전했으나 대패하여 겨우 국왕의 사면을 받았다. 그러는 동안 순우분의 친우도, 공주도 모두 죽었다. 순우분은 참소를 받았고, 대괴안국 국왕은 사자를 시켜 순우분을 방축했고, 순우분은 고향에 돌아오면서 꿈에서 깨어났다.

순우분이 꿈에서 깨어나 눈을 떠보니 술집에서 몸이 아픈 순우분을 데려왔던 친구 두 사람은 아직 돌아가지 않은 채, 순우분을 걱정하며 앉아있었으며, 순우분의 머리맡에는 순우분이 마셨던 술잔이 그대로 있었다.

　순우분은 두 사람의 벗에게 꿈 이야기를 하며 뜰의 홰나무를 살펴보았다. 순우분 꿈속의 대괴안국은, 곧 개미들의 땅속 굴이었다. 순우분이 겪었던 20년 영화와 금지공주의 무덤들이 개미들 소굴에 그대로 보였다.

　순우분은 사람의 한평생은 잠간의 꿈과 같다고 생각하며 도교에 귀의(歸依)했고 술과 여색을 끊었다. 그 3년 뒤 순우분은 천수를 누리고 죽었다.

　이《남가태수전(南柯太守傳)》에서「남가일몽(南柯一夢)」이라는 성어(成語)가 나왔다. 그리고 원곡(元曲)《황량몽(黃粱夢)》도 이와 유사한 줄거리라서「황량일몽(黃粱一夢)」도 같은 뜻으로 쓰인다.

{부록}

수당 대사 연표(隋唐 大事 年表)

부록

수당 대사 연표(隋唐 大事 年表)

(1) 수조(隋朝)

西紀	年號	記 事
580	北周 大象 2년 陳 大建 12	5월, 북주 宣帝 死, 靜帝 즉위(8세). 양견(楊堅) 入朝－대승상. 軍政 장악. 9월, 양견 자칭 大將軍. 12월, 양견 자칭 隋王, 加 九錫.
581	隋 開皇 元年 대건 13	2월, 양견(文帝) 代周 稱制. 국호 隋. 건원은 開皇. 3성 6부 설치. 9월, 오수전 주조, 화폐 통일.
582	개황 2 대건 14	1월, 陳 宣帝 死. 태자 陳叔寶 즉위. 5월, 돌궐 침입.
583	개황 3 陳 至德 元	3월, 隋 대흥성 천도. 廢郡置州－州縣制. 10월, 常平倉 설치.
584	개황 4 지덕 2	2월, 돌궐 可汗 투항. 6월, 광통거(廣通渠) 개통.
585	개황 5 지덕 3	5월, 義倉 설치. 전국 호구 조사. 7월, 3만명 동원, 북방에 장성 수축.
586	개황 6 지덕 4	2월, 15만 동원. 북방, 동방에 장성 증축.
587	개황 7 禎明 元	4월, 揚州. 산양독(山陽瀆) 개통. 5월, 수 後梁을 멸망시킴. 11월, 戰船을 건조.
588	개황 8 정명 2	11월, 楊廣, 楊素, 楊俊 원수. 50만. 伐陳.
589	개황 9	1월, 隋軍 도강. 陳都建康 함락. 陳 멸망.
590	개황 10	5월, 부병제, 균전제 合一 시행.
591	개황 11	九品中正制 폐지.
592	開皇 12	8월, 사형수를 充軍 사면.
593	開皇 13	2월, 낙양에 仁壽宮 신축.
594	開皇 14	6월, 공경 이하 관리에 職田 지급.
595	開皇 15	2월, 천하의 兵器 수합 폐기. 私造 엄금.

596	開皇 16	6월, 工商人 不許 當官.
597	開皇 17	12월, 고구려가 요동(遼東)을 침범.
598	開皇 18	1월, 강남 민간 소유 三丈이상 大船 몰수.
599	開皇 19	2월, 宗家女 돌궐에 출가.
600	開皇 20	11월, 晉王 楊廣을 태자에 책봉.
601	仁壽 元	
602	仁壽 2	
603	仁壽 3	常平倉 설치.
604	仁壽 4	7월, 태자 楊廣 殺 文帝 자립 즉위.
605	煬帝 大業 元	정월, 改元 大業. 3월, 發 河南人. 通濟渠 개통. 5월, 東京. 주위 2백 리 西苑 완공. 8월, 煬帝 巡遊 江都.
606	大業 2	10월, 進士科 시행. 전국 戶口 8,907,536호, 46,010,156명.
607	大業 3	4월, 大業律 반포 시행. 7월, 100여 만 동원. 長城 축조.
608	大業 4	10월, 發 河北 1백여 만, 永濟渠 개통.
609	大業 5	6월, 서역(西域) 27개국 입조.
610	大業 6	3월, 煬帝 遊 江都. 12월, 江南河 개통.
611	大業 7	2월, 천하 군사를 탁군(涿郡)에 집결. 왕박(王薄) 반기.
612	大業 8	정월, 수륙 1백만 군사 고구려 원정. 7월, 내호아(來護兒) 수군 평양 공격 대패.
613	大業 9	정월, 양제 제2차 고구려 원정. 6월, 楊玄感 반군 동경 포위. 양제 회군.
614	大業 10	2월, 양제 천하병력 재 징발. 3차 고구려 원정. 7월, 고구려 사신 乞降. 양제 회군.
615	大業 11	李淵 河東按撫大使에 임명.
616	大業 12	7월, 양제, 강도로 도주. 10월, 瓦崗軍 하남 일대 진출. 12월, 李淵 太原留守 임명.
617	大業 13	1월, 李密 자칭 魏公. 5월, 李淵 太原 起兵. 11월, 이연 장안 점거.
618	大業 14 武德 元	3월, 宇文化及 殺煬帝 수 멸망. 5월, 李淵 長安 稱帝. 국호 唐. 연호 武德.

(2) 당조(唐朝)

1) 당대〔唐代, 이당(李唐)〕 황제 일람

順. 황제	이름	출생	즉위년 / 연령	재위 연수	사망 연령, 葬地
1. 高祖	李淵	566년	618 / 53세	9년 618-626	635년 70세, 獻陵
2. 太宗	世民	598년	626 / 29세	23년 627-649	649년 52세, 昭陵
3. 高宗	治	628년	649 / 22세	34년 650-683	683년 56세, 乾陵
4. 中宗	哲(顯)	655년	683 / 28세	683(2개월) 6년 (705-710)	710년 55세, 定陵
5. 睿宗	단(旦)	662년	684 / 22세 710 / 49세	8년 684-690 710-712	716년 55세, 橋陵
武則天	조(曌)	624년	690 / 67세	15년 690-705	705년 81세, 乾陵 合葬
6. 玄宗	융기 (隆基)	685년	712 / 28세	43년 712-756	762년 78세, 泰陵
7. 肅宗	형(亨)	711년	756 / 46세	6년 756-762	762년 50세, 乾陵
8. 代宗	예(豫)	726년	762 / 37세	17년 762-779	779년 54세, 元陵
9. 德宗	괄(适)	742년	779 / 38세	25년 780-805	805년 64세, 崇陵
10. 順宗	송(誦)	761년	805 / 45세	1년. 805-805	806년 46세, 豊陵
11. 憲宗	순(純)	778년	805 / 28세	15년 805-820	820년 43세, 景陵
12. 穆宗	항(恒)	795년	820 / 26세	4년 820-824	824년 30세, 光陵

13. 景宗	담(湛)	809년	824 / 16세	2년 824-827	827년 18세, 莊陵	
14. 文宗	앙(昻)	809년	827 / 18세	13년 827-840	840년 32세, 章陵 景宗의 異腹弟	
15. 武宗	염(炎)	814년	840 / 27세	6년 840-846	846년 33세, 端陵	
16. 宣宗	침(忱)	810년	846 / 37세	13년 846-859	859년 50세, 貞陵	
17. 懿宗	최(漼)	833년	859 / 27세	14년 859-873	873년 41세, 簡陵	
18. 僖宗	엄(儼)	862년	873 / 12세	15년 873-888	888년 27세, 靖陵	
19. 昭宗	엽(曄)	867년	888 / 22세	15년 888-904	904년 38세, 和陵	
20. 哀帝	축(祝)	892년	904 / 13세	4년 904-907	908년 17세, ?	

2) 당조 대사 연표(唐朝 大事 年表)

서기	황제	연호	記事
618		大業 14 武德, 元	3월, 宇文化及 殺 煬帝-수 멸망. 5월, 李淵, 長安 稱帝. 국호 唐. 연호 武德.
619		2	竇建德(두건덕) 宇文化及을 죽이다. 租庸調 징수.
620	高祖	3	秦王 李世民, 劉武周 격파. 河東 차지. 秦王 李世民, 中原에서 王世充 격파.
621		4	두건덕 패퇴, 왕세충 투항.
622		5	李世民 劉黑闥(유흑달) 토벌.
623		6	劉黑闥(유흑달)이 부하에 잡혀, 투항-참수.
624		7	均田令 조용조법 반포.
625		8	돌궐, 吐谷渾과 互市(호시) 허용.
626	高祖, 太宗	9	玄武門之變(6월). 이세민 즉위(8월). 龜玆, 고구려, 백제, 신라, 入貢(입공).

부록 643

627		貞觀, 元	改元 貞觀. 山東지역 大旱. 현장(玄奘) 入 天竺(천축). 求法.
628		2	각 州縣에 義倉 설치.
629		3	이정(李靖), 이적(李勣) 10만 군으로 동돌궐을 공격.
630		4	이정-동돌궐 대파. 힐리가한 체포.
631		貞觀 5	金寶로 동궐에서 漢人 8만 귀국. 新羅 入貢.
632		6	群臣 봉선(封禪) 주청, 魏徵의 반대로 중지. 黨項 귀속자 30만-其地 16州 설치.
633		7	山東 40여 주, 水害. 李靖 吐谷渾 정벌.
634		8	山東 河南 지역 大水. 吐蕃 入貢 求 和親.
635		9	후군집 吐谷渾을 격파.
636		10	房玄齡, 魏徵, 梁書, 陳書, 北齊書 隋書 편찬 상서. 전국 十道 정충부(折衝府) 630개소 설치.
637	太宗	11	방현령 등 唐律 5百 조. 令 1590조를 수정 시행. 무사확 女 武氏 才人으로 입궁.
638		12	長安에 大秦寺 건립.
639		13	전국 358州, 1511縣.
640		14	공영달(孔穎達)《오경정의》편찬. 신라 백제, 고구려 자제 국자감 입학.
641		15	江夏王 李道宗 文成公主 入 吐蕃.
642		16	西突厥 入寇. 고려 泉蓋蘇文 殺王 高武. 自任 막리지(莫離支).
643		貞觀 17	廢太子 李承乾爲庶人. 立 治爲太子.
644		18	
645		19	玄奘 回國. 李世勣 率兵 攻高麗. 攻安市城 不下 班師.
646		20	이세적(李世勣) 薛延陀(설연타) 대파, 鐵勒 諸部 來 屬. 統一漠北.
647		21	이세적 再攻 高麗. 中亞諸國 入貢.
648		22	거란(契丹) 內屬.
649	太宗 高宗	23	太宗死. 長孫無忌 褚遂良 受遺詔 輔政(4월). 李治 즉위(6월)-高宗.
650		永徽, 元	고간(高侃) 突厥 車鼻可汗 생포. 分置 선우(單于).
651	高宗 (고종)	영휘 2	秀才科 고시 중지.
652		3	대안탑(大雁塔) 건립. 전국 380만 호.

653		4	공영달《오경정의》반포.
654		5	武才人-昭儀 입궁. 장안성 축조.
655		6	王황후 폐위, 서인 강등. 武則天 황후 책립.
656		顯慶, 元	算學 설치. 程知節 서돌궐 격파.
657		현경 2	소정방(蘇定方) 서돌궐 대파.
658		3	安西都護府를 龜玆로 옮김, 薛仁貴 고구려 원정.
659		4	무측천 책봉 반대 長孫無忌, 褚遂良 폄직, 살해.
660		5	소정방 백제 멸망. 웅진(熊津) 등 5도독부 설치.
661		龍朔, 元	소정방 고구려 침공 실패. 吐火羅, 波斯 귀부.
662		용삭 2	東都 國子監 설치, 律學, 書學 復置治.
663		3	유인궤(劉仁軌) 백제 부흥운동 진압, 일본 원병 격파.
664		歸德, 元	상관의(上官儀) 처형. 武則天 전권(專權).
665		귀덕 2	이순풍(李淳風) 歸德曆 시행.
666		乾封, 元	泰山 봉선(封禪). 곡부(曲阜) 공자께 제사. 老子를 太上玄元皇帝로 추존(追尊).
667	高宗 (고종)	2	
668		總章, 元	고구려 평양성 공격 점령. 안동도호부 설치. 京城, 山東, 江淮지역 한해(旱害), 대기근.
669		총장 2	고구려 유민 38,200戶, 江淮 남방에 강제 이주.
670		咸亨元	요동(遼東)지역에 州縣 설치. 40여주 大旱, 기근.
671		함형 2	
672		3	
673		4	
674		上元, 元	고종 稱 天皇, 武則天 稱 天后. 손사막(孫思邈)《千金方》30권 저술.
675		상원 2	
676		儀鳳, 元	안동도호부 요동 이전.
677		의봉 2	하동 여러 주에서 토번 공격을 의한 모병(募兵).
678		3	토번과 전투 대패, 대장 劉審禮 생포당하다.
679		4	
680		永隆, 元	이순풍(李淳風)《五曹算術》등 10부 算經을 주석.
681		開耀, 元	進士科에 雜文(詩文) 추가.
682		永淳, 元	山東지역 大雨 後 大旱. 兩京間 死者枕路, 人相食.
683		弘道, 元	십이월, 高宗死, 李顯(中宗) 즉위. 武則天 專政.

684	中宗, 睿宗	嗣聖, 元 文明, 元 光宅, 元	武則天廢中宗, 李旦(睿宗) 즉위). 武則天 臨朝稱帝. 立武氏 廟堂. 徐敬業 양주에서 반란. 진압.
685	睿宗 (예종)	垂拱, 元	구품이산 관원 및 백성, 自擧制 시행.
686		수공 2	신라에《禮記》등 도서 제공. 혹리 색원례(索元禮) 特務 政治.
687		3	흑치상지(黑齒常之) 돌궐 침입을 격퇴.
688		4	武則天 자칭 聖母神皇. 越王 李貞 반기-진압 후, 당 종실 대규모 주살.
689		永昌, 元	武則天 改名 조(曌). 改詔稱制.
690	睿宗, 武周	天授, 元	9월, 周로 國號 改定, 改元 天授.
691	武后	천수 2	옹주(雍州) 同州 백성 10만, 東都로 이주시킴.
692		如意, 元 長壽, 元	존무사(存撫使) 천거한 擧人을 모두 발탁 채용.
693		장수 2	
694		延載, 元	마니교(摩尼敎)가 전래됨.
695		證聖 天册萬 歲	明堂 건립.
696	則天 武后	萬歲通 天 , 元	吐蕃族 침입-唐軍 大敗.
697		神功, 元	혹리 내준신(來俊臣) 처형.
698		聖曆, 元	李顯(前 중종) 태자 책봉. 대조영(大祚榮) 渤海 건국.
699		성력 2	張昌宗, 장이지(張易之) 형제 입궁.
700		久視, 元	張易之 방자.
701		大足, 元 長安, 元	武則天 長安 還都.
702		장안 2	武科 창설. 北庭都護府 庭州로 이전.
703		3	토번에서 말 3천 필 헌납하며 求婚.
704		4	11월에 폭설.
705	中宗	神龍, 元	정월, 장간지 등 무장 입궁. 장이지 형제 척살. 무측천 전위(傳位), 중종 복위, 개원 시룡. 2월, 국호 회복(唐), 백관 복색, 기치 모두 환원. 황후 위씨(韋氏) 專政. 12월, 무측천 사망.

706	中宗 (중종)	神龍 2	公主府 설치, 관원 배치. 李重俊 태자 책립.
707		景龍, 元	金城公主 토번에 출가. 武三思 피살. 太子 이중준 패전 사망.
708		경룡 2	修文館 學士 증원.
709		3	太平公主, 安樂公主 朋黨 형성, 정권 탈취 시도.
710	예종	景雲, 元	황후 위씨(韋氏) 중종 독살. 이중무(李重茂) 옹립. 임치왕 이융기(李隆基) 기병, 위씨 참해, 부친 이단(李旦) 옹립−睿宗 복위(復位). 이융기 태자 책립.
711		경운 2	태자 監國. 河西절도사 임명. 10道에 안찰사 임명.
712	玄宗 (현종)	先天, 元	8月, 예종 傳位 태자. 이융기 즉위 是 玄宗.
713		선천 2 開元, 元	주살(誅殺) 太平公主. 高力士 내시성(內侍省) 주관. 12월, 開元으로 改元.
714		개원 2	員外 수천 명 혁파. 농우(隴右)절도사 설치.
715		3	山東 여러 주에 황충 피해 심각.
716		4	현령의 자질 평가, 45인 도태.
717		5	諫官과 史官을 재상들 議政에 참여시킴.
718		6	私錢 밀조 단속.
719		7	검남(劍南)절도사 설치−益州 등 25주 관할.
720		개원 8	돌궐족 涼州 침입. 천축국 사신이 5색 앵무 진상.
721		9	장수(張遂) 〈대연력(大衍曆)〉 제정.
722		10	
723		11	
724		12	태사 남궁열(南宮說) 등 子午線 실측.
725		13	집현전(集賢殿)개설. 張遂 水運 혼천의(渾天儀)제작.
726		14	흑수말갈(黑水靺鞨) 입조. 전국 706만9,500戶, 인구 4,140여만 명.
727		15	
728		16	〈대연력(大衍曆)〉 반포 시행.
729		17	銅, 鐵, 錫(주석), 연(鉛, 납) 私的 買入 금지.
730		18	京官의 職田 부활, 공해전(公廨錢) 발행 허용.
731		19	
732		20	전국 7,861,236호, 인구 45,431,265명.
733		開元 21	전국 15도 설치, 채방사(采訪使) 임명.

734		개원 22	이림보(李林甫) 재상. 口分田 매매를 금지.
735		23	예부시랑이 지공거(知貢擧) 겸임.
736		24	관원에 대한 지출, 56만 관(貫) 절약.
737		25	均田, 租庸調法 개정 시행.
738		26	발해국에서《唐禮》,《三國志》,《晉書》요구. 허락.
739		27	
740		28	전국 戶口 8,412,871호, 4,814만 명.
741		29	玄學 설치, 박사 조교 임명, 道擧科 시행. 안록산, 營州刺史. 平盧절도사 겸 四府經略使 임명.
742		天寶, 元	州를 郡으로 개명. 전국 총 병력 49만 명.
743		천보 2	
744	玄宗 (현종)	3재	年을 재(載)로 표기. 安祿山 범양(范陽)節度使 겸직.
745		天寶 4載	楊太眞(본명 玉環)을 貴妃에 책봉.
746		천보 5재	海內 富實. 米價 저렴. 稅收 1980여만 곡(斛).
747		6	안록산 어사대부에 임명. 李林甫 獄案 조작.
748		7	楊國忠 탁지(度支) 업무 총괄. 귀비 二妹 國夫人에 책봉.
749		8	府兵制 사실상 붕괴.
750		9	안록산 東平郡王에 피봉—절도사를 王에 봉하는 전례가 되었다.
751		10	안록산 하동절도사 겸임, 고선지(高仙芝) 패전—제지술 아라비아에 전파.
752		11	楊國忠 경조윤 겸 어사대부. 이림보 사망. 양국충 재상 겸 吏部尙書.
753		12	양국충 10만 동원 남조(南詔) 정벌. 대패.
754		13	전국 9,619,254호, 52,880,488명.
755		14	안록산 부장 32人을 胡人으로 교체. 11월, 반란 봉기. 東都 함락.
756	肅宗 (숙종)	천보15 至德, 元	정월, 안록산 大燕 황제 창제. 6월, 동관(潼關) 함락. 반군 長安 입성. 현종 蜀에 피난. 양국충, 양귀비 죽음. 7월, 태자 이형(李亨) 靈武에서 즉위. 改元 至德.

757		지덕 2	안록산 아들 경서에게 피살. 9월, 長安. 10월, 낙양 수복. 숙종 장안 환도. 12월, 태상황 환도. 환관 李輔國 전권.
758	肅宗 (숙종)	乾元, 元	載를 年으로 환원. 어조은(魚朝恩) 觀軍容使에 임명.
759		건원 2	안경서는 史思明에게 피살. 사사명 칭제. 반군이 동도 공격. 郭子儀 활약.
760		上元, 元	6월, 흉년. 人相食.
761		상원 2	사사명은 아들 史朝義에게 피살.
762		報應, 元	4월, 현종. 숙종 사망. 이예(李豫, 代宗) 즉위. 郭子儀 汾陽王에 피봉. 환관 李輔國 司空 겸 中書令. 관군 東都 수복.
763		廣德, 元	정월, 史朝義 자살. 安史의 난 종료. 12월, 代宗 환도. 魚朝恩 禁軍 장악.
764	代宗	광덕 2	
765		永泰, 元	
766		大曆, 元	
767		대력 2	江南道 55州 수해.
768		3	幽州절도사 李懷仙 피살.
769		4	
770		대력 5	
771		6	
772		7	
773	대종	8	回紇(위구르) 말 1만 필 헌납—호시(互市) 요구.
774		9	
775		10	1월, 전승사(田承嗣) 반기. 3월, 陝州軍亂.
776		11	
777		12	
778		13	
779		14	5월, 代宗 死. 이괄(李适, 덕종) 즉위.
780		建中, 元	2월, 조용조 폐지. 양세법(兩稅法) 실시.
781	덕종 (德宗)	건중 2	성덕절도사 李寶臣 사망. 아들 지위 계승—不認하자 河北 4개 절도사가 합동 반란.
782		건중 3	절도사 주도(朱滔) 등 절도사 반란. 12월, 淮西절도사 이희열(李希烈) 叛唐.

년도	황제	연호	사건
783	덕종(德宗)	4	경주병변(涇州兵變) 長安 공격. 덕종-奉天에 피난.
784		興元, 元	7월, 덕종 환도.
785		貞元, 元	河中 이회광(李懷光) 반란 평정.
786		정원 2	회서장군 진선기(陳仙奇) 殺 李希烈하고 당에 투항.
787		3	8월, 토번이 변경 침략. 大豊.
788		4	토번 再 입구(入寇)
789		5	
790		6	皇帝 迎 佛骨.
791		7	關中에 역병(疫病) 대유행.
792		8	5월, 40여州 水害. 환관 두문장(竇文場) 神策軍 장악.
793		9	
794		10	육지(陸贄), 〈균절부세휼백성 均節賦稅恤百姓〉 6조 諫言 상서.
795		정원 11	幽州 官軍 해족(奚族) 6만여 명 대파.
796		12	환관 두문장,곽선명(郭仙鳴) 神策軍 장악-세력 강대.
797		13	宮市使에 환관을 임명.
798		14	신책군 병력 15만 명.
799		15	선무군(宣武軍) 반역.
800		16	
801		17	두우(杜佑)《通典》저술 헌상.
802		18	
803		19	
804		20	
805	順宗	永貞, 元	정월, 德宗 死. 太子 송(誦, 순종) 즉위. 王叔文 권력 장악. 宮市 및 五坊小兒 혁파. 永貞개혁 실패. 환관 구문진(具文珍) 등 순종 퇴위, 太子 李純 즉위시킴(憲宗).
806	憲宗(헌종)	元和, 元	3월, 西川절도사 유벽(劉闢) 반란. 9월, 高崇文이 평정.
807		원화 2	十月 鎭海절도사 이기(李錡) 반기.
808		3	牛僧孺(우승유) 이길보(李吉甫) 배척. 牛李당쟁 시작.
809		4	

810	憲宗(헌종)	5	
811		6	전국 大豊.
812		7	
813		8	李吉甫 진헌《元和郡縣圖誌》헌상.
814		9	9월, 淮西절도사 오원제(吳元濟) 叛.
815		10	토번 호시(互市)를 요구. 허용.
816		11	
817		12	오원제 생포, 반란 진압. 河南, 河北 지역 홍수.
818		원화 13	치청(淄靑)절도사 李師道 토벌.
819		14	한유(韓愈)〈諫迎佛骨表〉올림. 潮州자사로 폄직.
820		15	1월, 환관 진홍지(陳弘志) 헌종 시해. 태자 이항 즉위.
821	穆宗(목종)	長慶, 元	당과 吐蕃「長慶會盟碑」건립.
822		장경 2	
823		3	
824		4	1월, 목종 病死. 敬宗 이담(李湛) 즉위.
825	敬宗(경종)	寶曆, 元	昭義절도사 유오(劉悟) 사망. 아들이 직위 계승.
826		보력 2	환관 유극명(劉克明) 경종 시해. 왕수징(王守澄)이 유극명 살해하고, 文宗 이앙(李昂)을 옹립.
827	文宗(문종)	太和, 元	
828		태화 2	경조윤을 시켜 水車 제조, 백성들에게 사용 권장.
829		3	남조(南詔)가 成都 침입, 백성 노략질.
830		4	우승유(牛僧孺)가 재상이 되자, 이덕유(李德裕) 배척, 西川절도사로 폄직시킴.
831		태화 5	南詔 노략질한 백성 4천여 명 송환.
832		6	劍南, 河南, 곤내 지역 기근.
833		7	河陽 지역 제방 축조, 5천 여 경 관개.
834		8	
835		9	11월, 감로지변(甘露之變).
836		開成, 元	
837		개성 2	
838		3	山南東道 여러 주현에 홍수.
839		4	회골(回鶻) 부족 내분 쇠약.
840		5	5월, 文宗 사망, 환관 陳弘志, 구사량(仇士良) 李炎을 옹립(武宗). 신라 도당유학생 150명 귀국.

841	文宗 (문종)	會昌, 元	
842		회창 2	
843		회창 3	유면(劉沔)-회골(回鶻) 군사를 대파.
844		4	각 주현 용관(冗官, 정원 이외 관리) 1214명 감축.
845	무종	5	대규모 불교 탄압(회창법난). 승려 환속. 4,600여 佛寺 훼철. 토지 수십만 경 국유화. 전국 49,555,151호.
846		6	3월, 무종 사망. 李德裕 失勢, 환관 이침(李忱)을 옹립.
847		大中, 元	칙명으로 불교 회복 허용. 李德裕 潮州司馬로 폄직.
848		대중 2	
849		3	토번에 빼앗겼던 땅 일부 회수.
850	宣宗 (선종)	4	
851		5	沙州 장의조(張議潮)가 토번 격파 10여 주 수복. 장의조를 歸依軍절도사에 임명.
852		6	
853		7	
854		8	
855	선종	대중 9	7월, 浙東兵變, 관찰사 축출.
856		10	
857		11	
858		12	河南, 河北, 淮南 지역 大水, 수만 가구 표몰(漂沒).
859		13	선종 사망. 환관이 이운(李漼) 옹립(懿宗).
860	懿宗 (의종)	咸通, 元	절동(浙東) 농민 구보(裘甫, 仇甫)가 봉기-연말에 진압.
861		함통 2	
862		3	嶺南道를 東西 양도로 분할. 서주병변(徐州兵變).
863		4	東都 및 汝水, 사수(泗水) 범람.
864		5	
865		6	
866		7	고병(高騈) 대파 南詔.
867		8	
868		함통 9	계주(桂州)에서 방훈(龐勛)의 난 발생.
869		10	4월, 방훈 사망. 10월에 民亂 종결.
870		11	

871	懿宗 (의종)	12	
872		13	
873		14	南詔사 西川 일대 침공. 7월, 의종 사망. 환관 이엄(李儼) 오립. 8월에 關東 河南 大水.
874	僖宗 (희종)	乾符, 元	관중, 흉년, 기근. 왕선지(王仙芝)가 장원(長垣)에서 봉기.
875		건부 2	5월, 황소(黃巢) 왕선지 반란에 가담.
876		3	황소의 난 계속.
877		4	황소의 난 계속.
878		5	왕선지 사망, 황소 자칭 黃王. 연호 왕패(王覇). 황소 福州 점거.
879		6	황소가 廣州 점거.
880		光明, 元	황소는 采石에서 도강 북진. 11월, 황소 東都 점거. 12월, 潼關 격파, 장안 점거. 국호 大齊, 연호 金統. 희종은 成都로 피난.
881		광명 2 中和, 元	황소의 난 계속
882		중화 2	주온(朱溫) 同州 등 점거-주온은 王重榮에게 投降. 李克用은 사타(沙陀)족 군사를 거느리고 남하, 황소의 군대 격파.
883		3	4월, 황소는 장안에서 철수. 황소는 陳州를 공격.
884		4	황소는 이극용에게 패배. 6월, 황소는 狼虎谷에서 자살. 황소의 난 종결.
885		光啓, 元	3월, 희종 환도. 진종권(秦宗權) 칭제, 東都 점거. 이극용은 王重榮을 도와 장안을 공격. 선영자(田令孜)는 희종을 데리고 봉상(鳳翔)으로 피난.
886		광계 2	
887		3	朱全忠이 격파 秦宗權.
888	昭宗 (소종)	文德, 元	2월, 희종 장안 환도. 3월, 희종 死. 동생 이민(李敏, 李杰) 즉위(昭宗).
889		龍紀, 元	진종권 피살. 주전충을 東平郡王에 봉하다. 7월, 杭州에 武威軍 배치
890		大順, 元	주전충 中書令이 되다.
891		대순 2	王建은 西川절도사가 되다.
892		景福, 元	이무정(李茂貞)-山南西道招討使에 임명.

부록 653

893		경복 2	주전충은 徐州를 領地로 받다.
894		乾寧, 元	李茂貞은 낭주(閬州)를 차지.
895		건녕 2	이무정 군사를 대동하고 入京. 李克用 晉王에 피봉.
896		3	
897		4	주전충 曹州, 兗州 등 13개 州를 차지.
898		光化, 元	주전충, 宣武, 宣義, 天平 등 三鎭 절도사가 되다.
899	昭宗 (소종)	광화 2	주전충 세력 크게 확장.
900		3	11월, 환관 유계술(劉季述) 등 소종 유폐, 태자 이유(李裕)를 즉위시킴.
901		天復, 元	손덕소(孫德昭) 등 유계술 살해, 소종을 복위시키고, 태자를 쫓아내다.
902		천복 2	이무정은 주전충을 살해하려다가 실패. 주전충은 본거지인 봉상(鳳翔)으로 소종을 영입.
903		3	正月, 소종 장안으로 귀환. 주전충 환관 8백여 명 살해. 2월, 주전충 梁王에 피봉.
904		天佑, 元	주전충 소종을 낙양으로 이주. 8월, 주전충이 소종 살해. 태자 이조(李祚)를 옹립.
905	哀帝 (애제)	천우 2	주전충은 이유(李裕) 등 당 종실 십여 명을 살해. 신하 독고손(獨孤損)등 30여 명 신하를 살해. ※애제는 새 연호를 제정하지 않았다.
906		3	주전충 각지 절도사 세력을 타격.
907		4	4월, 주전충 唐의 제위 찬탈. 국호 양(梁, 後梁) 開平으로 改元. 國都는 개봉(開封).

중국역대사화 中國歷代史話 (V)
- 수당사화 隋唐史話

초판 인쇄 2025년 9월 24일
초판 발행 2025년 10월 1일

저　자　진기환
발행자　김동구
디자인　이명숙·양철민
발행처　명문당(1923. 10. 1 창립)
주　소　서울시 종로구 윤보선길 61(안국동)
　　　　국민은행 006-01-0483-171
전　화　02)733-3039, 734-4798, 733-4748(영)
팩　스　02)734-9209
Homepage　www.myungmundang.net
E-mail　mmdbook1@hanmail.net
등　록　1977. 11. 19. 제1~148호
ISBN 979-11-94314-36-3 (04820)
ISBN 979-11-985856-8-4 (세트)

25,000원

* 낙장 및 파본은 교환해 드립니다.
* 불허복제